普通高等院校"十三五"规划教材

应用文写作

（第五版）

夏晓鸣　张剑平　◎　主编

YING YONG WEN XIE ZUO

首都经济贸易大学出版社
Capital University of Economics and Business Press

·北京·

图书在版编目(CIP)数据

应用文写作/夏晓鸣,张剑平主编. --5版. --北京:首都经济贸易大学出版社,2018.12
ISBN 978-7-5638-2430-4

Ⅰ.①应… Ⅱ.①夏… ②张… Ⅲ.①汉语—应用文—写作—教材 Ⅳ.①H152.3

中国版本图书馆CIP数据核字(2018)第302868号

应用文写作(第五版)
夏晓鸣　张剑平　主编

责任编辑	彭伽佳
封面设计	砚祥志远·激光照排　TEL:010-65976003
出版发行	首都经济贸易大学出版社
地　　址	北京市朝阳区红庙(邮编100026)
电　　话	(010)65976483　65065761　65071505(传真)
网　　址	http://www.sjmcb.cueb.edu.cn
经　　销	全国新华书店
照　　排	北京砚祥志远激光照排技术有限公司
印　　刷	北京建宏印刷有限公司
成品尺寸	185毫米×260毫米　1/16
字　　数	518千字
印　　张	20.25
版　　次	2018年12月第5版
印　　次	2024年11月第10次印刷
书　　号	ISBN 978-7-5638-2430-4
定　　价	49.00元

图书印装若有质量问题,本社负责调换
版权所有　侵权必究

《应用文写作》编委会

主　编　夏晓鸣　张剑平
副主编　张　众　李玉洁　高竞艳　张　荣　余庆华
编　委（以姓氏笔划为序）
　　　　　马　均　王季娅　王　娟　王　敏　龙妮妮　刘闰润
　　　　　李玉洁　苏新力　佘敏芹　余庆华　张　众　张剑平
　　　　　张　荣　陈　娟　孟海燕　徐　梦　秦巧珍　夏丽霞
　　　　　夏晓鸣　高竞艳　黄　英

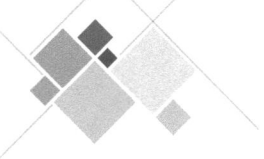

第五版修订前言

《应用文写作》教材自出版以来,受到了全国各地各用书院校及师生的好评。但是,由于距第四版出版时间有6年之隔,而应用文写作的理论和实践发展很快,就此,我们本着顺应社会需要、面向教学实际、逐步完善的精神,在收集部分教师、学生、编辑意见的基础上,对第四版教材进行了认真全面的修订。

本次修订对第四版的内容进行了必要的调整,具体如下:

一、在第一章"公文写作"部分,根据中共中央办公厅、国务院办公厅2012年颁发的《党政机关公文处理工作条例》进行了全面修订。

二、第二章"经济类文体"部分,根据实事案例修改了书中年代久远的例文,此外,顺应国家《合同法》的要求,修改和补充了合同示范文本的内容,以期能为商业文书提供参考。

三、更新了大量最新且具有代表性的例文,这些例文的使用更加符合时代要求,便于读者学习。

本次修订的目的是突出本教材的重点,增强其实用性、时效性,即对常用文体的结构与写作方法进行详细讲解,辅以大量的例文案例,并对相关知识做简明扼要的介绍。授课教师根据自己所教专业的需要,若认为确实需要更多的背景材料和例文,可以自主增补,灵活调整。

本次修订工作的分工如下:第一章,张剑平、马均;第二章,李玉洁;第三、十章,王敏;第四、九章,徐梦;第五、六章,王季娅;第七章,马均;第八章,佘敏芹。全书由张剑平、李玉洁统稿。

特别感谢湖北众邦文化传播有限公司对本次修订提出的宝贵意见!

本书在编写过程中参考了相关著作及资料,除列入书后"主要参考文献"之外,未及一一注明者,在此一并致以诚挚谢意!

由于我们学识所限,本书难免有错漏,欢迎专家学者和读者批评指正,我们将及时修正!

编 者

2018年8月

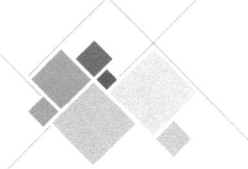

目录

第一章 公文 / 1
 第一节　公文概述 / 1
 第二节　决定 / 8
 第三节　通报 / 11
 第四节　报告 / 15
 第五节　请示 / 18
 第六节　批复 / 21
 第七节　意见 / 24
 第八节　函 / 27
 第九节　纪要 / 30

第二章 经济应用文 / 34
 第一节　经济应用文概述 / 34
 第二节　经济计划 / 35
 第三节　经济活动分析报告 / 38
 第四节　市场调查与预测报告 / 41
 第五节　可行性研究报告 / 45
 第六节　商业计划书 / 48
 第七节　招标书 / 51
 第八节　投标书 / 53
 第九节　营销策划方案 / 55
 第十节　目标管理责任书 / 57
 第十一节　审计报告 / 60
 第十二节　查账报告 / 63
 第十三节　经济合同 / 65
 第十四节　借款担保书 / 77
 第十五节　催款书 / 78
 第十六节　商业广告 / 80
 第十七节　软文 / 83
 第十八节　商业函件 / 86

第三章 新闻文体 / 88
  第一节　新闻文体概述 / 88
  第二节　消息 / 90
  第三节　通讯 / 98
  第四节　特写 / 107
  第五节　现场短新闻 / 113
  第六节　专访 / 116
  第七节　新闻评论 / 120

第四章 科技应用文 / 129
  第一节　科技应用文概述 / 129
  第二节　科技报告 / 131
  第三节　科技申报 / 137
  第四节　科技成果鉴定书 / 145
  第五节　科技说明文 / 149

第五章 宣讲类应用文 / 159
  第一节　宣讲类应用文概述 / 159
  第二节　解说词 / 160
  第三节　讲话稿 / 163
  第四节　演讲稿 / 169
  第五节　内容提要 / 176
  第六节　作者小传 / 179
  第七节　序、跋 / 180
  第八节　编后记 / 182
  第九节　读（观）后感 / 183
  第十节　海报 / 187

第六章 教育与学术类应用文 / 189
  第一节　教育与学术类应用文概述 / 189
  第二节　教学计划 / 190
  第三节　教学大纲 / 192
  第四节　教案 / 194
  第五节　学位论文 / 197
  第六节　学术论文 / 200

第七章　法律文书　/　209

第一节　法律文书概述　/　209
第二节　起诉书　/　210
第三节　抗诉书　/　213
第四节　公诉词　/　217
第五节　辩护词　/　219
第六节　代理词　/　221
第七节　刑事自诉状　/　222
第八节　起诉状　/　225
第九节　上诉状　/　227
第十节　申诉状　/　230
第十一节　答辩状　/　232
第十二节　遗嘱　/　234

第八章　社交礼仪文书　/　236

第一节　社交礼仪文书概述　/　236
第二节　请柬、邀请函　/　237
第三节　开幕词、闭幕词　/　240
第四节　贺信、贺词　/　242
第五节　欢迎词、欢送词　/　246
第六节　答谢词、祝酒词　/　249
第七节　慰问信　/　252
第八节　讣告、悼词　/　254

第九章　网络文体　/　258

第一节　网络文体概述　/　258
第二节　电子邮件　/　262
第三节　BBS发帖　/　264
第四节　博客　/　265
第五节　微博　/　268
第六节　微信公众号　/　271
第七节　网络流行体　/　277

第十章　日常应用文　/　282

第一节　日常应用文概述　/　282
第二节　表扬信　/　283
第三节　感谢信　/　284

第四节　喜报　/　285

第五节　倡议书　/　287

第六节　建议书　/　288

第七节　申请书　/　290

第八节　决心书　/　292

第九节　日记　/　294

第十节　书信　/　296

第十一节　推荐信　/　297

第十二节　求职信　/　299

第十三节　条据　/　301

第十四节　请假条　/　302

第十五节　启事　/　303

第十六节　介绍信　/　307

第十七节　保证书　/　309

主要参考文献　/　311

第一章 公 文

第一节 公文概述

一、什么是公文

公文是为有关单位实现其管理职能服务的一种文章体裁,根据撰写者的不同,可分为党政机关公文和群众团体公文。

党政机关公文(以下简称"公文")是党政机关实施领导、履行职能、处理公务的具有特定效力和规范体式的文书,是传达贯彻党和国家的方针政策,公布法规和规章,指导、布置和商洽工作,请示和答复问题,报告、通报和交流情况等的重要工具。

二、公文的特点

(一)格式和处理的规范性

2012年4月16日,中共中央办公厅、国务院办公厅以中办发〔2012〕14号印发《党政机关公文处理工作条例》,该条例自2012年7月1日起施行。1996年5月3日中共中央办公厅发布的《中国共产党机关公文处理条例》和2000年8月24日国务院发布的《国家行政机关公文处理办法》停止执行。同时,为提高党政机关公文的规范化、标准化水平,2012年6月29日,国家质量监督检验检疫总局(今国家市场监督管理总局)、国家标准化管理委员会发布了《党政机关公文格式》国家标准(GB/T 9704—2012),该标准自2012年7月1日起正式实施。此标准是对国家标准《国家行政机关公文格式》(GB/T 9704—1999)的修订。

(二)时效性

公文的效用具有时间性,任何公文都不是永远有效的。

(三)目标的特定性

公文写作的受命、公文的撰写者和读者以及公文最终的目标都是特定的。公文大多按照领导的意图,或依照决策层和全体成员的意愿,在机关单位负责人的授意下进行写作。公文写作过程中,表述什么观点,运用什么材料,提出什么建议,发出什么请求,都是受制于授意者的,撰写者必须"代机关立言",而不能自作主张,抒发己见,随意铺排,任意发挥。

公文的读者十分明确,要用"主送机关""抄送机关""阅读范围"等项目加以确定。正因为如此,写作公文时就要考虑到不同的读者对象,采用不同的公文文种,运用不同的表达方式,甚至要考虑不同的语气措辞。

公文写作的目的是专一的，有明确的指向。撰写公文，有的是为了传达机关意图和领导的指示；有的是为了反映情况，汇报工作；有的是请求事项，表达意愿；有的则是为了沟通信息，加强联系；还有的是为了交流经验，明确做法；有的是记载史实，以便查考；等等。一篇公文最终能否在社会生活中发挥效用，关键看写作者是否能够准确把握写作意图，是否能够围绕写作目的在行文中具体表述。只有目的明确，写出来的公文才能真正发挥指导、凭据、传达作用。

（四）效力的法定性

党政机关是依据法律和有关法规建立起来的正式组织机构，它们具有相应的职权及主管业务范围。公文出自党政机关，代表了制发机关法定的职权与意愿，因而具有法定的权威与效力。

三、公文的作用

公文的作用可归纳为以下五个方面。

（一）领导和指导作用

上级机关发给下级机关的公文都具有领导和指导作用。上级机关传达贯彻党和国家方针、政策、决定和规定的公文，必然要对下属机关产生领导和指导作用。

（二）行为规范作用

相当一部分公文体现了党政机关对人们行为的要求，要求人们坚决执行。通过公文发布的一些法律、法令和行政法规等，同样对所辖成员起着规范和准绳作用。

（三）宣传和教育作用

一般来说，有些政策规定本身就是最好的宣传，而传达贯彻党和国家的方针、政策又是公文所负的重要任务。一般情况下，公文在传达某一方针、政策，规定人们应该怎么做的同时，还要说明为什么要这样做，这无疑增强了它的宣传和教育作用。

（四）联系知照作用

有关机关之间的许多工作都是通过公文进行联系、协调的，许多具体问题也因此得到及时处理，还有许多对工作的开展具有重要意义的信息资料也是由此获得的，公文在保证各机关正常而有秩序地开展工作方面发挥了极大的作用；公告、通告、通报等知照性的公文主要是告知对方有关事项。

（五）依据和凭证作用

各种公文都反映了制发机关的意图，具有法定的效力，受文机关以此作为处理工作、解决问题的依据，因此，公文具有依据作用。有些公文，如会议纪要等，还具有某项活动的凭证作用。事实上，所有的公文都具有某种意义上的凭证作用。公文不仅传达了发文机关的意图，同时也是证实这一意图的最好凭证。

公文的上述作用是相互联系的。公文的作用并不是单一的，可以同时兼有多种作用。

四、公文的分类

根据公文的来源、性质、适用范围和处理时限等因素，可将公文划分为不同的类型。常见的分类方法有如下几种。

（一）根据内容和适用范围划分

根据《党政机关公文处理工作条例》，行政机关的公文按内容可划分为命令（令）、决议、议案、决定、公告、公报、通告、通知、通报、报告、请示、批复、意见、函、纪要15种。

（二）按行文方向划分

按行文方向的不同，公文可划分为上行公文、下行公文、平行公文和泛行文。

1. 上行公文，即下级机关向上级机关发送的公文，如请示、报告等。
2. 下行公文，即上级机关向下级机关发送的公文，如命令（令）、决定、批复等。
3. 平行公文，即平行机关或不相隶属机关之间为协商或通知有关事项而制发的公文，如函等。

公文的上行、下行和平行有时有交叉现象。例如，函主要用于平行机关或不相隶属机关之间，但有时也用于上级机关与下级机关的联系，但这种交叉并不影响公文的基本分类。

4. 泛行文。泛行文是既向发文机关的上级单位、下级单位、平行单位行文，也向不相隶属的单位行文，行文面广，方向不定，如公告等。

（三）按承担职能划分

根据承担职能的不同，公文可分为指挥性公文、知照性公文、报请性公文、规范性公文等。

1. 指挥性公文，即表明上级机关决定意图，指挥下属机关和有关人员行动的公文，如命令（令）、决议、决定、批复等。
2. 知照性公文，即向有关对象通知、知照某些事项、情况、规定和要求的公文，如公报、通知、通报、公告、通告等。
3. 报请性公文，即向上级机关汇报情况或请示问题的公文，如请示、报告。
4. 规范性公文，即对有关问题做出明确规定，以规范人们行动的公文，如决定、通告。
5. 提议性公文，即向有关机关提出问题或建议的公文，如议案。
6. 联系性公文，即有关机关之间联系工作时使用的公文，如函。
7. 实录性公文，即以对实际情况的记录为基础形成的公文，如纪要。

（四）按机密程度划分

按机密程度的不同，公文可分为绝密公文、机密公文、秘密公文和普通公文。

1. 绝密公文。绝密公文的内容涉及党和国家最高一级核心机密，一旦泄露，会使国家的安全和利益遭受特别严重的损害。绝密公文的阅读对象在一定时间内必须绝对限制在一定知晓范围内，它的保密程度最高，知密范围最小。
2. 机密公文。机密公文的内容关系到重要的国家秘密，一旦泄露，会使国家的安全和利益遭受严重损害。
3. 秘密公文。秘密公文的内容关系到国家的一般秘密，一旦泄露，会使国家的安全和利益遭受损害。
4. 普通公文。普通公文是在本机关、本组织内传阅的没有密级的公文。

（五）按处理时限划分

根据处理时限的不同，公文可分为特急公文、急办公文及常见公文。

1. 特急公文，即内容事关重大而紧急，必须以最快的速度制发和处理的公文。这类公文需在文面注明"特急件"。
2. 急办公文，即涉及重要工作和需要急速形成和处理的公文。此类公文较特急件的处理时限稍缓，文面上需注明"急件"。
3. 常见公文，即按常规时间和程序办理的公文，文面上不需注明。

此外，还有一些其他分类方法，如从法规角度分为法定公文和非法定公文，以及按撰写者

性质分类、按载体分类、按来源分类、按传阅对象和范围分类，等等。

五、公文的格式

（一）公文的构成

公文一般由份号、密级和保密期限、紧急程度、发文机关标志、发文字号、签发人、标题、主送机关、正文、附件说明、发文机关署名、成文日期、印章、附注、附件、抄送机关、印发机关和印发日期、页码等组成。其中有些是公文的必备项目，有些是可选项目。需要哪些可选项目，应视公文的性质而定。兹就公文各组成要素分别介绍如下：

1. 份号。份号是指公文印制份数的顺序号。涉密公文应当标注份号。

2. 密级和保密期限，即公文的秘密等级和保密的期限。涉密公文应当根据涉密程度分别标注"绝密"、"机密"、"秘密"和保密期限。

3. 紧急程度，即公文送达和办理的时限要求。根据紧急程度，紧急公文应当分别标注"特急""加急"，电报应当分别标注"特提""特急""加急""平急"。

4. 发文机关标志。由发文机关全称或者规范化简称加"文件"二字组成，也可以使用发文机关全称或者规范化简称。联合行文时，发文机关标志可以并用联合发文机关名称，也可以单独用主办机关名称。

5. 发文字号。由发文机关代字、年份、发文顺序号组成。联合行文时，使用主办机关的发文字号。

6. 签发人。上行文应当标注签发人姓名。

7. 标题。由发文机关名称、事由和文种组成。

8. 主送机关。主送机关是公文的主要受理机关，应当使用机关全称、规范化简称或者同类型机关统称。

9. 正文。正文是公文的主体，用来表述公文的内容。

10. 附件说明，包括公文附件的顺序号和名称。

11. 发文机关署名。署发文机关全称或者规范化简称。

12. 成文日期。署会议通过或者发文机关负责人签发的日期。联合行文时，署最后签发机关负责人签发的日期。

13. 印章。公文中有发文机关署名的，应当加盖发文机关印章，并与署名机关相符。有特定发文机关标志的普发性公文和电报可以不加盖印章。

14. 附注。包括公文印发传达范围等需要说明的事项。

15. 附件。包括公文正文的说明、补充或者参考资料。

16. 抄送机关。即除主送机关外需要执行或者知晓公文内容的其他机关，应当使用机关全称、规范化简称或者同类型机关统称。

17. 印发机关和印发日期。即公文的送印机关和送印日期。

18. 页码。公文页数顺序号。

（二）公文用纸格式

按照《党政机关公文处理工作条例》的规定，公文用纸一般采用国际标准A4型（210mm×297mm），左侧装订。张贴的公文用纸大小可根据实际需要确定。

（三）公文中各组成部分的标识规则

公文中各组成部分的标识规则参照《党政机关公文格式》国家标准（GB/T 9704—2012）执行。

六、公文的写作要求

(一) 符合国家法律、法规及其他有关规定

公文是各级党政机关和企事业单位用以贯彻执行党和国家各项方针、政策的有力工具。因此,公文的撰写必须符合党和国家的有关法律、法规、政策。

(二) 掌握公文的语体

公文具有法定的强制力或行政的约束力,因此,公文的语言要庄重、严密、准确、精练。在长期的公务活动中形成了许多规范的公文体式用语,准确地使用它,可使公文语言富有节奏感,也赋予公文以庄重的色彩。

(三) 掌握公文的体式

公文具有严格的规范性和程式性,在撰写公文时,必须严格遵循公文体式的各项规定。公文的文种应当根据行文目的、发文机关的职权和与主送机关的行文关系确定。要正确地选择文种,弄清各类公文的基本用法。应根据机关的隶属关系和职权范围确定公文的行文关系,分清是上行文、平行文还是下行文,以便使用相应的文种及语体行文。要合理安排制发程序,一份公文的制发过程一般包括拟稿、核稿、签发、注发、编号、印校、印章、登记、归档等环节,在制发公文时必须依照规定的程序逐项完成。

(四) 公文写作要理解领导的意图

公文写作是把领导意志与上级精神、本单位实际情况有机结合的写作过程。因此,公文撰写者必须充分理解和领会领导的意图,通过综合研究,深化和完善领导意图,并行之以文,表达领导意图。

(五) 人名、地名、数字、引文准确,使用国家法定计量单位

公文中的数字,除成文日期、部分结构层次序数和在词、词组、惯用语、缩略语、具有修辞色彩语句中作为词素的数字必须使用汉字外,应当使用阿拉伯数字。引用公文应当先引标题,后引发文字号。引用外文应当注明中文含义。日期应当写明具体的年、月、日。

(六) 文内使用非规范化简称,应当先用全称并注明简称

使用国际组织外文名称或其缩写形式,应当在其第一次出现时注明准确的中文译名。

(七) 公文的语言要求

公文的语言具有明晰、准确、简朴、庄重的特点。撰写公文时,应按公文语言的要求选词造句,组段成篇,使公文语言更好地为表达内容服务。

1. 明晰。公文要在办理公务时发挥有效作用,从语言方面来看,首先是要让人看得懂,能清楚地理解撰写者的意思。如果晦涩难懂、语有歧义,必然会影响公务的有效办理。

为了使语言明晰,应注意以下两点:

(1) 选用含义确定、自己明白的词语;

(2) 选用通俗易懂的词语。

2. 准确。为了使公文用语准确,必须注意词语的锤炼,选用最恰当、最能说明特定事物的词语入文。

3. 简朴。即直陈直叙,不冗长繁杂,不浮华藻饰。

4. 庄重。公文在语言的运用上要做到庄重,必须做到以下两点:

(1) 要用规范的书面语言;

(2) 恰当地使用专用语,这些特定用语目前已基本规范化、定型化,具体如表1-1所示。

表 1-1 公文常用特定用语简表

类别	用语名称	作用	常用特定用语
1	开端用语	主要用于文章开头，表示发语、引据	为、为了、为着、查、接、顷接、根据、据、遵照、依照、按照、按、鉴于、关于、兹、兹定于、今、随着、由于
2	称谓用语	用于表示人称或对单位的称谓	第一人称：我、我单位、本人、本公司、我们、敝单位 第二人称：你、你局、贵公司、贵方 第三人称：他、该公司、该项目
3	递送用语	用于表示文、物递送方向	上行：报、呈 平行：送 下行：发、颁发、颁布、发布、印发、下达
4	引叙用语	用于复文引据	悉、接、顷接、据、收悉
5	拟办用语	用于审批、拟办	拟办、责成、交办、试办、办理、执行
6	经办用语	用于表明进程	经、业经、已经、兹经
7	过渡用语	用于承上启下	鉴于、为此、对此、为使、对于、关于、如下
8	期请用语	用于表示期望请求	上行：请、恳请、拟请、特请、报请 平行：请、拟请、特请、务请、如蒙、即请、切盼 下行：希、望、尚望、切望、请、希予、勿误
9	结尾用语	用于结尾表示收束	上行：当否，请批示；可否，请指示；如无不当，请批转；如无不妥，请批准；特此报告；以上报告，请批转；以上报告，请审核 平行：此致敬礼；为盼；为荷；特此函达；特此证明；尚望函复 下行：为要；为宜；为妥；希遵照执行；特此通知；此复；为……而努力；现予公布
10	谦敬用语	用于表示谦敬	承蒙惠允、不胜感激、鼎力相助、蒙、承蒙
11	批转用语	用于上级对下级来文的批转处理	批转、转发
12	征询用语	用于征请、询问对有关事项的意见、态度	当否、妥否、可否、是否妥当、是否同意、如无不当、如无不妥、如果可行等

表 1-1 中所列的常用特定用语，或在结构上引起开端，导向过渡，收束煞尾；或在语意上表示郑重、强调；或在意向上提出请示，表示盼望等。要恰当运用，不但要认识、熟悉它们，还要能够根据行文的实际灵活处理。

七、公文行文制度

行文制度是指应用文书在运行传递中应遵循的有关制度，包括行文方向、行文方式和行文规则等。

（一）行文方向

行文方向是以发文机关为立足点，根据工作需要和行文关系，公文向不同层次的机关单位运行的去向。

（二）行文方式

行文方式是由工作需要和机关单位的组织关系所决定的行文方法和形式。行文方式的种类比较复杂，可从以下三个方面进行分类。

1. 按受文机关或行文对象的范围分类，有逐级行文、越级行文、多级行文、普发行文和通行行文。

（1）逐级行文。发文机关向自己的直接上级上行公文或向直接下级下行公文。

（2）越级行文。发文机关越过自己的直接上级或直接下级，向非直接上级或非直接下级行文。

（3）多级行文。发文机关向直接上级并向非直接上级或者向直接下级并向非直接下级的一次性行文。

（4）普发行文。发文机关向所属所有的机关一次性行文。

（5）通行行文。发文机关向隶属机关和非隶属机关、群众一次性泛向行文。

2. 按发文机关的个数分类，有单独行文和联合行文。

（1）单独行文。只有一个机关署名发出的公文。

（2）联合行文。由两个或两个以上平级机关联合署名发出的公文。

3. 按行文对象的主次分类，有主送和抄送两类。

（1）主送。发文机关直接针对与行文内容关系最密切、需主要负责受理公文的机关单位行文。

（2）抄送。发文机关在主送的同时，向需执行或知晓行文内容的其他机关单位行文。

（三）行文规则

根据《党政机关公文处理工作条例》规定，公文行文规则如下：

1. 行文应当确有必要，讲求实效，注重针对性和可操作性。

2. 行文关系根据隶属关系和职权范围确定。一般不得越级行文，特殊情况需要越级行文的，应当同时抄送被越过的机关。

3. 向上级机关行文，应当遵循以下规则：

（1）原则上主送一个上级机关，根据需要同时抄送相关上级机关和同级机关，不抄送下级机关。

（2）党委、政府的部门向上级主管部门请示、报告重大事项，应当经本级党委、政府同意或者授权；属于部门职权范围内的事项应当直接报送上级主管部门。

（3）下级机关的请示事项，如需以本机关名义向上级机关请示，应当提出倾向性意见后上报，不得原文转报上级机关。

（4）请示应当一文一事，不得在报告等非请示性公文中夹带请示事项。

（5）除上级机关负责人直接交办事项外，不得以本机关名义向上级机关负责人报送公文，不得以本机关负责人名义向上级机关报送公文。

（6）受双重领导的机关向一个上级机关行文，必要时抄送另一个上级机关。

4. 向下级机关行文，应当遵循以下规则：

（1）主送受理机关，根据需要抄送相关机关。重要行文应当同时抄送发文机关的直接上级机关。

（2）党委、政府的办公厅（室）根据本级党委、政府授权，可以向下级党委、政府行文，其他部门和单位不得向下级党委、政府发布指令性公文或者在公文中向下级党委、政府提出指令性要求。需经政府审批的具体事项，经政府同意后可以由政府职能部门行文，文中须注明已经政府同意。

（3）党委、政府的部门在各自职权范围内可以向下级党委、政府的相关部门行文。

（4）涉及多个部门职权范围内的事务，部门之间未协商一致的，不得向下行文；擅自行文的，上级机关应当责令其纠正或者撤销。

（5）上级机关向受双重领导的下级机关行文，必要时抄送该下级机关的另一个上级机关。

5. 同级党政机关、党政机关与其他同级机关必要时可以联合行文。属于党委、政府各自职权范围内的工作，不得联合行文。

党委、政府的部门依据职权可以相互行文。

部门内设机构除办公厅（室）外不得对外正式行文。

党政机关公文按内容划分主要有15种。以下各节对一般在党政机关和企事业单位使用较多的8种公文的写作方法进行详细的介绍。

第二节 决 定

一、决定的含义

决定属于下行文，是领导机关针对工作的某些重要事项、重大问题、行动所做出的决策，一般必须经一定的会议程序讨论后做出，要求有关人员必须遵照执行，具有法规性的约束力。

决定适用于对重要事项做出决策和部署、奖惩有关单位和人员、变更或者撤销下级机关不适当的决定事项。一般来说，只有事关全局、政策性强、任务艰巨、执行时间较长的重要工作，才适合使用决定行文。日常工作的布置或局部工作的处理，不宜采用决定这一文种。

二、决定的特点

（一）强制性

在公文中，决定的强制性仅次于命令，一旦成文下达，任何单位和部门都必须无条件执行，不得违抗。有些决定还具有法规作用，如违反，会受到处罚。

（二）稳定性

决定的稳定性是指其传达的上级安排及有关决策事项在相当长的时期内生效或要求在相当长时期内贯彻执行。决定的稳定性主要表现在内容上，某个问题一旦经党政领导机关做出决定，就要求在相当长时期内贯彻执行。例如，1984年10月20日《中共中央关于经济体制改革的决定》，一直是我国经济体制改革的主要政策依据。

三、决定的分类

根据发文机关的意图和决定的内容，决定可分为两大类：周知性决定和指挥性决定。周知性决定通常包括表彰决定、处分决定、机构设置决定、人事安排决定或某一事项的决定等。指挥性决定的功用在于对重大行动做出指示、规定，以便统一认识、规范行动，写作时论证较多，一般采用夹叙夹议的方法。根据写作意图的不同，决定可以划分为以下几类。

（一）指挥部署性决定

指挥部署性决定用于对重要事项做出规定，对重大行动做出安排，要求下级有关单位、有关人员贯彻执行。这类决定体现了领导机关的意图，发挥了领导机关的宏观调控与具体指导作用，也叫部署性决定。

（二）奖惩性决定

奖惩性决定用于奖励有功人员，处理犯错误人员，以树立先进典型，惩戒不良行为。

（三）事项性决定

事项性决定适用范围比较广泛，内容比较具体，如批准有关事项，设置或撤销机构，变更或者撤销下级机关不适当的决定事项，安排处理人事问题，决定召开重要会议，处理某项具体工作等。

（四）法规性决定

法规性决定是指为规范人们的社会行为和国家某一方面的管理工作而制定的类似法规的重要决定。

四、决定的格式

决定一般由标题、主送机关、正文和落款四部分构成。

（一）标题

标题一般由发文机关、事由和文种组成，也可以由事由和文种组成。

（二）主送机关

有明确具体的收文对象时，要写明主送机关，泛指时则可省略。

（三）正文

正文一般由决定缘由、决定事项和结语三部分组成。决定缘由，即做出决定的根据和理由；决定事项，即处理的问题或部署的重大行动；结语，即执行决定的要求和提出号召。决定注重对缘由和事项的详略处理。下面针对几种不同类型的决定来介绍其正文结构和写法。

1. 指挥部署性决定。指挥部署性决定的正文开头简写决定缘由，然后重点写决定事项。这类决定涉及的内容往往政策性和指挥性都较强。一般来说，开头都要讲明道理，布置任务，指出原则，拟出规定，交代办法，提出要求。决定事项往往采取分条列项式写法，把复杂的事情、众多的问题写得条理分明，眉目清楚，使下级机关易于把握，便于执行。

2. 奖惩性决定，一般分为表彰决定和惩戒决定两种。表彰决定的正文主要写被表彰者的身份、事迹、对被表彰者或事迹的评价、决定的事项、希望与号召。惩戒决定的正文针对人和事，先说明错误事实，接着分析其性质、根源、责任及后果，而后交代被处理人对所犯错误有无认识和悔改表现，然后写处理决定，最后指出教训，提出希望。

当正文内容比较多时，要注意逻辑排列，避免内容的遗漏。

3. 事项性决定。事项性决定的正文依次写决定的缘由、依据和决定事项。这类决定处理的事项比较具体，涉及的事项有些只需知照。如果所处理的是变更或撤销性的事项，则必须明确说明所依据的有关法律、法规、相关的政策规定，或不变更、不撤销会产生怎样的严重后果等。

4. 法规性决定。正文开头一般写行文目的，其后以条款形式逐条写出类似法规的决定内容。

（四）落款

落款包括发文机关名称、发文时间和印章三部分，见报时印章可省略。如果标题中已有发文单位名称，落款处一般不再写。属会议通过的决定，需要在标题下的小括号内写明这一决定是在什么时间、什么会议通过的。其形式如下：

全国人民代表大会常务委员会关于教师节的决定

（1985年1月21日第六届全国人民代表大会常务委员会第九次会议通过）

有的决定，通过的日期与发布的日期不一致，在小括号内还要写上何时发布。有的决定为了给执行决定留一段准备时间，同时还写上决定的生效日期。其形式如：

中华人民共和国继承法

（1985年4月10日第六届全国人民代表大会第三次会议通过
1985年4月10日中华人民共和国主席令第二十四号公布
1985年10月1日起施行）

也有的决定把施行日期作为决定事项的一项内容，写在最后的条文里。如《中华人民共和国继承法》共37条，第37条写的就是施行日期，即："本法自1985年10月1日起施行。"

有的决定生效日期与公布日期一致，通常在末尾写上一句"本决定自公布之日起施行"。有的决定在落款处发文机关名称下面写成文时间。

五、决定的写作要求

（一）内容必须符合党和国家的方针、政策，有理有据，同时能结合实际

在做出决定时，对所决定的事项要有充分的依据，即贯彻落实党和国家的路线、方针、政策和法律、法令，同时要结合本地区、本系统、本行业、本部门、本单位的实际情况，这是撰写决定必须遵循的重要准则。

（二）事项要具体明确，利于贯彻落实

决定的内容主要是陈述决定的事项、落实的措施、解决的办法、提出的要求等，表达一定要完整、周密，尤其是所决定的事项，一定要明确突出，以利于贯彻执行。

（三）态度要鲜明，语言要决断

在做出决定、提出要求时，注重使用"必须""要""不准"一类词语，切忌模棱两可，含混不清。只有这样，才有利于下级领会决定的精神，并遵照办理。

（四）结构要严谨

撰写决定时，条文排列要合乎逻辑，让人一目了然。

关于宣布失效第三批委文件的决定

各省、自治区、直辖市及新疆生产建设兵团卫生计生委，委机关各司局，驻委纪检组办公室，委直属和联系单位：

根据国务院关于进一步深入推进依法行政、加快建设法治政府的决策部署和文件清理工作要求，我委决定，对于那些主要内容同现行法律法规的规定和精神相抵触的，或者不利于稳增长、促改革、调结构、惠民生的，或者明显不适应现实需要的，或者已有新的规定的，或者调整对象已消失、工作任务已完成的等不需要继续执行的第三批委文件宣布失效。

附件：宣布失效的第三批委文件目录（略）

国家卫生健康委员会
2018年6月7日

例文二

国务院关于2017年度国家科学技术奖励的决定

各省、自治区、直辖市人民政府，国务院各部委、各直属机构：

为全面贯彻党的十九大精神，深入贯彻落实习近平新时代中国特色社会主义思想，坚定实施科教兴国战略、人才强国战略和创新驱动发展战略，国务院决定，对为我国科学技术进步、经济社会发展、国防现代化建设作出突出贡献的科学技术人员和组织给予奖励。

根据《国家科学技术奖励条例》的规定，经国家科学技术奖励评审委员会评审、国家科学技术奖励委员会审定和科技部审核，国务院批准并报请国家主席习近平签署，授予王泽山院士、侯云德院士国家最高科学技术奖；国务院批准，授予"水稻高产优质性状形成的分子机理及品种设计"等2项成果国家自然科学奖一等奖，授予"华北克拉通破坏"等33项成果国家自然科学奖二等奖，授予"燃煤机组超低排放关键技术研发及应用"等4项成果国家技术发明奖一等奖，授予"水稻精量穴直播技术与机具"等62项成果国家技术发明奖二等奖，授予"特高压±800kV直流输电工程"等3项成果国家科学技术进步奖特等奖，授予"涪陵大型海相页岩气田高效勘探开发"等21项成果国家科学技术进步奖一等奖，授予"多抗广适高产稳产小麦新品种山农20及其选育技术"等146项成果国家科学技术进步奖二等奖，授予厄尔·沃德·普拉默教授等7名外国专家中华人民共和国国际科学技术合作奖。

全国科学技术工作者要向王泽山院士、侯云德院士及全体获奖者学习，不忘初心、牢记使命，继续发扬求真务实、勇于创新的科学精神和服务国家、造福人民的优良传统，主动担当起建设世界科技强国的历史重任，深入实施创新驱动发展战略，坚定不移走中国特色自主创新道路，加快建设创新型国家，为决胜全面建成小康社会、夺取新时代中国特色社会主义伟大胜利、实现"两个一百年"奋斗目标和中华民族伟大复兴的中国梦作出新的更大贡献。

国务院
2018年1月1日

第三节 通 报

一、通报的含义

通报是用于表彰先进、批评错误、传达重要精神和告知重要情况的下行公文。通报除起到嘉奖和告诫作用外，还有交流作用。

二、通报的特点

（一）内容的真实性

通报的任何情况、事实都必须真实，不能有差错，更不能编造假情况。因此，撰写通报时，对正反两方面的事实都要认真核实，做到准确无误，没有虚构成分。例如，对先进事迹的

通报表扬，要实事求是地反映，不要拔高，更不能借贬低群众来拔高先进人物。

（二）作用的双重性

通报具有两个作用：一是教育作用，通报对先进的表彰和对错误的批评，目的在于树立学习榜样或者提供反面典型以资借鉴，使读者能够总结经验，吸取教训，思想上得到教益；二是交流作用，凡传达重要精神和知照重要情况的通报，其目的在于上情下达，加强上下级之间、部门之间的相互交流，信息共享，促进工作。

（三）行文的时效性

通报所涉及的事实比较具体，一般有特定的发生时间、地点等，而且这些典型事件与当时的情况或普遍存在的问题和现象必然有着密切的联系。先进事迹、典型经验、重要情况，只有及时通报才能更好地推广，更好地发挥其作用；坏人坏事，反面典型，只有及时通报，才能更好地起到警示作用，以杜绝类似事件的发生。因此，通报必须及时制发，注重时效性，才能达到行文目的。

（四）目的的晓谕性

表彰先进的通报，对被表彰单位是一种鼓舞、激励；对其他单位是一种教育，引导其学先进，找差距；对后进单位是一种鞭策，激励它们学习先进，迎头赶上。批评性通报的目的则是让人们知道错误，认识错误，吸取教训，改正错误，引以为戒。交流情况的通报是让人们了解通报的事项。

三、通报的分类及格式

通报按内容性质可分为情况通报、表彰通报、批评通报三类。

通报一般由标题、正文、落款三部分组成，标题和落款与公告、通告的格式相同。这里主要介绍不同类型通报正文的写法。

（一）表彰通报

表彰通报的正文内容包括：①叙述先进事迹，包括时间、地点、人物、事迹、怎么做及其结果；②对先进事迹进行分析、评议，指出其典型意义，或概括主要经验；③提出表彰决定，如果是转发式的表彰通报，正文部分先对下级机关所发的材料进行评价，加上批语，即对被表彰者进行评议等，再发出号召或提出要求；④提出希望和学习号召。

（二）批评通报

批评通报的正文内容包括：①叙述事故或错误事实的经过、时间、地点、事故及其后果等；②对事故进行分析、评议，分析事故发生的原因，指出事故的性质及其危害；③提出处分决定；④引申出应当吸取的经验教训，有的放矢地提出希望和要求。

（三）情况通报

情况通报的正文关键在于对情况的掌握要确实、全面、充分。具体内容包括：①概述情况；②分析情况；③针对情况提出希望和要求。

此外，普发性通报可不写抬头，非普发性通报要写抬头。

四、通报的写作要求

1. 做好调查研究。撰写通报前一定要做好调查研究，文字涉及事件的每一个细节都必须反复核实，实事求是，以免发文后造成被动、失信的局面。

2. 叙述典型事实要准确、平实、简明。

3. 注意真实性。通报中所涉及的事例必须是客观存在的，经过反复调查，认为是真实可靠的，绝不允许捏造和虚构。同时，事例的反映要准确，不能夸大或缩小，要实事求是。通报在结尾提出的希望和号召也必须切合实际，有一定的针对性，使读者能够接受或得到启示。

4. 讲究时效性，及时行文。发通报要抓住时机，及时将先进典型和经验向社会宣传推广，对反面典型予以揭露，引起警戒，或对某些重大事项和重要情况及时予以通报，以起到交流情况和信息、指导工作的作用。

5. 注意指导性。不能事无巨细都发通报，要选择对工作有普遍指导意义的典型来发通报。只有选准、选好典型，通报才能起到激励教育、推动工作和批评警戒的作用。

6. 注意思想性。对事项的"分析""评议"部分最能体现通报作者的思想水平和写作水平，写作时一定要注意将人和事上升到较高的层面来认识，切忌就事论事。

例文一

民政部办公厅关于2017年度社会工作和
志愿服务法规政策规划落实情况的通报

各省、自治区、直辖市民政厅（局），各计划单列市民政局，新疆生产建设兵团民政局：

根据《民政部办公厅关于建立社会工作专业人才队伍建设情况通报制度的通知》（民办函〔2012〕264号）要求，现将各地2017年贯彻落实《关于加强社会工作专业人才队伍建设的意见》（中组发〔2011〕25号）、《社会工作专业人才队伍建设中长期规划（2011—2020年）》（中组发〔2012〕7号）、《志愿服务条例》、《关于支持和发展志愿服务组织的意见》（文明办〔2016〕10号）等法规政策规划有关进展情况通报你们，请相互学习借鉴，认真查找和解决存在的问题与不足，进一步推进本地区社会工作和志愿服务事业发展。

民政部办公厅
2018年2月8日

例文二

湖北省教育厅关于2017年度市州教育政务网站评估结果的通报

各市、州、直管市、神农架林区教育局：

根据《省教育厅关于开展2017年度市州教育政务网站评估工作的通知》要求，省教育厅对全省市（州）教育局政务网站进行了评估。经过自评、第三方评估、评估单位复核和专家复审，评出2017年度市州教育政务网站优秀等次单位9个、合格等次单位7个、优秀案例单位3个（神农架林区教育局网站此次未参评）。现将评估结果通报如下：

优秀等次单位（共9个）：仙桃市教育局、荆门市教育局、黄石市教育局、武汉市教育局、宜昌市教育局、荆州市教育体育局、襄阳市教育局、十堰市教育局、孝感市教育局。

合格等次单位（共7个）：潜江市教育局、天门市教育局、黄冈市教育局、恩施州教育局、鄂州市教育局、咸宁市教育局、随州市教育局。

优秀案例单位（共3个）：荆门市教育局、荆州市教育体育局、天门市教育局。

请各市州教育局按照国家和省有关要求，加强对教育政务网站建设工作的重视和指导，进一步提高教育政务网站建设水平，强化网络安全管理，及时回应社会关切，提升公众服务能力，为教育改革发展和民生改善助力，办好人民满意的教育。

湖北省教育厅
2018年3月7日

例文三

恩施州教育局关于2017年度首届全州中小学
艺术节系列活动优秀作品的通报

各县市教育局，州直各学校：

为贯彻落实《国务院办公厅关于全面加强和改进学校美育工作的意见》（国办发〔2015〕71号）、《教育部关于推进学校艺术教育发展的若干规定》（教体艺〔2014〕1号）精神，进一步加强美育教育，促进中小学生全面发展，州教育局举办了"寻梦·一路精彩"首届中小学艺术节系列活动。各地各学校高度重视艺术节活动，认真组织并发动广大师生积极参与，充分展示了我州中小学校艺术教育成果。全州中小学艺术节共展出优秀美育作品323幅，展演优秀文艺节目16个，现对本次活动中的优秀作品及节目予以通报表扬。

各地各校要全面贯彻党的教育方针，落实立德树人根本任务，发展素质教育，把培育和践行社会主义核心价值观融入学校美育全过程，进一步引领学生树立正确的审美观念、陶冶高尚的道德情操，促进学生全面发展、健康成长。

恩施州教育局
2018年3月6日

例文四

关于杭州××置业有限公司存在违规行为的通报

各房地产开发企业：

经查，杭州××置业有限公司在××××项目销售过程中因缺乏诚信引发大批信访且未及时配合我局处理相关问题，扰乱房地产市场秩序。现对该企业进行通报，并责令企业限期整改，整改期间暂停网签。

下一步，我局将进一步加强房地产市场监督检查，加大房地产企业不规范行为整治力度，希望各房地产开发企业引以为戒，依法经营，切实维护房地产市场秩序。

杭州市余杭区房地产管理处
2018年1月3日

第四节 报 告

一、报告的含义

报告是向上级机关汇报工作、反映情况，回复上级机关的询问时使用的一种上行公文。

二、报告的特点

（一）内容真实性

报告所反映的情况只能是本单位在工作实践中碰到的情况或问题。答复上级机关的询问也只能依据本单位的实际情况，内容必须真实，不能弄虚作假。

（二）概括陈述性

报告的表达方式是陈述性的，即以叙述和说明为主，然而，它的叙述和说明必须是概括性的，只要求做粗线条的勾勒，不能详述事件或工作的过程，更不要铺排大量的细节。即便运用议论，也多限于夹叙夹议。

（三）选材灵活性

报告选材的自由度很大，写什么、不写什么，选择权掌握在发文单位手里。了解了这个特点，发文单位就可以根据实践挑选最有特色、最有价值、最有新意的题材和材料来写。当然，答复报告必须按上级的要求实事求是地写。

三、报告的分类

报告按内容可分五类：工作报告、情况报告、答复报告、建议报告和报送报告。

1. 工作报告。工作报告是指汇报工作的报告。
2. 情况报告。情况报告是指用来向上级反映本单位重大情况的报告。
3. 答复报告。答复报告是指答复上级询问事项的报告。
4. 建议报告。建议报告是指汇报或提出工作建议、措施的报告。
5. 报送报告。报送报告是指向上级机关报送物件、材料的报告。

四、报告的格式

报告一般由标题、主送机关、正文、落款四个部分构成。下面介绍不同类型报告正文的写法。

（一）工作报告

工作报告正文围绕主旨展开陈述，内容一般包括基本情况、主要成绩、经验教训、今后意见或提出有关建议等几个部分。不同类型的工作报告，汇报的侧重点有所不同。如果内容较多，应分条列项写，或分若干部分写，但各条项、各部分之间要有逻辑关系，避免无序交叉。

基本情况可简要交代时间、背景和工作条件；主要成绩应把工作的过程、措施、结果和成绩叙述清楚；经验体会主要是指对工作实践的理性认识，要从实际工作中概括出规律性的东西来，以便指导今后的工作；存在问题要写出工作中的缺点与不足；基本教训是指工作失误的原

因和值得吸取的教训；今后意见是指改进工作的意见，或者提出今后开展工作的建议。不同类型的工作报告，在这些内容上各有不同的侧重点。

（二）情况报告

情况报告正文围绕主旨，实事求是地概括叙述事件发生的原因、经过、性质，同时要写出处理意见、处理情况或处理建议。

情况报告常用于向上级汇报下列事项：

1. 严重的灾害、事故、案情、敌情。
2. 重要的社情、民情，如社会生活中的新动态和上级某项有关国计民生的新政策、新规定的贯彻执行情况及群众的反映等。
3. 督促办理或检查某项工作的情况，如财务、税收、物价、质量、安全、卫生等项工作的检查结果。
4. 举办重大活动、召开重要会议的基本情况，各级各类代表会议的选举结果等。
5. 对某项工作失误和产生问题的检讨与反思。
6. 其他重要的、特殊的、突出的新情况。

情况报告写法不强求一致，但要力求做到：内容集中、单一，突出重点，抓住事物本质，实事求是地反映情况；把情况和问题讲清楚，把事情的经过、原委、结果、性质写明白；提出处理意见和建议，要写得具体、明确、简要，尤其要注意提出意见、建议的角度，不能在报告中夹带请示事项；理顺文章的思路和结构，无论是纵式结构还是横式结构，都要脉络清楚，层次分明；写作要及时，以便让上级机关和有关领导尽快了解重大、特殊、突发的种种新情况。

（三）答复报告

答复报告正文包括答复依据和答复事项两部分内容。答复依据是指上级要求回答的问题，要写得十分简要，有时一两句话即可。答复事项是指针对所提问题答复的意见或处理结果，既要写得周全，也要注意不要节外生枝，答非所问。

（四）建议报告

建议报告正文可分为情况分析和意见措施两部分。情况分析部分或者介绍情况，分析问题；或者肯定成绩，指出不足，总结经验教训；或者说明提出意见、建议的目的、原因和依据。这部分一般写得比较简明扼要，其后常以"特提出如下意见（或建议）""拟采取如下措施"等语领起下文。意见措施部分是在前一部分的基础上切合实际地提出做好某项工作的意见、措施、建议，这是建议报告的重点部分，也是建议报告在写法上有别于情况报告和工作报告的地方。意见措施部分往往采取条文式的写法，要求写得脉络清楚，逻辑严谨，主次分明。

有些建议报告需上级机关批转，有些只对上级机关的某项工作、某一征求意见的文稿等提出看法、建议，不需要上级表态或批转。

五、报告的写作要求

报告写作一般要求在掌握充分材料的基础上进行综合分析，提炼出正确的主题和新颖的观点，然后用简洁的语言来表述，具体要求如下。

（一）立意要新，内容要真实、具体，重点要突出

报告应该在占有大量材料的基础上进行分析研究，归纳出新颖的观点，提炼出能反映本质的、带规律性的主题。报告的内容必须实事求是，并分清主次轻重；材料要具体，既要有概括性的东西，也要有典型的具体事例。

第一章 公文

（二）注意工作报告和情况报告的区别

工作报告反映的是常规性的工作，内容相对稳定，写法也相对固定，有的工作报告还向上级提出工作建议。而情况报告汇报的是偶发或突发的特殊情况，内容多不确定，写法相对灵活。有的工作报告有不同程度的说理，而情况报告重在叙述、说明有关情况。

（三）报告要及时

写情况报告要及时，以便及时让上级机关掌握情况。

（四）一般报告的结尾都有习惯用语

根据报告的不同内容使用不同的习惯用语。提出建议请求上级机关批转给下级机关的工作报告，常以"如无不妥，请批转有关单位执行"等请求式用语作结，其他各类报告常以"特此报告""专此报告""以上报告，请审示"等用语作结。

（五）报告中不能夹带请示事项

对于报告，受文单位不用答复，如果夹带请示事项，不但不便处理，甚至还会贻误工作。对呈转性建议报告中所提请求上级机关批转有关单位执行的意见，其实也是下级机关提出的建议，不应看作一种请示。上级机关对此建议也不必向报告作者机关批示表态。

例文一

**北京市燕山地区国家税务局关于
2017年政府信息公开工作的报告**

本报告根据《中华人民共和国政府信息公开条例》（以下简称《条例》）以及国家税务总局、北京市国家税务局有关规定编制。全文由概述、主动公开政府信息情况、依申请公开政府信息情况、政府信息公开的收费及减免情况、因政府信息公开申请行政复议及提起诉讼情况、下一步工作、其他需要报告的事项七个部分组成。数据统计期限为2017年1月1日至2017年12月31日。

一、概述

略

二、主动公开情况

略

三、依申请公开政府信息情况

略

四、政府信息公开的收费及减免情况

略

五、因政府信息公开申请行政复议和提起行政诉讼的情况

略

六、下一步工作

略

七、其他需要报告的事项

略

北京市燕山地区国家税务局
2018年3月22日

例文二

湖北省人防办关于报送
2018年保密自查自评工作情况的报告

省委保密委员会：

根据省委保密办、省国家保密局《关于组织开展2018年度机关、单位保密自查自评工作的通知》（吉保局发〔2018〕1号）要求，办党组高度重视，及时组织传达，要求省办保密委员会要提高认识、精心准备，认真做好自查自评和迎接验收工作，明确了时间节点和责任人。现将自查自评有关情况报告如下：

一、切实加强对保密工作的组织领导

略

二、不断强化保密工作宣传教育

略

三、规范程序管理，确保保密制度落到实处

略

四、下步打算

略

湖北省人防办
2018年6月26日

第五节　请　示

一、请示的含义

请示是下级机关请求上级机关对某项工作给予指示或批准时所使用的公文。

请求上级机关给予指示的"请示"，应在遇到现有的方针、政策及法规、规定所不曾涉及的新情况、新问题，或政策界限难以把握时使用。请求上级机关予以批准的"请示"，应在遇到超越本机关的职权范围，或本机关有关人员对其看法、意见不完全一致的问题时使用。另外，某些业务主管部门就带有普遍意义的问题提出看法，希望领导机关将其批转有关单位时，也可以使用"请示"。

二、请示的适用范围

1. 属超出本机关工作职权范围，须经请示批准才能办理的。

2. 对国家的有关方针政策或上级机关的有关规定、决定等不甚了解或有不同理解，需请上级机关解释或重新审定的。

3. 工作中出现了新情况、新问题，必须处理却又无章可循，无法可依，有待上级机关批示的。

4. 遇到职权范围内难以克服或无力克服的困难，需请上级机关支持、帮助的。

5. 属涉及全局性或普遍性而本机关无法独立解决的工作上的困难和问题，必须请示上级机关，以求得到上级机关的协调和帮助的。

三、请示的类型

根据请示的不同内容和写作意图，请示可分为以下几类。

1. 请求指示的请示。这类请示涉及的是下级机关对政策、方针在认识上不明确、不理解，或对新问题、新情况不知如何处理的问题。

2. 请求批准的请示。这类请示涉及的是下级机关限于自己的职权，无权自己办理或决定的事项，多是人事、财务、机构等方面的具体问题。

3. 请求支持、帮助的请示。这类请示涉及的是下级机关遇到仅依靠自己的力量很难克服或无法克服的困难的情况。

四、请示的格式

请示一般由标题、主送机关、正文和落款四部分构成。

（一）标题

请示的标题由发文机关、事由和文种三部分组成。发文机关有时可以省略，如《关于丹霞山风景名胜区列为国家重点风景名胜区的请示》。要注意不能将请示写成报告或请示报告，标题中尽量不要出现"申请""请求"之类的词语，并且事由要明确，语言要简明。

（二）主送机关

"请示"的主送机关只能写一个，机关名称要顶格书写。

（三）正文

请示的正文包括三个部分：

1. 请示缘由。请示的缘由实际上就是提出请示事项和要求的理由、背景及依据，它是写作请示的关键，直接关系到上级机关审批请示的态度。这部分内容既要实事求是，有理有据，说明充分，又要条理清楚，开门见山。如果缘由比较复杂，还必须写明必要的事实和数据，不能为追求简要而做简单化处理，要让领导知晓批准或不批准这个请示将分别会出现什么局面。

2. 请示事项。请示事项要具体，要实事求是地写清拟请上级给予指示、批准的具体内容和要求，所提的要求要符合国家法律、法规，符合实际，并具有可行性和可操作性。如果内容比较复杂，则要分条列项写。写作时语气要得体，用语要明确，不能含糊其词。

3. 结束语。为了使请示的事项得到答复，发文机关一定要提出要求。常用"以上意见当否，请批示""妥否，请批复""以上请示，请予审批"等习惯用语为结束语。虽然是很简单的一句话，却是必不可少的。

（四）落款

落款包括发文机关、发文日期和印章三部分内容。

五、请示的写作要求

1. 事前行文，不可实施后再请示，或者边实施边请示。

2. 主送机关只能写一个，不能多头请示，确需请示几个机关，对有关的单位可用抄送的形式，这样可以避免出现推诿扯皮现象。受双重领导的机关向上级机关请示工作时，要根据请示内容的性质，主送一个上级领导机关，抄送另一个领导机关。

3. 一文一事，切勿数事并请。一份请示只能写一件事，这是《国家行政机关公文处理办法》的规定，也是实际的需要，如果一文多事，很可能导致受文机关无法批复。如果性质相同的几件事确需写在一份请示中，则必须是同一机关可以批复的。

4. 不得抄送下级机关。请示是上行公文，不得同时抄送下级机关，更不能要求下级机关执行上级机关未批准的事项。

5. 不越级请示。请示只送给直接的上级机关，不越级请示；如果因情况特殊或事项紧急必须越级请示时，要同时抄送越过的机关。除非是领导直接交办的事项，请示一般不直接送领导个人。

6. 不滥用请示。凡在自己职权范围内经过努力能够处理和解决的问题和困难，都应尽力自行解决，不能动辄请示。

例文一

关于暂缓调高旅游专项资金在交通建设附加费中分配比例的请示

市人民政府：

今年××月××日，××市委、市政府《关于加快发展旅游业的决定》（×字〔××××〕×号），同意建立旅游建设发展专项资金，其部分资金来源于交通建设附加费的分配，并将此分配比例从原来的5%调高到10%。对此，我委认为该措施无疑有利于筹集资金、促进旅游业发展。但当初决定征收旅游业交通建设附加费的目的，主要是筹集地铁资金，现要提高旅游专项资金在交通建设附加费中的分配比例，必然减少地铁资金的来源。地铁工程建设年度投资高达30亿元，筹资任务十分艰巨，而今年地铁资金缺口更大，需开拓更多的资金来源。因此，任何减少筹集地铁资金的做法都会导致工期拖长和投资增大，不利于工程建设。

鉴此，我委建议在地铁建设期内，暂缓调高旅游专项资金在交通建设附加费中的分配比例，仍执行旅游专项资金在交通建设附加费中占5%的分配比例不变。

专此请示，请批复。

××市计委
××××年××月××日

例文二

海南省教育厅关于印发免除普通高中
建档立卡家庭经济困难学生学杂费实施方案的请示
琼财教〔2016〕1835号

省政府：

经国务院同意，财政部、教育部联合印发《关于免除普通高中建档立卡家庭经济困难学生学杂费的意见》（财教〔2016〕292号），从2016年秋季学期起，免除普通高中建档立卡家庭经济困难学生学杂费。中共海南省委、海南省人民政府《关于加强和改进新形势下民族工作的意见》（琼发〔2015〕4号）中提出，2016年起对家庭经济困难的普通高中教育少数民族学生实施"三免一补"政策。为贯彻落实国家及省委、省政府上述要求，做好免除普通高中建档立卡家庭经济困难学生学杂费等有关工作，我们起草了《关于免除普通高中建档立卡家庭经济困难学生学杂费的实施方案》，现将有关事项请示如下：

一、免费政策主要内容

略

二、财政补助方式及资金分担机制

略

三、资金需求

略

附件：1. 关于免除普通高中建档立卡家庭经济困难学生学杂费的实施方案
2. 免除普通高中建档立卡家庭经济困难学生学杂费资金测算表
3. 关于免除普通高中建档立卡家庭经济困难学生学杂费的说明

海南省财政厅海南省教育厅
2016 年××年××月

第六节　批　复

一、批复的含义

批复适用于答复下级机关请示事项。

批复与请示是两相对应、配合使用的一组文种。下级机关用请示请求上级机关指示或批准；上级机关用批复传达指示或批准意见。请示的主送机关应是批复的发文机关，批复的主送机关是请示的发文机关。先有请示，后有批复。批复是指挥性的下行文。

二、批复的特点

（一）被动性

批复依赖下级机关的请示而被动行文。先有请示，后有批复。任何一份批复都是针对请示而做出的。

（二）针对性

批复的内容具有很强的针对性，主要体现在两个方面：一是批复的内容必须紧扣请示的内容，请示什么就批复什么；二是批复的主送机关是请示的下级机关，即是谁请示就给谁批复，涉及的有关单位必要时可以抄送，但范围必须有一定限制。

（三）权威性

批复是上级机关领导意图和领导权威的具体体现。批复对下级机关具有行政约束力。有了批复，下级机关便可明确能否得到上级机关的支持和帮助。

三、批复的分类

根据内容不同，可将批复分为三类：请求指示性批复、请求批准性批复和请求支持、帮助性批复。

（一）请求指示性批复

请求指示性批复是对下级机关领会不准或不甚了解的国家的有关方针、政策或上级机关的有关规定、决定做出的解释性、指示性的答复。

（二）请求批准性批复

请求批准性批复是对下级机关请求办理或请求处理的事项表明态度的答复。

（三）请求支持、帮助性批复

请求支持、帮助性批复是针对下级机关在遇到难以解决或无力克服的困难时提出请求支持或帮助的请示所做的答复。

四、批复的格式

批复对语言的准确性、明晰性要求甚高，篇幅比较简短，一般由标题、主送机关、正文和落款四部分组成。

（一）标题

批复的标题比较复杂，有多种构成形式，有的标题比较长。批复的标题通常有以下几种写法：

1. 由发文机关、批复事项、行文对象和文种构成。如《国务院办公厅关于深圳特区私人建房问题给广东省人民政府办公厅并福建省人民政府办公厅的批复》。

2. 由发文机关、事由和文种构成。如《广东省人民政府关于同意成立韶关市人民对外友好协会的批复》。

3. 由上级机关态度、事由和文种构成。如《关于同意人文社科系举办秘书训练班的批复》。

4. 由发文机关、请示标题和文种构成。如《××市人民政府对〈关于处理沿江路3号商业大厦失火事故的请示〉的批复》。

5. 由事由和文种构成。如《关于同意××××学院人文社科系举办校外××班的批复》。

（二）主送机关

主送机关是指与批复相对应的请示的发文机关。

（三）正文

批复的正文一般由批复引语、批复内容和批复结语三部分组成。

1. 批复引语。一般先引请示标题，引述来文是为了说明批复根据，点出批复对象，使请示机关一看批复的开头就明白是因何事而做的批复，但要注意尽量避免批复引语和批复标题重复；再引发文字号，发文字号应加圆括号，如"你公司《关于……的请示》（××〔20××〕×号）收悉"。

2. 批复内容。即针对请示中提出的问题给予明确具体的答复，对不同意的事项，应说明理由。有的批复在表明态度之后还可以提出具体要求。

一般来说，对常规事项、例行工作的批复，特别是同意有关请示的批复，不必阐述批复理由，表明同意态度即可。如果完全同意，就写上肯定性意见。一般要求复述原请示主要内容后才表态，不能只笼统写上"同意你们的意见"。这样的批复是考虑到不与受文单位请示的具体内容脱节。如果有的同意，有的不同意，就要写明同意的内容及不同意的理由。若不同意请示事项，或对下级机关要求的支持和帮助难以满足，则除在批复中表明态度外，一般还需要适当说明理由，以使对方能较好地接受，并及时做出相应的工作安排。

3. 批复结语。常用"此复""特此批复"等用语结尾。

（四）落款

落款包括发文机关、发文日期和印章三部分内容。

五、批复的写作要求

写作批复除掌握其结构和写法外，还要注意以下几点。

1. 要吃透请示的内容。批复是针对请示写的，要求写作人员认真研究请示的事项是否与近期的工作需要以及党的方针、政策及国家的法律、法规相符，核实请示事项的真实性，研究请示所提方案的可行性以及下级机关提出问题的背景。

2. 一个批复针对一份请示。有时数个下级机关联合请示同一件事，经研究，应分别给各个下级机关行文批复。

3. 要有理有据。批复下级的请示不能违反有关法律和政策的规定，不能超越本机关的职权。

4. 态度要鲜明，意思要明确。批复的内容要简单、明确。对请示的事项哪些同意、哪些不同意，有什么具体要求，都要在批复中讲清楚，不能含混不清，也不能避而不答，切忌使用"似属可行""酌情办理""最好去做"之类的词语。

5. 若批复内容涉及其他部门，应进行协调，根据协调结果行文。

6. 批复的撰写和制发都要及时，以免贻误下级机关的工作。

需注意的是，在不违背以上要求的前提下，对不同意请示事项的批复，要注意下级机关的接受心理，体谅下级机关的实际困难和具体情况，使对方容易接受，以便及时做出相应安排。

例 文

国务院关于同意将河北省蔚县列为国家历史文化名城的批复

国函〔2018〕70号

河北省人民政府：

你省关于申报蔚县为国家历史文化名城的请示收悉。现批复如下：

一、同意将蔚县列为国家历史文化名城。蔚县历史悠久，古城形制独特，风貌保存较好，文化遗存丰富多样，古代建筑数量众多，具有重要的历史文化价值。

二、你省、张家口市及蔚县人民政府要根据本批复精神，按照《历史文化名城名镇名村保护条例》的要求，加强文物保护利用和文化遗产保护传承，正确处理城市建设与保护历史文化遗产的关系，深入研究发掘历史文化遗产的内涵与价值，明确保护的原则和重点。编制好历史文化名城保护规划，并将其纳入城市总体规划，划定历史文化街区、文物保护单位、历史建筑的保护范围及建设控制地带，制定并严格实施相关保护措施。在历史文化名城保护规划的指导下，编制好重要保护地段的详细规划。在规划和建设中，要重视保护城市格局，注重城区环境整治和历史建筑修缮，不得进行任何与名城环境和风貌不相协调的建设活动。

三、你省和住房城乡建设部、国家文物局要加强对蔚县国家历史文化名城规划、保护工作的指导、监督和检查。

国务院

2018年5月2日

第七节 意　见

一、意见的含义

意见是对重要问题提出见解和处理办法的公文。

二、意见的特点

（一）使用单位广泛

意见既可以对工作做出指导，提出要求，又可以对工作提出建议，或者对工作做出评估，提出批评。这些功用决定了它既可用于党政领导机关，也可用于人民团体、企事业单位；上级可用，下级甚至基层组织也可用。

（二）行文多向

意见既可以用作下行文，表明主张，做出计划，阐明工作原则、方法和要求；又可以用作上行文，提出工作见解、建议和参考意见；还可以用作平行文，对平行的或者不相隶属机关的有关专门工作做出评估、鉴定和咨询。

（三）作用多样

有的意见具有指导、规范作用，有的具有建议、参考作用，有的具有评估、鉴定作用，有的具有批评作用，有的具有探索、过渡作用。

（四）内容具有弹性

意见作为上行文向上级机关提出的建议，上级机关可以采纳，也可以不采纳。意见作为下行文，其内容不像命令、决定那样是硬性的规定而无法变通，语言也不那么强硬。下行意见对一些具体问题总留有一定的灵活掌握的余地，甚至只供参考而无明确的执行要求。意见在做平行文时一样留有余地，受文单位对意见的处理具有机动灵活性。

三、意见的类型

按照性质和用途的不同，意见可分为四类：指导性意见、实施性意见、建议性意见和评估性意见。

（一）指导性意见

指导性意见是上级机关对有关问题或有关工作提出政策性、倾向性观点，或对某项工作规定目标、任务，提出措施、方法和步骤一类实施要求的下行文。这种意见对下级有一定的行政约束力，也具有变通性。有些工作部署不宜以决定、命令、通知等文种行文，便多以指导性意见行文。

（二）实施性意见

实施性意见是对某一时期某方面的工作规定目标和任务，提出措施、方法和步骤一类实施要求的下行文。这种意见指导下级工作，与实施计划的效用相似。

（三）建议性意见

建议性意见是下级机关向上级机关提出工作建议的上行文。它又分为呈报类建议意见和呈转类建议意见。

呈报类建议意见是下级机关就某方面工作提出建议，献计献策，只供上级决策参考或认可，而不请求上级处理的意见。

呈转类建议意见是下级机关就开展和推动某方面的工作提出建议、设想和打算，呈报上级机关审定并请求批转有关单位执行的意见。此类意见一经上级机关批转，就成为上级机关的指导性意见，具有一定的行政约束力。

一般来说，呈报类建议意见和呈转类建议意见也可以用建议性报告行文。

（四）评估性意见

评估性意见是业务职能部门或专业机构就某项专门工作、业务工作在经过鉴定、评议后得出的，送交有关方面的鉴定性、结论性意见。这是业务职能部门或专业人员就某项专门工作、业务工作，经过调查、研究后，送交有关方面的鉴定、评估结果，它有时候做上行文，有时候做下行文，但主要还是做不相隶属机关之间的平行文。此类意见又可分为鉴定性意见和批评性意见。

四、意见的格式

意见一般由标题、主送机关、正文三部分构成。

（一）标题

完全式标题由发文机关、事由和文种组成。下行意见一般用完全式标题，上行意见通常省略发文机关，一般采用"关于……的意见""对……的几点意见"的形式。

（二）主送机关

上行意见和平行意见均有主送机关，评估性意见和下行意见可以省略主送机关。

（三）正文

1. 指导性意见。这是下行意见。正文一般先交代当前某项工作存在的背景和问题，在目的句"为了……，现提出如下意见"之后转入事项部分，即表述上级机关对某项工作的政策性、倾向性意见，或者对完成某项工作提出措施、方法和步骤一类实施要求，通常用"以上意见，请结合实际情况贯彻执行"类语作结。

2. 建议性意见。这是上行意见。上行意见正文开头与指导性意见类似，写明提出意见的依据、背景和目的，事项部分是下级机关对有关问题或某项工作提出的见解、建议或解决办法。事项部分要符合政策法规，有理有据，具有合理性或可操作性。呈报类建议意见一般用"以上意见供领导决策参考""以上意见供参考"作结；呈转类建议意见则通常用"以上意见如无不妥，请上级批转××执行"之类语句作结。

3. 评估性意见。评估性意见的正文一般开门见山，以"现对……，提出如下鉴定意见"，引出具有针对性、科学性的具体结论后即作结。

值得一提的是，平行意见的正文开头一般写行文的缘由、背景，主体写对有关事项或问题的建议，最后用"以上意见供兄弟单位参考"类语作结。无论哪一类意见，语言都要严肃、得体、简明，尤其是下行性意见，要少用指令性词语，多用期请性、指导性词语，以适当体现注重商榷、尊重对方的民主作风。

五、意见的写作要求

（一）指导性意见因机关层次的不同有不同的要求

不同层次的领导机关使用这类意见时，一般内容的侧重点不同。高层领导机关发布的意见原则性较强，政治色彩较浓；下层领导机关发布的意见则比较具体，操作性较强。

（二）实施性意见要写得具体、可行

意见的写法与实施计划的写作要求类似，要写明具体、可行的任务、措施、步骤和实施监督等要素。

（三）注意建议性意见与建议性报告的区别

建议性意见常经领导机关以通知形式批转各地执行。正文中提出的建议、意见主要不是针对上级，而是针对下级和有关方面，撰写时尤其要注重行文的得体。建议性意见与建议性报告的区别是：报告注重以叙述客观工作或情况为基础，而意见偏重于叙述针对重要问题所提出的看法和处理意见。与报告相比，建议性意见偏重于议论，针对的问题更专一、更突出和非常规一些。

（四）评估性意见要体现科学性、公正性

评估性意见做出的评价、鉴定一定要科学、公正，要用事实和数据说明情况，提出的结论要实事求是，恰如其分，既不夸大拔高，也不缩小降低。尤其是批评性意见，一定要有理有据，不但要批评不足与错误，也要尽可能提出改进意见。

例文一

国家发展改革委关于创新和完善促进绿色发展价格机制的意见

发改价格规〔2018〕943号

各省、自治区、直辖市发展改革委、物价局：

　　绿色发展是建设生态文明、构建高质量现代化经济体系的必然要求，是发展观的一场深刻革命，核心是节约资源和保护生态环境。为深入学习贯彻习近平生态文明思想，认真落实全国生态环境保护大会精神，助力打好污染防治攻坚战，促进生态文明和美丽中国建设，现就创新和完善促进绿色发展的价格机制提出以下意见。

一、重要意义

略

二、总体要求

略

三、完善污水处理收费政策

略

四、健全固体废物处理收费机制

略

五、建立有利于节约用水的价格机制

略

六、健全促进节能环保的电价机制

略

七、狠抓政策落地

略

国家发展改革委
2018年6月21日

> 例文二

国务院办公厅关于实施农村义务教育学生营养改善计划的意见
国发办〔2011〕54号

各省、自治区、直辖市人民政府,国务院各部委、各直属机构:

为贯彻落实《国家中长期教育改革和发展规划纲要(2010—2020年)》,进一步改善农村学生营养状况,提高农村学生健康水平,加快农村教育发展,促进教育公平,经国务院同意,现就实施农村义务教育学生营养改善计划提出以下意见:

一、充分认识实施农村义务教育学生营养改善计划的重要意义
略
二、农村义务教育学生营养改善计划的主要内容
略
三、把食品安全摆在首要位置
略
四、加强领导,精心组织,确保各项工作落实
略

国务院办公厅
2011年11月23日

第八节 函

一、函的含义

函是不相隶属的机关之间联系商洽工作、询问和答复问题、请求批准和答复审批事项时使用的公务函件。

二、函的分类

(一)按照内容和用途分类

按照内容和用途,函可分成四种类型:商洽函、询答函、批请函和告知函。

1. 商洽函,即不相隶属机关之间商洽工作、联系有关事宜的函,如人员商调、联系参观学习等。

2. 询答函,即不相隶属机关之间相互询问和答复有关具体问题的函。询答函涉及的多数是问题而不是具体的工作。

3. 批请函,即用于不相隶属机关之间请求批准和答复审批事项的函。

4. 告知函,即告知不相隶属机关有关事项的函。

(二)按照文面规格分类

按照文面规格的不同,可分为公函和便函。

1. 公函按一般公文格式需写上标题、主送机关、正文、落款,编上发文字号,既可由机

关办文部门按发文统一编号，也可按函件单独编号。

2. 便函格式灵活、简便，写法较自由，可不写标题、不编文号，不列入正式文件范围。

（三）按行文去向分类

按照行文去向的不同，函又可以分为去函和复函。

1. 去函是主动发出的函。

2. 复函是针对来函所提出的问题或事情，被动答复的函。

三、函的特点

（一）使用广泛

函的使用不受级别高低、单位大小的限制，收发函件的单位均以比较平等的身份进行联系，上至国务院，下至基层组织、企事业单位、社会团体，都广泛地使用函。

（二）行文多向

函可以上行、平行、下行，但大多数函做平行文。

（三）用语谦敬

不论什么类型的函，用语皆得注重谦恭有礼，尊重对方，力求得到对方更多的理解和支持。函是最注重使用文言词汇的公文，是公文中最富有文学性的文种。

（四）短小精悍

函一般较短小，内容单一，语言简洁。

四、函的格式

函一般由标题、主送机关、正文和落款四部分构成，这里主要介绍标题和正文的写法。

（一）标题

函的标题有多种写法。一种是发文机关+事由+回复函对象+文种，如《国务院办公厅关于悬挂国徽等问题给湖北省人民政府办公厅的复函》，这是较重要的复函常用的标题。另一种只写事由+文种，省略发文机关，如《关于请求拨款举办"民间艺术节"的函》（去函标题）、《关于拨款举办"民间艺术节"的复函》（复函标题）。

（二）正文

函的正文一般分为三部分：

第一部分：缘由，即依据部分，交代写函的原因、目的、依据。如果是去函，即说明去函的原因；如果是复函，即说明是答复对方某某函件。一般来说，去函的开头或说明根据上级的有关指示精神，或简要叙述本地区、本单位的实际需要、疑惑和困难。复函的开头引用对方来函的标题及发文字号，有的复函还会简述来函的主题，这与批复的写法基本相同。

有的复函以"现将有关问题复函如下"一类文种承启语引出主体事项，即答复意见。复函的正文写法同批复正文写法基本一样，由引语和答复意见两部分组成。引语就是引述来函标题及来函文号。答复意见即针对来函所提出的商洽、询问或请求等问题予以答复。

第二部分：事项和意见。简明扼要地写清需要商洽、询问、答复、联系、请求批准或答复审批及告知的事项及自己的看法和处理意见。这部分可多可少，如果事项很简单，可将事项写在一段，一气呵成；如果事项较复杂，或要求较多，往往要单列一段甚至分条列项写。不论是哪一种内容，对哪一级，都应语气谦和、不卑不亢。

去函事项部分应采用叙述和说明的写作方法，是什么就写什么，既要简明扼要，又要交代清楚。如果是复函，应针对来函的情况给以明确答复，即表示同意或不同意，不同意是什么原因；或应该怎么办，不应该怎么办；或对询问问题，做出说明等。

第三部分：结束语。不同类型的函结语有别。如果行文只是告知对方事项而不必对方回复，则结语常用"特此函告""特此函达"；若是要求对方复函的，则用"盼复""望函复""请即复函"等语；请批函多以"请批准""请大力协助为盼""望能同意""望准予××是荷"等习惯用语收束；复函的结语常用"特此复函""特此回复""此复"等惯用语；也有的函不写结语。

五、函的写作要求

（一）注意批请函与请示的区别

使用批请函还是请示主要依据发文机关与受文机关的关系而定。函主要用于平级单位之间、不相隶属单位之间以及有业务上的主管和被主管关系的单位之间的工作往来，向主管单位请求批准有关事项，主管单位用复函批准请求事项。请示则用于有隶属关系的上下级机关之间，下级机关用请示向上级机关行文请求批准重要事项。因此，在使用请示和函时，首先要弄清发文机关和受文机关的关系，然后才能确定文种。

（二）开门见山，直奔主题

函是一种比较简便的行政公文，讲究快捷，所以函一般写得很简短，应简明扼要，切忌空话、套话，或者含糊其词，不知所云。

（三）一文一函，简洁明了

（四）语言要规范得体，并体现函的用语特色

发函要使用平和、礼貌、诚恳的语言，对主管机关要尊重、谦敬，对级别低的单位要平和，对平行单位和不相隶属的单位要友善，切忌使用生硬、命令性的语言。总之，语言表达要礼貌、得体、尊重对方，一般不用"必须""应该""注意"等指示性语言。

（五）注意函与批复的区别

函有发函与复函之分。复函是用于回复不相隶属机关来函提出的事项，批复则是用来批准、答复下级机关的请示。从使用范围来看，函比批复使用更广泛、更灵活。

例文一

关于印发《海南省 2018 年度水污染防治工作计划》的函

各市、县、自治县人民政府，洋浦经济开发区管委会，省发展改革委、省农业厅、省工业和信息化厅、省卫生计生委、省国土资源厅、省住房城乡建设厅、省交通运输厅、省商务厅、省科技厅、省海洋与渔业厅、省水务厅、海南海事局：

为贯彻落实国务院《水污染防治行动计划》《海南省水污染防治行动计划实施方案》《海南省污染水体治理三年行动方案》《海南省近岸海域污染防治实施方案》，确保完成国家和省政府下达的水环境质量目标控制任务，我办制定了《海南省 2018 年度水污染防治工作计划》，现印发给你们，请认真落实。

海南省水污染防治行动计划实施
工作领导小组办公室
2018 年 6 月 20 日

例文二

关于注销尚志市华煜山产品有限公司等 3 家单位
无公害农产品证书及标志使用权的函

农质安函〔2017〕111 号

黑龙江省无公害农产品质量安全中心：

　　你中心《关于注销尚志市华煜山产品有限公司等 3 家企业部分无公害农产品证书及标志使用权的请示》收悉。依据《中华人民共和国农产品质量安全法》《无公害农产品管理办法》等相关规定，部中心决定注销尚志市华煜山产品有限公司等 3 家单位（详见附件）的部分产品的无公害农产品证书及标志使用权，并委托你中心负责即刻收回上述单位的无公害农产品证书。

　　附件：注销无公害农产品证书及标志使用权单位名单

农业部农产品质量安全中心
2017 年 12 月 28 日

例文三

民政部关于中国宋庆龄基金会公开募捐资格的复函

中国宋庆龄基金会：

　　你会《关于申请公开募捐资格的请示》（宋基会字〔2017〕81 号）收悉。按照《中华人民共和国慈善法》的有关规定，我部同意向你会发放公开募捐资格证书。

　　你会领取公开募捐资格证书后，应当遵守《中华人民共和国慈善法》及其配套规章的有关规定，开展公开募捐活动。现将有关事宜函告如下：

　　一、你会在开展公开募捐活动前，应当依法制定募捐方案，并按照有关规定报我部备案。

　　二、你会通过互联网开展公开募捐活动，应当在我部统一或者指定的信息平台发布募捐信息。

　　三、你会应当定期在我部统一的信息平台发布公开募捐及其使用情况，每年向我部报送社会捐赠及其使用情况并及时向社会公开。

　　四、我部依法对你会接受社会捐赠及使用捐赠情况进行监督。

民政部
2018 年 1 月 5 日

第九节　纪　要

一、纪要的含义

　　纪要是在对会议的情况和议定事项加以归纳、整理的基础上，将其主要精神反映出来的公文文种。纪要适用于记载会议主要情况和议定事项，一般称为会议纪要。它既可上呈，又可下达，还可被批转或被转发至有关单位遵照执行，使用广泛。

并非所有的会议都要形成会议纪要，通常只有大中型会议或比较重要的会议才要求写会议纪要。纪要的主要作用是沟通情况、交流经验、统一认识、指导工作。

二、纪要的特点

（一）内容的纪实性

纪要是在会议后期或者会后根据会议记录和各种会议材料整理而成的，它真实、准确地体现了会议情况和会议精神。因此，纪实性是纪要的基本特点，也是撰写纪要的基本原则。

（二）表述的提要性

纪要不像会议记录那样对会议发言和会议内容逐一记载，它只是对会议结果的择要归纳，即概括主要精神，归纳主要事项，体现中心思想，使人一目了然，易于把握精髓。

（三）作用的受限性

纪要只对与会单位、与会人员有一定的约束力，要求他们对会议议定的事项共同遵守，信守承诺。若希望纪要扩大读者范围和影响力，则需由上级机关将之作为"通知"的附件下发。

（四）约束性

纪要一经下发，便要求与会单位和有关人员遵守、执行。在这一点上，纪要与党务决议基本一致，只不过纪要比决议的规范性、严肃性程度低。

三、纪要的分类

（一）按照会议内容的分类

按照会议内容的不同，纪要可分为决议性纪要、研讨性纪要和协议性纪要三类。

1. 决议性纪要。这类纪要主要记载和反映领导层制定的决策事项，作为传达和部署工作的依据，对今后的工作具有指导作用，常用于领导办公会议。

2. 研讨性纪要。这类纪要主要记载和反映经验交流会议、专业会议或学术性会议的研讨情况，旨在阐明各方的主要观点、意见或情况，主要用于职能部门和学术研究机构召开的专业会议或学术研讨会议。

3. 协议性纪要。这类纪要主要记载双边或多边会议达成的协议情况，以便作为会后各方执行公务和履行职责的依据，对协调各方今后的工作具有约束作用，常用于领导机关主持召开的多部门协调会或不同单位联席办公会。

（二）根据会议性质的分类

按照会议性质的不同，纪要可分为办公纪要和其他纪要。

1. 办公纪要，用以传达由机关、单位召开的办公会议所研究的工作、议定的事项和布置的任务，要求与会单位和有关方面、有关人员共同遵守、执行。

2. 其他纪要是指专门工作会议、专题讨论会、座谈会、学术研究会等会议形成的纪要。这类纪要，有的起通报会议情况的作用，使有关人员尽快知道会议的基本情况和主要精神；有的具有指导作用，它所传达的会议精神可指导有关方面的工作。

（三）根据写法的分类

根据纪要写法的不同，会议纪要又可分为分项式纪要、综述式纪要和摘要式纪要三类。具体内容将在纪要正文部分详细介绍。

四、纪要的格式

纪要由标题和正文组成。在格式上与其他公文不同的是，纪要不用主送单位和落款，成文时间多写在标题下方，且不盖公章。

（一）标题

纪要的标题有两种形式：

1. 由会议名称和文种"纪要"组成，如《全国农村爱国卫生运动现场经验交流会纪要》。有些纪要的标题还可写明召开会议的单位名称。

2. 由说明会议意义或内容的正标题和说明会议名称和文种的副标题构成，如《探讨新时期文学的发展——中国当代文学研究会第二次学术讨论会纪要》。

（二）正文

纪要的正文由三部分组成。

第一部分：会议基本情况。交代会议的时间、地点、议题、议程、与会人员、会议的主要收获，类似会议报道的新闻导语，这部分不宜写得过长，要简明扼要，让人们读后对会议有总体的了解。

第二部分：会议内容纪要。它是会议纪要的核心部分，要根据会议的中心议题，按主次、有重点地写出会议的情况和成果，包括对工作的评价、对问题的分析、会议议定的事项、提出的要求等。下面分别介绍综述式纪要、分项式纪要、摘要式纪要主体的写法。

1. 综述式纪要，即对会议的内容或议定事项进行综合概括，按性质分成若干部分，然后依据一定的逻辑顺序排列写出。这是一种比较普遍的写法，它有利于突出主要内容，分清主次，一般把主要的、重要的放在前面，而且尽量写得详细、具体一些，次要的和一般性的内容放在后面，可简略一些。议题比较重大、涉及面较广的纪要以及用于批转的纪要多采用这种写法。

2. 分项式纪要，即把会议的内容或议定事项分条列项地写出，使其条理化，一目了然。许多办公会议纪要或讨论解决较具体、较专门问题的会议纪要属于这一类。

3. 摘要式纪要，即将与会者的发言按中心议题的要求择其要点摘录出来，按内容性质归类后写出。对发言者要写出真实姓名和职务、职称。这种写法能客观地反映与会者的观点和主张，还能较大限度地保留谈话风格，避免一般化和千篇一律，比较客观、具体。

第三部分：提出希望或号召。一般写对与会者的希望和要求，也有的纪要不写专门的结尾。

五、会议纪要的写作要求

（一）把握会议精神

写作纪要首先要弄清楚会议的目的、任务、内容和形式，掌握会议的所有文件材料，参加会议的全过程，并认真做好记录，特别要注意阅读会议的主体文件和材料、领导同志的发言，掌握会议的主要精神。按照会议精神对材料进行分类和筛选。

（二）抓住要点，突出会议主题

纪要虽然是会议情况和结果的反映，但不能面面俱到，照搬会议记录，而应该围绕会议主题，抓住要点，突出重点，把会议的主要情况简明扼要地反映出来，把会议议定的事项一一叙述清楚。

（三）注意与会议记录的差别

会议记录是如实记录。纪要则以会议记录为基础和依据，表现会议的主要内容。另外，会议记录只作为机关单位内部存查使用的文书，不对外公布，纪要则在一定范围内公布传达，作为正式行政公文使用。

纪要报送上级时，会议主办单位需另拟一份报送报告，与纪要一并报上。

（四）注重使用会议纪要的习惯用语

纪要常常以"会议"为第三人称记述会议内容，因此，纪要的主体部分应注重使用"会议认为""会议提出""与会者一致认为""会议决定""会议要求""会议希望""会议号召"等作为层次或段落的开头语。

例　文

全国法院破产审判工作会议纪要

为落实党的十九大报告提出的贯彻新发展理念、建设现代化经济体系的要求，紧紧围绕高质量发展这条主线，服务和保障供给侧结构性改革，充分发挥人民法院破产审判工作在完善社会主义市场经济主体拯救和退出机制中的积极作用，为决胜全面建成小康社会提供更加有力的司法保障，2017年12月25日，最高人民法院在广东省深圳市召开了全国法院破产审判工作会议。各省、自治区、直辖市高级人民法院、设立破产审判庭的市中级人民法院的代表参加了会议。与会代表经认真讨论，对人民法院破产审判涉及的主要问题达成共识。现纪要如下：

一、破产审判的总体要求

略

二、破产审判的专业化建设

略

三、管理人制度的完善

略

四、破产重整

略

五、破产清算

略

六、关联企业破产

略

七、执行程序与破产程序的衔接

略

八、破产信息化建设

略

九、跨境破产

略

最高人民法院
2018年3月4日

 # 第二章 经济应用文

第一节 经济应用文概述

一、经济应用文的含义与作用

经济应用文是用于经济活动领域的各种文体的总称。它们担负着反映经济情报、分析经济现状、预测经济形势、提供经济方案、规范经济交往、促进商品销售等项任务,其最终目的是为提高经济效益服务。经济应用文是工商企业和一切涉及经济活动的单位或部门的必备文书。经济应用文的种类很多,使用范围大,使用频率高。

二、经济应用文的特点

经济应用文是应用文的一个分支,也具有应用文的一般特点,即讲求实效、材料确凿、格式固定、完稿及时、语言简明。除了这些共性之外,经济应用文还因其独有的内容和目的而具有自身的特点。

(一) 直接为经济目的服务,围绕提高经济效益做文章

市场调查与预测报告、经济活动分析报告,最终都要落脚到建议上,而建议的内容就是采取什么样的措施才能提高经济效益;又如,可行性研究报告,其成败的关键在于能否就某个项目提出一个让人信服的、经济上具有获利性的最佳方案;而商业广告,其扩大销售、增加利润、促进生产、提高经济效益的目的则更加明显。

(二) 广泛使用数据并注重数量关系分析

在经济应用文里,数据不仅直接用于说明,而且常常作为推论或预测的依据。比如,在经济合同里,标的物的数量、质量、价款或酬金、合同履行期限和有效期限、某些违约处理的办法等,都是用准确的数字表示;又如,在经济活动分析报告里,分析的主要依据是数字,基本方法是数字的对比与计算,离开了会计、统计、业务核算和计划数字,经济活动分析报告的写作便无法进行。

(三) 专业性较强

不了解经济工作,甚至不熟悉经济领域里某一部门的业务,就很难写好这类文章,其结果不是说了外行话,就是隔靴搔痒,说不到点子上。比如,写有关资金的经济活动分析报告,不知道如何计算产值资金率、资金周转率、流动资金利润等,就根本无法下手。写可行性研究报告,不知道如何估算项目投产后的收益以及投资回收年限和投资回收率等,也是不行的。

第二节　经济计划

一、经济计划的含义与作用

经济计划是企业或经济部门就未来一段时间内的经济工作确定目标，提出要求，制定措施，并说明有关事项的书面文件。通俗地说，经济计划是下一阶段经济工作的设想或打算。

经济计划是经济管理工作中的重要环节和手段，它是指挥、控制、协调的依据与前提。具体地说，科学的经济计划能为一个企业、一个部门、一个系统乃至一个国家指明共同的经济目标，使大家心往一处想，劲往一处使，工作环环相扣，生产忙而不乱。此外，经济计划还能帮助我们了解工作进度，衡量任务完成的好坏。总之，在生产社会化时代，经济效益的提高离不开科学的计划。

二、经济计划的分类

经济计划按照涉及面的宽窄，可分为综合经济计划（带有全局性）和专项经济计划（只涉及某一方面或某项工作）。

按照内容性质，经济计划可分为生产经营计划、经济管理计划和科学研究计划。

按照期限长短，经济计划可分为长期经济计划（一般在五年以上）、中期经济计划（一般在三年以上，五年以下）和短期经济计划（年度、季度、月份计划等）。

按照约束大小，经济计划可分为指令性计划（国家下达，有行政约束力）和指导性计划（有间接控制性）。

三、经济计划的基本格式

经济计划一般包括标题、正文、落款三个部分。

（一）标题

经济计划的标题通常由单位名称、计划期限、计划内容和文种四个要素构成，如《××厂2018年生产计划》《××公司2018年销售计划》。如果计划是未定稿，则可在标题后的圆括号内注明"草稿""讨论稿"等。

（二）正文

经济计划的正文一般包括前言、目标、措施三个部分，也就是依次说明"为什么要做"、"做什么"和"怎么做"的问题。

1. 前言部分，要写制订该计划的原因和目的。原因是客观情况，目的是主观愿望。这里主观愿望并不是凭空想象，而是依据党和国家现行经济政策、上级主管部门的要求，并结合本地区、本部门、本单位的实际情况确立的制订计划的指导思想。

2. 目标部分，不仅要指出最终的目的，而且要列出为达到这个目标所需完成的具体工作。因为这一部分是经济计划的主体，所以要写得明确具体，比如，做什么、什么时候完成、达到什么样的要求或标准等要交代清楚，如果工作内容较多，可分项拟写。

3. 措施部分，要写明完成任务的步骤、办法等。

（三）落款

落款写制订计划的单位名称与日期。

四、经济计划的写作要求

1. 制定目标要切合实际，既不能高不可攀，也不要太易达到。一般来说，具有一定挑战性的目标最能激起人们的拼搏精神。此外，在文字表达上，目标要说得明确，任务要写得具体。

2. 措施部分要翔实，做到步骤清楚，办法可行。

3. 计划草拟以后，应交有关人员讨论研究，然后在认真听取意见与建议的基础上修改计划。只有这样，经济计划才不致变成脱离实际的纸上谈兵。

例 文

天津市食物与营养发展实施计划（2018—2020 年）（节录）

为了保障食物有效供给，优化食物结构，巩固食品安全，改善居民营养水平，根据《中国食物与营养发展纲要（2014—2020 年）》，结合本市实际，制订本实施计划。

一、总体要求

（一）指导思想

全面贯彻党的十九大精神，以习近平新时代中国特色社会主义思想为指引，以习近平总书记对天津工作提出的"三个着力"重要要求为元为纲，围绕扎实推进"五位一体"总体布局、"四个全面"战略布局在天津的实施，坚持新发展理念，以满足人民群众日益增长的安全、多样、健康、方便食品消费需求为目标，不断调整、优化食物生产和消费结构，切实加强对重点区域、重点人群的引导与干预，着力推动食物与营养发展方式的转变，保障食物安全、质量和有效供给，促进营养均衡发展，全面提升市民健康水平，为建设健康天津奠定坚实基础。

（二）基本原则

1. 坚持食物数量与质量并重。在重视食物数量的同时，更加注重品质和质量安全，加强优质专用新品种的研发与推广，提高优质食物的比重，实现食物生产数量与结构、质量与效益相统一。

2. 坚持生产与消费协调发展。充分发挥市场机制的作用，以现代营养理念引导食物合理消费，逐步形成以营养需求为导向的现代食物产业体系，促进生产、消费、营养、健康的协调发展。

3. 坚持传承与创新有机统一。传承以植物性食物为主、动物性食物为辅的优良膳食传统，保护具有地域特色的膳食方式，创新繁荣天津饮食文化，积极吸收国内外膳食结构的优点，全面提升膳食营养科技支撑水平。

4. 坚持引导与干预有效结合。普及公众营养知识，引导科学合理膳食，预防和控制营养性疾病；针对不同区域、不同人群的食物与营养需求，采取差别化的干预措施，改善食物与营养结构。

（三）发展目标

1. 食物生产量目标。加快转变农业发展方式，大力发展现代都市型农业，进一步优化农产品生产结构，以粮食和"菜篮子"产品为主导，重点发展小麦、水稻、蔬菜、水果、生猪、禽蛋、牛奶、水产品等优势产业，确保主要农产品供给稳定。到2020年，蔬菜、牛奶、水产品自给率稳定在100%以上，粮食、肉类、蛋类和特色林果生产稳定发展。

2. 食品产业发展目标。以结构调整和产业升级为主线，按照"大食品"的发展战略，做强5至10个百亿集团；培育60个名牌产品，市级企业技术中心35家，到2020年，把天津市打造为食品工业强市。

3. 食物消费量目标。推广膳食结构合理的健康消费模式，控制食用油、盐和肉类的消费量，提高奶类、蔬菜类、水果类、全谷类食物消费量。到2020年，全市人均全年消费豆类13公斤、肉类29公斤、蛋类16公斤、奶类36公斤、水产品18公斤、蔬菜140公斤、水果60公斤。

4. 营养素摄入量目标。全面普及膳食营养和健康知识，保障充足的能量和蛋白质摄入量，控制脂肪摄入量，保持适量的维生素和矿物质摄入量。到2020年，全市人均每日摄入能量中，谷类食物供能比不低于50%，脂肪供能比不高于30%；人均每日蛋白质摄入量78克，其中优质蛋白质比例占45%以上；维生素和矿物质等微量营养素摄入量基本达到居民健康需求。

5. 营养性疾病控制目标。基本消除营养缺乏现象，控制营养性疾病增长。到2020年，全市5岁以下儿童生长迟缓率继续控制在3%以下；孕产妇贫血率控制在15%以下，老年人和5岁以下儿童贫血率控制在10%以下；居民超重、肥胖和血脂异常率的增长速度趋缓。

二、主要任务

（一）构建供给稳定、运转高效、监控有力的食物数量保障体系（略）

（二）构建标准健全、体系完备、监管到位的食物质量与安全保障体系（略）

（三）构建定期监测、分类指导、引导消费的居民营养改善体系

建立健全居民食物与营养监测管理制度，加强监测和信息分析。对重点区域、重点人群实施营养干预，重视解决微量营养素缺乏、部分人群油脂摄入过多等问题。开展多种形式的营养教育，引导居民形成科学的膳食习惯，推进健康饮食文化建设。（市卫生计生委负责）

三、发展重点

（一）完善食物数量保障体系，提高优质食物供给水平

1. 稳定主要农产品供应能力。按照产出高效、产品安全、资源节约、环境友好的原则，形成种养业规模化、标准化和生产区域化、服务社会化的农业生产新格局。稳定粮食和蔬菜种植面积，进一步优化、调整农业结构，加强基础设施建设。到2020年，划定并完善40万亩保障型蔬菜功能区，创建200个畜禽标准化示范场，建设100个无公害、优质、高效海淡水养殖生产基地。（市农委负责）

2. 进一步提升方便营养加工食品水平。重点提升方便面产品营养成分，研发各种营养汤料，加强产品细分，增加非油炸方便面的比例，加快发展针对减肥、季节性滋补、儿童成长等各类需求的方便粥产品。推动休闲食品多元化发展，注重功能性与健康元素的结合。利用现代技术改造传统糕点、面包工艺，加快工业化进程，改变传统手工操作为主的局面。糖果产品重点发展低能量、无蔗糖产品，进一步提升产品形体和包装设计水平。（市工业和信息化委负责）

3. 完善食物流通供给体系。加强市场经营体系和配套设施建设，构建广覆盖、低成本、高效率的食用农产品批发市场体系，发展多样化的零售市场体系。鼓励区域性农产品批发市场提升改造冷藏冷冻、流通加工冷链设施，推动中心渔港和东疆保税港区冷链聚集区建设，完善冷藏加工、配送、报关服务和金融服务等功能。加强大型食品生产企业及冷

链运输企业面向城市消费的低温加工处理中心和冷链配送设施建设。提升食用农产品的流通服务能级，逐步实现食用农产品流通从传统市场向现代市场的转变。（市商务委、市农委、市工业和信息化委按职责分工负责）

4. 提高食物收藏储存和调剂能力。加强农产品数量安全智能分析与监测预警，健全食用农产品收储体系，增强市场调控能力。充分发挥京津冀合作与发展机制，积极利用外地农业资源，有效调剂和加大对本地市场的支持和供应力度。（市农委、市商务委按职责分工负责）

（二）优化食物质量保障体系，确保食物质量安全（略）

（三）加强居民营养改善体系建设，加大对重点地区、重点人群的干预力度（略）

四、政策措施

（一）全面普及膳食营养和健康知识

加强对全市居民食物与营养的指导，提高全民营养意识，提倡健康生活方式，树立科学饮食理念。重视和做好"营养周""食品安全宣传周"等活动。开展食物与营养知识进农村、进社区、进学校、进单位活动，提供膳食指导和营养咨询。发挥各类新媒体作用，开展合理营养、平衡膳食的知识宣传。开展"健康餐厅""健康食堂"等建设。推广适宜不同人群特点的膳食指南，定期在商场、超市、车站、机场等人流集中地发放。弘扬勤俭节约的传统美德，形成厉行节约、反对浪费的良好社会风尚。（市卫生计生委、市教委、市商务委按职责分工负责）

（二）加强食物生产与供给（略）

（三）加大营养监测与干预（略）

（四）建立健全投入、引导机制（略）

由市农委、市卫生计生委牵头，市发展改革委、市市场监管委、市商务委、市工业和信息化委、市教委、市科委、市财政局、市民政局等部门参加，建立综合协调机制，定期对食物与营养发展的重大问题进行研究和协商，及时向市人民政府报告，提供决策咨询意见，确保本实施计划的落实。各区人民政府要根据本实施计划确立的目标、任务和重点，结合实际，认真组织实施。

天津市人民政府办公厅
2018 年 01 月 23 日

（资料来源：http://gk.tj.gov.cn/gkml/000125022/201802/t20180209_76781.shtml.）

第三节 经济活动分析报告

一、经济活动分析报告的含义与作用

经济活动分析报告是反映经济活动分析的简要过程及其成果的书面报告。它能帮助我们正确地了解本单位或本部门经济活动的现状及导致此种状况的原因，并帮助我们根据现状推测未来，对企业的经济活动具有监督和指导的作用。我国一些先进企业曾把经济活动分析的过程和目的概括为"三找一达到"，即找差距、找原因、找措施，从而达到挖掘企业内部潜力的目的。

二、经济活动分析报告的分类

经济活动分析报告按其内容涉及面的宽窄可分两类：一是综合分析报告，它是对经济活动几个方面的情况进行全面分析后写成的书面报告，一般在季末、年中或年底定期完成；二是专项分析报告，主要有产品分析报告、成本分析报告、利润分析报告、资金分析报告等。专项分析报告常针对近期经济活动中的突出问题及时完成。

三、经济活动分析报告的基本格式

（一）标题

经济活动分析报告常用的标题有两种：一种由被分析单位、时限与分析内容三个要素构成，如《××市第一百货公司 2018 年第二季度库存结构分析》；另一种不仅指出分析的对象，而且表明它的状况，如《国有商业毛利率下降的原因及对策》，有的还用设问的形式引起读者的注意，如《企业的流动资金"流"向何方》。

（二）正文

经济活动分析报告的正文部分一般由情况、分析、建议三个部分组成。

1. 情况。它包括两个方面的内容，一是分析的原因和目的，二是分析对象的状况。在某些分析报告中，情况部分并不单列，而是把它揉到分析里去写，也就是边摆情况边分析。

2. 分析。分析的中心是找出导致现状的原因。综合分析报告一般应先对各项经济指标逐项分析，然后进行综合评价。专项分析也要注意相关因素的联系，避免片面性，比如，仅仅产量高还不能表明经济效益好，只有把它和产品的成本联系起来看，才能做出正确的判断。

分析通常采用比计划、比历史、比先进的方法，并通过文字、数字或图表加以说明。

3. 建议或预测。在预测性的分析报告里，第三部分是预测；而在总结性的分析报告里，第三部分是建议。建议是针对分析结果提出的改进措施，它一般分条拟写，文字简练、中肯，内容具体可行。

（三）落款

呈交上级的经济活动分析报告，一般在正文右下方写明单位与日期；在报纸杂志上发表的经济活动分析报告，一般在标题之下写清作者单位与姓名。

四、经济活动分析报告的写作要求

（一）做好材料收集整理

在写作经济活动分析报告之前，必须根据写作目的，通过计划、统计、财务等职能部门把所需的材料搜集齐全。收集到的材料还要经过整理和筛选。分析的过程不必全写，最后写入报告的只是最有代表性的数据和最能说明问题的分析。除了数据的收集整理之外，还要进行实地调查，从调查中获取第一手材料，常用来说明导致某种经济活动状况的原因。

（二）运用科学的分析方法

经济活动分析常用的方法有以下几种。

1. 对比分析法。可用做比较的对象主要有：①实际与计划，②现实与历史，③被分析单位与先进单位。

2. 因素分析法。它通过揭示事物的因果关系来表明作者的观点。在经济活动分析报告中，一般是先摆出结果，然后再追溯原因。

3. 动态分析法。进行动态分析,必须先从对历史和现状的分析中找到规律,然后根据这个规律来判断经济活动的发展趋势。

4. 结构分析法。结构分析法的要点是,计算某项经济指标(如总成本)的各组成部分(如各项成本)占总体的比重(百分比),并观察这个比重的变化对经济活动状况的影响,以查明何种比重最适合理想的经济活动状况。

(三) 立足本位,胸有全局

经济活动分析的专业性很强,因此,经济活动分析报告必须联系本单位、本行业的实际来写,除此之外,我们也要注意事物之间的联系,把分析的对象放到相关的环境中去考察,只有这样才能避免片面性。

例 文

2018年1月份金融市场运行情况分析

一、债券市场发行情况

1月份,债券市场共发行各类债券2.5万亿元。其中,国债发行1 900亿元,金融债券发行4 000亿元,公司信用类债券发行3 445亿元,资产支持证券发行519亿元,同业存单发行1.4万亿元。银行间债券市场共发行各类债券2.4万亿元。

截至1月末,债券市场托管余额为75.1万亿元。其中,国债托管余额为12.9万亿元,地方政府债券托管余额为14.7万亿元,金融债券托管余额为18.7万亿元,公司信用类债券托管余额为17.0万亿元,资产支持证券托管余额为1.9万亿元,同业存单托管余额为8万亿元。银行间债券市场托管余额为65.5万亿元。

1月末,银行间债券市场公司信用类债券持有者之中,存款类金融机构持有债券占比为21.91%,较上年末上升0.22个百分点,非存款类金融机构持有债券占比为7.17%,较上年末上升0.04个百分点,非法人机构投资者和其他类投资者的持有债券占比共为70.92%,较上年末下降0.26个百分点。1月末,从银行间债券市场全部债券持有者结构来看,存款类金融机构、非存款类金融机构、非法人机构投资者与其他类投资者的持有债券占比分别为58.4%、4.6%和37%。

2017年2月份,上海清算所把历史遗留银行理财账户由存款类金融机构调整至银行理财产品,为保持历史可比,相关数据进行追溯调整。

二、货币市场运行情况

1月份,银行间货币市场成交共计71.0万亿元,同比增长67.30%,环比增长2.92%。其中,质押式回购成交57.8万亿元,同比增长65.26%,环比增长0.19%;买断式回购成交2.5万亿元,同比增长90.06%,环比下降14.29%;同业拆借成交10.6万亿元,同比增长74.05%,环比增长28%。1月份,同业拆借月加权平均利率为2.78%,较上月下行14个基点;质押式回购月加权平均利率为2.88%,较上月下行23个基点。

三、债券市场运行情况

1月份,银行间债券市场现券成交9.2万亿元,日均成交4 202亿元,同比增长48.29%,环比下降6.42%。交易所债券市场现券成交5 339亿元,日均成交243亿元,同比增长20.82%,环比下降4.85%。1月末,银行间债券总指数为175.28点,较上月末上涨0.56点。

四、股票市场运行情况

1月末,上证综指收于3 480.83点,较上月末上涨173.66点,涨幅为5.25%;深证成指收于11 159.68点,较上月末上涨119.23点,涨幅为1.08%。1月份,沪市日均交易量为2 641亿元,环比增长50.19%。

(资料来源:中国证券监督管理委员会、中央国债登记结算有限责任公司、全国银行间同业拆借中心、银行间市场清算所股份有限公司、上海证券交易所和深圳证券交易所,2018年2月13日。网址:www.cssn.cn/jjx/jjx_gdxw/201802/t20180213_3851405.shtml。)

第四节 市场调查与预测报告

一、市场调查与预测报告的含义与作用

市场调查与预测报告是反映市场调查与预测的简要过程及其成果的书面报告。市场调查的目的是预测,市场预测的前提是调查。市场调查报告以写现状为主,市场预测报告以写未来为主,二者只是侧重点不同而已。为了方便使用,本书把两种报告一并阐述。概括起来说,市场调查与预测报告就是运用科学的方法收集、分析市场营销情况与资料,并进一步预测供求变化趋势,提出应对措施的书面报告。

市场调查与预测报告的主要作用是为企业和经济部门的领导提供决策的依据,它具体表现在以下几个方面:其一,为制订供应总量计划和品种计划提供依据。其二,为研究和生产适销对路的产品提供依据。其三,为确定合适的产品价格提供依据。其四,为选定有效的销售方案和合理的分销渠道提供依据。

二、市场调查与预测报告的分类

市场调查与预测报告按照不同的标准,可以分成不同的类型。

按照调查、预测的品种宽窄分类,有宏观市场调查与预测报告、微观市场调查与预测报告。前者调查、预测的是某类产品(如共享单车)在国内外市场的供求状况,后者调查、预测的是某类产品中一种牌子(如摩拜单车)在国内外市场的供求状况。

按调查、预测的项目宽窄分类,有狭义市场调查与预测报告和广义市场调查与预测报告。前者调查的内容和预测的依据仅是消费者的意见、要求和购买动机;后者调查的内容和预测的依据除消费者的情况外,还包括与市场营销有关的其他情况,如分销渠道、竞争结构等。

按调查、预测的地域宽窄分类,有国际性市场调查与预测报告、全国性市场调查与预测报告、地方性市场调查与预测报告。

按调查、预测的行业名称分类,有五金、交电、服装、书刊等市场调查与预测报告。

三、市场调查与预测报告的写作准备

(一)调查市场实况,搜集文字资料

1. 市场调查的内容与方法。一切有关市场经营销售的情报都是市场调查的内容,它一般包括市场供求情况、购买者情况、竞争者情况、本企业产品及销售情况等。

调查的方式主要有全面普查、重点调查和随机抽样调查。随机抽样调查花费较小,客观

性、时效性较强，所以被广泛采用。调查的具体方法主要有询问法、观察法和试销法。询问法是直接向被调查人提问的方法；观察法是在销售现场旁观的方法；试销法是用改变了样式、包装、价格、陈列方式等的商品做销售试验，以观其效的方法。

2. 文字资料的来源和种类。

（1）企业内部资料，即企业内部有关统计、会计报表、年度总结报告、业务往来函件等。

（2）企业外部资料，包括政府和上级主管部门下达的有关文件、报纸杂志上的有关文章、国内外经济情报机构出售的有关资料、同类企业的统计资料和总结材料、用户或专家的意见等。

（二）整理并分析资料

整理资料即根据报告的目的对调查材料和文字资料进行取舍和编排，以表现一定的主题。

分析资料的内容一般有三个深浅不同的层次：一是找出导致目前这种销售状况的相关因素，二是弄清影响的主要因素及影响程度，三是预测市场需求量的变化趋势。分析的方法主要有定性分析和定量分析。定性分析所用的资料一般不易用确定的量来表示，所以需要借助分析者的主观判断。定量分析依靠数量完整准确的统计数据，分析的结论是计算出来的，而不是主观推断的。在实际分析中，应根据对象的性质选用合适的方法，如果可能，宜将两种方法综合使用。

四、市场调查与预测报告的基本格式

（一）标题

标题的形式主要有三种：①规矩的标题，即由调查单位、调查内容和文种名称（"报告"二字常被省略）组成，如《××洗衣机厂关于洗衣机市场的调查与预测》。②二因素标题，一般省去调查单位，如《全国自行车产销预测》。③题中见意式的标题，即直接指出调查对象的状况，并常以句子的形式出现，如《××牌羽绒服在北京市场畅销》《武汉妇女喜用蛋白洗面奶》。

（二）前言

前言一般扼要地说明调查与预测的目的、时间、地点、对象、范围、方式方法等。如不需要，也可省略。

（三）主体

主体通常由市场情况、市场预测、建议三部分组成。

1. 市场情况。对市场情况的叙述要简洁、清晰，材料要有代表性。具体情况可用数字和图表加以说明。文字叙述和数字图表说明的顺序前后不拘，也可互相穿插。有些文章在叙述市场现状时，还简要地谈到历史。

2. 市场预测。预测正确与否与分析方法的科学性有着密切的联系。运用定性分析，要对影响需求的因素做出合乎逻辑的判断；运用定量分析，统计数字要交代清楚，计算的过程不必太详，若计算过程复杂，且有写明的必要，则可以作为附件放在正文之后。

3. 建议。市场调查与预测报告的最终目的是根据已经判断出来的市场发展变化的趋势，并结合本企业、本系统存在的问题，或与此发展趋势不相适应的状况，提出相应的措施。建议要说到点子上，并且具体可行，为清晰起见，可分条拟写。

（四）结尾

结尾可重申主要观点或概括全文内容，但必须简洁。若在建议完了时能自然收束，不写结尾也行。

（五）落款

在一般调查与预测报告里，调查人（或单位）、调查时间写在正文之后；发表在报纸杂志上的这类文章，作者姓名放在标题之下。

五、市场调查与预测报告的写作要求

1. 应围绕市场营销中的一个突出问题组织材料，集中分析解决主要问题。
2. 必须充分占有材料，并且用经过核实的数字作为推论的依据，用真实典型的材料反映市场营销的规律。
3. 要正确运用分析方法，以保证分析的客观性与科学性。
4. 要及时完稿，服务决策，不要因拖延而让它变成派不上用场的"老皇历"。

例　文

2017 年中国木制儿童摇椅市场调查研究报告

北京先略投资咨询有限公司

第一章　木制儿童摇椅相关概述
　　第一节　木制儿童摇椅的定义及分类（略）
　　第二节　分类产品介绍（略）
第二章　木制儿童摇椅市场环境分析
　　第一节　国内宏观经济环境（略）
　　第二节　我国木制儿童摇椅产业政策分析（略）
　　第三节　木制儿童摇椅行业发展波特五力模型分析（略）
　　第四节　木制儿童摇椅行业发展影响因素分析（略）
第三章　国际市场现状
　　第一节　市场国际现状分析（略）
　　第二节　市场主要国家情况（略）
　　第三节　市场国际发展趋势分析（略）
　　第四节　国际市场的重要动态（略）
第四章　中国木制儿童摇椅行业分析
　　第一节　2011—2016 年木制儿童摇椅行业总产值分析（略）
　　第二节　2011—2016 年木制儿童摇椅行业产出结构变动分析（略）
　　第三节　2011—2016 年木制儿童摇椅行业产能过剩情况分析（略）
　　第四节　2011—2016 年木制儿童摇椅行业产销率与产品库存分析（略）
　　第五节　2011—2016 年木制儿童摇椅行业盈利能力分析（略）
第五章　中国木制儿童摇椅市场分析
　　第一节　2011—2016 年木制儿童摇椅行业总消费量分析（略）
　　第二节　2011—2016 年木制儿童摇椅行业消费特点与消费趋势分析（略）
　　第三节　2011—2016 年木制儿童摇椅行业供需错位情况分析（略）
　　第四节　2011—2016 年木制儿童摇椅行业需求满足率与潜在需求量分析（略）

第五节　2011—2016年木制儿童摇椅行业市场价格变动分析（略）
第六节　2016年木制儿童摇椅区域市场分析（略）

第六章　木制儿童摇椅渠道分析
　　第一节　销售渠道形式（略）
　　第二节　市场渠道格局（略）
　　第三节　销售渠道要素对比（略）
　　第四节　各区域市场主要代理商情况（略）

第七章　市场供需态势分析
　　第一节　2011—2016年木制儿童摇椅行业供需状况（略）
　　第二节　2017—2021年我国木制儿童摇椅供给变化趋势预测（略）
　　第三节　2017—2021年我国木制儿童摇椅需求变化趋势预测（略）
　　第四节　2017—2021年我国木制儿童摇椅供需缺口变化趋势预测（略）
　　第五节　木制儿童摇椅行业供需主要影响因素（略）

第八章　主要地区木制儿童摇椅市场现状
　　第一节　华北地区
　　　　一、2011—2016年行业发展现状（略）
　　　　二、2011—2016年市场需求分析（略）
　　　　三、2011—2016年市场规模分析（略）
　　　　四、2011—2016年市场竞争分析（略）
　　　　五、2017—2021年行业发展形势（略）
　　第二节　东北地区（略）
　　第三节　华东地区（略）
　　第四节　华南地区（略）
　　第五节　西南地区（略）
　　第六节　其他地区（略）

第九章　细分产品分析
　　第一节　细分产品A（略）
　　第二节　细分产品B（略）
　　第三节　细分产品C（略）

第十章　木制儿童摇椅产量数据分析
　　第一节　主要企业经营情况数据分析（略）
　　第二节　木制儿童摇椅国内市场生产统计数据分析（略）

第十一章　木制儿童摇椅进出口状况
　　第一节　2011—2017年上半年木制儿童摇椅行业国际贸易市场分析（略）
　　第二节　2011—2017年上半年木制儿童摇椅行业进出口量分析（略）
　　第三节　2011—2016年国内外进出口相关政策分析（略）
　　第四节　2011—2016年木制儿童摇椅行业进出口特点分析（略）
　　第五节　2011—2016年进出口市场木制儿童摇椅行业结构变动分析（略）
　　第六节　2017—2021年我国木制儿童摇椅行业进出口市场预测（略）

第十二章　木制儿童摇椅价格机制分析
　　第一节　2011—2016 年木制儿童摇椅行业平均价格走势分析（略）
　　第二节　2011—2016 年木制儿童摇椅行业价格走势分析（略）
　　第三节　价格形成机制分析（略）
　　第四节　2017—2021 年我国木制儿童摇椅行业价格走势预测（略）
　　第五节　2017—2021 年我国木制儿童摇椅主要产品价格走势预测（略）
第十三章　木制儿童摇椅市场营销策略分析
　　第一节　木制儿童摇椅行业国内营销模式分析（略）
　　第二节　木制儿童摇椅行业主要销售渠道分析（略）
　　第三节　木制儿童摇椅行业广告与促销方式分析（略）
　　第四节　木制儿童摇椅行业价格竞争方式分析（略）
　　第五节　木制儿童摇椅行业国际化营销模式分析（略）
第十四章　主要木制儿童摇椅生产企业分析（10 家企业）
　　第一节　A 企业（略）
　　第二节　B 企业（略）
第十五章　木制儿童摇椅行业竞争分析
　　第一节　生产分析（略）
　　第二节　需求分析（略）
　　第三节　行业供需平衡分析（略）
　　第四节　行业集中度调研（略）
第十六章　木制儿童摇椅行业发展前景及趋势预测
　　第一节　木制儿童摇椅发展趋势和预测（略）
　　第二节　木制儿童摇椅行业发展未来总体趋势（略）
　　第三节　2017—2021 年我国木制儿童摇椅发展趋势分析（略）

（资料来源：http://www.xianlue.com/scdcyjbg/8147357.html.）

第五节　可行性研究报告

一、可行性研究报告的含义与作用和分类

可行性研究报告是在调查研究的基础上，分析论证某个建设或改造项目有效可行，并通过比较，提出技术上合理、经济上合算的最佳方案的书面报告。

可行性研究报告是上级领导进行科学决策的依据，也是决定投资项目命运的关键。

二、可行性研究报告的分类

以工程项目的性质为标准，我们可以把可行性研究报告分为三类：新建项目可行性研究报告、扩建项目可行性研究报告和改造项目可行性研究报告。

三、可行性研究报告的基本格式与写作要求

可行性研究报告一般包括标题、项目及承办者、正文、附件四个部分。

(一) 标题

标题可由编制报告单位、工程项目和文种三个因素构成，如《××钢铁公司关于引进西德一米七轧机的可行性研究报告》；也可由工程项目和文种两个因素构成，如《关于新建"南方食品罐头厂"的可行性研究报告》。

(二) 项目及承办者

项目承办者包括项目名称、承办单位、承办单位负责人、可行性研究技术负责人和可行性研究经济负责人等，以上内容分行拟写。

(三) 正文

正文主要包括概论、市场研究、技术论证、经济分析和结论五大块。有的可行性研究报告还有实施计划或进度。在实际写作中，应根据工程项目的大小和复杂程度来决定内容的繁简。对于工程复杂的大、中型项目，技术论证和经济分析还可再分题拟写。

1. 概论。概论主要写项目提出的依据、原因、目的及可行性论断。依据是指可行性研究是接受哪家部门下达的任务，接受哪家企业的委托，或按照哪个单位批准的项目建议书进行的。项目提出的原因通常由对现状的评述中引出。目的则是解决实际问题，提高经济效益，满足人民需要。可行性论断是研究者对该项目所做的概括评价，由于详细的分析论证将在以下几个部分展开，所以此处当写得简明、肯定。如有必要，概论部分对承办单位的基本情况，特别是承办该项目所具备的条件，也要做较为详细的交代。

2. 市场研究。市场研究的主要内容是国内外市场的供求状况及变化趋势，同时也要考查产品的成本、价格、销售渠道、推销办法及竞争对手等方面的情况。产品在国内市场销售的，要写出预计的国内年销量；有打入国际市场设想的，要写出预计每年打入国际市场的数量。

3. 技术论证。技术论证是运用各种资料数据来证明该项目在技术上是可行的，其内容随工程项目的不同而有所不同，概括起来大致有以下几个方面：

(1) 能源、水、原材料等的供应。对所需原材料、能源等的名称、规格、数量及来源一定要交代清楚。

(2) 厂址及交通运输条件。新建项目必须写明所需场地的面积和土建、安装工程情况，扩建项目也应把新车间的占地面积及土地来源交代清楚。

(3) 技术与设备。在技术方面要写明工艺流程及解决关键问题的措施。如果技术需要引进，则还应说明技术的来源、先进性、转让费用等。在设备方面，要提供一份所需设备的清单。清单上要注明设备的名称、规格、数量、金额和设备来源。如果清单较长，一般作为附件放在正文之后。

(4) 生产规划与组织。内容主要有产品的名称、规格、性能、用途，项目完成后的生产能力以及生产组织、人员配备、培训计划等。

(5) 环境预测与保护。要预测投产后是否有废水、废气、废渣产生，如果有，则要说明解决的办法，并保证达到我国的环保要求。

4. 经济分析。经济分析要通过投资匡算、收益估算和投资回收分析来证明该项目将获得经济利益。

(1) 投资匡算。它应囊括项目所需的全部资金，并说明资金来源。

(2) 收益估算。它要预测新产品的成本、售价、销量、利润等。

(3) 投资回收分析。它要计算投资回收年限、投资回收率等。

5. 结论。结论要在市场研究、技术论证、经济分析的基础上，对该项目的经济效益做出综合评价，或提出投资少、建设周期短、经济效益好的最佳方案。如果最佳方案已经在技术论证和经济分析中分别表述清楚了，关于项目的可行性论断也已在概论中讲得比较充分，那么不写结论也可。

（四）附件

常用的附件有以下几种：①厂矿地址选择报告；②厂区平面规划图；③资金、能源、原材料等来源的落实情况，如已签订的合同、有关主管部门的意见书等；④有关部门对引进技术、设备的审核，或对自行研究的新技术、新设备的鉴定，如意见书、鉴定书等；⑤设备清单；⑥各种技术测试数据；⑦各种财务测算报告；⑧聘请国内外专家和人员国内外培训计划等。若附件不止一种，就应将其编号，如"附件一""附件二"等。

例 文

中国 D-泛酸钙项目可行性研究报告

尚普咨询公司

第一章　总论
　　第一节　D-泛酸钙项目概况（略）
　　第二节　可行性研究报告的编制依据（略）
第二章　D-泛酸钙项目建设的可行性和必要性（略）
第三章　拟建项目市场分析
　　第一节　D-泛酸钙行业发展规划、产业政策及行业准入分析（略）
　　第二节　D-泛酸钙行业发展现状分析（略）
　　第三节　D-泛酸钙项目发展前景分析（略）
　　第四节　本项目市场开拓策略分析（略）
　　第五节　该项目企业在同行业中的竞争优势分析（略）
第四章　D-泛酸钙项目申报单位的基本情况（略）
第五章　D-泛酸钙项目建设目标及内容（略）
第六章　D-泛酸钙项目选址及用地概况（略）
第七章　环境保护（略）
第八章　能源节约方案设计（略）
第九章　职业安全与卫生及消防设施方案（略）
第十章　企业组织机构和劳动定员（略）
第十一章　D-泛酸钙项目实施进度与招投标（略）
第十二章　投资估算与资金筹措（略）
第十三章　财务效益、经济和社会效益评价（略）
第十四章　D-泛酸钙项目风险因素识别（略）
第十五章　可行性研究结论及建议（略）

（资料来源：https：//zm12.sm-tc.cn/？src＝l4uLj8XQ.）

第六节 商业计划书

一、商业计划书的含义与作用

商业计划书（Business Plan，BP），也称商业策划书，是公司企业或项目单位为了招商融资及其他发展目标，向投资人或相关利益者全面展示公司和项目目前状况及未来发展潜力的书面材料。商业计划书有相对固定的格式，它全面反映了投资商感兴趣的内容，包括企业成长经历、产品服务、市场状况、营销状况管理团队、股权结构、组织人事、财务状况、运营状况、融资方案，从而说服它们支持并参与合作。

首先，商业计划书是沟通工具，用以介绍企业及项目的价值，从而吸引到投资、信贷、员工、战略合作伙伴，或包括政府在内的其他利益相关者。撰写商业计划书的过程也是把拟定的项目推销给投资者的过程。一份好的商业计划书应该包括以下内容：①面临的契机，②把握这一机会的进程，③所需的资源，④风险和预期回报，⑤行动建议，⑥行业趋势分析等。此外，商业计划书还能帮助把计划中的风险企业推销给风险投资家，它的主要目的之一就是通过招商融资，谋求更大发展。

其次，作为管理工具，商业计划书可以为企业的发展定下较具体的重点和方向，从而使员工了解企业的经营目标，并激励他们为共同的目标而努力。因此，商业计划书及其内容实质上是在企业自身战略思维与观念指导下所形成的较为规范的商业文本。从战略管理的过程分析，这一文本构成了战略分析的一个重要组成部分。

最后，作为承诺工具，在企业和投资人签署融资合同时，商业计划书往往作为一份合同附件存在。当管理人完成或没有完成商业计划书中所约定的目标，投资人和企业家之间将相应地在利益上进行重新分配。此外，在辅助执行公司内部管理时，商业计划书也是一个有效的承诺工具。在上级和下级就其特定目标达成一致后，商业计划书记录了他们对目标的约定，这样的约定将成为各类激励措施得以实施的重要基础。

二、制定商业计划书前的准备工作

（一）前景设计与构思

列出必要的提纲，内容包括：设想中 1~5 年的项目前景，未来员工的人数，以什么样的产品或服务提供给什么样的对象，销售额、利润及资产规模等。

（二）市场调查与定位

确定项目前，要进行市场调查以了解市场的需求并定位。主要内容包括：顾客的需求状况和满足顾客需求的方式；产品或服务，及其是否有替代品，市场对这些产品或服务的需求是长期还是短期的；自己是否是最佳供应者。

（三）财务预测

预测未来 5 年内每月收支情况及年度收入额和支出额等。其中，第一年是按月度来预测。以预测的结果为基础，编制预测的资产负债表、利润表和现金流量表。同时，对不确定性与风险要加以考虑，进行财务的敏感性分析。

（四）制订营销计划

营销计划的内容包括促销目的及怎样开展促销活动，对象客户群及采用什么方式让客户了解自己的产品，服务营销方式及营销渠道的设计与建设，价格政策与代理商管理等。

三、商业计划书的基本结构和内容要求

（一）前置部分

保密协议（前二封，可略）、摘要（可略）。

（二）主体部分

1. 公司（项目）概述。创业公司（项目）的名称、技术领域技术特点、创新要点、应用领域、产品市场等。

2. 公司基本情况。公司的名称性质、注册资本、总投资额、经营范围、地址等；公司股本结构、股东情况，公司组织结构；经营管理团队介绍。

3. 技术、产品或服务。技术背景、知识产权情况；主要技术人员介绍（学历、专业、工作经历、主要成果及与公司的关系）；技术水平、技术创新点（在不泄露商业秘密的前提下，尽可能说明本项目的基本原理、技术创新点、创新程度、创新难度以及需进行研发的问题等）；产品或服务介绍；产品的生产制造方案、工艺路线及主要设备；环境保护和劳动安全情况。

4. 市场竞争与市场营销。项目所属行业的特点、现状及发展趋势；竞争状况、主要竞争者、本项目竞争优势及其产品市场定位；市场营销策略、销售渠道、销售目标；产品服务支持。

5. 公司发展战略。未来研发计划，如公司发展理念、思路步骤；公司激励与管理制度；公司总体发展目标与阶段目标。

6. 财务计划与经济效益。至少三年的资金筹措与使用计划；至少三年的经营管理成本估算；至少三年的销售收入、利润总额、纳税总额预测；基本财务指标分析（投资回报率、内部收益率、现金流量等）。

7. 创业风险分析。可能的风险因素（政策、管理技术、市场、人才、知识产权、财务、融资等），风险控制（风险因素拟采取的对策）。

四、写作技巧与注意事项

1. 编写商业计划书的直接目的是寻找战略合作者或风险投资人，篇幅要根据企业（项目）的自身情况而定，既不能过于烦琐、面面俱到，也不能过于简单、忽略重点。一般而言，项目规模越庞大，融资竞争越激烈，商业环境越复杂，不确定性因素就越多，商业计划书的篇幅也就越长。如果企业业务单一、管理层出色、市场竞争相对平和，那么，商业计划书就可以简洁一些。大体来说，编写一份商业计划书的要点就是：关注产品、敢于竞争、充分市场调研、广泛收集资料、表明行动方针、展示管理团队、良好的财务预测分析、出色的计划概要等。

2. 近年来，随着中国投资行业向国际资本市场开放以及中国近几年投资行业的高速发展，很多项目的差异性也越来越明显，这使商业计划书的编写格式有了一定的变化，不再仅仅是按照传统的标准来编制，而要根据不同的项目和项目特点来重新设计商业计划书的撰写步骤及章节侧重点。此外，不同的投资方，尤其是不同国家的投资者对商业计划书的阅读习惯也不尽相

同,这使商业计划书更需要专业人员来撰写。所以,在编写商业计划书以前必须明确项目特点、写作的侧重点和目标读者。对外资投资公司,商业计划书首先要尊重它们对商业计划书的要求,一般提供英、汉各一份同内容的商业计划书,遇到英汉互译有歧义的,以参考汉语为准。

3. 文字版本商业计划书的一般要求如下。①字体:大标题用 2 号黑体,中标题用 3 号黑体,小标题用 3 号楷体,正文用 4 号宋体。②纸型:统一用 A4 纸,左侧装订。③页边距:上 26 厘米、下 26 厘米、左 30 厘米、右 20 厘米。④结构层次序数:"一""(一)""1.""(1)"。

例 文

三色堇种子商业计划书

第一章　公司基本情况
　　一、三色堇种子项目公司介绍
　　　　公司名称:
　　　　法人代表:
　　　　法人代码证:
　　　　国税登记证:
　　　　地税登记证:
　　　　成立时间:
　　　　注册资本:
　　　　经营范围:
　　　　前期主要产品:
　　　　公司基础:
　　二、主要股东及股份(略)
　　三、公司部门设置(略)
　　四、公司现有业务(略)
　　五、职工状况(略)
　　六、公司经营财务历史(略)
　　七、公司未来 3~5 年目标(略)
第二章　三色堇种子项目公司管理层
　　一、公司管理层(董事会)主要成员(略)
　　二、主要成员简介(略)
第三章　产品/服务
　　一、目前产品发展阶段(略)
　　二、投资的新产品(略)
　　三、产品优势(略)
　　四、目标市场(略)
第四章　三色堇种子项目研究与开发
　　一、公司现有知识产权(略)

二、产品技术先进性（略）
三、公司未来技术研发资金投入计划（略）
第五章　三色堇种子行业及市场情况（略）
第六章　三色堇种子项目营销策略（略）
第七章　三色堇种子产品制造（略）
第八章　三色堇种子项目公司管理（略）
第九章　三色堇种子项目融资说明（略）
第十章　三色堇种子项目财务计划（略）
第十一章　三色堇种子项目风险控制（略）
第十二章　三色堇种子项目实施进度（略）
第十三章　附录、图表（略）

（资料来源：http：//www.xianlue.com/syjhs/8145601.html.）

第七节　招标书

一、招标书的含义与作用

招标书是招标者为招人承包建设工程或承买商品等，向国内或国际社会公布业务项目、项目标准、条件、价格、要求的文书。

招标书的作用是邀请签约，它利用投标者之间的竞争来达到优选承办人或承买人的目的。

二、招标书的分类

招标书按其传播方式与范围的不同，可分为招标通告（通过报刊、广播、电视等面向社会公开招标）和招标信函（通过信函有选择地邀请有能力的单位参加投标）。

三、招标书的基本格式与写作要求

（一）标题

招标书的标题一般由招标单位和文种名称两个部分组成，如《中国技术进出口总公司招标通告》；也有在招标单位和文种名称之间加业务项目的，如《××房地产开发有限公司建筑安装工程招标书》。如果是招标公司发布的招标通告，标题之下应写出编号，以便归档、查核。

（二）正文

正文是有关业务项目的具体条文，也有条文前面还加引言的。引言一般写招标的依据、目的和意愿。具体条文一般包括招标项目名称、招标范围、招标方法、招标时限以及开标的时间与地点，有的还注明标书的售价。

以上内容都应写得简洁、明了。

（三）落款

落款一般包括招标单位的名称、地址、邮编、电话、电挂、电传等，有的还写明联系人、开户银行和账号。

例文

××电器有限公司广告招标书

为了更好地塑造"××电器"品牌，更好地开展产品的市场推广和终端建设工作，××电器有限公司拟采用公开招标的方式选择合适的广告承担单位。

一、企业基本情况（略）

二、近期获得的荣誉（略）

三、招标项目

1. 策划提炼××电器形象的广告语。要求：要在广泛调查研究的基础上，提炼和反映出××电器发展定位、产品特色，体现企业核心价值，并获广泛认同的××电器形象广告语。广告语要具有唯一性、排他性和权威性，成为××电器的理念识别。广告语应包括中文和英文表述，要简洁规范，利于口碑流传，具有独特的标志意义和持久生命力。广告策划中若涉及形象代言人，须与企业形象、定位一致。

2. 围绕××电器形象广告语，拍摄并制作××电器形象广告片和××电器企业宣传片。电视广告片分5秒、10秒、15秒，企业宣传片控制在15分钟以内。

四、基本诉求

1. ××电器定位于精致生活电器的创新者，面向追求高品位生活的社会消费群，是具有较大潜力的成长性品牌。

2. ××电器的推广口号为"世界品质，服务中国"，发展愿景是成为拥有核心竞争力及核心价值观的国际化、正规化、持续化的世界著名公司。

3. ××电器秉承诚信、创新、专注、进取的企业精神，以"造家电精品，扬民族精神"为使命（企业使命），致力于"造全球最好的电饭煲"（产品定位）。

4. 与经销商建立肝胆相照、荣辱与共的长期双赢合作关系，成为经销商事业发展的平台和坚强支撑，是××电器一贯坚持的发展理念。企业核心价值观：诚信为本、承担责任、团队合作、持续改进、追求双赢。企业管理理念：思想决定行动，行动决定习惯，习惯决定品德，品德决定命运。企业核心竞争力：为顾客从研发、生产到销售整个价值链上提供高品质的产品及服务。

五、广告要求

1. 符合《中华人民共和国广告法》。

2. 画面简洁、唯美、大气，富有活力，展示出××电器欧美风格和国际化的高端形象，以流畅的画面和强烈的视觉感染人。

3. 广告策划时应该有长期规划和实施步骤，以利于企业发展战略和双方持续合作。

4. 投标单位于××××年××月××日前提交光盘设计样本、制作详细文案、承制报价单，同时提交投标方设计制作的其他作品作为参考。逾时视为自动放弃投标。

5. 要求广告片和宣传片在拍摄摄制中效果好，高度清晰，可交互播放，容量大。VCD、DVD均能播放，并可在电视、随片广告、网络上发布传输。

六、招标公告

1. 投标方不论远近、大小，不拘一格，公平竞争，××电器会一视同仁，一切以创意说话、效果说话、性价比说话。

2. 投标单位请在投标同时携带以下商务证件：①营业执照复印件（加盖公章）；②税务登记证复印件（加盖公章）；③机构代码证复印件（加盖公章）；④银行开户许可证复印件（加盖公章）；⑤售后服务承诺书（加盖公章）；⑥投标方认为有必要提供的其他证件。

3. 所有报价均以人民币报价（单位：元）。

4. 应征方案必须为应征公司和策划人员原创，最佳方案、入选方案内容的著作权、使用权等归××电器有限公司所有。

5. ××电器企业网站：（略）

通讯地址：（略）

邮编：（略）

联系电话：（略）

联系人：（略）

工作邮箱：（略）

七、评标方法

招标方由××电器有限公司会同相关专家组成评标组，对各投标单位提供的设计样本和报价单进行综合评价后确定中标单位，然后由中标单位与招标方签订承制合同。

招标起始时间自本标书公开发布之日起执行，解释权归××电器有限公司。

××电器有限公司

（资料来源：夏晓鸣等：《应用文写作》（第四版），复旦大学出版社2011年版。）

第八节 投标书

一、投标书的含义与作用

投标书是希望获得招标项目承办或承买权的单位或个人，根据招标要求，向招标者说明应招条件，并表达应招意愿的专用信函。投标书的作用是让招标者了解投标者所具备的应招条件，以便在投标竞争中取得与招标者签订合同的优先权。

二、投标书的基本格式

信函式投标书一般由标题、正文、落款三部分组成。

（一）标题

标题一般只写文种名称，即《投标书》或《投标申请书》，也有在文种名称前面加投标单位和项目类型的，如《××公司关于兴建海口市至徐闻海底铁路的投标书》。

（二）正文

正文一般包括送交对象（即招标单位）、投标依据（即投标依据的是什么名称或什么编号的招标书）、投标条件说明（可用文字叙述，也可只列提交的表格、文件名称，而把完整的表格、文件作为附件）、投标许诺（即对招标书所提出的具体要求表示承诺）、联系线索（即投标者的地址、邮编、电话、网址、传真等）。

(三) 落款

落款应写明投标人，或者投标单位名称及代表姓名（需加盖印章），最后注明投标日期。

三、投标书的写作要求

1. 投标条件说明要符合实际。投标许诺应能够兑现，否则合同签订之后，违约将要承担经济或法律责任，因此，拟写投标书之前，各项条件和许诺都要经过专家的充分论证。另外，投标条件说明要充分，投标许诺也要有明确的针对性，只有这样，投标书才具有较强的说服力。

2. 文字表述要明白、准确，以免使招标单位印象模糊或产生误解。

3. 完稿或寄出都要及时，不要超过招标截止日期。

例 文

投标书

中国北京西郊二里沟
中国机械进出口公司国际招标部：

依照你们为××项目提供××生产线的××号招标文件，×××（姓名、职务）经正式授权，代表投标者（投标者姓名、地址），特此提交下述文件，一份正本，五份副本。

一、投标价格明细表

二、供货说明汇总表

三、资格证明书

四、规格误差表

五、由××开证银行开出的××（金额）投标保证金

六、投标须知第12和13款所要求的全部文件签署代表通过此信特此表明并同意下列几点：

1. 所提供和交付的货物和服务的总投标价是××美元。

2. 根据招标文件的全部规定，投标者对履行合同负有责任和义务。

3. 投标者已详细检查了所有投标文件，包括修改条款、参考资料及有关附件，完全清楚由此会产生的模棱两可或者误解，并对这种可能放弃任何权利。

4. 投标自开标之日起120个日历日之内有效。

5. 如果在确定的开标日期之后、有效期之内撤回投标，中国机械进出口总公司将没收其投标保证金。

6. 投标者同意向中国机械进出口总公司提供该公司可能要求的与这一投标有关的任何其他资料的情况。

7. 有关这一投标的一切正式函件均寄往：

地址：

电传号码：

电报挂号：

投标者单位、姓名： 　　　　　　　代表姓名职务：

  地址：   代表签名：
  （印章）

（资料来源：洪威雷、刘伟伟：《应用文写作》（第3版），武汉大学出版社2013年版。）

第九节 营销策划方案

一、营销策划方案的含义

  所谓策划，是企业的策略规划，是为了企业整体性和未来性的策略进行的规划。营销策划包括从构想、分析、归纳、判断，一直到拟定策略、实施方案、评估效果的全过程。其目的是达成预定目标或解决一个营销难题，把营销策划的过程用文字完整地书写出来，即营销策划方案。

二、营销策划方案的基本格式与写作要求

（一）标题

  营销策划方案的标题通常由两部分构成：策划的对象名称和文种。例如，《××木芯板××地区营销策划方案》，策划的对象为福江木芯板，文种为营销策划方案。策划案的标题必须清楚、具体，使人一目了然。

（二）策划说明

  策划说明通常包括策划的缘起、背景资料、问题与机会点、创意的关键等。

（三）市场状况分析

  市场状况分析一般分为两个方面，即宏观环境分析和微观环境分析。
  宏观环境分析的内容为：①政治法律环境。政治环境主要包括政治制度与体制、政局、政府的态度等；法律环境主要包括政府制定的法律、法规。②经济环境。构成经济环境的关键战略要素有GDP、利率水平、财政货币政策、通货膨胀、失业率水平、居民可支配收入水平、汇率、能源供给成本、市场机制、市场需求等。③社会文化环境，影响最大的是人口环境和文化背景。人口环境主要包括人口规模、年龄结构、人口分布、种族结构以及收入分布等因素。④技术环境。技术环境不仅包括发明，还包括与企业市场有关的新技术、新工艺、新材料的出现和发展趋势以及应用背景。
  微观环境分析的内容为：①企业自身分析，包括企业及其产品所面临的机会、风险、优势和劣势等。②供应者分析，包括供应商竞争力量的强弱、供应商行业的市场状况以及他们所提供物品的重要性等。③营销中介分析，包括各营业渠道的销售量与销售值的比较分析等。④竞争对手分析，包括潜在的行业新进入者和替代品在内的各种竞争品牌的市场占有量比较分析、促销活动比较分析、公关活动比较分析等。⑤顾客分析，包括消费者年龄、性别、籍贯、职业、学历、收入、家庭结构等的分析。
  以上内容可作为策划方案提出的依据，有选择地写入市场状况分析部分。

（四）策划方案

  策划方案是公司未来的经营方针策略，一般包括产品开发、销售目标、定价策略、销售渠道、推广计划、效果测评等。在推广计划或促销计划中又包含广告策略、公关策略、促销活动策略、直接营销策略、人员促销策略、媒介策略等，以上内容应根据营销策划方案所达成的目

标或要解决的问题酌情写入。

例文

××市××品牌市场营销策划书

一、××市市场背景分析

（一）××市市场基本概况

××市位于广东省中南部，现辖 32 个镇区，户籍人口 156 万，常住人口 640 多万，拥有各类学校 650 所，××市始终坚持以经济建设为中心，是中国综合经济实力 30 强城市之一，由于当地优惠招商政策及便利的交通条件，吸引了众多的劳动密集型企业，因此，相对来讲，当地外来人口多，商业环境也因此显得个性繁荣，据不完全统计，适合××产品销售的终端在 100 家左右。

（二）各品牌市场销售状况

目前，××市市场销售较好的是"a""b"，其他各品牌的销售远在其后，究其原因，其他品牌均为二级代理商经营，而"a""b"两大品牌一开始进入××市市场，厂家就重金投入，以此树立终端样板市场，再加上经销商多年对市场的精耕细作，已经和商家建立起较深厚的客情关系，因此，该经销商对××市终端市场绝对拥有把控权。

（三）××品牌××市的市场现状

××在广东地区原实行总代理制，××××年才将××市的销售独立出来，××进入××市市场即寻求与 a 产品代理商的合作，期望以此来整合该代理商的终端网络资源，但后期由于该代理商在经营过程中出现了一些问题，××市的业务也因此无法正常运作，因此，在××市实际上出现市场真空状态已近半年。

二、××产品 swot 分析

（一）优势（略）

（二）劣势（略）

（三）机会（略）

（四）威胁（略）

三、××市市场操作方案

（一）市场特点（略）

（二）终端网络状况（略）

（三）总体市场推广策略（略）

（四）树立终端样板市场约 10 家（略）

（五）建立一批形象终端约 25 家（略）

（六）业务开拓时间（略）

四、管理团队（略）

五、资金需求（略）

六、销量评估（略）

七、财务分析（略）

附：××市市场销售模式探讨

（资料来源：http://www.duanmeiwen.com/fanwen/zhuanti/37568.html.）

第十节　目标管理责任书

一、目标管理责任书的含义与作用

目标管理责任书是指在管理工作中，管理者与被管理者之间形成的以实现管理目标为指向，明确任务目标、职责要求、义务权益、考核奖惩为主要内容的书面文件。它是管理者实现管理目标所借助的基本管理手段。

由于目标管理责任书是在社会生活和经济生活中以双方相互签署的形式形成的书面文件，因而在生成形式、结构、内容、功能等方面都与经济合同有相似之处。但目标管理责任书不坚持经济合同中平等互利、协商一致、等价有偿的原则，更不存在价款、酬金等内容要素和需要公证、承担法律责任的问题。它有适用对象、范围、内容、结构、写法上的诸多区别，是一种具有独立品貌和功能的公务性文书。尽管都是"目标责任书"或"目标管理责任书"，却因内容、性质上的差异而有不同的种类，如社会治安综合治理、消防安全，文明小区、普及九年制义务教育、扫除文盲、计划生育、廉政建设、工农业生产、棉粮油生产购销、经济技术开发、市政建设、爱国卫生、精神文明建设目标管理责任书等。

二、目标管理责任书的写作特点

（一）内容的客观性

尽管目标管理责任书是由上级组织或管理部门拟定，与下级单位或部门共同签订的，且上下级之间一旦签订，下级单位（部门）就得完成目标任务，实现管理目标，否则就要受到相应的制约与处罚，但其目标管理责任的内容是客观的。因为签订责任书的目的在于有效地促进工作，因而在制定目标管理责任时必须坚持客观公正的原则，把上级的愿望和要求与下属的实际和可能结合起来，既不能单方面唱高调，让下属即使竭尽心力也完不成任务，达不到要求，从而挫伤其积极性，也不能唱低调，让人轻而易举地实现目标，压抑、损害了下属的积极主动性和创造精神；既不能只奖不惩，也不能只惩不奖或主观武断地重惩重奖。这自然也就决定了其内容的客观性。

（二）目标管理责任的明确性

目标管理责任书应当有明确的目标、具体的责任，这是毫无疑问的。作为一项全局性重大工作，在什么时候达到什么程度，实现什么目标；作为目标责任的主体，在工作中应当履行哪些职责义务，满足何种条件要求，如何考核，如何奖惩等，均须做条分缕析，定性定量的表述，不能含糊其词，模棱两可，更不能光定性不定量，空喊口号，让人无所适从，无所遵循。正因为如此，其目标管理责任也就变得十分明确了。

（三）内容机制上的激励性

在其他文种中，工作计划要明确任务目标，工作总结要回顾、评价工作，经济合同和协议有必须实现的目标指向和履约限制，这些都与目标管理责任书有某些相同或相似之处。但是，从利益机制上看，计划是事前的预想安排，其目标是力争实现，在执行中有据实调整的可能性，虽要检查执行情况，却并不严格实施考核奖惩。工作总结是事后的分析评价，虽然也以计划做参照，但并非事前就确定有明确的衡定标尺，且一般不进行奖惩。即使有，也不同步，而是以别的方式进行。经济合同与协议虽有一定的奖惩制约，但追求单纯的经济效益指标，且奖惩合格对等，是以履约现值（也称折现值）、违约责任的形式出现的，带有明显的制约、制裁性质。所有这些都不像目标管理责任书那样，事前确定有全面考核、奖惩的指标体系和措施方法，之后又严格地考核过程和情况记载，年终或工作终结时要进行全面系统的考核打分和综合比标，最后郑重宣布结果，进行隆重的表彰。从内容到形式，从手段、途径到措施、方法，都是以正面激励、促使其完成任务、实现目标为主，而不是以制裁、约束为主，其利益机制上的激励性十分明显。所有这些正是目标管理责任书独具品貌、备受青睐的根本所在。

三、目标管理责任书的格式与写作要求

（一）标题

目标管理责任书的标题有全称式、简明式两种。全称式由单位、时限、内容、文种四要素组成。"单位"是拟制目标责任书的主体，也体现了目标管理责任书的适用范围。时限即目标管理责任书适用的时间范畴。内容为目标管理责任书的目标责任指向。文种就是目标管理责任书或者目标责任管理书，它区别于申请、意见、起诉书等其他书体类文种。全称式标题多用于在一定时间范围内需完成的工作，如《××大学2018年目标管理责任书》等。

简明式标题由制作单位、内容、文种三要素构成，多用于时间跨度较长、无须分时段签订目标管理责任书的重大工作，如《纺机公司年度销售目标责任书》《××公司安全生产目标责任书》等，目标管理责任书的标题很少有只列内容与文种，从标题上就体现了这种文体的庄重性和严肃性。

（二）正文

1. 导言，或称引言，主要写明拟订目标管理责任书的目的、意义、依据、原则等，目的在于引发和总领下文，因而力求简明、扼要。

2. 目标责任。这是目标管理责任书的核心内容和基本目标所在。目标责任要求对某时间范围内要做的工作、要实现的目标、要承担的任务职责做定性、定量的表述，使之既清楚明白，又高度概括，以便人们更好地认识理解它。为了便于把握和表述，写作目标责任书时可分门别类，条分缕析。比如，就安全生产而言，可分"事故控制""安全生产管理工作""隐患排查整改工作"等；就校办产业而言，可分为"社会效益目标""经济效益目标"等，条下再分款项排列，使之清楚明白，便于理解、记忆和运作把握。

3. 考核与奖惩。这是目标管理责任书特有的内容。在明确目标责任的基础上，还必须提出明确具体的考核、奖惩办法，以此来确保目标责任的实现。

（三）尾署部分

目标管理责任书的尾署部分与经济合同或协议有相同之处，即要双方代表签字后才具行政效力。所不同的是，目标管理责任书要写明制作单位，以示其权威合法性。由于其所涉内容重大，往往都是由党委或行政甚至党政同时制定，而且要以制作单位的最高首长为第一责任人，分（主管）领导为第二责任人代表本级党委或行政签字。同时，还要对应署上目标责任履行单位，即签订单位的名称，并同样由分管（主管）领导和最高首长签字，以示郑重允诺并完全负责，最后还要署上具体日期。由于这是目标管理责任书产生效力的部分，绝不能草率处置。

> **例 文**

2017年安全生产目标责任书

_____：

为认真贯彻落实《中华人民共和国安全生产法》、《山东省安全生产条例》和市政府《关于进一步加强安全生产工作的决定》，坚持"安全第一，预防为主，综合治理"的方针，进一步加强安全生产管理，层层落实安全生产责任，减少各类事故的发生，确保人民群众生命、财产安全，为我市经济建设和企业健康发展创造良好的安全工作环境，诸城市农业局与××签订2017年度安全生产目标责任书。

一、安全生产责任

按照"管行业必须管安全、管业务必须管安全、管生产经营必须管安全"及"谁主管、谁负责"的原则，落实"一岗双责"领导责任。生产经营企业法人代表是安全生产第一责任人，对所属单位的安全生产全面负责；分管安全生产的副职，对安全生产负具体责任；分管其他工作的副职，对分工范围内的安全生产工作负责。做到职责到岗，责任到人。单位发生重大生产事故要及时上报，造成重大影响的，一把手要向主管部门写出书面检讨，违反国家安全生产法律、法规的，依法严肃惩处。

二、管理目标

（一）局属企业重点做好以下七方面工作（七方面分值共计100分，每方面工作分值如下）

1. 领导重视，机构健全，职责明确。各企业应根据《中华人民共和国安全生产法》、《山东省安全生产条例》和市政府《关于进一步加强安全生产工作的决定》，设立安全生产管理机构或有专（兼）职人员负责日常的安全生产工作。各项安全生产管理制度健全、职责明确，至少每月召开一次专门会议，研究部署安全生产工作。(20分)

2. 实行严格请销假制度。企业主要负责人是安全生产第一责任人，如外出2天以内，需向局分管领导请假，3天以上，需向局主要领导请假，返回后及时销假。(10分)

3. 实行安全生产目标管理，认真落实安全生产责任制。企业与内部的分厂、车间各个班组签订《安全生产责任书》，厂、车间设专（兼）职安全生产管理员，将年度安全生产控制指标层层落实，逐级分解到各内部组织，直至每一个工作岗位，并定期进行检查考核。(20分)

4. 积极开展安全生产宣传教育活动，重视职工安全技术培训工作，特种作业人员持证上岗，每季度至少办一次安全生产培训班，不断提高职工群众的安全生产意识和自我防护能力（有记录）。(15分)

5. 特种设备年检备案，安装、维修、使用登记手续齐全，危险场所明显警示。(15分)

6. 经常开展安全生产检查活动，建立健全重大危险源、重大安全事故隐患报告、监控和整改制度，及时消除各类事故隐患。（有记录）(20分)

7. 年内各企业杜绝一次死亡1人、重伤3人以上的工伤事故和一次直接经济损失5 000元以上的火灾、设备事故。（否决指标）

（二）下属事业单位，重点做好以下四方面工作

1. 加强对拖拉机、农用三轮车、联合收割机、农用航空器、农产品加工机械等农机

的安全生产监督管理，组织开展安全生产标准化创建活动，搞好农机载人专项整治活动，做好农机驾驶人员技术培训、安全教育和考核发证工作。

2. 加强农产品质量安全监管体系建设，严格落实农业投入品登记备案等相关制度，始终保持对生产、经营、销售、使用高毒农药的高压态势，切实从源头上保障不发生大的农产品质量安全事故。

3. 加大对沼气施工安全的督查指导力度，与相关施工企业签订安全生产责任书，强化安全用气知识的宣传，确保安全用气。

4. 落实好值班、带班制度，做好员工防火、交通等安全知识的教育工作，确保不发生安全事故。

三、考评办法

（一）安全生产管理机构不健全、人员配备不合理扣10分；各项安全生产管理制度和相应的记录台账不健全、不正规扣10分；安全生产例会制度不落实扣5分。

（二）未与内部分厂、车间、岗位、科室签订《安全生产目标责任书》，或签订不全、不彻底扣15分；没有定期检查、考核并做好记录扣10分。

（三）不按上级要求积极开展安全生产宣传教育活动，工作不积极主动扣10分；特种作业人员无证上岗，职工群众缺乏安全生产知识，自我防护能力差扣10分。

（四）不经常开展安全生产检查活动，或检查不彻底、不深入扣10分；对检查出的事故隐患不督促内部的分厂、车间各个班组限期整改，或整改不彻底、不到位扣15分。

（五）危险场所未设明显警示与防护设施，特种设备未按期检测，无记录、无手续5分。

（六）凡年内一次死亡1人、重伤3人以上或一次直接经济损失5 000元以上的火灾、设备事故，取消该企业当年"安全生产先进单位""安全生产先进个人"的评比资格，同时否决当年度诸城市级以上各类先进单位及各级荣誉称号的评比资格。

对下属企业《安全生产目标责任书》的考核，由市农业局会同安监等有关部门，定期不定期地进行检查和抽查，于每年年底统一考评。实行百分制考核办法，满90分的为达标，有资格参加当年安全生产先进单位的评比，不满90分为不达标，由市农业局下达黄牌警告限期整改，不满70分停产整顿，并由农业局上报市政府在全市通报。下属事业单位，因工作不力，造成农机安全生产及农产品质量安全等事故的，严肃追究相关人员的责任。

诸城市农业局　　　　　　　　责任人：
单　位：＿＿＿＿＿＿　　　　责任人：

2017年2月6日

（资料来源：http://xxgk.zhucheng.gov.cn/SNYJ/201712/t20171204_1942899.htm.）

第十一节　审计报告

一、审计报告的含义与作用

审计报告是审计人员受国家审计机关、企业主管部门或财政、税务、银行等单位的指派或委托，对国家机关或企事业单位的财务收支及经济活动、经营管理进行审查后所写的书面报告。

审计报告完成之后将呈送交办部门并通知被审单位，所以它一方面可以帮助交办部门了解被审单位的财务和经济状况，并作为评价其经济活动或处理其违法行为的依据；另一方面，它又可以帮助被审单位改进财务工作，提高经营管理水平。此外，作为第三者的审计人员所写的审计报告还具有公证的性质，它不仅是交办或委托单位对被审单位实施财务和经济监督的依据，而且可作为提供给税务、物价、计划等部门的证明文件。

二、审计报告的分类

审计报告主要可以分为以下几种：
1. 按照审计范围大小，可分为全面审计报告和专题审计报告。
2. 按照审计报告目的不同，可分为事前审计报告、事中审计报告和事后审计报告。
3. 按照审计人员与被审单位隶属关系，可分为外部审计报告和内部审计报告。

三、审计报告的基本格式

审计报告一般包括标题、正文、附件注明、落款四个部分。

（一）标题

审计报告的标题通常由被审单位、审查内容和文种三个因素构成，如《对××厂进行全面审计的报告》《关于××公司违反财经纪律的审计报告》。需呈送上级机关的审计报告，还应在标题之下、正文之前顶格写明主送单位。

（二）正文

正文一般由三个部分组成。

1. 审计工作说明。它简要地交代审计的依据、对象、时间、内容、目的等，有的还写入审计的方法、被审单位的基本情况或审查结论。

2. 审查事项与存在的问题，这一部分宜将审查事项分段叙述，如有必要，还可为每段列出小标题。一般来说，小标题即为观点，小标题之下的事实则是证明观点的材料。如果被审单位在财务及其他经济活动中存在违法违纪现象，那么，在此还应写明违纪问题的情节、性质和产生的原因。

3. 意见和建议，即在查明问题的基础上，根据有关政策、法律和规定，对被审者提出处理意见，有的还进一步针对被审单位的财经工作提出改进建议。当然，如果被审单位在财务和经济管理上没有问题，或者上述工作都做得比较好，那也应如实反映，而不要强加"过失"。

（三）附件注明

审计报告如附有证明材料或有关资料，需依次列出其名称。附件一般包括表格、账目、笔录、旁证材料等。

（四）落款

落款应包括审计单位的名称、审计人员的签名盖章，以及报告完成的日期。

四、审计报告的写作要求

1. 审计报告必须由会计以外的审计人员拟写。
2. 审计人员拟写审计报告之前，必须认真检查会计账册、凭证报表及被审单位的经济活动，并随时做好审计记录。

3. 拟写审计报告时，要对审计记录进行复查、整理，并依据国家的政策和法律法规来分析被审单位的财务和经济活动，进而对其做出客观公正的评价。

4. 审计报告完成之后，审计人员应征求被审单位的意见，以便对审计报告所反映的情况或问题做最后的核实。如双方意见不能达成一致，则要将被审单位的意见连同审计报告一同上交。

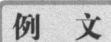

2017年保障性安居工程跟踪审计结果（报告）

为促进党中央、国务院关于保障性安居工程政策的全面贯彻落实，2017年12月至2018年3月，审计署组织地方各级审计机关对2017年全国保障性安居工程（含公共租赁住房等保障性住房和各类棚户区改造、农村危房改造，以下统称安居工程）的计划、投资、建设、分配、运营及配套基础设施建设等情况进行了审计，重点审查安居工程项目1.77万个，共涉及项目投资2.52万亿元，并对13.03万户农村危房改造家庭做了入户调查。现将审计情况公告如下：

一、安居工程实施基本情况和取得的主要成效

根据相关部门和单位提供的数据，2017年，全国各级财政共筹集安居工程资金7 841.88亿元（其中，中央财政2 487.62亿元），项目单位等通过银行贷款、发行企业债券等社会融资方式筹集安居工程资金21 739.02亿元。2017年，全国棚户区改造开工609.34万套、基本建成604.18万套，公共租赁住房基本建成81.56万套，农村危房改造开工190.59万户，分别完成当年目标任务的101.48%、183.97%、124.4%和100%。

从审计情况看，2017年，各地各部门积极贯彻落实中央决策部署和各项政策要求，加快推进各类安居工程及配套基础设施建设，进一步改善了住房困难群众的居住条件，进一步加强了安居工程住房分配使用和管理，较好地满足了中低收入家庭的基本住房需求，促进了社会和谐稳定和新型城镇化健康发展。

（一）安居工程住房有效供给进一步加大，为建立多渠道保障的住房制度提供有力支持。（略）

（二）城乡住房困难群众居住条件进一步改善，为解决发展不平衡不充分问题发挥积极作用。（略）

（三）安居工程住房分配使用和管理进一步加强，为提升住房保障政策效果夯实基础。（略）

（四）安居工程投资稳增长作用进一步凸显，有力促进了经济平稳健康发展。（略）

二、审计发现的主要问题

（一）部分地区存在骗取侵占安居工程资金和住房等违法违规问题。（略）

（二）部分地区安居工程住房和资金管理使用绩效不高。（略）

（三）部分地区安居工程政策和扶持措施未落实到位。（略）

三、审计处理和初步整改情况

以上审计查出的问题，地方各级审计机关已依法出具审计报告、提出处理意见。审计查出的相关涉嫌违法违纪问题线索已依法移送有关部门进一步调查处理。审计指出问题后，有关地方积极组织整改，截至2018年3月底，共追回被套取挪用资金11.29亿元，

退还多收取税费7 184.99万元，盘活资金14.42亿元，取消保障资格或调整保障待遇1.68万户，追回补贴补助资金3 553.36万元，收回和加快分配住房8 602套。其他问题正在进一步整改中，审计署将持续跟踪检查后续整改情况，督促整改到位。

国家审计署
2018年4月2日

（资料来源：中华人民共和国审计署网站，http：//www.audit.gov.cn/n5/n25/c123563/content.html.）

第十二节　查账报告

一、查账报告的含义与作用

查账报告是在中华人民共和国登记注册的公证会计师对中外合资企业的凭证、账册、报表进行检查后写出的书面报告。中外合资企业向我国税务机关报送所得税申报表和会计决算表时，必须附送查账报告，我国税务机关将据此决定其应该上交的所得税额。

后来，查账报告逐渐应用于国内其他企事业单位，检查的内容也扩大到账目以外的经济活动和经营管理，这就是现在所说的审计报告。有时候人们仍习惯地把审计报告叫作查账报告，而实际上审计报告在检查的对象、内容和目的方面，都比查账报告宽一些，因此可以说，查账报告是审计报告的一种，审计报告里包含了查账报告。

二、查账报告的基本格式与写作要求

（一）查账报告的基本格式

查账报告由标题、前言、正文、附件注明和落款五个部分组成。

1. 标题，可以只写文种名称，即《查账报告》，也可以将其写成《关于检查××账目的报告》这种形式。
2. 前言，写查账的依据、时间、对象、目的、内容及基本结论。
3. 正文，归纳查明的事实，并据此说明企业的盈亏情况。如内容较多，可列小标题分述。
4. 附件注明，要列出查账报告所附的资金平衡表、利润表、统计表等。
5. 落款，写查账单位名称、查账会计师姓名及报告完成时间。

（二）查账报告的写作要求

写查账报告必须以查账实况为依据，因此，认真检查中外合资企业的财务状况是写好查账报告的必要前提。查账人员应着重检查的情况有以下几个方面：

1. 成本、费用情况。
2. 生产、销售情况。
3. 利润与分配情况。
4. 纳税及场地使用费、技术转让费的支付情况。
5. 资金增减情况。
6. 外汇收支情况。
7. 财物盘盈、盘亏及毁损情况。

> 例 文

<h2 style="text-align:center">企业所得税汇算清缴查账报告</h2>

年度××税审字（××××）第××号

××××公司：

我们接受贵公司的委托［约定编号：×××］，对贵公司提供的××××年度企业所得税汇算清缴申报表及其附表情况进行审查验证。贵公司对所提供的会计资料及纳税资料的真实性、合法性、条理性和完整性负责。我们的责任是根据现行税收政策规定对相关报表、账册、凭证及其他有关纳税资料进行审核、调整。我们的审核是按照《注册税务师执业准则（试行）》《税务代理业务规程（试行）》《税务代理从业人员守则（试行）》及东莞市国家税务局、东莞市地方税务局的有关规定进行的。在审核过程中，我们结合贵公司的实际情况，实施了包括抽查会计记录等我们认为必要的审核程序。

经对贵公司××××年度企业所得税汇算清缴申报表及其附表进行审核，具体审核结果如下：

一、贵公司××××年度会计利润的报表数为××××元。经审核，贵公司本年度企业所得税应纳税所得额在会计利润的基础上应做以下调整：

（一）调增事项：

1. 收入项目；
2. 税前扣除项目（可按申报表顺序列示）；
3. 影响应纳税所得额的相关税费项目。

以上合计审核调增数××××元。

（二）调减事项：

1. 收入及免税所得项目；
2. 税前扣除项目；
3. 影响应纳税所得额的相关税费项目。

以上合计审核调减数××××元。

（三）弥补以前年度亏损。

（四）经调整后，贵公司本年度应纳税所得额为：调整后应纳税所得额＝会计利润审核调增数－审核调减数－弥补以前年度亏损。

二、贵公司本年度实际应纳企业所得税（略）

三、其他事项说明（对事务所无法做出审核意见的必须说明）（略）

中国注册税务师（签名盖章）　　　地址：
中国注册税务师（签名盖章）　　　电话：

××××年××月××日

第十三节　经济合同

一、经济合同的含义与作用分类

经济合同是单位与单位、单位与个人、个人与个人之间为实现各自的经济目标而互相交往时，为明确相互间的权利义务关系，共同协商签订的书面协议。

经济合同的作用是使签约双方的经济协作或商品交换关系得到法律的保护。经济合同不仅在发生经济纠纷时可以作为诉讼的凭证，而且在促使双方真诚协作，实现管理科学化等方面起着更加积极的作用。

二、经济合同的分类

经济合同按不同的标准可以分成不同的类别。按合同的期限，有长期合同和短期合同。按合同的形式，有条文式合同、表格式合同和条文表格结合式合同。按合同的性质，则可分为以下十种。

（一）产品购销合同

产品购销合同是供方和需方为商品调拨或售购而明确相互间权利义务关系所签订的契约性条文。

（二）财产租赁合同

财产租赁合同是出租方和承租方为固定资产（如厂矿、设备、房屋、车辆等）的临时租赁而明确相互间的权利义务关系，所签订的契约性条文。

（三）建筑安装承包合同

建筑安装承包合同是承包方和发包方为用发包方的资金或材料替发包方进行勘察、设计、施工、安装等而明确相互间权利义务关系所签订的契约性条文。

（四）加工承揽合同

加工承揽合同是承揽方和定做方为了用定做方提供的材料或资金，并按定做方的要求，替定做方加工产品，修理房屋、器具等而明确相互间权利义务关系所签订的契约性条文。

（五）货物运输合同

货物运输合同是承运方和托运方为运送货物而明确相互间权利义务关系所签订的契约性条文。

（六）仓储保管合同

仓储保管合同是保管方和存货方为提供仓库储存货物并对其负责保管而明确相互间权利义务关系所签订的契约性条文。

（七）科技协作合同

科技协作合同是受托方和委托方为研制、试制新产品，进行科研试验测定，或进行技术咨询、技术转让、技术人员培训而明确相互间权利义务关系所签订的契约性条文。

（八）借款合同

借款合同是银行和企事业单位为借贷款项而明确相互间的权利义务关系所签的契约性条文。

(九) 财产保险合同

财产保险合同是保险公司和被保险单位或个人为人身事故或物资财产的意外损失得到赔偿而明确相互间权利义务关系所签订的契约性条文。

(十) 联营合同

联营合同是甲、乙双方为联合生产经营而明确相互间权利义务关系所签订的契约性条文，包括法人型联营合同、合伙型联营合同和协作型联营合同。

三、经济合同的基本格式

经济合同通常由标题、立合同人、正文、落款四个部分组成。需要注意的是，根据《合同法》的规定，应优先采用经济合同示范文本。经济合同示范文本是指根据《合同法》的相关规定而制出文本合同，即列举一些标准合同文本，并以此合同为标准等。

(一) 标题

标题即合同名称，一般由合同性质与文种名称两个因素构成，如《购销合同》《修缮合同》。有的标题还点明单位、时间或标的物，如《××铁路局货物运输合同单》《××年上半年金属材料供需合同》《施工机械设备租赁合同》等。

(二) 签订合同的单位名称或个人姓名

签约双方的单位名称或个人姓名一般在标题之下，上下并写，有时也可左右连写。如有公证或保证单位，则将其列于签约双方的名称之下。为使行文简便，可把签约的一方简称为"甲方"，另一方称作"乙方"，公证或保证单位则称为"丙方"。这三种简称应分别对应于各方单位之后，在圆括号里注明。在购销合同里，也可以把提供货物的一方写作"供方"或"卖方"，把另一方写作"需方"或"买方"。

(三) 正文

合同正文由签约缘由、协议内容、合同的保存及附件的说明三个部分构成。

1. 签约缘由，简述签订合同的根据或目的，如"为了繁荣市场，保证商品供应，甲乙双方代表经过平等协商，订立如下合同，以资共同信导。"表格式合同可以省去缘由。

2. 协议内容，即双方议定的条款，我们把它分为各类合同通用条款、某类合同专用条款和合同某方特约条款。

(1) 通用条款。通用条款有以下七条，①至⑤为必备条款，⑥、⑦为常用条款。

①标的。它是合同签约双方权利和义务共同指向的对象，任何合同都必须写明签约双方所要处置的事物。

②数量和质量。它们是对标的物的具体说明与要求。质量不仅是指标的物的优劣，有时还兼指产品的品种、型号、规格等。

③价款或酬金。它们一般用货币数量表示，总额要用大写。

④履行期和有效期。履行期是指如数提供标的物和交付价款或酬金的期限。有效期是指合同具有法律效力的时间，过了这个时间，则合同作废。合同履行期和有效期不是一个概念，比如，一份长期合同的有效期是两年，而履行期是议定的各月交货日期。

⑤违约责任。它是对违反合同的惩罚性措施，也就是一方不能按时、按质、按量交付标的物，或完成对标的物的处置，以及另一方不能按时、如数付给价款或酬金时，应给予对方的经济赔偿。违约责任一般由违约情况和违约处理构成，即先写违反合同的程度，再写相应的处置办法。例如："供方无意外原因延期交货一周，偿付单项品种总值千分之二十的罚金给需方。""需方不得在合同的有效期拒收货、拒付款，否则偿付总值千分之二十的罚金给对方。"

⑥验收办法。验收的项目主要有数量、质量、品种、型号、规格、包装等。验收办法主要是写明验收的依据和时间。例如:"根据双方同意之规格、质量标准实样作为需方验收依据。"又如:"需方应从货物及据以验收的全部资料到达之日起,五日内将验收结果通知供方,否则认为验收无误。"

⑦结算办法。它一般包括三个方面的内容:一是交付现金,还是银行转账。国家企业之间的结算均采用银行转账的方式,同地使用支票,异地"托收承付"。凡经银行转账的,都要注明签约双方的开户银行和账号。二是一次付款,还是分期付款。三是付款时间。比如,某修缮合同有关结算办法的条款是这样写的:"甲方在订立合同后××周内,通过银行转账,先付给乙方全部修缮费的50%,其余50%在教学楼修缮验收完后××天内全部一次付清。"

(2) 专用条款。某类合同的专用条款分述如下:

①购销合同专用条款一般有包装要求、交货方式、交货地点等。包装要求通常涉及包装由何方负责,以及包装材料、包件大小、包装用品是否回收等问题。交货方式有供方送货和需方自提两种。如果是供方送货,则应对运费承担、运价标准及途中损失等做出规定,有的还注明货运方式,如空运、水运、铁路运输、公路运输等。无论送货还是自提,都要写明交货地点,或在供方单位,或在需方单位,或在某车站、某码头。

②财产租赁合同专用条款。它一般包括租赁财产的用途、租赁期间财产维修保养的责任等。比如,承租一方不得损坏租赁财产或利用租赁财产进行违法活动,未经许可不得拆改房屋、设备、机具,不得将租赁的财产转租。又比如,出租房屋一方有检查、维修房屋的责任等。

③建筑安装工程承包合同专用条款。它一般是签约双方互相协作的内容。比如,发包方应按时向承包方提供原材料、施工场地、施工条件、技术资料、设备、资金;工程未经验收,发包方不得提前使用;承包方在隐蔽工程进行隐蔽之前或全部工程竣工之后,都应书面通知发包方到现场检查验收。双方商定保修期等。

④加工承揽合同专用条款。它主要涉及定做方向承揽方提供原材料的名称、规格、数量、质量、交付日期以及技术资料、图纸的提供办法等。

⑤货物运输合同单专用栏目,一般包括发站、到战(或装货地点、卸货地点)、运距(里程)、收货人等。

⑥仓储保管合同专用条款,一般包括货物的保管方法,入、出库手续,损耗标准和损耗处理等。

⑦科技协作合同专用条款,一般包括协作方式、经费和物资概算、科技成果所有权及其保护等。协作方式应写明受托方提供科学技术的方式,如咨询服务、科研、试制、成果推广、技术转让等,另外,还要交代委托方需提供的资金(有时还包括设备、人力),以及提供的时间、数量、用途等。经费概算是指对委托方向受托方预拨的研制费进行估算。物资概算是指对研制所需购买的物资进行估算。在有关科技成果所有权及其保护的条款里,应注明科技成果的所有权归受托人所有(委托人可无偿使用)还是双方共有。此外,还应规定科技成果所有权的保护办法。比如:"合同各方对本科研项目的一切资料负有保密责任,未经有关部门批准,不得引用科研项目的数据、科研成果及其他有关资料。"

⑧借款合同专用条款。它主要有贷款用途、还款资金来源及还款方式、保证条款等。贷款用途要符合国家贷款计划文件的规定,并且要专款专用。借款方要有一定的财产作为还款的保证。保证条款要填写借款方聘请的拥有代偿借款财产的保证人。例如,一份借款合同在保证条款里规定:"保证方有权检查和督促借款方履行合同。借款方不履行合同时,由保证方连带承

担偿还本息的责任。保证方履行保证责任后，有向借款方追偿的权利。"

⑨财产保险合同专用条款主要有保险责任、除外责任和赔偿办法。保险责任是指保险方承担的义务，其内容主要有在保险金额范围内赔偿保险事故造成的损失，偿付投保方为减免保险责任范围内的损失而采取措施的费用等。除外责任是指保险方可以免除责任的特殊情况。这些情况主要有：保险事故的发生是保险受益人故意或因其重大过失造成的；事故发生了一定期限，投保方还不将情况报告保险人等。

⑩联营合同专用条款。它一般有联营体管理机构的组成、经营的范围和方式、联营各方的义务和权利，其中包括联营各方的出资方式、数额和期限，以及利益分配方案等。

（3）特约条款。它是除上述通用条款、专用条款外，签约一方特别要求对方允诺的条款。比如，在事先印好的合同表格中就常有"特约事项"、"补充条款"或"其他要求"一栏。特约条款的实例如下：在某科技协作合同中，委托方要求"承担单位就本科研项目与其他资助科研经费单位签订合同时，须分别向委托单位、保证单位交送一份副本留存"。在某设备租赁合同中，承租方要求"在合同执行期内，如出租方因大规模改造需拆除设备时，应提前半年通知承租方做好准备"。

3. 对合同保存情况及附件的注明

（1）合同保存情况包括合同份数和保存单位两个方面。合同的正本一般为一式两份，签约双方各执一份；或一式三份，除签约双方之外，保证单位存放一份。合同的副本则按签约双方的需要而定。副本通常送签约各方的上级主管部门，有的还送相关银行。

（2）经济合同的附件一般有表格（如"工程项目一览表""购物清单"）、图纸、实样等。附件应注明名称、件数，若是图文，则附在正文之后。

（四）落款

在合同正文之下，写明签订合同双方单位的全称和代表姓名，并加盖印章。如有主管部门签证或司法机关公证的，则还需写出签证、公证部门、机关及代表，并加盖印章。有的合同还在上述各单位之下分别注明地址、电话和电报挂号。

四、经济合同的写作要求

（一）内容要合法

根据《合同法》的规定，订立经济合同必须符合以下三项基本原则：第一，必须遵守国家的法律，符合国家政策和计划的要求。第二，不违反国家利益或社会公共利益。第三，必须贯彻平等互利、协商一致、等价有偿的原则。

（二）条款要完备

首先，合同的必备条款——标的、数量和质量、价款或酬金、履行期限、违约责任一条也不能缺少。其次，对某个种类的合同来说，它的专用条款也是必须认真考虑的。最后，还应写入由当事人一方根据实际情况特别要求而经双方协商确定的其他条款。

（三）语言要简明、准确

为了避免发生合同纠纷，标的物的名称、规格、型号以至牌号、商标等都要写清楚，标的物的数量要准确，计算单位是吨还是公斤、是丈还是尺要明白。有的商品还要注明数量的正负尾差和合理磅差。违约责任不能仅写由某方负责，而应明确违反到什么程度、给予什么样的处罚。

第二章 经济应用文

> **例文一**

前期物业服务合同

甲方（开发建设单位）：_____
法定代表人：_____
授权委托人（代理人）：_____
住所地：_____
邮　编：_____

乙方（物业服务企业）：_____
法定代表人：_____
授权委托人（代理人）：_____
住所地：_____
邮　编：_____
营业执照注册号：_____
证书编号：_____
社会信用代码：_____

根据《中华人民共和国合同法》《中华人民共和国物权法》《物业管理条例》《湖北省物业服务和管理条例》和相关法律、法规，甲乙双方在平等、自愿、协商一致的基础上，就甲方选聘乙方对_____（物业区域名称）提供前期物业服务事宜，订立本合同。

第一章　物业区域基本情况

第一条　物业区域基本情况：
物业名称：_____
物业类型：_____
坐落位置：_____
占地面积：_____
总建筑面积：_____
总栋数：_____
总户数：_____
物业区域四至：
东至_____；南至_____；
西至_____；北至_____。
（规划平面图见附件1；物业构成明细见附件2）

第二章　服务内容及服务人员

第二条　在物业区域内，乙方提供的前期物业服务包括以下内容：
1. 物业共用部位的养护和管理（物业共用部位明细见附件3）；
2. 物业共用设施设备的运行、养护和管理（物业共用设施设备明细见附件4）；
3. 物业共用部位和相关场地的清洁卫生，垃圾的收集、清运及雨、污水管道的疏通；
4. 公共绿化的养护和管理；

5. 车辆停放管理；

6. 公共秩序维护、安全防范等事项的协助管理；

7. 装饰装修管理服务；

8. 物业档案资料管理；

9. _____。

第三条 乙方应明确本物业服务项目关键人员（包括项目负责人及主要专业技术与管理人员，基本情况见附件5，当项目关键人员发生变动时，乙方应告知甲方及办理行业主管部门备案）。

第四条 在物业区域内，乙方接受业主委托的其他特约性服务，或者单个业主委托乙方对其物业的专有部分提供维修养护等服务的，服务内容和费用由双方另行商定。

第三章 物业的收费与经营

第五条 物业服务费标准

物业服务费由业主按其拥有物业的建筑面积交纳，具体标准如下：

多层住宅：_____元/月·平方米；

高层住宅：_____元/月·平方米；

别　　墅：_____元/月·平方米；

办公楼：_____元/月·平方米；

商业物业：_____元/月·平方米；

会　　所：_____元/月·平方米；

物业：_____元/月·平方米。

物业：_____元/月·平方米。

物业服务费调整方式。自_____年____月起，每_____年按照_____（递增或减少）_____的标准调整。

业主（物业使用人）在符合相关法律法规规定的前提下，利用住宅物业从事经营活动的，乙方按商业物业标准收取相应的物业服务费。

物业服务标准及服务评价方式方法（见附件6）。

第六条 本物业区域物业服务经营选择以下第　　种方式：

（一）包干制

物业服务费主要用于以下开支：

1. 管理服务人员的工资、社会保险和按规定提取的福利费等；

2. 物业共用部位、共用设施设备的日常运行、维护费用；

3. 物业区域清洁卫生费用；

4. 物业区域绿化养护费用；

5. 物业区域秩序维护费用；

6. 办公费用；

7. 物业服务企业固定资产折旧；

8. 物业共用部位、共用设施设备及公众责任保险费用；

9. 法定税费；

10. _____。

包干制服务费不含物业共用部位、共用设施设备维修和更新、改造费用。

乙方按照上述标准收取物业服务费用,并按本合同约定的服务内容和标准提供服务,盈余或亏损由乙方享有或承担。

(二) 酬金制

物业服务费由业主按其拥有物业的建筑面积预先交纳,预收的物业服务费主要用于物业服务成本和乙方的酬金支出。

物业服务支出为所交纳的业主所有,由乙方代管,主要用于以下开支:

1. 管理服务人员的工资、社会保险和按规定提取的福利费等;
2. 物业共用部位、共用设施设备的日常运行、维护费用;
3. 物业区域清洁卫生费用;
4. 物业区域绿化养护费用;
5. 物业区域秩序维护费用;
6. 办公费用;
7. 物业服务企业固定资产折旧;
8. 物业共用部位、共用设施设备及公众责任保险费用;
9. _____。

乙方采取以下第____种方式提取酬金:

1. 乙方按_____(每月/每季/每年)_____元的标准从预收的物业服务费中提取;
2. 乙方_____(每月/每季/每年)按应收的物业服务费_____%的比例提取。

物业服务支出应全部用于本合同约定的支出。物业服务支出年度结算后结余部分,转入下一年度继续使用;物业服务支出年度结算后不足部分,由全体业主承担。

(三) 其他经营方式

_____。

第七条 本合同约定期限起始之日至出售房屋交付之日发生的物业服务费用由甲方承担,房屋交付之日后的物业服务费用由业主承担。

纳入物业服务范围的已竣工但尚未出售,或者因甲方原因未能按时交给物业买受人的物业,其物业服务费用由甲方全额交纳。

业主与物业使用人约定由物业使用人交纳物业服务费的,从其约定,业主负连带责任。业主与物业使用人之间的交费约定,业主应及时书面告知乙方。

本条规定由甲方承担的物业服务费用按____(每月/每季/每年)交纳给乙方,甲方应在(每月第____日/每季的第____月第____日/每年____月____日)履行交纳义务;由业主(物业使用人)承担的物业服务费用按____(每月/每季/每年)交纳给乙方,业主(物业使用人)应在(每月第____日/每季的第____月第____日/每年____月____日)履行交纳义务。

第八条 物业服务实行酬金制方式计费的,乙方应向全体业主公布物业管理年度计划和物业服务费年度预决算,并每年____次向全体业主公布物业服务费的收支情况。

对物业服务费收支情况有争议的,甲乙双方同意采取_____方式解决:

(一) 专业机构审计;
(二) 共同协商;
(三) _____。

第九条 机动车辆停放收费

（一）车位租金标准

1. 汽车

露天车位：_____元/个·月；

室内车位（库）：_____元/个·月；

2. 摩托车：_____元/个·月；

3. 电动车：_____元/个·月；

4. 自行车：_____元/个·月。

车位使用人应按_____的标准向乙方交纳临时停放车位租金。

乙方按车位租金_____%的比例提取管理费用，用于车位出租、车位租金收取及租金管理人工、税费等支出。管理费用在返还甲方或业主委员会前从收取的车位租金中扣除。

停车库（位）属于全体业主共有的，车位租金归全体业主共有。车位租金实行单独建账，业主大会成立后移交业主委员会，用于补充专项维修资金也可以按业主大会的决定使用；停车库（位）属于甲方所有的，业主（物业使用人）有优先使用权。

（二）泊车服务费

车位（库）使用人按以下标准交纳车辆停泊服务费，收入归乙方所有。

1. 汽车

露天车位：_____元/个·月；

室内车位（库）：_____元/个·月；

2. 摩托车：_____元/个·月；

3. 电动车：_____元/个·月；

4. 自行车：_____元/个·月。

第十条　泊车服务费主要用于以下开支：

（一）停车库（位）服务人员的工资、社会保险和按规定提取的福利费等；

（二）停车库（位）共有部位的维护费用（业主自有车位的维修养护费用由其自行承担）；

（三）停车库（位）配套的共用设施、设备（包括照明、通排风、给排水、消防、标识、道闸等系统）的维护费用；

（四）停车库（位）的配套的共用设施、设备的运行费用；

（五）停车场的公共环境清洁卫生费用；

（六）法定税费；

（七）_____。

第十一条　乙方利用业主共用部位、共用设施设备进行经营的，应当征得相关业主同意后，按照规定办理有关手续，经营收益属于全体业主共有。物业服务企业按经营收入总额的_____%提取管理服务费用，用于支付经营、管理及收取、保管资金开支。

乙方应当每半年公布一次经营收益收支情况，主动接受监督。

第十二条　物业区域内，供水、供电、供气、供热、通讯、有线电视等有关费用应当由最终用户承担；业主自用的由业主承担；乙方使用的由乙方承担；公共水电费_____据实分摊。

乙方接受供水、供电、供气、供热、通讯、有线电视等专业经营单位委托代收费用的，不得向业主收取手续费等额外费用。

第四章 物业的承接查验（略）

第五章 物业的使用与维护（略）

第六章 违约责任（略）

第七章 其他事项

第三十八条 本合同期限自＿＿＿＿年＿＿月＿＿日起至＿＿＿＿年＿＿月＿＿日止；但在本合同期限内，依法成立的业主大会选聘新物业服务企业后，业主委员会与新选聘的物业服务企业签订的物业服务合同生效时，本合同自动终止。

本合同期满，业主大会没有做出选聘或者续聘决定，乙方应当继续按本合同约定继续提供服务，物业服务合同自动延续至业主大会做出选聘或者续聘决定为止。

第三十九条 本合同期满前＿＿＿＿月，业主大会尚未成立的，甲、乙双方应就延长本合同期限达成协议；双方未能达成协议的，甲方应在本合同期满前选聘新的物业服务企业。

本合同期满，甲方没有做出选聘决定，乙方应当按照本合同约定继续提供服务，物业服务合同自动延续至甲方做出选聘新物业服务企业决定为止。

第四十条 本合同期满前发生下列情形且业主大会尚未成立的，甲方可以终止合同另行选聘物业服务企业：

（一）乙方违约无法提供和达到本合同第五条约定的服务内容和服务标准，征得半数以上业主同意解聘原物业服务企业的；

（二）乙方提出解除合同的；

（三）乙方因解散、破产等原因无法履行合同的。

第四十一条 自本合同终止时起10日内，乙方应将物业服务费用预收及欠款的清算、外包合同及经营收益合同的履行及物业共有部位及共用设施设备的运行状况、相关档案资料等完整地移交给业主委员会；业主委员会尚未成立的，移交给甲方或＿＿＿＿代管。乙方不得以任何理由拒绝、拖延移交。

第四十二条 甲方与物业买受人签订的房屋买卖合同，应当包含本合同约定的内容；物业买受人签订房屋买卖合同，即为对接受本合同内容的承诺。

第四十三条 业主可与物业使用人就本合同的权利义务进行约定，但物业使用人违反本合同约定的，业主应承担连带责任。

第四十四条 本合同的附件为本合同不可分割的组成部分，与本合同具有同等法律效力。

第四十五条 本合同自双方签章之日起生效。本合同未尽事宜，双方可另行以书面形式签订补充协议，涉及业主权益的应在物业区域公示。

第四十六条 本合同在履行中发生争议，由双方协商解决；协商不成，双方可选择以下第＿＿＿＿种方式处理：

（一）向物业所在地仲裁委员会申请仲裁；

（二）向物业所在地人民法院提起诉讼。

第四十七条 本合同一式五份，甲、乙双方各执两份，由乙方持本合同向物业所在地房产行政主管部门备案。

甲方（盖章）	乙方（盖章）
法定代表人	法定代表人
授权委托人（代理人）	授权委托人（代理人）

_____年_____月_____日

（资料来源：湖北省工商行政管理局　http://gsj.hubei.gov.cn//zwdt/tzgg/273020.htm.，有删略）

例文二

水果定购合同

订立合同双方：

供方：　　　　　　　　　（以下简称甲方）

需方：　　　　　　　　　（以下简称乙方）

为了发展果品生产，安排好市场供应，甲乙双方协商一致，签订本合同，共同信守。

第一条　定购水果名称、等级、单位、单价、数量、总计金额等。（可列出表格）

第二条　果品质量：按照国家规定的规格标准执行。（可具体列出各种质量指标）

第三条　包装要求和费用承担

1. 包装材料及规格：_____。

3. 每包水果净重：_____公斤。

3. 不同品种等级分别包装。

4. 包装牢固，适宜装卸运输。

5. 每包品种等级标签清楚。

6. 包装费用由甲方负担。

第四条　交货时间、地点

1. 交货时间：_____。

2. 交货地点：_____。

第五条　验收方法_____。

第六条　运输方法及运费承担_____。

第七条　结算方式与期限_____。

第八条　甲方的违约责任

1. 甲方未按合同规定品名、品级、数量交货，应向乙方偿付少交部分总价值_____%的违约金。

2. 甲方未按合同规定时间交货，每逾期10天，应向乙方偿付迟交部分总价值_____%的违约金。

3. 甲方包装不符合合同规定，应当返工，所造成损失由甲方自负。

第九条　乙方的违约责任

1. 乙方必须按合同规定收货，否则，应向甲方偿付少收部分总价值_____%的违约金。

2. 乙方没有按照国家规定的等级和价格标准，压级压价收购，除还足压价部分货款外，应向甲方偿付压价部分总价值_____%的违约金。

3. 乙方在甲方交货后，应按时付款，每逾期一天，应向甲方偿付未付款部分总价值_____%的违约金。

第十条　甲乙双方由于不可抗力的自然灾害，而确实不能全部或部分履行合同，可免除全部或部分的违约责任。

第十一条　本合同如有未尽事宜，由双方协商规定。

甲方：_____（盖章）　　乙方：_____（盖章）
代表：_____（签名）　　代表：_____（签名）
地址：_____　　　　　　地址：_____
电话：_____　　　　　　电话：_____
开户银行：_____　　　　开户银行：_____
账号：_____　　　　　　账号：_____

年　月　日

例文三

房屋租赁合同

订立合同双方：
出租方：　　　（个人或单位），以下简称甲方；
承租方：　　　（个人或单位），以下简称乙方。
为调剂房屋使用的余缺，甲方愿意将产权（或管理权）属于自己的房屋出租给乙方，双方根据××市（县）有关房产管理的规定，经过充分协商，特订立本合同，以便合同遵守。

第一条　出租房屋坐落地址：_____
第二条　房屋名称、规格、等级、间数、面积、单价、金额、地面质量（表格略）。
第三条　租赁期限

租期为_____年_____月，从_____年_____月_____日起至_____年_____月_____日止。

甲方应按照合同规定时间和标准，将出租的房屋及时交给乙方使用居住。

第四条　租金和租金交纳期限。

乙方每月向甲方缴纳租金人民币_____元整，甲方应出具收据。租金在当月_____天内交清，交租金地点在_____。

（房屋租金，由租赁双方按照房屋所在地人民政府规定的私有房屋租金标准协商议定；没有规定标准的，由租赁双方根据公平合理的原则，参照房屋所在地租金的实际水平协商议定。出租方不得任意抬高租金。）

第五条　出租方与承租方的变更。

1. 租赁期间，甲方如将房产所有权转移给第三方，不必征得乙方同意，但应通知乙方。房产所有权转移给第三方后，该第三方即成为本合同的当然甲方，享有原甲方的权利，承担原甲方的义务。

2. 租赁期间，乙方如欲将房屋转让给第三方使用，必须征得甲方的同意。取得使用权的第三方即成为本合同的当然乙方，享有原乙方的权利，承担原乙方的义务。

第六条　甲方的责任。

1. 甲方如未按本合同规定的时间向乙方提供租赁房屋，应按延迟期间内乙方应交租金的_____%计算，向乙方偿付违约金。

2. 租赁期间，出租房屋的维修由甲方负责，如租赁房发生重大自然损坏或有倾倒危险而甲方又不修缮时，乙方可以退租或代甲方修缮，并可以用修缮费用收据抵消租金。

3. 出租房屋的房产税、土地使用费由甲方负担。

4. 租赁期间，如甲方确需收回房屋自主，必须提前_____个月书面通知乙方，解除合同，甲方应付给乙方违约金，违约金以剩余租期内应交租金总额的_____%计算。

第七条　乙方的责任。

1. 乙方依约交付租金，甲方如无正当理由拒收，乙方不负迟延交租的责任；乙方如果拖欠租金，应按中国人民银行延期付款的规定向甲方偿付违约金。乙方如拖欠租金达_____月以上，甲方可以从乙方履约金（如乙方付有履约金）中扣除租金，并可收回出租之房屋。

2. 租赁期间，房屋管理费、水电费由乙方负担。

3. 租赁期间，如乙方确因特殊情况需要退房，必须提前_____个月书面通知甲方，解除合同，应付给甲方违约金，违约金以剩余租期内应交租金总额的_____%计算。

4. 租赁期间，乙方不得擅自改变房屋的结构及用途，乙方如因故意或过失造成租用房屋和设备的毁损，应负责恢复原状或赔偿经济损失。乙方如需装修墙窗，须事先征得甲方同意，并经房屋修缮管理部门批准方能施工。乙方在租用房屋内装修墙窗的格、花、板壁、电器等物，在迁出时可一次折价给甲方，亦可自行拆除，但应恢复房屋原状。

5. 租赁期满或合同解除，乙方必须按时搬出全部物件。搬迁_____日内房屋里如仍有余物，视为乙方放弃所有权，由甲方处理。

6. 租赁期满或合同解除，如乙方逾期不搬迁，乙方应赔偿甲方因此所受的损失，必要时甲方可以向人民法院起诉和申请执行。

第八条　合同期满，如甲方的租赁房屋需继续出租或出卖，乙方享有优先权。

第九条　房屋如因不可抗力的自然灾害导致毁损，本合同则自然终止，互不承担责任。

第十条　本合同如有未尽事宜，须经双方协商做出补充规定。补充规定与本合同具有同等效力。

本合同执行中如发生纠纷，应通过甲乙双方协商解决。协商不成，可提请当地房管部门调解或人民法院裁决。

本合同一式二份，甲、乙双方各执一份；合同副本一式份，交市（县）房管局、街道办事处等单位各留存一份。

出租人（或单位）（盖章）
地址：
工作单位：
承租人（或单位）（盖章）

地址：
工作单位：

年　　月　　日订

（资料来源：孙春旻：《实用文体写作大全》，西北大学出版社2004年版。）

第十四节　借款担保书

一、借款担保书的含义与作用

借款担保书又称借款担保协议或保证书，是第三人为借款人做担保向银行出具的保证书，以书面方式保证借款人能按期偿还全部借款本息，否则由担保人代为偿还。

二、借款担保书的内容和注意事项

借款担保书是以担保人的信誉和经济实力做保证，因此，借款担保书在写作时一般不涉及担保人的资产，条款比较简单。按照我国《担保法》的规定，担保书或保证合同应当包括以下内容：被保证的主债权种类、数额；债务人履行债务的期限；保证的方式；保证担保的范围；保证的期限；双方认为需要约定的其他事项。

借款担保书也是一种具有法律意义的文书，一旦签署，就要承担法律规定的偿还银行贷款本息的连带责任。对银行来说，只能接受讲信誉、有经济实力、确有代偿能力的企业的担保书，并且必须有法人公章和法定代表人签章。对担保人来说，应弄清为他人担保的法律责任和自身的代偿能力以及借款人的情况，不能随意签署担保书。

三、借款担保书的基本格式

借款担保书由标题、编号、受益人或协议关系人、正文、签章组成。

（一）标题

借款担保书的标题一般由担保书的借款责任性质和文种组成。如"借款担保书""借款担保协议"等。

（二）编号

借款担保书的编号由业务代码、年号、顺序号组成。

（三）受益人

即担保书是开给谁的。如"致××银行××分行"。如果是担保协议，那么应分别列出受益人和担保人名称。

（四）正文

借款担保书正文采用分条式，也有采用条文和表格并用方式的，即在主要条文之后用表格反映担保人的主要经济指标，以便银行审查担保人的资格和代偿能力。

正文之前一般有一段引语，表示签署本担保书的目的和担保人的意向。如"为了保证受益人与借款人之间签订的××编号合同的履行，担保人自愿地、无条件地、不可撤销地做出如下保证。"接下来逐条按照我国《担保法》的要求，写明担保的主要条款和内容以及担保人的开户银行、账号、联系电话、联系人等。正文是担保书的核心部分，写作时一定要考虑是否符合

《担保法》的规定，是否是担保人的真实意愿表示。用词要严谨，概念要准确，权利义务的表述必须清楚，做到言简意赅。

（五）签章

签章主要是担保人的签署及签署日期。担保书必须盖有单位公章和法定代表人章及签字，才能生效。

例 文

不可撤销的借款偿还担保书

致 A 银行××分行（受益人）

编号：LG20180611××（2018）

根据 B（借款人）的申请，贵行同意向其提供外汇贷款（大写）_____美元（或其他外币），配套人民币贷款（大写）_____元。本保证人同意为该项贷款担保，特此开立本保证书。特在此无条件不可撤销地向贵行担保下列各项：

一、本保证书为无条件、不可撤销的保证书，担保贷款本金_____元整（大写）和该贷款项下所发生的利息和费用。

二、本保证书保证归还借款人在××字第××号贷款合同项下不按期偿还的全部或部分到期贷款本息，并同意在接到贵行书面通知后14天内代为偿还借款人所欠借款本息。如我单位不能履行上述担保责任时，接受你行委托我单位开户行从我单位账户中扣收全部贷款本息，如账户中存款不足，我单位将继续负责偿还借款人应偿付贷款本息及费用。

三、本保证书在贵行同意借款人延期还款时继续有效。

四、本保证书是一种连续担保和赔偿的保证。不受借款人接受上级单位任何指令和借款方与任何单位签订的任何协议、文件的影响，也不因借款人是否破产、无力清偿借款、丧失企业资格、更改组织章程以及关、停、并、转等各种变化而有任何改变。

五、本保证人是经上级主管部门批准成立、工商行政管理部门发给营业执照的法人，并有足够偿还借款的财产做保证，保证履行本保证书规定的义务。

六、本保证书自签发之日起生效，至还清借款人所欠的全部借款本息和费用时自动失效。

保证人：×××（公章）　　　　　法定代表：×××（盖章）

保证人地址：_____

保证人开户银行及账号：_____

××××年××月××日

第十五节　催款书

一、催款书的含义与作用

催款书是催款单位直接或通过银行向超过规定期限仍未付款的欠款人查询和催收欠款的文书。催款书的作用是提醒并催促欠款人遵守约定，及时还清所欠之款项，以使债权人的资金得到周转。

催款书按形式的不同,可分为公函式催款书和表格式催款书;按催款单位与欠款单位关系的不同,可分为直接催款书和协助催款书。

二、催款书的基本格式与内容

催款书主要包括标题与编号、收函单位、正文、落款四个部分。

(一) 标题和编号

直接催款书的标题一般是《催款通知书》;银行协助催款书的标题是《请协助催收、清理货款联系单》;欠款单位开户银行回复催收情况的公函,其标题是《催收、清理货款回复单》。为了便于归档或查收,一般在标题右下方写上编号。

(二) 收函单位

催款书顶格写收函单位全称或加上收函单位负责人,后面打冒号。

(三) 正文

催款书正文另起一行空两格。正文包括催收依据、催收金额、催收原因、处理意见、联系办法五个方面的内容,一般行文简洁,不需分段。

直接催款书的催收依据一般写欠款单位什么时候,因为什么事情欠款,如果是因为订购,还应写明发票编号。银行协助催款书的催款依据一般写某开户单位结欠某开户单位货款(在各开户单位后的圆括号内注明账号)。

催收原因一般是欠款未付,影响资金周转。

处理意见除催促欠款单位在重新指定的时间内结算或划付外,还包括收取罚金等。

联系办法写明催款单位、联系人、地址、电话、电挂、电传、开户银行、账号等。

(四) 落款

落款包括发函单位名称与日期。

例文一

催款通知书

_____财务科:

你单位于_____年_____月_____日向我厂订购_____牌洗衣粉_____件,共计价款_____元,发票编号为_____。这批洗衣粉已在合同履行期内交货,但货款至今未付,我厂资金周转因此受到影响,请接到通知后于_____日内到银行结算(我厂开户银行是×××,账号××××),逾此期限,我厂将按违约处理,即加收千分之二的罚金。

有关货款事宜,请与我厂财务科×××联系。

厂址:(略)

邮编:(略)

电话:(略)

××化学油脂厂财务科
年　月　日

例文二

请协助催收、清理货款联系单

编号_____

中国人民银行_____市_____区办事处信贷科：

你行开户单位_____（账号_____）结欠我行开户单位_____（账号_____）贷款_____笔，金额_____元（详见下列清单），迄今尚未划付。为了加速资金周转，支持生产发展，请你行协助，根据有关结算法，督促其迅速划付清理，并请见复。如有其他情况，请函告为荷。

顺致

敬礼

中国人民银行_____市_____区办事处信贷科
_____年_____月_____日

第十六节　商业广告

一、商业广告的含义与作用

商业广告是提供商品或劳务的单位或个人，为触发消费者或服务对象的购买欲望，并使之产生购买行动，通过报纸、杂志、广播、电视、网络等媒介公开广泛地宣传其或服务的活动。

商业广告的直接作用是促进商品的销售，与此同时，它也方便了消费，促进了生产。此外，户外广告设计得好还可以美化市容，电视广告制作得好还能传播知识并给人以美的享受。

二、商业广告的分类

1. 商业广告按内容来分，主要有商品广告、服务广告、企业广告和观念广告。
2. 按照传播媒介来分，主要有报纸广告、杂志广告、广播广告、电视广告、网络广告、邮寄广告、公共场所和交通工具广告。
3. 按照表现的效果来分，主要有感情性广告和说明性广告。
4. 按照距离广告商品的远近来分，有销售现场广告（POP）和非销售现场广告。
5. 按照商品的生命周期来分，主要有开拓性广告、竞争性广告和维持性广告。

三、商业广告文稿的基本结构

商业广告文稿是商业广告中的语言文字部分。无论商业广告的内容、媒介如何，就其文字结构而言，我们可以把它分成文章式、片段式、独句式、词组或独词式几种。

（一）文章式商业广告文稿

文章式商业广告文稿和一般文章的结构相似，通常由标题、正文、落款三个部分组成，独特之处是有的还精心编写了广告标语（也叫"广告口号"）。

1. 标题。广告文稿的命题一般用题中见义法，也有少数用引导暗示法。所谓题中见义，就是在标题中直接点明广告的宗旨，如把厂家、商店、服务单位、商品、服务项目等直接放到标题里，它有时是一个词，如"上海大孚橡胶总厂"；有时是一个词组，如"集洁发、护发、去屑止痒于一体'可蒙'洗涤新产品"；有时是一个句子，如"上海刀片厂独家推出飞鹰双层刀片"。

用引导暗示法命题能使标题生动形象，但如果暗示性不强，就会让人不知所云，则会忽略整个广告。下面是几个运用较好的例子："强韧耐久的长途健将"（汽车轮胎广告）、"室内豪华装饰——现代家庭福音"（百叶窗帘广告）。

2. 正文。正文的任务是对标题点明或暗示的事务做进一步的说明。由于广告一般比较短小，所以正文段落很少，或者只有一段。不管分不分段，层次都应该是清楚的，一般做如下安排：开头可用简洁的概括性文字，把正文的主体与标题衔接起来。主体部分是具体介绍，这种介绍基本上是以事实说话。企业广告一般写企业的历史、规模、成就、宗旨、信誉等。商品广告一般写产品的原料、制作、性质、效用等。除了对事物本身特定的介绍以外，还可用一些辅助性的证据来增强宣传的效果，如企业或商品的获奖及销售情况、权威部门的鉴定与消费者的赞誉等。结尾可写与购买有关的事项或欢迎购买一类的话。购买事项要具体，招徕语言要热情。

此外，也有些广告文稿没有明显的开头和结尾，正文直接介绍企业或商品的情况，情况介绍完了，正文也就结束了。

3. 落款。落款一般要写清厂名、厂址、电话、传真、邮编，有的还写开户银行、账号、经营部地址、经销单位、厂长、经理或联系人等。

4. 广告标语。广告标语是一两句有感染力的宣传口号，它只突出一个要点，或质量、或价格、或功效，内容不拘。广告标语所放的位置也无定式，有的在正文两边；有的在标题之下，正文之上；有的在正文之下，落款之上；有的压在插图上。广告标语不是文章式商业广告文稿必备的，但如果用得好，确实可以增强宣传的效果。例如，上海刀片厂一则广告的标语是："质量敢同洋货比美，价钱不到洋货一半。"《资料卡片》杂志编辑部的一则广告标语是："老读者百读不厌，新读者一见如故。"

（二）片段式商业广告文稿

片段式商业广告文稿没有完整的结构，它只相当于一般文章的一个或几个片段，常见的有以下几个小类。

1. 对话。这种文稿没有标题，没有落款，也不交代对话的背景，但在对话里要自然地涉及商品品牌、功效，有的还谈到商品获奖情况及购买地点等。这种文稿通常用在广播广告或电视广告里，比如：

"妈妈，这是什么字？"

"蚊子的蚊字。"

"我们家的蚊子呢？"

"没啦！因为我们家有××牌驱蚊器呀！乖，快睡，一觉睡到大天亮。"

2. 解说。这种文稿主要用于电视广告。它一般没有标题和落款，句子与句子之间的联系也不大紧密，因为有图像与之配合，所以文字跳跃性大一点也不会妨碍消费者的理解。尽管句与句之间并不要求环环紧扣，但拟写时却应注意文字与图像的顺序，并让二者有机地配合。比如：

"谁像这棵树一样出现毛病呢，其后果将不堪想象。"（电视图像是一只害虫在树干上咬了一洞。)"如果您每日用洁龈牙膏就不会出现这种情况。"(先后出现的图像是:洁龈牙膏挤到牙刷上,树干中的害虫被挑出来。)"它的特殊配方能保护您的牙齿。"(图像是一棵枝叶繁茂的大树。)"洁龈疗效牙膏,它是护理专家。"(图像是一群白鸽绕树冠飞翔。)

3. 片段文字介绍。这种广告文稿标题、落款都有,而正文仅由几个分行拟写且不求十分连贯的句子组成,有的还省略句中的主语甚至谓语。下面这则以《×××灶具优质更省气》为标题的报纸广告就是一例:

· 环形火孔,国家专利。
· 建设部优质产品,全国星火成果金奖。
· 经中国人民保险公司认可实行产品责任保险。
· 液化气灶只要稍加改动就可以改为管道气灶,为您解除后顾之忧。

(三) 独句式商业广告文稿

1. 有标题的独句式商业广告文稿。这种文稿主要用在杂志广告和路牌广告,它除了标题和落款外只有一句话。例如,上海合成洗涤剂厂一则"洗涤不用愁,××帮你手"为题的杂志广告,其正文是:"××丝绸、羊毛衫洗涤剂使您的丝绸衣裙爽滑飘飘,羊毛衫松软绵绵。"

2. 无标题的独句式商业广告文稿。这种文稿除落款外只有一句话。例如:"一饼惊人,甜薄脆。"("都得利"饼干广告)、"维维豆奶,欢乐开怀。"("维维"豆奶广告)。

独句式商业广告文稿一般都要提到商标或服务场所的名称,而且只显示宣传对象的一个主要特点。如:"红星二锅头,敬不甘平凡的我们。"

(四) 词组或独词式商业广告文稿

词组式商业广告文稿没有标题,除落款外只有几个词或一个词组。某些有一定声誉或已做过比较详细的广告的商品可以用此种文稿,例如:"国货精品、国际金奖、蜂蜜啤酒、七叶参酒"就是武汉市东湖啤酒厂做的一则报纸广告,它由几个词组构成。又如,中国重型汽车集团公司销售处做的一则报纸广告只有一个词组:"中国重型汽车的未来——斯达·斯太尔"(配图是车样照片)。

独词广告多半用在高层建筑上,它仅显示产品的商标、品名或厂家、店名。比如,武汉龟山电视塔上就曾做过"中国电信"广告。在五秒钟的电视广告里也有一些独词广告,如"泻立停"广告就只有三个字。

四、商业广告文稿的写作要求

(一) 构思要有针对性

在写商业广告之前,首先要针对广告商品、传播媒介、接受对象来确定广告文稿的基本内容和具体形式。对每一种商品,都要写出它的消费者利益点,同时还要用新颖的形式突出这个利益点。

(二) 眉目要引人注意

眉止,即广告的题目、标语和正文的首句应能吸引受众。为了做到这一点,一方面,在内容上要抓住消费者的需求;另一方面,在语言上要新颖独特。语言上引起注意的手段有运用形象化的语言、运用谐音双关及首句设问等。

(三) 正文要强化印象

广告文稿的正文用于强化印象的手段有反复、比喻、拟人以及正语侧说等。

（四）语言要简明实在

在版面或时间有限的情况下，只有简明才能突出重点并引人注意。对产品性能、质量、价格等方面的介绍实实在在，才能赢得消费者的信任，并促使他们做出购买决定。

（五）内容要健康

即在广告中不要用低级、庸俗乃至黄色、下流的东西去吸引消费者。

2018 支付宝蚂蚁森林广告

今年春节，打开支付宝，找到蚂蚁森林，让年过得有分量，浇水得来10g的五福临门，54g的低碳出行，5g的移动支付，40g的绿色包裹，当这个分量加起来，直到这个数字：（17 900g），就有一棵真树被种下。2018，这一［克］改变，下一刻美好。

（资料来源：支付宝官方平台）

第十七节　软　文

一、软文的含义、特征与作用

软文即软文广告，是相对于硬性广告而言，由广告主按照版面或字数支付版面费用，主要以文字形式，并模拟新闻报道体裁的表述方式，在媒体上发布的传播其产品、品牌、活动或企业形象的广告特征不明显的广告。

除此之外，企业通过策划在报纸杂志、DM、网络、手机短信等宣传载体上刊登的可以提升企业品牌形象和知名度，或可以促进企业销售的一些宣传性、阐释性文章，包括特定的新闻报道、深度文章、付费短文广告、案例分析等也属于软文。此外，在电视节目上采用访谈、座谈方式进行宣传的脚本、台词也可算作软文。

软文具有主题集中性、新颖性、可读性和知识性等特征，同时这种广告虽然以新闻报道式的口吻发布，但并没有"某记者报道"的新闻标志，而是登载于明显独立的版面区域，或是以诸如"企业形象""品牌推广"等栏目表示其广告性质，或者标有明确的"广告""ADVERTISING"等字样提示受众，是一种符合广告经营规定的广告发布形式，与不规范新闻操作中的"软广告"概念有着本质区别。

好的软文是对企业有价值信息的提炼，是对消费者有用的信息，同时符合媒体对新闻的要求，为公众获知财经与产品信息拓宽了渠道。软文广告能够用较少的投入吸引潜在消费者的眼球，增强产品的销售力，提高企业的社会美誉度。

二、常见的软文类型

（一）新闻型

新闻型软文采取挖掘企业及其产品的新闻价值，为宣传找出新闻由头，以报道新闻事件的手法去写。这种避开直接打广告的模式降低了客户的防御心理，让读者觉得所报道的事件仿佛是新近发生的事情，更容易被潜在客户接受，增强其可信度。新闻型软文的写作一定要结合好企业自身的条件，切忌为了求新奇而胡编乱造，否则会带来灾难性后果。新闻型软文是以第三方也就是媒体记者的立场写出来的，因而可以旗帜鲜明地宣传企业的实力、经营业绩。新闻型软文一般发布到权威媒体上，用媒体的见证来体现公司的品牌实力。在写作的时候可以运用新闻惯用的一些词汇来增强文章的"新闻性"。

（二）体验型

体验型软文一般从用户或消费者的切身体验上传播品牌或产品的优点，改变了传统直白的推销方式，从切身体验或感同身受的角度，切入消费者的心目当中。写作体验型软文常用的方法有：卖点或危机感的环境制造及消费榜样树立产品深度介绍及企业文化展示等。危机感制造即提出一些关系消费者直接利益的敏感问题，让受众产生恐惧，进而说出解决办法，如一些家用净水设备就通过宣传自来水质量不达标或输送管道二次污染所带来的危害，提出用净水设备优化水质的解决同题方案。消费榜样树立就是通过得益于某产品消费者的现身说法；自己遇到什么问题，用了某个产品后问题得到有效解决。产品深度介绍即通过媒体介绍某产品的多种功效来激发消费者的购买欲。这种类型的文章可以发布到个人日志博客上，或者跟一些名博进行合作。

（三）整合型

所谓整合型软文，也就是软文营销的组合拳，是把所有的媒体整合起来进行推广。首先，在网络、报纸上推广一个行业的某个新的创意或概念，使消费者先认知这种产品。然后在杂志、电视媒体上做广告，让用户或消费者认可某个品牌。如脑白金最初就是利用这样的方法进行推广的。

三、软文的写作技巧

（一）找准宣传焦点

具体包括借助业界精英的身份，实现企业领袖的品牌与产品品牌比翼双飞；抓住产品技术进步、升级换代或在市场热销的热点；寻找意见领袖或"专家"，从消费者的角度讲出消费者关心的利益点，以情动人，采取短篇故事的形式，用鲜活的事例强化宣传效果。

（二）做好营销计划

软文广告是广告目标软文化的具体表现，而广告又是品牌目标和销售目标广告化的产物，最终要达到的是树立企业形象与获取利润的目的，因此，软文广告也应遵循计划、组织、实施、修正的操作规律。软文广告的计划源于企业的广告策略，善于操作软文广告的企业大多是非常讲求策略的企业，也是精于低成本运营的企业。

（三）拟好标题

好的软文标题就是软文写作成功的一半。首先，标题集中了文章最关键的信息，也就是"文眼"紧紧抓住读者的注意力。其次，通过构筑矛盾、焦点、冲突，让读者内心产生强烈的震撼，从而情不自禁地想弄个究竟。最后，它们用词都很生动，动感强烈，每个人都能看得懂，让人产生购买冲动。

在软文广告中，要想一开始就抓住消费者的眼球，标题一定要引人注目。广告软文标题常用的撰写手法有以下几种。

1. 新闻式标题，即以发布新闻的姿态传递某种信息。"太空药神舟三号唤醒人间"，这是神舟五号发射前，与《华商报》的新闻"神舟五号预计今升空"同一版面发布的某企业"神舟三号"口服液软文广告。这种像新闻又不是新闻、不是新闻又似新闻的软文，广告效果非常好。

2. 悬念式标题，即设置某种悬念，引发诉求对象的好奇心理，引导读者寻求结局。如"一个被99%的人忽视的卫生习惯"是某智能化便后清洗器的软文标题。

3. 疑问式标题，即以设问或反问的方式，引起诉求对象的好奇心理，出人意料。例如，

"人类可以长生不老?""男人流行画眉毛?""保肝价太高,市民怎么办?""奥普浴霸何以'霸'京城?"……这些优秀的标题不但曾经风靡一时,而且至今令人记忆犹新。

4. 叙述式标题,即以直白的表述方式传达核心内容。例如"糖尿病患者请注意:降低糖化血红蛋白可有效控制并发症""神奇的××保住他被判'死刑'的双脚""北京同仁堂给男人提个醒""悲剧!为女人敲响警钟"等,也不失为具有吸引力的软文标题。

总之,标题的撰写方法很多,无论采用何种方法,目的只有一个——引起目标群体的好奇,让他们有兴趣读下去。要写出有创意的标题,具体操作时要注意以下几点:

第一,尽量用动态结构,也就是"行为主体+行为+行为客体"的形式。在用词上,要多用动词,慎用形容词、副词,读起来才能文气贯通。

第二,尽可能用主动语态,慎用被动语态,这样可以使事实表达得更加清楚、直接、有力。

第三,尽量用陈述句客观表达,保证理性色彩和客观形象。慎用主观色彩浓郁的字眼,判断的句子在文中应有足够的支持。

第四,忌用生僻字、人名、地名、专业词汇,要多用比喻、比拟等修辞手法。

第五,在标题中尽量不用逗号、破折号,这些符号影响阅读时的流畅和对主题的理解。

第六,标题的字数最好控制在8~11个,特殊情况除外。这是根据人眼的正常视觉和阅读习惯确定的。短了,可能信息量不足;太长,消费难以接受。

第七,标题中的数字尽量具体化为消费者的生活经验和尝试的具体描述。

(四)正文的撰写

要想让阅读者耐心地读下去,并最终接受软文传播的内容,软文正文的撰写十分重要。要想用生动的内容抓住消费者的心,必须抓住以下正文写作的几个特点:一是突出科普性,二是注重知识性,三是把握趣味性,四是体现新闻性。一篇好的软文从内容上要突出三个方面:诉求重点,即软文的核心内容;对诉求重点的深入分析;让潜在消费者行动起来。具体可采用以下形式:

1. 记叙文风格。主要体现为:客观陈述,以客观的口吻展开诉求;主观表白,直接传递出我们在干什么;独白,可以回忆自己的经历,表明观点,用鲜明的感情色彩诱发阅读者的情感共鸣;用生动的故事完整地引出诉求。

2. 议论文风格。此种文体适于说理,引导消费者的观念,针对较理性的消费者。软文核心观点要有权威性,此种文风较硬,一些较专业的知识消费者不一定明白,但要增加趣味性,多用比喻、拟人等方法,让读者理解得更轻松。

3. 说明文风格。如果说议论文是引导消费者的观念,那么说明文就是一个展示自己产品的良好机会,告诉消费者你是什么,让读者看得明白。例如,你是怎么生产、怎么采集原料、使用什么技术等。

4. 夹叙夹议。此种文体可以针对竞争对手而作,一边叙述一边议论,即一边说,一边给结论。例如,我们的产品好,怎么好呢?因为我们的产品原料正宗,没有污染,生产工艺先进,科技领先,管理严格,所以产品好。在软文内容上,要多引用第三方权威观点和语言,不要"王婆卖瓜,自卖自夸"。

四、软文写作的注意事项

1. 为了消除消费者的戒心,软文广告要尽可能写成新闻。软文说到底是广告,但一篇好的软文不让人轻易地觉察到它就是广告,在刊载时可将其划归一个模糊的类别。例如,给软性

文章冠以类似热点透视、市场追踪、古今文化、科普专栏、夕阳红专题等栏目名。

2. 软文中尽量不要含有活动预告、销售地址、电台收听指向等内容，防止消费者一看就知是广告而失去其原有的隐蔽性。活动预告可以用热线、传单、条幅等形式，特殊需要打硬通栏广告。

3. 市场部咨询电话要打上"服务热线×××××××"，可以灵活穿插在软文中间或末尾。

4. 通过消费者的攀比和从众心理，宣传异地（如具有消费代表性或权威知名度的城市，如北京、大连、上海等）某某产品的消费热烈情景来诱导本市场消费者选用这个产品。

例 文

雅虎竟是这样报答广大用户的

当年，国际巨头封杀了淘宝广告的通道，淘宝找到了很多中小网站，给它们提供了全力支持。"淘宝网有今天，不能忘记当年在井冈山与延安帮助我们的老乡。"在淘宝网成功后，马云一直有个情结，惦记着为中小网站做些事情。这些是马云2007年年底说的，淘宝是中国广大的用户养活的，没有中国的草根，就没有淘宝的今天。

最近刚知道，雅虎现在在做一个10万元悬赏站长的活动，出手够大方的，一个月10万元奖励那些在雅虎站长天下做得比较好的站长，其实站长天下功能很简单，因为我之前玩过空间、博客，而且算比较熟了，站长天下和空间、博客有相似的地方。

1个月奖励10万不算是小数目了，我所知道的，这个应该算是最夸张的奖励了，淘宝也不过是免费提供了一个可以赚钱的工具，现在站长天下，除了免费，还要拿10万元出来奖励那些免费建网站的人，是不是太夸张了点？不说累计120万的奖金，光服务器什么的也要花很多钱，是不是疯了啊？

谁知道这个事的，给点信！

这个要是真的，我估计大部分网民估计都会疯。

（资料来源：https://wenku.baidu.com/view/6dd65682bceb19e8b8f6ba00.html。）

第十八节 商业函件

一、商业函件的含义与作用

商业函件是某一企（事）业单位为联系业务、洽谈生意或磋商与买卖有关的问题而写给另一企事业单位的函件。

商业函件的作用是使双方在不直接见面的情况下便可进行交易，或处理与交易有关的问题。

二、商业函件的基本格式与写作要求

商业函件一般由标题、发文字号、收函单位（或单位负责人）、正文、落款五个部分组成。

（一）标题

商业函件的标题一般由发函单位、事由和文种三个因素构成，如《南京电视机厂关于要求承付彩电货款的函》。两个因素构成的标题是事由加文种，如《关于同意赔偿蜂乳破损的复函》。

（二）发文字号
发文字号是发函单位的代字加上该单位本年度所发函件的序号，一般写在标题正下方。

（三）收函单位（或收函人）
收函单位在标题之下顶格写，后面打冒号。

（四）正文
正文一般先写发函缘由（如果是复函，则扼要引述对方来函所提之事），然后针对要洽商的问题发表自己的意见或看法，最后表示希望（如希望复函、汇款、合作等）。有的还在正文之后写祝颂语。正文不长的函件常用"特此函达"或"特此函复"作结。

（五）落款
在正文右下方写发函单位名称（加盖公章）及发函日期。

商业函件的写作一般要求一事一函，叙事简明，用词准确，语言委婉，态度诚恳。

例 文

商业展会邀请函

尊敬的各位同行朋友：

我们诚意邀请您参观将于_____年_____月_____日在广州市番禺区隆重举行的专业音响现场试听会，本次试听会将展出我司多年来研发而成的全频、同轴及线阵系列产品。为了本次活动的圆满成功，我们特别邀请到海内外知名调音师罗应勤先生及研发人对此产品进行详细讲解，为您提供更多学习交流机会和无限商机。相信2011年的试听会一定会让您满载而归，切勿错过这一盛大聚会！

组织单位：广州市××演出器材有限公司

客服专员：×××

工作手机：

e-mail：

时间：

地点：

网址：

如有意向参加，请填写附件中的与会回执表，同时请您携带好邀请函，由我司确认后，我司将根据实际情况安排相关的试听事宜，诚意邀请您的到来！如有疑问可随时电话联系。

（资料来源：http://www.doc88.com/p-9367409619720.html.）

 第三章　新闻文体

第一节　新闻文体概述

新闻文体就是新闻的体裁、样式，是新闻事实在新闻报道中呈现出的信息内容、表达特色和结构方式的整体形态。

新闻写作的基本要求有：真实性、时效性、思想性和简明性。

一、坚持真实性

真实性是新闻的生命，它是取信于民之所在。新闻文体区别于其他文体的最基本的特征就是真实。一般文艺作品可以虚构，新闻报道却不能掺假。在信息时代，越来越多的人把了解世界的希望寄托在记者身上，希望通过记者随时了解世界风云的变幻，以便做出相应决策。如果新闻报道失实，便会误导人们的行为，导致严重的后果。

新闻真实性要求构成新闻的基本要素都要确凿无误。也就是说，新闻事实中的时间、地点、人物、事件、因果等都必须真实、准确。新闻真实性还要求新闻所反映的事实的环境条件、过程、细节和人物的语言甚至动作都必须真实。新闻作品中引用的各种资料，如数字、史料、背景材料等也必须确切无误。总之，新闻以求真标明自己的价值，要坚决杜绝新闻失实现象的发生。这就要求我们不要为了追求生动感人，凭主观想象增加许多不真实的细节，更不要进行主观的"合理预言"，夸大其词，胡编乱造。

坚持真实性最好的方法就是"用事实说话"，即用充分的事实来体现一定的政策思想，而不是用记者的口吻去大发议论。新闻之所以可贵而不同于政治论文，就在于新闻是事实的综合，其特殊价值和独特作用就在于用事实来议论，用事实来感化、影响读者。

事实是指新闻事实和背景事实，"说话"是指隐含在事实中的意见、观念，具有指导性、导向性。我们应当尽量选择典型事实和材料，这是用事实说话的前提和保证。面对众多事实，不能搞"捡到篮里都是菜"，也不能不分主次、事无巨细地端出事物活动的全过程，而应当根据新闻主题的需要，在众多事实和事物活动的全过程中去粗取精，去伪存真，最后精选出典型的事例。

二、坚持时效性

新闻常被称为"易碎品"，这是因为新闻作品中新闻价值的实现是一瞬间的、一次性的。很多事情在一定的时限内报道出来就是新闻，过了这个时限便不成为新闻。在这个瞬息万变的

信息时代,生活节奏日益加快,新闻媒介之间的竞争日趋激烈,对新闻时效性的要求也越来越高。

近年来,我国新闻界越来越重视新闻的时效性问题,"抓活鱼"成为许多记者和新闻单位提高新闻时效性的一个生动、形象的口号。也就是说,新闻界力图以新鲜的形式突出新闻中最新鲜的内容。新闻姓"新",时效性是新闻的本质特征之一。记者采访必须雷厉风行,随时处于待机状态,争取在"第一时间"赶到现场。

三、坚持思想性

思想性也称为指导性,即新闻媒介通过具体的新闻报道影响、指导受众的思想、态度、情感和行为,最终把他们引导到一定的目标上去。习总书记强调,作为社会主义新闻工作者,一要坚持正确政治方向,同党中央保持高度一致,坚持马克思主义新闻观,坚守党和人民立场,坚持新时代中国特色社会主义思想,做政治坚定的新闻工作者;二要坚持正确的舆论导向,深入宣传党的理论和路线方针政策,深入宣传全国各族人民为实现"两个一百年"奋斗目标、实现中华民族伟大复兴中国梦进行的奋斗和取得的成就,弘扬主旋律,释放正能量,做引领时代的新闻工作者;三要坚持正确的新闻志向,提高业务水平,勇于改进创新,不断自我提高、自我完善,做业务精湛的新闻工作者;四要坚持正确工作取向,以人民为中心,心系人民、讴歌人民,发扬职业精神,恪守职业道德,勤奋工作、甘于奉献,做作风优良的新闻工作者。

新闻报道应有利于社会主义国家的利益与广大人民的利益,推动物质文明、政治文明、精神文明、社会文明、生态文明协调发展,把我国建设成为富强、民主、文明、和谐、美丽的社会主义现代化强国,实现中华民族伟大复兴。在新闻报道中不得泄露党和国家机密,不得宣传反动、恐怖、淫秽、迷信、伤害民族感情和其他败坏社会主义道德的内容。

要做到这一点,首先要注重寓思想性于信息传播之中。其次,应注意思想性与针对性的结合。也就是说,写新闻要精心选择事实,研究事实,在新闻作品中提出某个切中时弊的问题,或是指出某个群众普遍关心却又感到困惑的问题的解决途径。最后,努力做到思想性与深刻性的结合。这取决于记者对问题研究的深刻、透彻程度,好的新闻作品会使思想长出飞向读者心坎的翅膀。

四、坚持简明性

简明是一切体裁的新闻作品最显著的特征。简明也是最高级的写作技巧,对记者来说,更是语言文字方面的基本功。美国新闻学者巴克赫斯特说:"写新闻最容易犯的毛病是写得过于复杂。"为此他提出了一个"KISS(keep it simple and stupid)原则",要求"以最平实的语言,在最短的时间说完"。具体地说,简明性包含两层意思:①通俗明了,这是新闻作品写作上的主要特征和要求。要达到这个要求,就要排除"拦路虎",消除生僻艰深的字句,控制句子长度。中国学者认为,中文句子平均每句以7~20字为宜。②简洁凝练,这是比"短"更高一个层次的要求。

消息写作中的"倒金字塔"结构,便于写,便于删,便于读。这是人们在长期的新闻传播过程中,为适应信息快速交流、力求简短而创造出的一种极为有效的形式。"断裂文"的方法被我国新闻界所借鉴,它同样要求新闻写作简短、有力。这种方法要求每一个明确的意思独立成段,每一个成形的事实独立成段,每一个背景独立成段,事实的推进只靠段落之间形成的内在逻辑展开。

应用文写作

第二节 消 息

新闻有广义和狭义之分,广义的新闻包括消息、通讯、特写、新闻评论、新闻图片等文体形式,而狭义新闻就是指消息。

一、消息的定义和特点

消息是以简要明快的语言及时报道新闻事实的新闻体裁。消息具有以下几个特点。

(一) 用事实说话

消息是以事实做基础的,必须用事实说话。事实是消息的主体,而不是例证或者案例分析。消息的任务是报道新闻事实,它主要靠事实材料来说服受众。缺乏具体事实的消息,光有空洞的议论,也就失去了消息最本质的特征。请看以下这条消息:

江西森林和湿地生态价值 1.49 万亿元

本报讯(记者郑荣林)被誉为中国"最绿省份之一"的江西,绿水青山价值几何?记者 5 月 30 日从省政府新闻办、省林业厅召开的新闻发布会上获悉,我省历时 2 年完成了全省森林和湿地生态系统综合效益总体评估,算出一本详尽的"生态账"——2016 年,全省森林和湿地生态系统综合效益为 14 951.34 亿元,其中森林生态系统综合效益为 13 510.22 亿元,湿地生态系统综合效益为 1 441.12 亿元。

森林和湿地不仅为我们提供了丰富的物质产品,还在净化空气、制造氧气、涵养水源等方面发挥重要作用。这些功能的价值如何判断,又到底值多少钱?国家林业和草原局华东林业调查规划设计院组织专家,分别从物质量和价值量两个方面,对江西森林和湿地生态系统的生态效益、经济效益和社会效益进行了科学评估。结果显示:2016 年,我省森林和湿地的生态、经济和社会效益分别为 10 867 亿元、3 145 亿元、938 亿元。其中森林生态效益最为明显,估值达 10 096 亿元,主要体现在森林涵养水源、保育土壤、固碳释氧等方面。全省森林年调节水量、净化水质达 631.15 亿立方米,相当于将近两个三峡水库的蓄水量。

为何要给江西的绿水青山"估价"?省林业厅有关负责人介绍,我省现有林地面积 1 079.9 万公顷,占国土总面积的 64.69%,森林覆盖率达 63.1%;湿地面积 91.01 万公顷,占国土面积的 5.45%。通过综合效益评估,可以对森林、湿地产品进行准确的价值定位。"用数据说话",可以让社会更加直观地认识森林、湿地生态系统服务功能在全省经济社会发展中的地位和作用,引导全社会牢固树立正确的绿色发展观。同时,全面摸清我省森林、湿地资源的基本底数和潜在效益,为生态保护、绿色产业发展提供更有针对性和指导性的决策依据。

据了解,此次我省发布的森林和湿地生态系统综合评估结果与 2011 年评估结果相比,仅森林的生态效益就增加了 1 863.22 亿元,增幅达 23%。而同期中央和省级财政共投入林业建设资金 181.4 亿元,投入产出比达到 1:10.3,充分说明有限的财政投入换来了丰厚的生态回报。

(资料来源:《江西日报》,2018 年 5 月 31 日。)

这条消息写作采用了客观报道的方法，就是用事实和数据来阐明主要思想，而作者的态度和观点寓于平实的事实叙述当中。作者并没有通过议论或者例证的方法传达信息，而是依靠事实本身，通过叙述事实来发表意见，使读者自然而然地接受。

（二）时效性强

消息比其他任何新闻报道体裁都更要求快捷。新闻界曾流传这样一句话：今天的消息是金子，昨天的消息是银子，前天的消息是垃圾。这句话生动反映了消息的独特魅力正是通过对新闻事实的迅速、及时捕捉来表现的。消息的报道必须尽量做到"当日事当日报"。

重大事件一般发当日新闻，甚至几分钟之内就要发出新闻，然后再用其他新闻文体报道。对于非事件性新闻，一般运用消息体裁抢发内容新鲜的独家新闻。一般来说，今天发生的事实明天就可以见报。而对晚报来说，一般早上发生的事情，晚上就可以见报了。

在时效性上，广播、电视以及网络媒体显得比报纸更有优势。它们不仅可以把几分钟之前的消息播出去，还可以做到重大事件的随时播出和同步播出。有些新闻台做到了每个正点做一次新闻播报，甚至分频道、频次滚动播出不同领域发生的新闻事实。例如：2003年3月20日上午10点35分，轰动世界的伊拉克战争打响，凤凰卫视及时调整节目安排，对战争进行了直播报道。凤凰卫视的"快"动作使它能在众多的伊拉克战争报道中脱颖而出，受到广泛关注。

（三）短小精悍

消息使用尽量少的文字传递尽可能多信息，这既符合消息讲究时效性的要求，也迎合了人们接受新闻的习惯，同时也节约了版面，媒体可以在同样的时间内传达更多的信息量。

消息是新闻体裁中篇幅最短的一种，历届"中国新闻奖"的评选标准就明确规定了字数和时间：文字消息在1 000字以内，广播、电视消息在4分钟以内。随着人们生活节奏的加快和社会信息量的丰富，我们对消息的篇幅提出了更高的要求。一般来说，消息字数在300~500字，简讯、短讯则更短，基本上在百字以内，甚至几十个字、一句话。

短是新闻改革的一项重要内容，它不只是一个形式问题。要使信息凝练，对记者在认识事物、提炼主题、剪裁取舍、谋篇布局等方面都有很高的要求。

二、消息的分类

按照不同的标准，消息可以分为不同的种类。

根据新闻所报道事件的性质，可分成事件性新闻和非事件性新闻。事件性新闻是对新近发生事件的报道，时间性强，如动态消息等。非事件性新闻与事件性新闻相对，报道的是一个阶段持续发展的事物，如经验性消息、述评性消息等。

根据报道内容的不同，可分为政治新闻、经济新闻、科技新闻、军事新闻、体育新闻、教育新闻、文艺新闻、社会新闻等。

根据播报的媒体载体，可分为报刊消息（文字、图片、图文）、广播消息、电视消息、网络消息等。

三、消息的基本结构

消息的结构是指作者对新闻材料进行总体安排和布局，实质上就是怎样组织材料的问题。材料组织要求符合事物内部联系和发展规律，以更好地阐明事实，表现主体，以取得较好的报道效果。消息结构一般由标题、导语、主体、背景和结尾五部分组成。其中，导语和主体是最重要的组成部分，标题来源于导语和主体，结尾是主体内容的终结，而背景材料无规定格式，各个部分皆可穿插。

消息内容的丰富性决定了消息结构形式的多样性。国内外新闻记者在长期的新闻事件中摸索出了很多结构方法，最常见的是以下几种。

（一）倒金字塔结构

倒金字塔结构是一种头重脚轻的结构，它把最重要的材料或事件总体情况介绍放在篇首，主体部分依照材料的重要性依次安排段落，叙述事件的详细内容或其他相关情况。这要求我们在写作标题时应当提炼全篇的精华，并把最精彩、最重要、最新鲜的新闻事实摆在最前面，稍次要的放在第二段，再次要的放在第三段……最不重要的事实最后写。具体结构如图3-1所示。

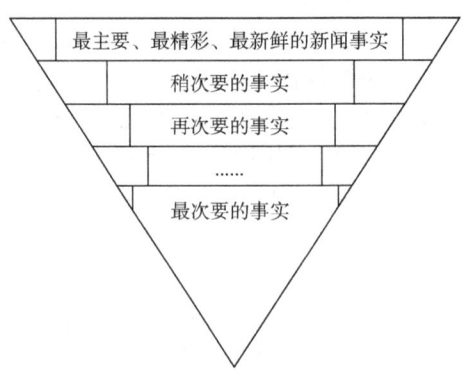

图3-1　倒金字塔结构消息

这种消息的开头通常就是"一句话新闻"。

本节例文一运用的就是倒金字塔结构。例文一全文700多字，共分7段。第一段交代了最主要的新闻事实——流量漫游费被取消，接下来介绍三大运营商的计费方式暂未调整，这是消费者关心的点，是较重要的内容，进一步说明新闻导语报道的新闻事件，使之更加清晰和准确。最后介绍了国务院、工信部、国资委等部门的举措促进了这个结果的产生，突出新闻事件的重要性。从七个段落的内容上可以看出，从上到下，一层更次一层，头重脚轻，是典型的"倒金字塔"结构。

（二）金字塔结构

金字塔结构与倒金字塔结构相反，往往按时间顺序来安排事实，先发生的放在前面，后发生的放在后面。这种结构虽然开头平淡，消息重点也不突出，但是叙事条理清晰，现场感强，符合受众的接受习惯。早期的新闻写作多采用这种结构形式。

本节例文二的结构形式保持了新闻事件故事的完整性。它从两岁半的麦肯罗来到室外开始说起，再提到他被发现送进医院，后来被抢救复活，将故事情节步步推进，故事的结果和高潮都在最后才出现，使受众的兴趣和情绪逐渐加浓，达到引人入胜、真相大白的效果。

（三）倒金字塔和金字塔相结合的结构

这种结构形式通常在第一段使用倒金字塔结构，开门见山，通过标题和导语突出主要事实，之后一般按照时间顺序组织材料，给人以具体、完整的感觉。因此，这种结构发挥了倒金字塔和金字塔两种形式的优点，既能在开头点明事件的重要意义，又能够让人们了解到事件的完整真相。

本节例文三中的消息开门见山就告诉我们比赛的结果，然后以时间顺序讲述巴西和墨西哥比赛的过程以及上下半场的比分，全篇完整简单、意义突出。

四、消息的构成要素

消息通常由新闻标题、导语、主体、背景材料、结尾等部分组成。

我国首条中低速磁浮旅游专线开建（标题）

湖北日报讯（记者雷闯）2017年12月29日，由在鄂央企中铁磁浮交通投资建设有限公司总承包、铁四院设计的全国首条中低速磁浮旅游专线在广东清远开工，这也是我国第三条完全具有自主知识产权的中低速磁浮线。**（导语）**

清远磁浮正线长8.1公里，设计时速100公里，设银盏温泉、长隆大道、长隆主题公园等3站，总投资24亿元，预计2019年10月开通运营。这意味着今后游客可以乘坐磁浮快线去清远逛长隆。**（主体）**

中铁磁浮公司总部位于武汉，是中国铁建出资组建的全国首家专业化、产业化的新型轨道交通投资建设公司，这次全面主导建设清远磁浮线。此前，该公司主导建设的我国首条具有完全自主知识产权的中低速磁浮线——长沙磁浮快线已于2015年年底开通运营；2017年12月30日，我国第二条中低速磁浮线北京S1线（门头沟线）开通试运营。**（背景材料）**

该公司副董事长张海亮表示，中低速磁浮经济、安全、环保、适应性强，是解决轨道交通问题的"优质交通模式"，可应用于城市或景区，市场前景广阔。清远磁浮旅游专线的建设将为中低速磁浮线广泛应用于旅游景区奠定基础。

交通专家表示，以中铁磁浮公司为代表的鄂企已经掌握了中低速磁浮最前沿技术，一旦在国内推广使用成熟，有望成为继高铁之后又一张"走出去"的中国名片。（注：2003年开通运营的上海磁悬浮列车为我国从德国引进的高速磁浮线）**（结尾）**

（资料来源：《湖北日报》，2018年1月3日。）

（一）标题

消息标题是消息内容的形象概括和高度浓缩，也是揭示消息内容的简明醒目的文字。一个好的消息标题不仅要符合新闻事实，而且要有好的思想内容。标题必须有很强的表现力和吸引力，还要有一定的感染力。

消息的标题往往有三种类型：一是正题，或叫母题、主题、大标题，是标题的骨干和核心，高度概括消息的中心内容。二是引题，又称肩题、眉题，一般用来交代背景，说明原因，烘托气氛，解释意义等。引题一般多作虚题。三是副题，又称子题、副标题，一般用来补充、注释和说明、印证主题，副题一般多作实题。

在写作消息标题时，可以把这三种类型的标题进行组合，既可以使用单一型标题，也可组合成复合型标题。无论哪种类型的标题，都不可缺少正题。

1. 单一型标题。正题，一般只有一行文字，揭示消息最主要的内容。例如：

国家主席习近平发表二〇一八年新年贺词

（《人民日报》2018年1月1日）

2. 复合型标题标题。

（1）引题+正题（双层标题）：

北京师范大学、光明日报社、中国教育学会共同设立（引题）

"四有好老师"奖励计划　重奖能教善育大国良师（正题）

（《光明日报》2018年6月25日）

（2）正题+副题（双层标题）。

武汉与英国斯旺西结为友好城市（正题）

有望共同打造国际化长江新城（副题）

（《湖北日报》2018年2月1日）

（3）正题+引题+副题（多行标题）。

习近平在中央外事工作会议上强调（引题）

坚持以新时代中国特色社会主义外交思想为指导 努力开创中国特色大国外交新局面（正题）

李克强主持 栗战书汪洋王沪宁赵乐际韩正王岐山出席（副题）

（《人民日报》2018年6月24日）

（二）导语

导语是消息特有的概念，是消息区别于其他新闻体裁的又一重要特征。导语通常是消息开头的第一句话或第一段话，它用最简明的语言把消息基本的、核心的内容概括出来，一开始就向读者提供主要的新闻事实，其目的是顺应读者的阅读心理，为其提供方便。通常记者在采访之前、采访中间和采访之后，头脑中始终在思考一个问题：所采新闻的核心内容是什么，以及如何恰当地来表现它。而这种思索一旦成型并付诸文字，最先落实的部分往往就是新闻的开头——导语。导语完成了，新闻标题的拟定和新闻正文的写作也就比较顺畅了。一般在导语的前面还会有电头，如"新华社北京10月10日电"或者"本报讯"的字样。

新闻导语的写作本质上强调直入主题，但是这并不是说所有的导语都只能是千篇一律的"开门见山"模式，所以导语也有一些变化。新闻消息导语的写作主要有以下类型：

1. 叙述式。这种导语以凝练的语言，扼要而直接地将消息中主要的事实叙述出来，是导语最基本、最常见的写法之一，是最典型的"开门见山"式。叙述式导语在"倒金字塔"新闻写作中用得最多。

例如，新华社驻美国记者任毓骏、王如君报道："2001年9月11日上午9时48分，一架飞机撞到了纽约世界贸易中心大楼，飞机把大楼撞了个大洞，在大约距地面20层的地方冒出滚滚浓烟。就在楼内人员惊慌失措之际，18分钟后，又有一架飞机撞上了世贸大楼，这架飞机是从大楼的一侧撞入，由另一侧穿出，并引起巨大爆炸。"

这一类导语开门见山，一语中的，把最重要的信息首先传递给受众，用词凝练、笔法简约，很少运用感情色彩强烈的词句，满足受众渴望获得信息的需要，是最常用的叙述式导语表现形式。

2. 渲染式。这类导语先进行概括性陈述，营造背景，然后再进入对最新动态事实的报道。与渲染式导语类似的还有点题式导语、故事式导语、比兴式导语等，它们大都是以不同的方式由"外"及"内"、由"表"及"里"地开头，然后把最新鲜的、最重要的新闻内容和盘托出。这类做法的得失利弊是需要根据具体情况来分析判断的。渲染式导语的分寸感比较难掌握，编辑可以通过大量阅读导语和消息来慢慢体会。

例如："历来被称作'隔夜愁'的只能冷冻出口的福建梭子蟹，现在却八足挥舞、神气十足地出现在国际市场上。近两个月来，由福州出口的28万斤梭子蟹，成活率高达90%，日本商人称之为奇迹。"

3. 设问式。这种导语形式是首先提出问题或者摆出困惑，引起受众的关注和兴趣，激发他们继续阅读下文的欲望。

例如:"一架飞机能从宽仅14.62米的巴黎市中心的凯旋门门洞飞过吗?巴黎的英雄们正在做着他们的试验。"

4. 引语式。直接引语用作导语是传统媒介常见的样式之一。首先,所用引语一定是加引号的严格的直接引语,转述的间接引语已经等于改编。其次,所用引语应尽量挑选"掷地有声"的"点睛"之语,能起到一语胜千言之效,否则引语的使用反而会给人笨拙的印象。最后,所用引语应该让受众很容易解读其语言含义,不要让人感到很费解。

例如:"'中方绝不打第一枪,但如果美方实施征税措施,中方将被迫进行反制。'在今天上午商务部例行新闻发布会上,面对中美贸易战是否将'一触即发'的问题,商务部新闻发言人高峰做出回应。"(《中国青年报》2018年7月6日)

5. 评论式。评论式是对所报道的事实进行评论,揭示其意义。

例如:"一部《我在故宫修文物》带火了故宫文物修复师这一群体,如今,公众可以亲自去故宫看他们如何修文物。昨天是'2018年中国文化和自然遗产日',故宫文物医院首次试行开放,首批40名观众走进了故宫文物医院。……开放文物医院,是一道充满科技吸引的风景,展现出的不只有专业和自信,还有对社会对公众的尊重和关爱,值得肯定。"(《中华读书报》2018年6月27日)

(三) 主体

消息的主体,又称作"正文"、"消息躯体"或者"展开部分",就是导语之后的主要部分。消息主体主要担负着两大任务:一是解释和深化导语;二是补充导语所没有涉及的新闻事实。第一项任务表明,对导语所涉及的新闻事实,主体部分必须进一步提供必要的细节和有关材料(包括背景),以便受众对新闻事实有更清楚、更具体的了解。这就是所谓的解释和深化。第二项任务表明,导语一般只涉及最重要和最新鲜的事实,而且简明扼要,不能扩及多个有关方面,这就要求主体补充导语尚未涉及而又应当涉及的内容。新闻事件最重要的部分在消息的主体中要加以突出,要有详有略。

我们在安排和组织主体时可以参考以下几种顺序:

1. 按照重要程度的顺序安排层次。这是倒金字塔的结构方式,它是消息写作中最常用的写法,尤其适用于事件性新闻,即动态消息。

2. 按时间顺序安排。根据事情发生的先后来安排消息的相关内容,根据事件进展娓娓道来。它比较适用于内容较为复杂但是线条单一的消息写作,或者是报道在某个时间段内发生的事情,如节日庆典活动、重大赛事或者灾祸等。

3. 按逻辑顺序安排。根据事物的内在联系和发展来安排材料,不受时间顺序的约束。它比较适用于非事件性的新闻,如经验型消息、综合消息和述评性消息。(见本节例文四)例文四的消息篇幅不长,按照倒金字塔和时间顺序来组织材料,层次清楚,起承转合自然,叙述生动,很吸引人。

(四) 背景材料

狭义的新闻背景仅指写作过程中涉及的与新闻人物和事件发生、发展相关的历史、原因和环境、条件等方面的材料。广义的新闻背景,除此之外还包括对导致新闻事件发生、发展的广阔时代背景的了解,也包含向记者提供消息、介绍情况的人的背景。

背景材料是为主题服务的,使用它的目的在于突出主题,深化主题,丰富所报道的内容,以收到更好的宣传效果。背景材料一般是介绍知识、补充情况,帮助读者了解消息中涉及的人或事物,恰当使用背景材料能表达记者对新闻事实的看法、观点和意见,并增强消息的知识性和趣味性。

要注意的是，不是每篇消息都需要背景材料。背景材料在消息中位置灵活，可独立成段，也可穿插于导语、主体或结尾之中。我们可以从背景材料的类型中了解到什么时候使用它。

1. 对比性材料，主要通过对比衬托，以突出新闻事实的意义，阐明某一主题，表明某种观点。通过对比，突出矛盾和差异，显出特点和价值。对比性材料通常有两种情况：一是纵比，即今昔对比、前后对比。如写农民富裕了，收入增加了，可用如此背景加以突出："十年动乱时期，这里农民的平均收入只有二三十元。"二是横比，即此地和彼地对比、现今与落后对比。例如，同样写资源开发问题，也可将东南沿海地区与西部地区的情况进行比照。

2. 说明性材料，它往往是对与新闻事实相关的政治背景、地理背景、历史背景、思想状况或物质条件等情况做介绍和交代，用以说明事物产生的各种因素，揭示事物发生或变化的意义。

3. 注释性背景材料，它往往对产品（物品）的性能特点、科技成果、技术性问题、名词术语、文史知识、风俗人情等进行注释和介绍，以帮助受众掌握消息内容，增长知识和见闻。

（五）结尾

结尾是消息的最后部分，但是它并不是指一篇消息写完了，还要在正篇报道之末另起一段。新闻结尾的方式多种多样：

1. 自然结尾，随着主体的结束而自然结束，要素交代完毕也不需要另起一段增添结尾。如例文二"冻死的孩子重新复活"把受冻、抢救的事情叙述结束，文章也就自然而然结束。

2. 概括结尾，概括主体的内容。

3. 议论结尾，对消息的内容发表自己的看法。

4. 背景结尾，介绍相关背景材料结尾。

例文一 倒金字塔结构消息

三大运营商取消流量漫游费 计费方式暂未调整

本报讯（记者石飞月）7月1日，中国移动、中国联通和中国电信正式全面取消流量漫游费，原有套餐中的省内通用流量直接升级为国内流量，但并不包含港澳台地区。

北京商报记者发现，目前原来的本地流量已经转化为国内流量。对于本地流量转化为国内流量后价格是否会出现调整，三大运营商的客服人员均表示，目前流量套餐价格和流量额度并未接到改变通知，仍然按照现行计费方式，但未来是否会发生变化尚不得而知。

同时，对于目前剩余流量能否按照国内流量升级，中国移动客服人员称，2018年6月剩余的本地流量将自动转为国内流量，消费者可以继续使用。

值得一提的是，并非所有流量套餐都能享受"本地"升"国内"的待遇。校园套餐、地铁流量包、机场流量包等均不在本次调整范围内，依然在原有范围内使用。据了解，校园套餐的价格非常低，已经享受优惠资费。而机场、地铁等套餐多数为关联固定的信号基站，不适合调整适用范围。

资深通信专家项立刚认为，取消流量漫游费对运营商并无太大影响。虽然价格下降会造成运营商整体收入降低,但完全可以通过别的方式进行调整,例如今后不再赠送流量等。对不同省市的运营商来说,也只是少了一种促销方式,还可以发展其他优惠政策吸引用户。

取消流量漫游费,是近年来对电信行业提速降费的进一步落实。2017年3月,在国务院政策例行吹风会上,工信部副部长陈肇雄表示,拟定于2017年10月1日起正式在全国范围取消手机国内长途和漫游费。此后,三大运营商纷纷响应,并于去年9月1日提前取消了这一费用。

4月4日,国务院常务会议上强调,7月1日起取消流量漫游费,确保今年流量资费降幅30%以上,推动家庭宽带降价30%、中小企业专线降价10%~15%,进一步降低国际及港澳台漫游资费;5月17日,工信部、国资委联合发布的《关于深入推进网络提速降费加快培育经济发展新动能2018专项行动的实施意见》再次强调了取消流量漫游费的日期。

（资料来源：《北京商报》,2018年7月2日。）

例文二 金字塔结构消息

冻死的孩子重新复活

美国威斯康星州一个名叫麦肯罗的孩子,今年只有两岁半。一月十九日,在家里人没有注意的情况下,他穿着一身睡衣,只身来到零下二十九度严寒的室外。家里人发觉后把他抱回屋里时,麦肯罗的一部分血液已经"冻结",手脚也都僵硬了。当他被送往医院时,体温已下降到十五点五度。但是,在经过了包括使用心肺泵等先进设备抢救以后,麦肯罗竟然奇迹般地复活了。像这样处于低温状态下的人能够死而复生,在世界上是没有先例的,参加抢救麦肯罗的医生对此感到惊叹不已。

现在,除了他的左手可能会有冻伤后遗症以外,其他恢复都很正常,估计三、四周内即可恢复健康。

（资料来源：夏晓鸣等：《应用文写作》（第四版）,复旦大学出版社,2011年版。）

例文三 倒金字塔和金字塔结构相结合的消息

巴西淘汰墨西哥进八强

华商报讯（记者梁军）北京时间7月2日晚间,世界杯八分之一决赛战罢一场,凭借下半场内马尔和菲尔米诺的进球,巴西队2∶0击败墨西哥队,晋级八强。

这是两队第5次在世界杯交手,巴西此前4次取得3胜1平,并且不失球。双方历史交锋40场,巴西23胜7平10负占据优势。

双方开场后打出快节奏,墨西哥通过全场紧逼限制了巴西的攻防效率。开赛后,墨西哥队咄咄逼人,巴西队则收敛锋芒,不急于发力。上半场双方0∶0互交白卷。下半场,巴西队投入进攻的人数增多,明显加大了进攻的力度。第51分钟,内马尔禁区内包抄到位,将边路来球射入球门,巴西队一球领先。一球落后的墨西哥队改变了防守反击战术,全线压上,后防线的漏洞暴露在巴西队面前。第88分钟,巴西队断球后快速反击,菲尔米诺为巴西队攻入第二粒进球,彻底"杀死"了比赛。

值得一提的是，巴西队的胜利也打破了网上的所谓"魔咒"，此前，德国、阿根廷、葡萄牙、西班牙这四支在微博世界杯球队势力榜投票中呼声最高的队伍都惨遭淘汰，关键还是按榜单上的顺序！而巴西排名第五，英格兰排名第六。

（资料来源：《华商报》，2018年7月3日。）

第三节 通 讯

一、通讯的含义和特点

通讯是综合运用叙述、描写、抒情、议论等多种手法，详细地报道新闻事件或典型人物的一种报道形式。通讯是比消息更详细地报道具有新闻意义的事件、经验或典型人物的一种文体。它是新闻媒体进行新闻报道的一种主要题材，同消息一样受到广泛使用。

（一）通讯与消息的区别

通讯与消息都是新闻的主要文体，它们的共同点是都要求具有严格的真实性和及时性，其生命力都在于讲究时效，都具有传播信息、舆论宣传、传播知识的作用。两者的区别也很明显，主要表现在以下方面：

1. 选择材料不同。消息选择广泛，可大可小。通讯要选择含量较大的真实典型材料、受到广泛关注的人和事，往往通过对事实的深究发掘，配合消息发表后续报道、花絮、细节、背景材料等，进一步深化报道任务，体现主流社会价值观。

2. 表述详略不同。消息的内容表述简单概括。通讯内容表述比较复杂、详尽，讲究场面和细节描写。

3. 表达方式不同。消息多用叙述。通讯在叙述的基础上，还要运用描写、议论、抒情等多种表达手段。

4. 发稿顺序不同。消息通常先于通讯出现，但是通讯也应当注重时效性。

（二）通讯的特点

1. 新闻性。通讯要求报道新近发生的有意义的事实，新时代涌现出来的新人、新事、新经验，紧密配合当前形势，为现实中心工作服务。通讯的新闻性还要求报道的客观真实，通讯写作不能使用过多的议论或者推理来说明问题，必须用事实说话，观点可以融入事实的选择和描述当中，但是不宜做过于主观的宣传。

2. 形象性。通讯必须形象地报道真人真事，它比消息更加生动。通讯常采用叙述、描写、抒情、议论相结合的手法，要求对人、对事进行较为具体形象的描写，人物要具有音容笑貌，事情要有始末情节，以此来感染读者。当然，这种形象思维必须建立在客观真实的基础之上，与文学创作的形象思维大不相同。

3. 完整性。通讯常常被称为"详细的新闻""展开了的消息"，因为它要报道事情发展的全过程，或者较全面地报道新闻事件的各个方面，或者对事件的某个具有特殊意义的部分做集中突出的描述，也就是说，它在报道事实方面比消息更加具体、详细和完整。

二、通讯的分类

（一）人物通讯

人物通讯是具体、形象地报道各方面的先进人物的实际经历为主的通讯，它以表现人物为中心，从不同角度反映人物的事迹和思想。人物通讯着重写人的精神面貌，通过写人物的事迹写出人物的先进思想，表现时代精神，感染和激励人们积极向上，使之成为全社会共同的精神财富。

人物通讯有写一人一生的，为人物全面立传的；有写一个人的一个或几个侧向的，集中反映人物的某一思想品质；也有写群像的。人物通讯多写正面人物，如先进人物、英雄人物、有突出贡献的人物等，也可以表现普通人的喜怒哀乐、成败得失，在进行宣传教育时，可选择反面典型或者转型人物。写作时，尽量挖掘人物的内心世界，通过感人的矛盾冲突和故事情节说明人物的不同之处，也要善于通过人物的行动、语言、心理和典型细节等来表现人物。

在歌颂先进人物或者先进集体的思想感情、性格风貌、精神境界时，应注意掌握分寸，褒贬恰当。不宜用"水落石出"的方法，压低一片，抬高一个，不能故意把群众写得特别落后、矮小，从而突出所写人物的先进、高大。而应用"水涨船高"的方法，处理好"一"与"百"的关系。要正确反映党的领导和人民群众在先进人物成长过程中的作用，不要孤立片面地强调先进人物个人的作用，避免"高、大、全"的空洞形象。为了塑造真实可信、丰满充实的人物形象，既要写关键性的"大"材料，也不能忽略日常小事、生活琐事的"小"点滴。再伟大的人物也有与普通人生活相同的地方，也要食人间烟火，把新闻人物写成没有七情六欲、满口豪言壮语的"神"的做法是不实事求是的写作，如写先进人物坚守岗位、勤奋工作，不要动辄写他晕倒在岗位上、父母病危也不回家、子女住院亦不离岗……我们可以挖掘人物形象在生活小事上的闪光点，寻找更加个性化的素材。

（二）事件通讯

事件通讯是详尽、具体而形象地描写新闻事件的通讯，其主要特点是以记事为主，交代清楚事件的原委，从而表达某种思想。它以事件为中心，重点描绘社会生活中带倾向性和典型性的生动事件及具有普遍教育作用的新闻事件，其他人物或事件都围绕这一中心事件展开。事件通讯以写具有典型意义的正面事件为主，但也有揭露性的事件通讯。

事件通讯可以具体形象地写出一件事的来龙去脉，也可以压缩成概括性的叙述，还可以放大新闻事件中的某个片段做集中的描绘。事件通讯所采写的事件要具有新闻性和典型性，对社会有教育或者警示意义，同时也要善于用以小见大的方法来反映事件，要抓住一个或几个关键性场面或情节来写，把事件和人们的兴趣、社会的要求结合起来，做到为人们喜闻乐见。在事件通讯写作中，除了叙事明确、过程完整之外，还力求描绘事件的场面与情景，抓住关键情节，写好高潮。事件通讯虽以写事为主，同时不能忽略写人，要通过人物来反映事件。

（三）工作通讯

工作通讯又称经验通讯，是以报道先进工作经验或某项工作的成就和存在的问题为主要内容的通讯，具有较强的针对性、政策性和指导性。工作通讯抓住当前带有普遍性的，又需要解决的问题，通过抓取典型案例，传授经验，示范社会，探讨问题并干预生活。

工作通讯侧重于对工作中出现的新情况、新经验、新问题的探讨和研究，也要反映新闻事实，往往带有现场活动，这是它区别于一般总结性文章并和其他新闻通讯体裁相同的方面。它与其他新闻通讯体裁相异之处在于：要将事实做经验性的概括，对问题发表议论，对矛盾提出解决的办法，有一定的评论色彩。

写作工作通讯首先有现实针对性，符合当前工作需要。如社会发展过程中新出现的问题，实际工作中长期积累起来而未引起注意的问题，长期存在但悬而未决的问题，以及人们日常生

活中经常要注意的问题等,都是具有现实性的问题。其次,工作通讯还要具体、透彻地阐述问题和经验,介绍经验要科学,有理论依据。经验要写得具体,使人看得见,摸得着,学得到。最后,在表达方式上,可以夹叙夹议,有理有据,或用议论做点睛之笔,点出问题所在,或是运用背景材料同事实对比,进行有说服力的分析,或是作者直接发表意见。无论采用哪种方式,议论都应求深入浅出、有理有据。

工作通讯反映的内容一般包括:最先出现的典型的工作经验或者某些具有普遍意义的业务经验的介绍;当前实际工作中存在的某一重要问题的探讨;工作作风和与工作相关的突出思想问题的评述等。

(四) 风貌通讯

风貌通讯也称概貌通讯或者综合通讯,它是反映社会生活、风土人情、自然风光和现实中的建设成就为主的报道。这类通讯取材广泛,气势大,笔墨重,给人以完整深刻的印象。

风貌通讯题材广泛,有的侧重于写社会风貌,有的侧重于写自然风貌,有的两者兼而有之,无论哪种,都应当着眼于"新"和"变",写出事物的新情况,揭示事物的新变化,这是此类通讯的重要特征。风貌通讯的报道对象既可以是全球、全国的大题材,也可以是某地、某县的小题材。风貌通讯要写"新",要突出"变",通常运用背景材料,选择事实和数字,做今昔对比,这是较常用的一种手法,有时还可用民谚、故事来衬托事物的变化。风貌通讯常运用历史、地理、文化、科学等方面的知识来增强知识性和趣味性,但应注意紧扣主题、关联现实、恰到好处、避免冗杂。风貌通讯可灵活调动多种表达方式,可以夹叙夹议、叙论结合,也可写景抒情、情景交融。

风貌通讯的表现形式灵活多样,有游记体、对话题、通信体、日记体等。报上常见的风貌通讯有见闻、巡礼、纪行、侧记、参观记、访谈等。

三、通讯的写作要求

(一) 选好典型,确立主题

典型是通讯的筋骨,主题是通讯的灵魂,选好典型、确立主题对通讯来说十分重要。通讯选择什么样的典型呢?要选择那些具有代表性、具有普遍意义、具有宣传价值和教育意义的人和事,选择那些在一定时期内人们所关注的问题。通讯确立什么样的主题呢?要确立体现时代精神、表现时代风尚的主题,确立反映人物和事物本质和规律的主题。

(二) 写好人物

通讯和消息虽然都报道新闻事实,但是消息主要是报道事件本身,而通讯往往集中报道人。写好人物是通讯写作的重要任务。不论是人物通讯还是事件通讯,都要把人物写好,工作通讯或者风貌通讯也都是通过人的活动来表现。写人离不开事,因此,写人必写事,写人物自己所做的事,写能揭示人物内心世界的事。写人物还要用人物自己的语言、行为、活动来表现人物。人物要写得有血有肉,有内心活动。写事要具体形象,有原委,有情节。

(三) 安排好结构

通讯的结构有纵式结构、横式结构、纵横结合式结构三种。纵式结构是按时间顺序、事物发展的顺序或作者对报道事物认识发展的顺序来安排结构。在这种结构里,时间发展的顺序、情节展开的顺序、作者认识事物的顺序成为行文的线索。在采用纵式结构时,要详略得当,布局巧妙,富有变化,避免平铺直叙。横式结构是用空间变换或按照事物性质来安排材料。这种结构概括面广,要注意不同空间的变换,恰当地安排通讯所涉及的各方面的问题。采用空间变换的方法组织结构时，要用地点的变化组织段落。按事物性质安排结构时，要围绕主题，并列地写出事物不同的几个侧面。纵横结合式结构是以时间顺序为经、以空间变化为纬，把两者结合起来运用。采用这种形式，要以时空的变化组织结构。

例文一　人物通讯

一个人，一辈子，一道渠
——贵州遵义老支书黄大发的无悔人生

你可曾想象，没有水的日子怎么过？你可曾思量，36年做一件事情，你会做什么？

贵州遵义草王坝村，一个被层峦叠嶂的山峰藏得死死的村庄。千百年来，这里的人祖祖辈辈吟唱着一首心酸的民谣："山高石头多，出门就爬坡，一年四季包沙饭，过年才有米汤喝。"

水是草王坝人的穷根，是草王坝人生生世世的想、年年岁岁的盼、日日夜夜的求。

村里有一位老人，今年82岁，他和大山较劲，用36年的时间只干了一件事：修水渠。

这条水渠，绕三重大山，过三道绝壁，穿三道险崖。

这位老人，就是草王坝村的老支书，名叫黄大发。

这个横跨36年的故事，是一段注定流芳后世的佳话。

立誓
有条汉子不认命

"祖祖辈辈都是这么过来的，要有办法早就有了，老天爷不长眼，咱们村就是没水的命。"的确，草王坝没水不是一天两天。石漠化严重，全村灌溉和人畜饮水，要不靠山坡自渗水，要不守着一口望天井不分昼夜地排队挑水，接一挑水往往需要等一个多小时，如果想要喝山谷小河里的水，那么上下山一趟就得4个多小时；没有水，种水稻就是天方夜谭，地里几乎都是苞谷、红苕和洋芋；没有白米饭吃，村里人就只能将玉米碾碎上锅蒸煮，俗称包沙饭……人人叫苦不迭，可就是没办法，很多人干脆认命。

但有条汉子不认命。

1935年出生于草王坝村的黄大发，自幼父母双亡。四处流浪的他，吃的是百家饭，住的是滚草窝和包谷壳。23岁，黄大发光荣入党，这一年，他被全村推选为大队长。这一干，就干到了70岁。

"从我当大队长开始，我就决心为村民干三件事：引水、修路、通电。"正是意气风发的年纪，黄大发撂下了"狠话"。听说这个新上任的小伙子要引水，村里人都觉得他一定是疯了，无异于做白日梦。

可谁不渴望水？祖祖辈辈的草王坝人想水想得都要疯了。即使觉得是白日梦，但大伙儿还是愿意跟着这个年轻人一块儿做。

办法也不是没有。草王坝西侧有一条小河——螺蛳水，这条小河没流入草王坝村，而是流向了相距几公里远的野彪村，只要想办法把野彪村的水引过来，问题就解决了。

说得倒是轻巧。草王坝村和野彪村之间尽管只相隔几公里远，但这几公里并不是平坦大道，而是天路。螺蛳水河谷纵深切割，两岸的悬崖峭壁像一把锋利的刀，割断了草王坝村的引水路，也割断了草王坝人喝水的梦。

那水，可望而不可即，草王坝人只能眼巴巴地看着金子般的水白白流走。

不如就劈山。所谓劈山，不是真的把山劈开，而是依山凿渠，一条顺着大山起起伏伏的救命渠。

半个世纪前的中国，在豫、晋、冀三省交界处，十万林州开山者，历时十年，绝壁凿石，挖渠引水，一条红旗渠插在了太行之巅。

同一时期，在黔北的莽莽深山里，也有一位叫黄大发的年轻人，带领草王坝村民立誓修渠，这条渠要绕三重大山、过三道绝壁、穿三道险崖，这是一条遵义的"红旗渠"。

一群面朝黄土背朝天的淳朴农民，他们放下锄头，举起锤子，离开贫瘠的土地，踏上悬崖和峭壁。

他们在凿渠，他们要引水，他们想求生。可现实却无比残酷。

不懂技术，测量仅靠竖起竹竿，两边人用眼睛瞄；缺乏水泥，沟壁直接糊上黄泥巴做数；没有工具，操起锤子钢钎靠蛮力凿；没有导洪沟，沟渠不盖板，洪水一来，本来脆弱的沟渠被冲得稀巴烂……

烂了重新修，还没修好又烂了。修修补补十几年，办法想尽，可水就是进不来草王坝。全村人喝水的梦在这十几年的时间里被反复拉扯，最终还是破灭了。

……（略）

攻坚
人心齐，泰山移

在没有水的地方修水利，怎么修？和水泥灰沙得用水，浇湿渠基得用水，怎么办？只好将水引一截修一截……

在悬崖峭壁上修水渠，怎么修？人在腰间拴一条缆绳，从山顶一尺一尺试着往下放。人悬在半空中，从谷底看，像极了一只扑腾的鸭子……

故事远不止这么简单，而是充满了曲折和辛酸。

开工第一天，头炮就打"哑"了。石头砸烂了山下村民家的香火位，"村民骂我，要打我，还要拉着我跳崖。"黄大发只好挨家挨户赔笑脸、赔损失。

放炮需要炸材，黄大发就去很远的李村买了背回来。脚底磨破了皮，汗水湿透了衣，无论磕绊摔跤，不管刮风下雨，他都坚持如一。

修渠需要水泥，得去城里拉回来。有一次行至途中，天降暴雨，车陷入泥潭，进退不得。天黑了，黄大发叫司机到人家里找睡处，而自己却睡在水泥包上，被蚊虫咬了一夜——他是真心怕这"宝贝"被偷啊！

绝壁凿渠，每一处都充满未知和危险。擦耳岩是最险的一段，壁立千仞，岩壁中间有个凸起，挡住了视线看不到前面情况，悬崖上没有树枝，全是秃岩，稍有不慎便一命呜呼。"太危险了，给多少钱都不干。"没人敢动工，连请来的施工队也停下了手脚，黄大发就用大绳把腰拴着，自己带头翻了过去……

日复一日不停歇。每天，黄大发带着200多人的队伍进山，施工队在前面凿壁打槽，村民们在后面挑土砌堡。早上出门，提一罐包沙饭，中午捡点刺刺草草点火烧热，囫囵吞下去，渴了就舀两碗河水，碗一甩、罐一扔，转身又往工地去。为了抢进度，他们不分昼夜寒暑，每天坚持苦干到天黑，才打着灯笼火把手牵手地回家。有的干脆就睡在石窝里，看星星眨眼，等日出天明。

水渠一尺一米延伸，清澈的河水爬上了悬崖、峭壁、陡坎。千百双手，一颗颗心，水每向前流一寸，草王坝人的梦就更进一步。

苦心人，终不负。

1995年，这条主渠长7 200米，支渠长2 200米，地跨3个村10余个村民组，绕三重大山、过三道绝壁、穿三道险崖的"生命渠"通水了！3年来，到底放了多少炮，炸了多少岩石，凿了多少方土，断了多少钢钎，坏了多少锤子，没人能够数得清。

通水那天，山崖上、水沟边，人山人海，鞭炮声、鼓掌声，不绝于耳，杀猪摆席、搭台庆功，好不热闹！这是草王坝人最高兴的一天，梦终于实现了！村民拥簇着黄大发上台讲话，他沉默良久，欲言又止，眼泪顺着黝黑、皱褶的脸庞哗哗往下流。

60岁的黄大发哭得像一个孩子。

……（略）

多少年滴水贵如油，如今一渠春水流入草王坝家家户户。

多少年天黑孤村闭，如今这里夜晚如同掉下星星一片。

多少年山深人绝音，如今通村路将草王坝与外面紧紧相连。

青山不负英雄志，流水有情入心田，奔腾不歇的渠水悠悠长长，拍得悬崖直作响，崇山峻岭再难阻隔。阳光下的草王坝，像一只振翅欲飞的雄鹰。

（节选自《人民日报》2017年04月19日04版）

例文二 工作通讯

走近人民英雄纪念碑
浩气传千古　丰碑励后人

本报记者　贺勇

编者按：屹立在天安门广场的人民英雄纪念碑是人民心中的一座丰碑，它铭记着为国家和人民壮烈牺牲的英雄们的丰功伟绩。纪念碑上毛泽东同志题写的"人民英雄永垂不朽"8个鎏金大字，将永远激励人们为祖国繁荣富强而奋斗。

在中国共产党97岁华诞到来之际，让我们走近人民英雄纪念碑，在重温英雄烈士光辉事迹的同时，了解纪念碑的建设过程，追忆那些鲜为人知的故事。

设　计
公开模型征求意见

新中国建立前夕，为铭记革命先烈的奋斗精神，激励全国人民热爱新中国、建设新中国，建立一座纪念碑，纪念人民英雄，成为全国上下的共识。

1949年9月30日，中国人民政治协商会议第一届全体会议决定：在首都北京建造人民英雄纪念碑。

纪念碑的建筑设计如何才能达到周总理批示的"纪念死者，鼓舞生者"的建碑目的？北京市政府天安门地区管委会副主任李宗泽介绍，当时来自全国的200多份设计方案汇集到京，有亭、台、堂、碑等多种形式，有单独、群像的雕塑，有高耸的塔形，也有低矮的园林。经过几次讨论，大家一致认为，要歌颂人民英雄的崇高事业、伟大功勋，纪念碑应该高而挺拔。平铺地面式的方案先被否决，巨雕塑像式和碑、塔的形式成了建筑形式争论的中心。

那段时间，天安门广场摆放着3个按1/5比例做成的大模型：一个是高耸的矩形立柱模型；另一个是建有亭子、游人可登碑顶瞭望的模型；还有一个是将台座提高，做成有3个门洞的红墙台座模型。同时还陈列了有坡顶及有群雕像的两个较小的模型，公开征求群众意见。这些模型吸引了千千万万的游客，大家纷纷驻足观赏、提建议，充分彰显了劳动人民当家作主的民主氛围。

1952年5月，北京市政府成立"人民英雄纪念碑兴建委员会"，市长彭真任主任委员。综合各界不同意见，设计几经反复，副主任委员、著名建筑大师梁思成与建筑设计组最终提交了将碑座提高，内设陈列室可进入，碑身呈矩形，碑顶为四坡顶的方案。方案模型在政协展览征求意见后，设计方案经批准于1952年8月1日正式开工。

开工后，全国人民仍十分关注纪念碑的兴建，不断有人提出改进意见，其中"做成实体碑身更显庄重"的意见得到采纳。根据这个意见，后来取消了大台基陈列室，形成了现在的碑形。

虽已开始施工，但此时浮雕主题和碑顶形式仍未确定。建筑家建议用"建筑顶"，雕刻家则主张用群雕。雕刻家认为"大屋顶"形象古老；但建筑家反对群雕，认为群像在40米的高空，无论远近都看不清楚。

彭真经过认真思考后指示：群像形式容易使主题混淆，用"建筑顶"为好。于是，人民英雄纪念碑的碑顶，便按民族传统的建筑形式建造，是上有卷云、下有重幔的小庑殿顶。

北京市政府天安门地区管委会主任费宝岐认为，现在回过头来看，整个碑体既有民族传统风格，又有鲜明的时代精神。它不仅表彰了人民英雄光芒万丈、千古不朽的功绩，而且是一座具有艺术价值的杰作。

碑　石
百吨石材7个半月采运抵京

纪念碑由1.7万块花岗石和汉白玉砌成。按照设计，"人民英雄永垂不朽"8个大字要刻在一块长约15米、宽3米、厚约0.6米的整块碑心石上。

为了保证碑心石不折断，开采石料的毛坯厚度必须达到3米，这意味着这块毛坯石料将重达300吨，是中国建筑史上极为罕见的完整花岗石。去哪里开采如此巨大的石料？专家经过对全国各大山脉岩石的分析考察，认为青岛崂山最西端山峰浮山大金顶上的石料石质均匀、耐风化，是合适石材。

如何安全取得如此巨大的整体石块，也是一个巨大的挑战。一旦开采不好，精心选定的石料就报废了。在当地老石工的建议下，施工人员在选定的石料四周挖开4米深槽，再沿着石槽在预定剥离面上凿出若干楔子眼。开采时，由几十人持重锤同时将铁楔子插入预定的剥离线中，按照口令同时锤击。这样，一块长15.3米、宽3.55米、厚2.1米，重达300多吨的碑心石料终于成功地从岩体上剥离下来。

经过第一次加工，石料重量减为280吨。搬运下山时经转向、翻身，第二次加工后，石料重量减为约103吨。

浮山距离青岛火车站约30公里，沿途多是连绵丘陵。如果从采石场临时修一条重轨铁路直达车站，造价太大。最后施工人员决定用"老办法"——滚杠，就是先在路面上铺设枕木，接着在枕木上摆一排圆木，再把巨石放到圆木上，慢慢挪动大石料。

为了保险起见，工人用鞍山钢铁厂生产的无缝钢管初坯代替圆木。在3台进口大马力拖拉机的牵引下，石料终于一点一点地向山脚滚移下去。8月19日，大石料起运，30公里路程运石队伍整整走了34天。

在青岛车站，对大石料进行了第三次加工，石料中间厚度缩减为87厘米，两端厚度减为79厘米，重量减为94吨。

从1953年10月6日起运，承载着百吨大石料的火车，以直线20公里/小时，弯道及进站10公里/小时的速度驶向北京。沿途曾经过3个道路狭窄的小村庄，需拆除民房5间。村民们听说是建纪念碑的石料通过，不等动员就把房屋拆除了。

1953年10月13日，当时的北京前门西站鞭炮齐鸣，挂着专列牌子的火车载着这块碑心石缓缓驶进车站。10月16日，碑心石运抵天安门广场。经过雕琢加工，碑心石"瘦身"到了60吨。整块碑心石从开采到运输抵京历时7个半月，先后有7 000多名工人洒下了辛勤的汗水。

浮 雕
塑造170多个人物形象

走近纪念碑，最吸引人的当属那10幅浮雕。这些浮雕高2米，宽2米至6.4米，共刻画了170多个人物形象。

为何要设计这样一组浮雕？据中央美术学院教授、中国雕塑学会副会长殷双喜介绍，当年，随着设计方案逐渐明晰，纪念碑底座不再设革命烈士事迹陈列室。那么，怎样才能把革命烈士的事迹展现在纪念碑上？最后，兴建委员会决定在纪念碑底座的碑身上雕刻一组浮雕，把中国100多年来革命斗争的历程表现出来。

时任上海市美协主席、杭州中央美术学院华东分院院长兼杭州市副市长的刘开渠被挑选出来主持浮雕设计工作。他早年留学法国，是中国现代雕塑大师，对中西方的雕刻手法都十分熟悉。

浮雕创作初期，为了更好地把题材、情节组织说明得更充分，一批在北京的著名画家也参与了起稿。刘开渠到任后，立即着手向全国延揽雕塑人才。他带领主要创作者到云冈石窟、天龙山石窟、太原晋祠以及开封、徐州、济南等地去考察雕刻艺术。

刘开渠不但组织整个浮雕设计工作，还亲自投入到创作中去。他经过反复研究、构思，创作出了《胜利渡长江》《支援前线》《欢迎解放军》3块大型浮雕，生动表现了解放军英勇奋战、人民群众踊跃支援前线的场景，堪称浮雕创作的精品。

殷双喜说，塑造170多个人物形象，第一步是做成泥塑。第二步，再由雕刻人员按照泥塑的形状雕刻在纪念碑上。

人民英雄纪念碑浮雕创作进展十分顺利，按计划完成了任务。

"人民英雄纪念碑是新中国成立之初难得的精品。细细品味，气壮山河的时代巨浪，都凝聚在史诗般的建筑里，气象万千，今日思之仍激动不已。"著名建筑学家、国家最高科技奖获得者吴良镛院士评价说。

（资料来源：《人民日报》，2018年6月30日。）

例文三 风貌通讯

广东对口支援新疆多措并举促民族团结
万里手相牵　援疆谱新篇

<small>本报记者　阿尔达克摄影报道</small>

"帕米尔的月光，照着珠江的水。大亚湾的海风，听过昆仑的雷。我们来自岭南，扎根西北……"

在位于新疆喀什市的广东援疆前方指挥部，正在播放的歌曲《一起飞》道出了许多广东援疆干部的心声。

新一轮对口援疆工作开展以来，广东省对口支援新疆喀什地区疏附县、伽师县和兵团第三师，以保障和改善民生为重点，精准施策，多措并举，着力把对口援疆打造成民族团结工程。

产业带就业
吸纳就业2.04万人，少数民族群众占94%

6月初，走进喀什地区疏附县依锦诚服装有限公司的厂房，机器的声音此起彼伏。图妮萨古丽·麦麦提正坐在一台印花机前，不停地忙碌着。

"我原先只会在灶台边上转悠，现在终于有了自己的工作。"今年30岁的图妮萨古丽有3个孩子，曾经一家5口人只能靠着几亩地生活，生活非常困难。

广东援疆工业园区中的依锦诚服装有限公司让她的生活有了改变。如今图妮萨古丽不仅能够熟练操作机器，还成了印花机组的组长，每月有2 800元的稳定收入，最高时工资能达5 500元。

"走，再带你们去我新家看看！"走了没多远，一个铺着地砖、种有蔬菜的小院就出现在眼前。图妮萨古丽告诉记者，广东投入资金帮当地村民改造了庭院。如今，家里的厨房不再和卧室混在一起，厕所也有了下水道，生活条件大为改善。

"现在我和家人生活变得越来越好，我能真真切切地感受到来自祖国大家庭的温暖，我觉得自己更应该为民族团结出一份力！"图妮萨古丽说。

2017年以来，广东为对口支援地区引进了东纯兴纺织、依锦诚服装和兴业中小企业孵化基地等各类企业97家，吸纳就业2.04万人，其中少数民族群众占94%。同时大力推广县、乡、村"1+X+Y"（总部+卫星工厂+农户车间）三级就业模式，稳定吸纳各族群众就地就近就业，其中贫困人口超过3 000人。

在促进当地群众就业的同时，广东投入资金加大对口支援农村基础设施建设，改造室内水、电、厨、卫、浴等生活设施，实施"厨厕革命"，帮助村民改善庭院环境。

扶志又扶智
发挥党员模范带头作用，不断增强凝聚力

在兵团草湖广东纺织服装产业园内，麦丽克扎提·亚库普刚从党群服务中心上完党课回来。

"我已经是一名入党积极分子了，正继续努力向党组织靠拢。"麦丽克扎提说，自提交申请书的那一天起，她就一直以党员的标准要求自己，"而少数民族党员，更应该在民族团结工作中承担起责任。"

为了更好地开展党建工作，伽师兴业中小企业孵化基地建立了VR党员宣教中心，引入VR党建学习系统《红色记忆》，把红色资源从线下搬到线上。

同时，孵化基地中还有定期开展的普通话培训活动。海仁萨·亚库普就是参加培训的学员之一，从前一句普通话也不会说的她，通过一年的学习已经能够用普通话进行简单的对话。

"以前机器有故障，生活有需求，我都表达不出来。现在好了，能跟来自其他地方的同事交流了。"海仁萨说，今后还要继续学，争取把普通话说得更流利。

据了解，自2017年起，广东援疆工业园区采取学习培训、创业指导、劳动竞赛、红色教育等方式，不断增强凝聚力。目前，已发展党员和预备党员109人、入党积极分子164人，有232人递交了入党申请书，其中少数民族占比近30%。

文化促交流
醒狮表演进校园，伽师歌曲响南粤

走进疏附县明德小学的校园，三头"小狮子"正在进行醒狮表演，园内掌声不断，气氛热烈。

"这是来自广东的老师教我们的。"五年级学生伊斯玛依江·西尔扎提就是其中的一名小演员。他说，从前自己只在电视上看过醒狮表演，现在可以自己表演，感到非常激动。

被问及练习舞狮的好处，伊斯玛依江脱口而出："锻炼身体，培养我们的团队精神，最重要的是感受中华传统文化。"

交流学习，除了"引进来"，还有"走出去"。广东佛山对口支援的伽师县，让当地文工团走出喀什，走进佛山，让来自新疆伽师的歌曲《美丽伽师》、诗朗诵《援疆佛喀情》、舞蹈《西克尔湖情趣》跨越千山万水来到南粤大地……"要通过交往交流，让民族团结的种子在两地扎根、开花、结果。"佛山援疆工作队队长、伽师县委副书记刘晓明说。

据了解，除了文化项目，广东还在经贸、产业、卫生、人才、技术、党建等方面推动两地开展深入合作。同时，在援疆各省市中，率先实现两地乡镇结对帮扶全覆盖。

"地图上看，广东离我们有5 000多公里，可现在，我觉得广东离我们非常近。"伽师县英买里乡村民库尔班古丽·肉孜说。

（资料来源：《人民日报》，2018年6月13日。）

第四节　特　写

一、特写的含义

特写是对被报道的新闻事件中富有特征的片段予以集中突出的、形象化的描绘，再现新闻事件的新闻体裁。特写讲究形象性和趣味性，并以局部强调为鲜明特色，把新闻事件中最有价值、最生动感人的片段和部分加以放大和再现，以给读者鲜明突出的印象。

二、特写的特点

（一）片段性

这是特写在取材方面的特点。与反映较完整事件的新闻通讯相比，新闻特写并不是面面俱到，而是集中某些局部做突出的、重点的描绘。新闻特写放大现实生活中的一两个场面，一两个镜头，绘声绘色，感染力更强。例如，《中国〈高椅〉惊艳古巴马戏节》写中国杂技团在古巴国际马戏节表演时的一幕，通过观众们的片段性反映，着重表现了高椅的难度和精彩程度（见本节例文一）。

（二）形象性

新闻特写不仅要用事实说话，而且要用活生生的形象说话。通过描绘，让读者将文字的内容转换为可视的画面，给人以立体感和画面感，使其达到情景交融，使人如临其境、如闻其声、如见其人。其中，关键在于描写必须写形传神，即突出报道对象的个性、特色和本质特征。不抓住这些，即使用大量的笔墨去细描一些外在的东西，简单地追求形似，也是无法产生出电视报道的视觉效果的。

（三）现场感强

特写的现场感首先来自记者的现场观察。一般新闻报道的材料来源主要是由记者访问得到的，特写的采访则特别强调记者的现场观察，强调第一手材料的获取。所以，在不少特写中我们都可以感受到记者观察活动的存在。其次，具体的描写也是产生现场感的重要手法。有许多特写镜头稍纵即逝，就需要记者事先做好充分准备，临场又要做细致观察和把握，然后用"特写镜头"的手法再现精彩片段，以增强事实说服力和现场感染力。

三、特写的分类

（一）新闻性特写、趣味性特写和实用性特写

从特写所体现的新闻价值着眼，可分为新闻性特写、趣味性特写和实用性特写：

1. 新闻性特写。新闻性特写是对当前公众感兴趣的事件所做的时效性很强的特写性报道，往往以"侧记"和"花絮"的形式出现。侧记通常较为严肃，因为它通常与所配的消息同时发表，主要是使读者进一步加深对新闻事件的了解，使读者得到某种情感上的慰藉，从而增强报道的传播效果。而花絮笔调轻松，写法也较灵活，它的报道内容不限，是一种最轻松活泼的新闻性特写。

2. 趣味性特写。这种特写不关心热点新闻，没有明显的时效性，常以奇闻趣事为题材，满足读者的好奇心和娱乐心理，如《装了假牙的狗》。趣味性特写报道的内容比较广泛，如人们感兴趣的奇闻趣事、生活经历、风土人情，在结构上要求安排紧凑，并且要围绕着趣味性强的事实来安排，以求突出其趣味性，文字方面要俏皮幽默，富有轻松感。

3. 实用性特写。实用性特写又称服务性特写，没有明显的时效性，强调生活性和实用性，即向人们提供所有的工作、学习、生活信息，它的写法比较灵活，有较强的故事性，结构安排富于变化，语言也活泼有趣。

（二）人物特写和场景特写

从题材角度出发，特写可分为人物特写和场景特写两类：

1. 人物特写，也称为人物专访，是报道人物经历、性格特征的文章。它以人物为特写对象，要求绘声绘色地再现人物的某种行为或行动，并透视其思想境界；或者是通过对人物活动的展示，揭示人物活动的社会环境，以此来解释人物行为的时代依据，折射出整个时代的特征。人物特写以人物为中心，但既不是人物消息，也不是人物通讯，而有些类似于文学作品中的人物素描，是一种用白纸黑字描绘人物的新闻艺术形式。采访对象主要以富有新闻价值的人物为中心，尤以采访名人、要人居多。普通人的奇闻轶事有时也是人物特写的题材。

人物特写的写作可以从以下几个方面着手：首先，刻画人物特征；其次，注重行为描写；

最后，用好个性语言，通过性格化的语言来表现人物的个性。本节例文二中的特写通过描绘莫迪参观兵马俑时的行为，如"仔细欣赏，频频发问，拍照留念，欣然提笔"，形象地展示了莫迪对兵马俑赞赏不已的内心世界。

2. 场景特写。场景特写重在截取事件的一两个精彩片段或精选一两个场面进行浓墨重彩的描绘，通过再现场面的特色、规模、气氛等完成对整个事件或社会风貌的把握。

场景特写的写作要注意以下几点：首先应选择有意义的新闻场景；其次，叙述线索清晰，使人一目了然；最后，集中写好人的活动。如本节例文三把镜头对准成昆铁路上的沙木拉达隧道口，特别是对洞口两侧的对联做了特写。一个小镜头，人、事、景三者浑然，气氛悲壮，激人奋进。同时，透过这一画面，我们又可以看到一个关于祖孙接力为祖国奉献的大主题。以小见大，正是场景特写的妙处。

四、特写的写作要求

（一）挖掘情节高潮和典型特征，选择合适角度，做到以小见大

新闻特写一般选择的是重大的或者具有典型意义的题材，但是并非作为重大题材报道的全过程都可以进行特写。能作为特写题材的，必须是事实本身有特写镜头可写，并且是值得一写的镜头。

特写的魅力在于从一个小的细节来反映大的主题。新闻特写通常抓住具有深刻意义的典型场景的情节高潮，或者影响较大的新闻人物的典型特征，用细节描写反映大变化和大主题。采写者在采访过程中要留心能够形成强烈反差的例子，用新鲜活泼的具体事例反映变化。

2003年10月17日的《解放军报》曾发表过题为《目击杨利伟飞天归来》的新闻特写（见例文四），抓住飞天英雄杨利伟跨出机舱的精彩一刻，其中写道："此刻，五星红旗正从北京天安门广场徐徐升起。身着乳白色航天服的杨利伟向在场的人们挥动手臂，轻快地跨出外表被大气层摩擦烧灼成古铜色的返回舱。"报道载人航天的新闻很多，但是目击飞船着陆的文字新闻独此一家。它真实地记录了首次载人航天飞船成功着陆的历史瞬间，生动、细致、准确地描述了许多鲜为人知的现场细节，画龙点睛地凸现整个飞天场景的重大历史意义。

（二）注重形象生动

新闻特写常用来表现新闻场景中的人物情感，因为特写的细节刻画手法最适合表现人物的面目表情，或悲伤，或麻木，或喜悦，或痛苦，特写性画面往往给人以极大的感染力。加强描写的形象生动，除了要准确地抓住对象的典型特征和情节高潮以外，还要努力把握对象的神韵和动感，以加强特写的可视性，营造叙事如画的效果。

如关于女排名将朱婷的描写有这么一段："朱婷签约土耳其瓦基弗银行队时，率队在欧冠小组赛中战胜加拉塔萨雷队，锁定6强，由于比赛中存在判罚争议，教练古德蒂赛后不依不饶，想找裁判理论。正在跟队友拥抱欢呼的朱婷发现了，直接绕过人群，冲上去一把推开古德蒂，由于朱婷力量大，差点把古德蒂推了个趔趄，古德蒂赶紧扎稳脚步，身体前倾，给人感觉好像是要打架。朱婷意识到自己下手有点重，哈哈大笑，顺势用手勾住古德蒂的脖子，将他拉进庆祝的战团。事后，朱婷说：'看回放真有趣，真的好像是要打架。不过，拉他是对他好，哈哈，不能让他惹事啊。'"（东方体育2018年7月8日《佛系女排球员朱婷：曾在球场"怒推"自家主帅》）

正是靠这些生动的特写，读者能感受到一幅栩栩如生的画面，我们如同身临其境，在现场体验排球比赛的激烈以及女排姑娘朱婷豪爽的性格。由此可见，特写既要注意捕捉有意义的细节，还要注意捕捉生动形象的细节，这样才能增强视觉感，给人们留下深刻印象。

例文一

中国《高椅》惊艳古巴马戏节

新华社记者　朱婉君

一把、两把、三把……舞台上，一把把椅子越叠越高，当罗军倒立在第11把椅子上时，现场观众不禁屏住呼吸，随即发出尖叫并报以热烈的掌声。

这是中国杂技团在第17届古巴国际马戏节表演时的一幕。26日晚，能容纳2000人的古巴最大马戏棚"疯狂的陀螺"座无虚席。中国遵义市杂技团6名演员上演"王牌"节目《高椅》，团里"灵魂人物"罗军在团友协助下，将一把把椅子叠向高空并"玩转"单手倒立、头顶倒立等高难度动作。这一节目曾在2007年获得吉尼斯世界纪录。

"太疯狂了！他还要继续往上爬吗？"看到罗军在第六把椅子上完成单手倒立后，记者身边一名古巴观众惊讶地自言自语，并掏出手机开始录像。

"我刚才就在数椅子，后来看得太投入就忘数了"，带着一家老小来看演出的伊丽莎·阿尔瓦雷斯说："看得出这个表演难度很高，但中国小伙子技术精湛、从容不迫。"

罗军从14岁开始练习高椅，至今已有17年。"这是我第一次来古巴，这里的观众非常热情，我希望把最精彩的节目送给大家。"罗军在演出后对记者说。

遵义市演艺集团董事长、本届古巴国际马戏节评委之一张鹏健介绍说，高椅对杂技演员的技巧和平衡力都有很高要求，同时考验演员的心理素质，能带给观众惊险而刺激的体验。

在中国演员登场前，两名古巴杂技演员在舞台上模仿建筑工人高空作业的情景，为《高椅》节目热场。在张鹏健看来，古巴近年在杂技方面发展迅速，并在表演中加入许多新鲜互动元素，"我们与古巴杂技演员的合作非常愉快"。

第17届古巴国际马戏节24日至29日在首都哈瓦那举行，来自古巴、中国、美国、哥伦比亚等近20个国家的杂技演员齐聚一堂，为古巴民众奉上30余场杂技表演，并将角逐奖项。《高椅》是中国参加此次马戏节的唯一节目。

（《新华社》，2018年6月27日）

例文二

习近平与莫迪西安城墙上共进晚餐

昨天下午，中国国家主席习近平在他的家乡——西安，会见了来华访问的印度总理莫迪，这是习近平第一次在他的家乡接待外国领导人。去年9月，习近平访问印度首站即到访莫迪的家乡古吉拉特邦，当时习近平邀请莫迪下次访华时到他的家乡西安看看。昨天下午的会见后，习近平和莫迪一起参观了大慈恩寺并登上纪念玄奘西行的大雁塔。据了解，莫迪是于昨天上午抵达西安的，他先后参观了秦始皇兵马俑、大兴善寺等。昨晚，莫迪从西安出发前往此访第二站——北京。

……（略）

昨天上午，莫迪访问行程的首站即来到了著名的秦始皇帝陵博物院，参观了一号坑、三号坑和修复中心，还参观了珍贵出土文物——铜车马。

将秦始皇兵马俑比作"世界第八奇迹"最早是法国总统希拉克提出的，并得到全世界的公认。据统计，秦始皇帝陵博物院已累计接待中外游客6 000多万人次、外国元首近200位。

上午，身穿印度民族服装的莫迪进入博物馆参观，其一行较为全面地参观了秦始皇帝陵博物院的一号坑、三号坑和铜车马坑。在秦兵马俑一号坑，莫迪一行感受始皇威仪，"对话"千年秦俑，气势磅礴的"地下军事博物馆"令他们印象深刻。

记者在现场看到，莫迪对千年秦俑表现出很高的兴趣，大多时间没有选择"观而不语"。步入文物修复区，他围着呈现半碎片化的陶俑、陶马，仔细欣赏，频频提问。在秦代兵器展厅，他驻足许久，对2 000多年前的青铜宝剑依然闪烁着锋锐的光芒赞赏不已。

莫迪一行所处的贵宾平台比一般游客通道约低3米左右，长约60米。莫迪在此拍照留念，并配合现场记者进行拍摄，面带微笑。

参观行将结束之时，莫迪欣然提笔，在留言簿上用英文题写：兵马俑是世界遗产，它是中国文明成就的一个见证，你们把兵马俑保护得这么好，确实给我留下了非常深刻的印象。

……（略）

（节选自《中国日报》，2015年5月15日）

例文三

这项工程曾让世界认为不可能，如今祖孙接力扎根凉山继续干
半个世纪的青春接力

登上海拔2 242米的山顶，李恒站在一个山洞前，沉默许久。洞口正上方的字已经模糊，只留下两侧的对联：装点此关山，今朝更好看。一条铁路钻进山洞，藏身黑暗中。

这是老成昆铁路上的沙木拉达隧道，位于四川省喜德县小相岭山脉。这里曾被称作"修路禁区"，暗河、断层、泥石流随处可见。

1964年，李恒的外公响应毛主席"成昆铁路要快修"的号召，与战友凭借钢钎铁锤挖出这条6.4公里长的隧道，成为成昆铁路全线贯通的关键，为西南腹地百姓凿开了一条出山通道。那年，外公19岁。"胸怀全球挑重担，敢叫机器背过山"的号子声响彻山谷。

在这场长达6年的"战役"中，每前进一公里，就有50多个年轻人牺牲，352名建设者长眠此地，唯有葱茏的索玛花与火车汽笛声相伴。

……（略）

在沙木拉达隧道口的这个下午，李恒走过了每一块墓碑，脚步很轻。外公说过，每一块墓碑背后，都有一个故事。

去年清明节，隧道人母永奇来到沙木拉达，意外发现了一个熟悉的名字。这是外婆整日念叨的人，他的外公。虽然这个年轻人从没见过外公，只知道他为了修成昆铁路牺牲，遗体就地掩埋，家人根本不知道葬在哪里。母永奇激动又悲痛地向家人求证，85岁高龄的外婆连夜赶来，捧出丈夫唯一留下的照片，双手颤抖，把脸紧紧贴在墓碑上。

站在索玛花守护的墓碑群中，李恒给3 000公里外的外公打了个电话。话筒传来外公的笑声，他掉了眼泪。有十几秒，祖孙俩谁都没有讲话。

2022年，小相岭隧道将通车，李恒想带外公重返成昆。这个愿望他酝酿半天，终究也没说出口。他不确定到那时，会不会也像外公一样，没能等到通车，就又投入了新的战斗。

（节选自《中国青年报》，2018年7月6日）

例文四

目击杨利伟飞天归来

孙阳　唐振宇　本报记者　范炬炜

今天清晨6时23分，中国首飞航天员杨利伟乘坐"神舟"五号载人飞船从太空归来，平稳着陆于内蒙古中部草原。

此刻，五星红旗正从北京天安门广场徐徐升起。身着乳白色航天服的杨利伟向在场的人们挥动手臂，轻快地跨出外表被大气层摩擦烧灼成古铜色的返回舱。

记者喊道："杨利伟，我们接你来啦，对全国人民说几句话吧！"

杨利伟笑了，笑容在朝阳映照下无比灿烂。他说："飞船运行正常，我自我感觉良好，我为祖国感到骄傲。"

42年前，苏联航天员加加林乘坐"东方号"飞船升空，人类第一次亲眼看到地球表面的形态——淡蓝色的晕圈环抱着地球，与黑色的天空交融在一起；今天，第一个中国航天员乘坐我国自行研制的"神舟"五号飞船，目睹了地球在星空中的奇观，中国由此成为世界第三个能够独立开展载人航天的国家。

着陆场系统总指挥夏长法是奔向返回舱的第一人。工作人员刚一打开横卧在地的返回舱舱门，他就急切地问："杨利伟，你怎么样？"

仰坐在座椅上的杨利伟转过头来，平静地回答："我很好。"

真是天公作美，昨天这里还刮着大风，今夜却是明月星空，几乎感觉不到风吹，一望无垠的大草原敞开胸怀，与我们一起静静等待着从太空归来的中国首位航天员。

6时左右，有人喊起来："看，天上有颗星在飞！"

搜救人员纷纷下车，在-4℃的旷野上抬头仰望。只见一颗明亮的"流星"正从月亮边划过。一位技术人员告诉记者："这是与返回舱分离后的轨道舱在运行，减速制动后的返回舱马上就要进入大气层了！"

6时07分，一团火球在西南方的天空向我们飞近，那是进入稠密大气层的返回舱正在与大气摩擦燃烧中飞来。

6时12分，空中传来"嘭"的一声震响，表明面积达1 200平方米的主降落伞已打开。人们更加急切地向空中眺望。

"来了，来了！在那儿！"6时17分，一个黑点在已泛出曙光的东方天空出现，并且越来越大。

"杨利伟回来啦！"大家旋即跳上车，向返回舱飘落的方向追去。

降落伞悬挂着返回舱，在我们的车头前缓缓飘落。记者抬腕看表，正是6时23分。

我们脚下的这片土地，当地牧民称之为"阿木古朗"草原，在蒙古语中是"平安"

的意思。这真是个好地名!

8时15分,杨利伟乘坐的直升机从沸腾的内蒙古大草原起飞,向附近的机场飞去。他将在那里换乘专机飞回北京。

内蒙古草原,这片在历史上曾孕育了一代天骄成吉思汗的神奇土地,今天又因天之骄子杨利伟的完美着陆而续写出中华民族新的传奇。

(本报内蒙古中部飞船着陆场10月16日电)

(《解放军报》,2003年10月17日)

第五节 现场短新闻

一、现场短新闻的含义

现场短新闻是采写者在新闻现场通过亲身经历所进行的目击式再现报道。它以新、短、快、活见长,时代感和立体感强烈,是一种新闻价值较高、篇幅较小、精粹的新闻品种。

二、现场短新闻的特点

(一)现场感

现场感是现场短新闻的特质,现场感的目的是使新闻作品形式新颖、内容活泼,能让人有如临其境、如见其人、如闻其声的感觉,展现给人们一幅动感强烈的画面,加深受众对人物与事件的印象和认识,这不仅可以确保消息的准确性和可信性,也可以增强新闻的可读性和吸引力。

(二)鲜活感

现场短新闻的鲜活感在于采写者用活动着的视觉形象和现场画面来传递信息,报道事实,感染受众。在新闻现场的采访与新闻发生、发展同步,比起事后的追述性报道,有较强的时效性,是记者对刚发生的事实的现场报道。在广播、电视新闻里,它还可以是正在发生的事实的报道。

(三)纪实性

现场短新闻强调纪实性,要求用在新闻发生的现场捕捉到的细节、材料来报道新闻事实,向受众再现事件发生、发展、变化中的动态形象。现场短新闻尤其是特写类现场短新闻,要在作品中再现现场新闻形象,即再现现场的人、物、景、情、氛围等可触可感的形象。再现现场形象就是描摹耳所闻目所睹,主要是用眼睛"写"新闻。

(四)小题大做

新闻的影响力、引导力许多时候是同文章的长短甚至事件的大小没有绝对关系的,关键是记者截取的新闻点的价值重大与否,特别是是否抓取了百姓利益的关注点。现场短新闻要求篇章短而精,即要求篇幅短小,写作时简明扼要、不拖泥带水、用笔直截了当,通过精简的文字将新闻的精华浓缩在消息里,使其精确、生动而有力度。要做到短而精,就要选择有典型意义的新鲜事、情境和场面,将有效的信息价值、宣传价值和审美价值融入简短的篇幅之中,以小见大,达到见微知著、一叶知秋的效果。

三、现场短新闻的种类

现场短新闻按其表达方式可分为消息型现场短新闻、特写型现场短新闻和故事型现场短新闻。

(一) 消息型现场短新闻

消息型现场短新闻是动态消息的一种,篇幅短小,有的像短讯。即在新闻消息的框架里,以现场再现为主要内容的报道形式,其表达方法基本是以整场的现场描述取代对新闻事件的简单、粗略的叙述。这些发自新闻现场的目击式报道有很强的现场感。

(二) 特写型现场短新闻

特写型现场短新闻,或称"现场目击""现场速写",是发自新闻现场的特写式消息。因为极具现场性,所以它不仅报告主要的新闻事实,还描述新闻事实的动态形象,描写和叙述两种表达方法缺一不可。

特写型现场短新闻与一般特写的差别就在于现场性。一般意义上的特写消息,内涵更丰富、外延更宏大,包括事件的、人物的、社会的、风貌的等,有的有场景,有的无场景,可以是现场采访,也可以是事后来访。特写型现场短新闻侧重写事件,且必须是现场目击式采访。

(三) 故事型现场短新闻

故事型现场短新闻倾向于在现场展现一个完整的小故事,现场感是其主要特点,也是其与一般小通讯的基本区别。与此类似的还有一些花絮式的现场报道方式,这些现场花絮、现场侧记主要也是一些小故事、小特写。

四、现场短新闻的写作要求与方法

(一) 题材选择上的广阔性

现场短新闻的一个鲜明特色,就是在题材的要求上要有自己的个性,这样,现场短新闻才能显示出魅力。

(二) 内容上要求真实性

现场短新闻既真有其景,又确有此情,并且就发生在此地此刻,不添枝加叶、无中生有,也不能随意组装,要体现一时一地的鲜明特色。

(三) 语言表达上要鲜活

现场短新闻不仅要求采写者要有敏锐的、善于捕捉新闻的独特视角和观察分析能力,还需要具备一定的文字功底,要把各种事实写得生动活泼,沉着平和,有韵致,有张力,有味道,摇曳生姿,必须将构成它的现场、事实、人物,甚至文章的结构紧密地结合起来,任何一个部分的粗糙呆板都会造成不谐音,直接影响整个文章的说服力和感染力。这时,巧妙运用群众生动形象的语言,可以收到以少胜多的效果。

(四) 注重细节刻画

成功的现场短新闻写作,不仅在于写作者对典型现场的成功选择,更在于对典型细节的出色抓取。尽管现场短新闻对"现场"的描述有些只是一个场景或一个断面,但这"现场"或"断面"并非是平面的而是立体的,其间有事件的延展、人物的活动,以及环境的变化,采写者在对"现场"的描述中要抓取鲜活的细节来支撑主题核心的构建。

（五）背景材料要有选择性

现场短新闻要尽量少用或者不用背景材料。对一些技术专业性很强的新闻作品，其产生的社会环境、历史条件等背景材料可以做些交代，但应注意力求少而精，并灵活巧妙地穿插于文中。所以，在选择背景材料时，要注意选择有利于对新闻事实进行解释、说明的背景材料，或是有利于深化主题、交代新闻发生的前因后果、增强新闻厚度、感染力的背景材料。

（六）善于画龙点睛

现场短新闻要写足现场的精神和韵味。其中，"精神"就是这个事件体现的主要意义；"韵味"就是趣味、有味道的闪光点。特别是在文章的最后部分，要做的是"点出要旨"，或者是"以点带面"。这也是现场短新闻的要义所在，通过一个基层发生的新闻事件来看背后较为重要的民生问题。如果新闻能把这个背景给带出来，就算"功德圆满"了。现场新闻记录的无非是一个大时代里的小人物，能把这个"大时代"里的某个特征给点出来，才真正达到了写这篇文章的目的。

当然，这样的"时代"背景有时候要用单独一段来说，很多时候也可以通过人物的语言和叙述融入对事件的描写当中，不需要单独拎出来写。这样的好处是，避免了刻意的"说教"。

爱心救助争分夺秒

本报重庆 6 月 18 日电（特约通讯员陈亚 通讯员程礼松）"这里是合川站，有一名旅客突发疾病，急需救护车……" 6 月 12 日 19 时 14 分，重庆北车务段合川站客运值班员赖恩友焦急地联系 120 急救中心。

原来，1 分钟前，车站值班员杨杨接到成都铁路局调度员通知，在成都开往贵阳的 K9454 次列车上，旅客吴女士突发疾病、腹痛难忍，需在合川站下车治疗。

随后，杨杨立即电话通知车站客运值班员赖恩友等人。赖恩友一边迅速联系医院，一边和其他客运员赶到车站 3 站台列车停靠位置，提前做好接站护送准备，为抢救节省时间。

19 时 55 分，K9454 次列车抵达合川站，早已准备好的 4 人将吴女士从车上接下来，并与列车长办理好交接手续，但由于过度疼痛，吴女士已无法站立。与此同时，救护车也赶到了合川站站前广场。医院担架送到后，赖恩友等人立即将吴女士抬到担架上，向救护车赶去。虽然只有短短的 800 米，但大家心里明白，早一分钟将病人送到医院治疗，她就可以少受一分钟的痛苦。

20 时 05 分，救护车载着吴女士飞速离开。大家松了一口气，随后立即打电话，及时将情况通知吴女士的父母。

完成一天的工作后，赖恩友放心不下吴女士，带着办理好的退票手续到医院看望她。医生告诉赖恩友，由于送医及时，病人已经转危为安。

（《人民铁道》报，2017 年 6 月 19 日）

第六节 专 访

一、专访的含义

专访,又称访问记,是对事先选定的专门采访对象进行专题性访问的报道体裁。专访与其他报道类文体的不同之处在于一个"专"字。它是访者事先带着一个比较明确的、专门的目的,对有关人物进行的专门采访,对采访对象的谈话加以实录,穿插一些现场实况和背景材料写成的,具有通讯和谈话录的某些共同性。从一定意义上说,专访是用通讯笔触写的谈话录,或者是以记录专一访谈为基本内容的通讯。从表达手法看,专访应归入新闻三大类体裁中的通讯类。

二、专访与通讯的区别

专访是对某一个人物或几个人物的专门访问,所以人们通常习惯将它称为人物专访。它与人物通讯不同。人物通讯的报道对象是新闻人物,人物专访虽然是对人物的访问,但它并非专门报道人物本身。一般来说,通过对人物的专访,或报道某一人物,或报道某一事件,或回答广大受众迫切关心的某一问题。

专访跟通讯相近的地方是都运用多种表达方式,以求文章的生动性和可读性。但是,它们也有一些不同,主要表现在以下几个方面。

(一)专题性

这是专访在选材上不同于一般通讯的地方,专访要求专一,忌面面俱到。专访,顾名思义,是专人访问、专题访问,是访者带着事先确定好的专门目的,到现场对事先确定好的专人进行采访。它的报道内容比通讯更集中,专题性更强。写人不必写全部生平,记事不必从头到尾。访者的目的性很明确,找谁谈、谈什么,事先都要心中有数,采写时紧紧围绕专题进行。

(二)访谈性

通讯是以写人、叙事、写景、状物为主,而专访以记言为主。记言为主是专访的内容,主要是采访者和采访对象之间的对话,其中以采访对象的话语为中心。在专访时,访者除了提出问题、做些适当的插话之外,基本放弃了话语权利,即便是转述,也不得违背采访对象的原意。形式上,专访是采访者和采访对象之间的对话,具有一定的"口述实录"性质。话题围绕一个中心,在问答过程中次第展开。这种谈话是双向互动的,不像新闻发言人答访者问那样死板。在交互的问答中,话题不仅始终在双方的兴趣范围之内,而且双方有着较多的相互讨论和情感交流。

(三)新闻性和时效性

专访的新闻性和时效性可以与消息相提并论。专访一般有特定的背景和强烈的现实意义,一般选择有代表性的人物,主题往往是回答和解决社会上人们近期关注的某事物或问题。

(四)纪实性

新闻都是纪实的,专访比谈话录的纪实色彩更浓,而且都是以记言为主要特色,两者的区别在于记言的笔触不同。

(五)针对性

和谈话录一样,专访也有更强的针对性。谈问题,为给受众以某种启示;访人物,为昭示人物某种精神，点亮社会心灯。"专"就是访者根据目前形势和受众的期待，事先就一个比较热门的问题、针对一个专门的意图和目的而进行采访和写作的特征体现。

（六）特定的访问对象

专访的访问对象是事先确定的，不是在采访活动中临时抓到的，这也是访谈类新闻的共同特点。

（七）访问内容专一、集中

这是专访有别于其他体裁的通讯又不同于谈话录的重要特征。写人物，不像一般人物通讯，刻画人物全貌，而只写人物的某一种精神、某一方面的业绩，甚至只写某一件事，与人物消息的取材幅度大致相同。

（八）写作手法自由

从写作角度来看，专访重视现场描绘，重谈话纪实，给人以真实感，所以在表现手法上比一般新闻通讯更自由，可以像写谈话录那样简洁、明快地表述；可以借用散文的笔法，将叙事、议论、描写、抒情融为一体；也可以用对话的形式进行专题记述。

这里讲的专访和谈话录的不同特征是从两种体裁的总体上考察的。在实际的新闻报道中，由于体裁间的融合、借鉴、转化、移植，形成了一些既像谈话录又像专访的作品，是正常现象。专访因材设体，不拘一格，一切都要根据表达的需要灵活处理。

三、专访的类型

专访，按内容不同，可分为人物专访、问题专访、事件专访、科学专访、风物专访和现场专访。

（一）人物专访

人物专访抓住当前人们普遍关心的人物或单位，用第一人称出场的形式写，常用问答式介绍访问内容。这种报道以"访"为主，即以叙述被访人的看法、意见为主，以"作者"为辅，即围绕被访者对某特定问题的看法，写他在这方面的经历和见闻。

写人物专访有以下几个要点：

1. 要交代清楚采访对象和采访原因。
2. 对被访问者的描述要有重点。
3. 要抓住特点，刻画出人物的精神面貌。
4. 要注重描写人物语言，给人以访问的实感。
5. 人物专访的结尾可写一点作者的感受或对被访者的祝愿和希望。

（二）问题专访

问题专访是一种出现频率较高的专访。访者针对某一个具有普遍意义的社会问题，请采访对象提供有关情况或发表相关见解。问题专访一般比人物专访和事件专访有较明显的理论深度，采访对象通常是某一领域的专家学者，所发表的意见应该具有一定的学术性和权威性。

（三）事件专访

事件专访虽然也是采访人，但采访者和采访对象的主观意向都不在于人本身，而在于采访对象所经历过的或比较知情的某件事。从采访者的角度来看，目的无非集中在以下两点：请采访对象提供事件的过程或真相；对事件的意见和评价。（见本节例文）

（四）科学专访

科学专访是一种以传播科学知识为主的人物专访，由采访对象向读者介绍某一学科或某一技术的基本知识和应用前景。

（五）风物专访

风物专访以报道地方风貌、历史遗迹、风土人情为主，笔者根据某地出现的新事物（人们关心的地方风物）采写而成的访问记。这类专访以记述风貌见闻为主，穿插以有趣的历史典故、地理知识和风土人情。

（六）现场专访

现场专访以写现场的观感访问为主，着重于耳闻目睹的接触感受和相关人物的交谈、活动。

就访问形式而言，现场专访还可分为专访、特访、便访、群访、暗访等，通常以人物专访见多。

四、专访的常用表达结构

（一）问答交谈式结构

问答交谈式结构是以访者和被采访者之间的"问"和"答"为记言内容的表达形式。体现在报道文本上，这种结构展现了整个采访过程，并以访者提问、被采访者回答的形式出现。这种结构的优势是最大限度地再现采访过程、访谈内容，是一种客观表达手法，可信度很高。

在实际运用中主要有两种问答交谈式结构。一是访者以第一人称作为采访的主体进行写作，或者以采访对象作为第二人称进行叙述，"问"与"答"的交谈内容片段直接引用在文中。这种方式适合重要人物的专访写作以及阐述重要观点的写作。二是直接用"一问一答"的形式组织整理采访内容的表达形式。这是最便捷的一种问答交谈式结构，访者在写作中一般将谈话分为多个板块，每个板块聚焦一到两个主要问题，以方便读者阅读，形成文本的节奏律感。这种专访形式适合记者招待会、新闻发布会的专访写作，也适合对一些复杂事件或者有争议问题的专访写作。

（二）散文式表达结构

散文式表达结构，即是采用散文笔法来进行叙述的一种专访表达手法。这种散文式表达实际上是一种隐性问答体，只是在写作中，访者摆脱了问答的模式，根据专访报道的需要自由取舍访谈内容，并将记言、叙事、写景、人物刻画等多种手法融为一体，有时还插入访者的议论和抒情，具有一定的文学色彩。相对于问答式结构，散文式结构的表达手法更为多样化。

这种散文化写法适合于各类人物专访以及事件专访的写作，尤其是对具有丰富阅历的重要人物的专访，以及具有重大历史意义的事件专访，这些专访对环境尤为重视，因而能够将人物放在具体的采访环境中，以彰显人物的独特心态和事件不同寻常的时代特征。

（三）人物自述式结构

人物自述式专访是一种直接在报道中呈现人物的自述言语而隐去记者采访问题的专访报道形式。在这种叙述结构中，人物以自述的方式谈自己的经历、思想、情感、工作业绩等，直接在文本中原话引用，不做任何修改。当然，人物自述也是由记者提问所得，但在报道中隐去了记者的身份和提问，只留下被访者的言谈。当然，进入叙述文本的话语也是经过记者整理、挑选的，最契合人物性格特征和报道主题的谈话内容。

人物自述式专访的最大特点在于被采访者通过自述与受众"直接交谈"，显得更为真切，产生新闻纸上的交流效果。这种表达形式多用于重大事件中的人物现身说法，或者有着特殊经历的人谈人生感悟和心灵内省。这种形式运用面很广，但在具体报道中往往作为专题报道的一个部分，配合其他报道形式出现。

五、专访的写作要求

（一）主题鲜明直接，带有强烈的现实性

专访是在特定的社会背景下，为回答、说明和解决各项工作中当务之急的现实问题而发的。它的写作要做到主题鲜明而直接，内容专一而集中，问题现实而有针对性，重点突出。

（二）采访对象有代表性，注重言谈和环境

专访对象大都是某一阶层、某一战线或整个社会精英层中，有权威、有名气的著名人士和公众人物，或发明创造、先进英模等卓有成就者。专访的事件都有非同一般的重要意义，他们的见识和事件的结局都对社会有一定影响。所以，写作时要侧重于纪实、现场描写，不要把事迹当成写作的重点。

（三）多用第一人称，文风生动感人

访者亲自出场，主人出席露面，主客互相交谈，有利于反映被访者的言谈、举止、环境、情感，也便于笔者记述耳闻目睹和抒发己见，防止枯燥、干瘪的感觉，使读者如身临其境，如观其状，如见其人，如闻其声，活灵活现，有亲切面谈的真实之感。

（四）观察人物细节，表现人物行为，抓住人物特征

在通篇问答形式之外，通过阅读提示或者"插播画面"的形式，在稿件的适当位置加入场景描述和人物内心刻画，甚至把人物的典型语言作为阅读提示放在专访板块前面，写出现场感，形成阅读节奏。

（五）写好语言，给专访以实感

人物专访的最大特点是记言，言语的表达和选择成为专访写作不可忽视的环节。一般来讲，要忠于原话，但记者应有做出适合报道主题的言语选择，言语的删减也要服从主题表达的需要。尽量通过创造性的提问让对方做出精辟的、可直接引用的问答。

（六）写活人物

专访可以尝试围绕"目标—困难—成就—背景"来设计、谋划报道。比如，为了找到中心或主题，可能设想要写的人物所面临的障碍和困难，成就可以作为文章的核心段，障碍可以作为文章的主题，通过人物目标的确定以及实现目标的努力过程的展现，体现人生的起伏。

例 文

专访国际军体主席，看武汉因何获高度赞誉？

第七届世界军人运动会是继奥运会后中国举办的规模最大、规格最高、影响最广的国际综合性体育赛事之一。届时将有来自100多个国家的现役军人运动员同台竞技，全球媒体记者将聚焦此项赛事，预计有数以亿计的观众观看赛事盛况。6月28日，新一届国际军体主席、法籍军人皮奇里洛（Colonel Herve Piccirillo）上校到访武汉，考察第七届世界军人运动会筹备情况。皮奇里洛上校就考察武汉军运会的筹备情况以及对于此届军运会的期待等相关问题接受了中国军网记者的采访。

记者：听说您是第一次到访武汉，您对武汉的第一印象如何？

皮奇里洛上校：我觉得武汉是一个非常美妙的城市，既传统又现代，并且在科学、文化、经济方面都非常发达，特别是在教育方面，武汉拥有许多高校，据我了解，武汉和法国在院校和工业方面有很多合作，所以我觉得，武汉是一个既传统又现代并且面向未来的城市。

记者：您对武汉为赛会的筹备所做的努力做何评价？

皮奇里洛上校：我非常肯定武汉军运会的筹备工作。在武汉这个非常美丽，有历史、文化并且发展非常迅速的城市举办第七届世界军人运动会，对国际军体而言是非常荣幸的一件事，也是国际军体组织与中国军队以及当地政府一起合作，展示武汉有能力、中国有能力来举办一个大型赛事的机会。

记者：您是怎样看待武汉为军运会所贡献的"中国标准"呢？

皮奇里洛上校：首先，军运会的举办是有一个总体标准的，适用于每一个举办国和成员国。但是，每个国家的情况各不相同，都有自身的特色。此次武汉举办第七届世界军人运动会确定一个中国特色标准，我们是非常欢迎的，希望能通过这种个性化的标准来体现武汉的特色和中国的特色，特别是在举办过程中，希望不仅是中国的公民，来自世界各国的观众和参赛选手都能领略到这种风采。

记者：您对明年武汉军运会的召开有何期待？

皮奇里洛上校：首先，我希望此届军运会比赛是一个大众的比赛，希望武汉的市民能够积极地参与到赛事的活动中来，来欣赏军人的风采，来领略团结、友谊的精神。并且，在刚刚聆听的赛事筹备进展的报告中，我也看到了武汉的热情和能力。我相信武汉，我相信中国。

(国防部网，2018年7月2日)

第七节 新闻评论

一、新闻评论的含义

新闻评论是针对现实生活中新近发生的重要事实或者人们思想中的突出问题，在新闻媒体上发表的具有政治性倾向的论说性文体，是新闻机构所发表言论的总称。新闻评论是社会舆论的集中反映，又反过来有力地引导社会舆论。

二、新闻评论的特点

(一) 时效性

新闻评论所揭示与促进解决的问题应该是实际生活中迫切需要解决、人们迫切需要了解的问题。新闻评论的时效性并不是单纯地求快，而是要根据形势和评论内容的需要及时发表意见。发言要适时，以求取得最佳的社会效果。

(二) 政治性

新闻评论的政治性主要表现在它针对具有政治意义的问题发言，围绕重要的政治场景以及在贯彻党的方针政策过程中出现的各种问题，进行实事求是的分析，阐明党的立场和主张。

有些业务问题，如文学艺术问题、体育问题，如果是需要评论的，也要从思想、政策、理论的高度探索其普遍的政治意义，而不能就事论事，也不能空发议论，而要就事论理，把准确鲜明的思想观点与具体有力的论据、入情入理的论证有机结合起来。

（三）群众性

新闻评论的内容是实际工作中的重要问题和广大群众迫切关心的问题，新闻评论及时反映人民的愿望、要求和意见，为党立言，为民立言，因而具有广泛的群众性。

如今，新闻媒介越来越注重吸引和鼓励广大群众关心和参与评论工作，包括参加评论的写作，这样可以使新闻评论拥有更广泛的作者，使评论的内容更加贴近生活，贴近群众，更经常地反映群众的要求和呼声，也更符合群众的特点和需要。

三、新闻评论的种类

从不同的角度，可以把评论分成多种类型。

（一）政治评论、军事评论、社会评论等

按评论对象的内容分类，有政治评论、军事评论、经济评论、社会评论、文教评论、国际评论。应当说明的是，诸如文艺评论、体育评论、戏曲评论等专业性较强的评论文章一般不当作新闻评论，因为这些评论内容更侧重于讨论技术、艺术层面的问题，时效性较弱。

（二）解说型评论、批评型评论、鼓舞型评论等

按评论的性质功用分类，有解说型评论、鼓舞型评论、批评型评论、论战型评论等。

（三）社论、本报评论员文章、思想评论等

按评论的表达方式、作者身份和发表郑重程度的不同，可分为社论、编辑部文章、评论、本报评论员文章、短评、编后、编者按、思想评论、专栏评论、新闻述评、论文、漫谈、专论、杂感等。

四、新闻评论的作用

（一）引导作用

作为新闻媒介的重要宣传手段，新闻评论运用马克思主义的立场、观点、方法，对现实生活中的新闻事实和重要问题做出分析，可以旗帜鲜明地表彰先进，针砭时弊，帮助群众明辨是非，区分先进和落后、正确和错误；可以就群众中某些疑惑不解、莫衷一是的问题，为他们释疑解惑；还可以使人们正确认识当前的形势，为他们指明方向。

（二）监督作用

我们的新闻宣传要以正面宣传为主，坚持正确的舆论导向。正面宣传也应该包括舆论监督的内容，两者的目的是一致的，都是为了取得积极的社会效果。鞭挞假恶丑正是为了弘扬真善美。因此，新闻评论在弘扬先进思想和精神的同时，还要不断揭露和抨击各种腐败现象和不正之风，对这些不良现象和风气形成强大的舆论压力。

（三）表态作用

作为一种直截了当的发言方式，新闻评论可以代表新闻媒介对当前的重要事件和问题表明态度。对于国内外的重大事件，全国性的新闻媒介有时可以通过发表评论的方式，表明党和政府以及广大人民群众的态度。

（四）深化作用

新闻评论的政治性决定了它要尽可能从思想、政策、理论高度提出问题、分析问题和解决问题，而不应局限于就事论事。新闻评论要善于务虚，就是要用马克思主义的立场、观点、方法对客观事物进行分析，把理论和实践结合起来，把摆事实和讲道理结合起来，说明事物的实质和意义。这样的评论具有理论色彩。

五、新闻评论的写作要求

（一）选题要恰当

选题就是解决写什么的问题，对新闻评论来说，就是选择要评价的事物或所要论述的问题，也就是确定一篇评论所要评论的对象和论述的范围。就一篇评论来说，选题就是确定论题，主要是指它提出的是什么问题，是针对什么问题发言的。具体可以从以下三个方面着手寻找选题：

1. 当前的客观形势、舆论动向和宣传任务，以及中央新近发布的重要决定、工作部署和最新的政策、精神。这些不仅是选题的重要来源，而且有助于选题和立论体现坚定正确的政治方向，赢得人们的重视。

2. 实际生活中层出不穷的新情况、新变革、新矛盾、新风险，以及来自广大群众和社会基层的呼声和要求。这是新闻评论选题取之不尽、用之不竭的源泉。

3. 重要的新闻事件和新闻典型。这是社会舆论关注的热点，是结合实际引导舆论、发挥教育功能的好教材，也有助于评论选题富有新闻性和时代感。

根据以往的经验和教训，在选题立论上，必须警惕和避免两种不良倾向：一是不动脑筋，照搬照抄文件，孤立地从文件中找题目，而不联系实际，不做具体分析，不解决任何问题；或者反过来，不了解全国工作大局，自以为是，标"新"立异，致使选题立论有意无意地跟中央精神"唱反调"。二是随大流，"凑热闹"，人云亦云；或者不讲究时效，缺乏预见性。总之，选题、立论务必遵循科学的思想路线，一切从实际出发，实事求是，理论结合实际。

（二）立论要突出

论点是评论的灵魂，论点不新鲜、不突出、没有时代感，就无法吸引读者。立论理应具备针对性、新颖性、准确性和前瞻性的要求。立论能够针砭时弊，针对不良社会风气和倾向性矛盾，针对偏颇乃至错误的思想，善于触及社会性的思想问题及其实质，运用正面引导或批评论辩的方式对症下药，以促使矛盾转化，帮助人们提高思想认识，产生积极的社会效应。

（三）标题要精当

评论标题以提示论题或作者的见解、意向为目的，通常直接表达作者的立场、观点、态度和倾向，具有较为强烈的感情色彩。评论标题可概括论题范围，也可以昭示中心论点、吸引受众注意。

评论标题多为单一型结构，只有一行主题。可以利用句式或者语气的转换，如把陈述句改换为假设句、疑问句或感叹句，或者把成语、俗语、谚语直接引入或加以改造后用作评论的标题，或采用易字、变结构、谐音的等方法，尽量使标题生动有趣。

（四）论据要典型

评论的论据是用来阐明论点、具有说服力的新闻事实和有关材料。论据既是论点的依据，又是评论判断和推理的基础，因此，精心挑选作为论据的新闻事实至关重要。采用事例来证明论点是一种有效的论证方法。因为一种观点、一个结论往往是通过许多事实得来的，所以选择最有说服力的事实，揭示出事实与论点之间的关系，从而证明论点，自然有很强的说服力。

（五）论证要充分

一篇评论，论证是否充分，说理有无深度，往往关系到它的成败。我们可以根据不同的论点来选择立论、驳论、阐述性评论、解释性评论、提示性评论等多种论证方法。

破立结合是使用较多的论证方法。从说理角度看，写评论总要破除一种观点，并树立一种新观点,而为了树立正确的观点,在分析论证的过程中,就要澄清与之有关的模糊观点,纠正错误;反之,为了批驳错误观点,也需要阐明正确的主张。在破立结合的论证中,把深刻的思想内容和平易通俗的论述结合起来,把对立面和立论结合起来,论述才能层层展开,步步深入。

六、常见新闻评论简介

(一) 社论

社论代表媒体和同级党委就国内外(省、市、自治区、直辖市等)的政治、经济、思想、文化领域中的重大问题进行分析评论,及时表明党的态度和立场,阐释党的路线、方针和政策,提出解决问题的指导思想和措施,指出今后的任务和奋斗的方向等,具有极大的权威性。社论是报纸的重型评论,常用于表示欢迎、纪念、庆祝之类的场合。

社论是媒体的灵魂和旗帜,它体现了媒体的方向,集中地体现了某种立场、观点,常常及时地评述当前社会上的重大事件或问题,以言辞明快、犀利,论理深刻、透辟等特点来吸引和影响读者,起到号召的作用。发表社论,必须执行送同级党委审查的制度。

(二) 编辑部文章

编辑部文章专门就国内外政治、经济、思想、文化、军事等领域的重大现实问题以及理论问题,系统论述党的理论思想,既有现实性,又有理论意义。它代表媒体编辑部和同级党委对某一重大问题的立场和观点,其内容含量一般比社论更大,规格更郑重,篇幅比社论更长,涉及和论述的问题更全面,但时间要求不如社论迫切。这种形式一般不宜多用。同社论一样,编辑部文章也必须执行送审制度。

(三) 评论员文章

评论员文章论述内容的广泛性和重要性介于社论和短评之间,它大多根据党的方针政策,就当前政治生活和实际工作中的某一方面进行分析和评论。在写作上,评论员文章的论述面比社论要小。

评论员文章的规格和重要性仅次于社论和编辑部文章,评论论述的范围广泛,大都就现实生活和实际工作的某一方面进行分析和评论。不署名的评论直接代表编辑部集体的意见。以"本报评论员"或者"本报特别评论员"署名的评论,形式上虽然不直接代表编辑部集体的意见,但由于内容的重要性和发表的郑重程度,仍有较高的权威性。本报评论员文章可不送审,但是提出新问题而又把握不定的应该送审。

(四) 短评

短评是一种简短的评论形式,它密切配合当前形势和中心工作,一般论述一个范围较小的问题或者某一重大问题的一个点,借以加深对重大问题宣传的影响或者比较具体地指导工作。短评是一种短小精悍、内容单一、分析扼要、新鲜独到、运用便捷的评论体裁,在报纸、广播、电视中都可以使用,其中,在报纸上最常见。短评在发表时有署名与不署名两种。

短评代表编辑部集体意见,一般都配合新闻报道发表,针对性、思想性、及时性较强,报纸上的短评属于小型评论文章,起着画龙点睛的作用。

(五) 编者按

编者按是一种最简短、最轻便的评论形式,是编者对所发表的新闻报道所做的提示、评论或者说明。编者按可以表明编者的态度和意见,也可以提示要点,还可交代背景、补充材料或借题发挥,一般起强调重点、表明态度的作用。编者按语是一种依附于新闻报道或文稿的画龙点睛式的简短的编者评论,是报刊、通讯社、广播、电视等各类新闻传播媒介的编者对新闻或文稿所加的评介、批注、建议或说明性文字,是新闻媒介的编者专用及常用的一种发言方式。按语的写作要求旗帜鲜明、一针见血、逻辑严密、文字精练。

编者按正式表明编辑部的态度,多用于较为郑重的场合和必要之处,其作用在于引起读者的注意,加强宣传效果,加强指导意义。写作编者按的基本要点如下:

一是立足依托,有所超脱。编者按以新闻报道为主要依据,有所提炼、评价、补充或升华。

二是配合及时,运用灵活。编者按迅速对报道或文稿做出评价与分析,注意不同按语形式的灵活运用与配合使用。

三是文字精练,点到即止。

四是旗帜鲜明,讲求分寸。

根据其在文中的位置,编者按可分为以下三种:

1. 文前按语,又称题下按语,在广播、电视中称为编前话。通常居于文前或栏前,片言居要,严肃庄重。文前按语要求提纲挈领,并要直接表态,不必署名与拟制标题,在报刊上发表时,文前按语常用楷体或比正文大一号的字体排出,有时还加框或加线处理,以突出其重要地位。文前按语不必复述所依附的报道或文稿的内容,只需直接提出编者的看法和观点。

文前按语常常依托新闻报道进行写作。如某网站在制作教师节专题的前面采用了这样的编者按:"又到了金秋九月,第21个教师节向我们缓缓走来。对每一个人来说,成长的历程中,总是少不了老师身影。师恩难忘,在教师节来临之际,祝所有的老师节日快乐。"

2. 文中按语,又称文间按语,是报刊上独有的按语形式,它与新闻报道既融合又渗透,可以随时对新闻场景进行评点,易读易懂。它通常直接插入文中,附在报道或文稿的某句话、某段文字后面,就报道或文稿中的词语、提法、内容等做出评点批注,诠释补充,或修正错误、提出希望等,以帮助读者领会文意、加深认识或避免传播中出现副作用。

文中按语与所依附的报道相互配合又相互融合,编者可以直接评价、分析文中的内容和提法,议论的针对性很强。它是作者有感即发、有疑即注、有错即批的文字,可以随时评点,使用方便,运用灵活,有助于避免传播中的副作用。在写作上要求文字精练、鲜明泼辣,与上下文衔接自然,便于阅读,易于理解,适合读者的认识规律和接受习惯。

3. 编后,又称编余、编后小议、编辑后记等,在广播电视中称为编后话。编后一般配合新闻报道发表,起深化主题、强调重点的作用,是编者依托报道有感而发的一种抒情、联想与议论性文字。其作用在于补充和深化报道主题或文稿的中心思想,帮助受众理解报道或文稿的同时,增加其内涵的深度、广度与力度。

编后与前两种按语有所不同,具体体现在以下四个方面:

首先,从发表形式上看,它位于新闻报道或文稿之后,结构更为完善,可以有标题,也可以署名。

其次,从写作要求上看,编后更接近随感短评,需要必要的分析议论,也可以抒情、联想和借题发挥。

再次,从功能上看,文前按语冠于文首,大多起强调、提示的作用;文中按语穿插于字里行间,大多起注释、点拨的作用;编后置于文末,大多起引申、深化的作用。

最后,从运用方式上来,编后比前两种按语灵活多样,不仅可以配合新闻报道或文稿,图片、图表、漫画等也可以配写编后。

第三章 新闻文体

例文一　社论

不忘初心牢记使命永远奋斗
——热烈庆祝中国共产党成立九十七周年

太阳升起，光明普照。今天，我们迎来了中国共产党的97岁诞辰，历经97载峥嵘岁月，这个世界上最大的政党久而弥坚，焕发着蓬勃生机，展现出旺盛活力。

"其作始也简，其将毕也必巨。"从党的诞生这一"开天辟地的大事变"开始，经过近百年艰苦奋斗，我们党从只有几十名党员到拥有8 900多万名党员，不断发展壮大。为了实现中华民族伟大复兴的历史使命，我们党初心不改、矢志不渝，团结带领人民攻克了一个个大难关，实现了一个个大转折，创造了彪炳史册的大事业，使中华民族迎来了从站起来、富起来到强起来的伟大飞跃。党的奋斗历程告诉我们，坚持党的领导，是实现中华民族伟大复兴的根本保证。

"中国共产党人的初心和使命，就是为中国人民谋幸福，为中华民族谋复兴。这个初心和使命是激励中国共产党人不断前进的根本动力。"习近平总书记在党的十九大报告中，道出世界最大政党根深叶茂、蓬勃壮大的力量源泉。在烽火连天的革命岁月、热火朝天的建设年代、波澜壮阔的改革时期，这颗不变的初心是团结凝聚共产党人接续奋斗的精神密码，也是我们党不断从胜利走向新的胜利的成功之匙。

翻开风云激荡的红色篇章，在历史中汲取力量，为的是不忘初心、牢记使命、永远奋斗。当前，中国特色社会主义进入新时代，社会主要矛盾转化为人民日益增长的美好生活需要和不平衡不充分的发展之间的矛盾，这就给我们党提出了新任务新挑战。

为中国人民谋幸福，是中国共产党毫不动摇的初心。我们要时刻不忘初心，永远把人民对美好生活的向往作为奋斗目标，始终以实现好、维护好、发展好最广大人民根本利益为党的一切工作的出发点和落脚点，抓住人民最关心最直接最现实的利益问题，坚持把人民群众的小事当作自己的大事，让改革发展成果更多更公平惠及全体人民。

为中华民族谋复兴，是中国共产党肩负的宏大使命。实现中华民族伟大复兴是近代以来中华民族最伟大的梦想。中国共产党一经成立，就把实现共产主义作为党的最高理想和最终目标，义无反顾肩负起实现中华民族伟大复兴的历史使命，团结带领人民进行了艰苦卓绝的斗争，谱写了气吞山河的壮丽史诗。

中华民族伟大复兴，绝不是轻轻松松、敲锣打鼓就能实现的。当前，国际形势波诡云谲，周边环境复杂敏感，社会主要矛盾变化的影响广泛深远，改革发展稳定任务艰巨繁重。外部风险、内部风险、一般风险、重大风险犹如拦在前进道路上的一座座险峰、一道道沟壑。中国共产党人一路栉风沐雨、砥砺奋进，从不曾停下赶考步伐，始终保持重整行装再出发的精神状态，昂扬着"永远在路上"的斗志与执着。

"只有不忘初心、牢记使命、永远奋斗，才能让中国共产党永远年轻。"97年，南湖红船精神不变，共产党人初心不改；97年，圣地延安精神不灭，共产党人使命不忘。"万山磅礴必有主峰"，只要我们以习近平新时代中国特色社会主义思想为指引，增强"四个意识"，坚定"四个自信"，凝聚起同心共筑中国梦的磅礴力量，中国共产党必将创造属于新时代的光辉业绩！

（《光明日报》，2018年7月1日）

例文二 评论员文章

开放的山东拥抱世界
本报评论员

6月9日至10日,上海合作组织成员国元首理事会第十八次会议将在青岛举行。这是一场全球瞩目的盛会,是我国今年的重大主场外交活动。大国外交,主场时刻,美丽的岛城正盛装以待,迎接远道而来的尊贵客人。

上合峰会花落青岛,是山东的莫大荣耀。自2001年成立以来,上合组织历经17年的发展,已经成为人口最多、地域最广、影响巨大的综合性区域合作组织。各成员国弘扬"上海精神",深化务实合作、携手应对挑战,把上合组织打造成了维护区域安全稳定、促进共同发展的重要国际平台,树立了合作共赢的新型国际关系典范。上合峰会在青岛举行,充分体现了以习近平同志为核心的党中央对山东、对青岛的高度信任,赋予了山东、赋予了青岛向全世界展示中国形象、弘扬中国精神、展现中国魅力的崇高使命。山东与上合因青岛峰会产生了更加紧密的交集,上合组织在青岛再出发,开启新的发展时代,我们对此深感荣幸、深感自豪。

有朋自远方来,不亦乐乎?好客有礼,向来是山东人的精神特质。从接棒上合峰会开始,青岛的东道主意识喷涌而出,浸染整个山东。旅游景点、宾馆酒店、交通路口上两万名志愿者笑迎八方,环卫工人、出租车司机、自媒体人纷纷发出倡议……一道道群众共创的风景,动人心弦;在场馆改造、道路提升、环境整治的现场,广大党员干部干在前面,冲在一线,勇于当先锋、做标兵、树模范。全省上下充分认识到,办好青岛峰会,事关全球大势、事关国家形象、事关山东经济社会发展。把荣耀感与自豪感化为实际行动,热情地拥抱上合,拥抱峰会,全力完成好党和国家交给我们的重大政治任务,全面展示开放山东、文明山东、好客山东,努力把峰会办出世界水准、中国气派、山东风格、青岛特色,成为全省的普遍共识。

拥抱上合,就是拥抱世界,拥抱开放,拥抱机遇。今年正值改革开放四十周年。回首山东走过的发展历程,我们以开放引领创新、倒逼改革,深入参与国际分工,主动融入经济全球化,从一个封闭落后的省份发展成为在全国占有重要位置的经济文化大省。青岛从一个海滨小城到国际知名的品牌之都、帆船之都、魅力之城的发展蝶变,就是山东改革开放进程的一个缩影。党的十八大以来,全省深入贯彻习近平总书记对山东工作的总要求,全面落实总书记对我省扩大开放的重要指示,实施更加积极主动的开放战略,充分利用沿海地理位置优势,深入对接"一带一路"建设,不断深化与沿线国家的经贸合作、人文交流,努力塑造开放型经济发展新优势,对外开放达到了前所未有的广度和深度。四十年来砥砺前行的历史告诉我们,是改革开放发展了山东,改变了山东,成就了山东。

青岛峰会,蕴含着山东开放再上新水平的重要契机。上合组织天然具有"一带一路"建设的合作基因,8个成员国和4个观察员国,都是"一带一路"沿线的重要国家,与山东优势互补、经贸互联,有着深化合作、互利共赢的巨大潜力。这次青岛峰会,将签署或批准一系列影响深远的安全、经贸、人文等领域的决议和合作文件,这会对各国深化各领域合作发挥重要推动作用,也为山东推进新一轮高水平对外开放打开了新空间,带来了新机遇。我们完全可以期待,峰会带来的提振效应会让山东融入"一带一路"的脚步更加铿锵有力,会有更多的发展项目沿着丝绸之路落地生根,更多的中欧班列联通欧亚大陆,更多的文化交流架起友谊桥梁。

办好青岛峰会,是荣耀,是机遇,更是责任,是考验。峰会是对青岛和全省综合实力、服务保障水平的一次全面检验,既包括完善的会议设施、整洁的市容市貌、便利的交通通信、优美的生态环境等硬件,也包括会务管理服务、社会治理水平、应急应变能力等软件,方方面面,缺一不可。自筹办工作启动以来,全省上下认真学习贯彻习近平总书记关于峰会的一系列重要指示批示精神,一切服从国家大局,高效有序推进各项筹备工作,紧锣密鼓、统筹推进,不断强化演练磨合、组织协调、环境整治、志愿服务,为峰会提供全面保障。当前,峰会筹备已经进入最后的倒计时,面对即将到来的"大考",我们一定要拿出百倍决心、付出百倍努力,以全力以赴的精神状态,只争朝夕的责任态度,细之又细的工作作风,对各项工作再细化、再完善、再提升,力求把每一项准备、每一个细节做到极致,让青岛峰会给全世界留下一份别样的精彩。

逢盛会、迎嘉宾、树形象,人人都是东道主,都是代言人,都是形象大使。于我们而言,青岛峰会不仅是一场外交盛会,还是一次精神风貌的展示、社会风气的洗礼、全民素质的锤炼。从全省看,直接服务保障峰会的人员虽然不会太多,但向全世界展示文明山东、开放山东,讲好青岛故事、山东故事、中国故事,离不开每个山东人的努力。这份努力,体现为多传播与上合组织有关的知识,多宣传山东灿烂的文化、厚重的历史、悠久的文明,也体现为过马路不闯红灯、开车礼让行人、不在公共场所吸烟等文明细节,还体现为兢兢业业做好本职工作,以蓬勃向上、诚信友善的精神状态对待身边的每个人、每件事。总之,我们每个人从身边做起、从点滴做起,弘扬真善美、传播正能量,做好山东的宣传员、城市的建设者、文明的传递者,所形成的强大动能,会成为办好青岛峰会最为坚实的保障。

一个多月前,习近平总书记在博鳌亚洲论坛2018年年会上向全世界宣示:中国开放的大门不会关闭,只会越开越大!即将到来的青岛峰会,"上海精神"与"丝路精神"交相辉映,将为中国与世界的合作与发展写下新的注脚,山东的对外开放史也将就此掀开新的一页。以青岛峰会为新起点,立足山东优势,凝聚新的力量、激发新的变革,为加快新旧动能转换、推动高质量发展插上腾飞的翅膀,山东必将再创改革开放新辉煌,在世界面前铺展出新时代现代化强省建设的恢宏画卷。

青青之岛,亲亲上合;腾飞逐梦,扬帆领航。美丽的青岛以美好的姿态拥抱上合,欢迎贵宾;开放的山东以开阔的胸襟迎接峰会,拥抱世界。让我们携起手来,共同为青岛峰会增光添彩、贡献力量,谱写好大国外交的恢宏诗篇,向全世界展示山东魅力,交出满意答卷。

(《大众日报》,2018年5月29日)

例文三 短评

<h3 style="text-align:center">"人情债"何时不再疯狂</h3>
胡建兵

每年婚丧嫁娶,农民随了多少份子钱?华中师范大学中国农村研究院最近的一份研究报告显示:2016年,中国农村家庭人情的平均支出为5 297.47元,占家庭总支出的16.16%,仅比饮食支出少一千多。其中,重庆10 612元,安徽、天津、湖南等地紧随其

后。(2月6日荆楚网)

中国人一向讲究的"礼尚往来",在部分农村日益演变为沉重的"人情债"。每年少则几千,多则几万,很多人都被"人情"绑架了。随着春节到来,一年之中"人情债"的高峰期也越来越近,"辛辛苦苦干一年,一半给了份子钱",一些还在苦苦打拼的人因此不敢回老家,而是"躲"在打工地过年。

在不少乡村,遇到红白喜事,再困难也得"死要面子活受罪",互相攀比、大操大办,造成了极大浪费。不仅在农村,很多城市居民也深受"份子钱"困扰,严重拉低了幸福指数。这几年,随着"八项规定"深入人心,党员干部带头不再请客送礼,简办红白喜事,办酒宴等必须申报核准,"人情债"的负担大大减轻,但对普通民众而言还是缺乏约束力。要让疯狂的人情债不再疯狂,各地要继续大力倡导移风易俗,并因地制宜地通过建章立制来予以控制。如山东淄博市临淄区多年前就推行"农村移风易俗工程",全区432个村委成立红白理事会,红白喜事全程一个标准操办,随礼50元封顶,不再吃流水席,有了标准,村民间不再攀比也不能攀比,节俭办宴和略表心意都不用感到丢面子,从而减轻各方经济负担,把这些省下来的钱更多地用于改善生活和发展生产上。安徽省怀宁县平山镇大洼社区建起"村民食堂",哪家有事,在村民食堂集中办宴席,红喜事每桌不超过200元、白喜事每桌不超过150元,不光费用可以节约一半以上,而且十分省心省力。

移风易俗不是一朝一夕。如何在传统习俗和陈规陋习之间划出界线,各地还需要更加鲜明地引导和实实在在的措施,不让"人情"成为难以承受之重。

(《湖北日报》,2018年2月7日)

第四章 科技应用文

第一节 科技应用文概述

一、科技应用文的含义与作用

(一) 科技应用文的含义

科技应用文是科学研究、科技管理工作中交流思想、互通信息、处理事务、解决问题时经常使用的具有一定惯用格式的文体总称。科技应用文的写作是指以科学技术现象、科学技术活动、科学技术成果以及科学技术管理为表达内容的一种专业写作。

科技应用文贯穿于科学技术的发展、研究和管理活动过程中,具有针对性强、用词严谨、注重时效等特点。具体地说,科技应用文的写作是指根据国家相关科学技术政策、法律、法规,以书面语言(包括插图、表格、公式、数据、符号等)为表达手段,以科学技术为表达对象,将内容丰富的科学技术和系统的写作知识、技能融合在一起,对科学技术领域的各种现象、活动及成果,进行记录总结、描述、贮存、交流传播和普及,及时沟通科技信息,处理科技领域里的各种事务,以推动科学技术进步和国民经济全面、持续、健康向前发展的创造性的认识和书写的实践活动。其写作结果形成了各种科技文献,这些科技文献成为科技信息的物质载体,成为科学技术发明、创造(创新)及确认的客观依据。

(二) 科技应用文的作用

科技应用文的写作是整个科技工作和科技活动不可或缺的重要组成部分。科学研究首先需要经费做保证,否则单凭个人的能力很难完成,因此,项目都要经过立项审批,以便得到有关部门的支持,而立项报告书的写作质量往往是立项成败的关键;任何科学研究最终取得社会价值,需要通过科技学术论文或科技报告来描述和反映研究成果,并加以传播、推广,为社会所认识;研究者成果权益的维护也需要通过发表论文、申请专利来保护知识产权。美国哈佛大学有句名言:"不发表即死亡。"即使在科学研究上获得了创造性的成果,如果不能将它写成科研论文或科研报告,充其量只能算是一个想法,所付出的劳动不会得到社会承认,更谈不上将创造性的科技成果向更高学术理论层次升华。从这个意义上看,科研写作不仅是科技成果的表现形式,更是科技成果的重要标志,从侧面反映了科学技术的水平。

二、科技应用文的特点

(一) 科学性

所谓科学性,是指科技应用文反映了客观规律性、客观真实性以及事物的本质性。科技应用文的科学性主要指两个方面：一是内容的科学性。科技应用文所涉及的内容主要是自然科学和工程技术领域里有价值的信息。这些信息来自科学技术的实践，具有客观实在性和真理性，不以人的主观意志为转移，符合正确地反映事物的本质及其规律性的原理、定律、公式和法则。二是文章表达的科学性。即要求它所反映的内容要符合真实、正确、成熟、先进、可行的要求，务必做到选材于生产实践，立足于客观实际存在的事物，客观反映事物的本来面貌，符合科学原理、定律和法则，揭示研究对象的本质和规律，在内容和结构上应该具有严密的逻辑性和层次的不可变易性。

（二）专业性

科技应用文的专业性主要表现在以四个方面。第一，内容的专业性。第二，写作主体的专业性。第三，写作受体的专业性。第四，表达手段及语言上的专业性。科学概念、科技术语、科技专用词汇等都是科技应用文的专用语言，这些语言往往用压缩的形式表达丰富的科技知识，反映科学成果。另外，科技应用文还大量使用非自然语言的图形（如表格、插图、照片等）与符号语言系统（如公式、符号等），形成了一种独特的书面语言表达体系，完整地承担总结、记录、储存、交流、推广、传播、普及科技信息的任务。

（三）规范性

科技写作是一种创造性的认知和书写实践活动，长期以来形成了约定俗成的体式规范，这些规范有些已经由国家行政部门以法规的形式予以确定，因此，遵循这些规范要求，有利于规范化、标准化和普遍通行。联合国教科文组织于1968年公布了《关于公开发表的科学论文和科学文摘的撰写指导》。我国先后颁布了《科学技术报告、学位论文和学术论文的编写格式》（GB 7713—1987）、《科学技术期刊编排格式》（GBVT3179—1992）、《文后参考文献著录规则》（GB 7714—2005）等国家标准。这些国际标准和国家标准对各种科技文体的书写格式、名词、缩略语、关键词、符号、表格、计量单位、插图等的使用，以及所包含项目的前后顺序等，都做了规范化、标准化的统一规定。对这些规范，在进行科技应用文写作时必须严格遵循，并且熟练地加以运用，这样便于科技应用文的使用、检索、翻译和出版，以发挥科技应用文应有的作用。

（四）实用性

科技应用文的实用性包括两个方面的含义。一方面，由于其能增长人们的科学技术知识和解决物质生产、工程建设或科研工作中的各种实际问题，直接服务于国民经济，满足科学技术本身繁荣和发展的需要。另一方面，科技应用文的写作必须根据受体的不同，有针对性地行文，在写作内容、表达重点以及文体和方法技巧上区别对待，既能体现专业性要求，又能根据不同受体对象做到通俗易懂。

三、科技应用文的分类

按照科研活动的进程，一项科研工作可大致划分为论证签订合同、研究试验成果鉴定、专利申请、普及应用等阶段。从各个阶段科技写作所形成产品的性质、内容、功效、使用范围以及写作特点来看，科技应用文可分为科技论说类、科技报告类、科技申报类、科技说明类、科技成果鉴定与奖励类、科技合同类、科技日常管理类、科技信息类等。

（一）科技论说类

科技论说类应用文主要是指基于科学研究成果，反映和表达科学思想、见解和主张，对某一学科领域的理论问题进行分析、论证和探讨的论述性学术应用文体，主要用于科技成果的公布、交流与传播等。其文体主要包括学术论文、学位论文、科技专著、专业教材等（本书中，这类文章放在第六章"教育与学术类应用文"中讲）。

（二）科技报告类

科技报告类应用文是描述科学技术活动进展情况以及有关结果的应用文体，主要包括科技立项申请报告（开题报告）、科技项目进度报告、科学考察（调查）报告、科技实验报告、可行性研究报告等。它主要用于立项审批以及沟通信息、报告情况、提供应用、促进学术交流等。这类应用文具有告知性、技术性，以及一定时期的保密性等特点。

（三）科技申报类

科技申报类应用文是开展科学研究和技术活动必须撰写或填报的前提性文件，只有待有关部门审批后，申报单位或个人才能更好地实施科研活动。其文体包括科研课题（项目）申请书（申报书、申报表）、科技成果鉴定申请书（报告）、科技成果鉴定书等。

（四）科技说明类

工程设计说明书、产品设计说明书、产品说明书、毕业设计说明书等对某项工程设计方案，或对所设计产品的性能、原理、用途、使用方法等进行介绍说明的应用文体，以及为普及科学技术知识而形成的科普说明文，都属于科技说明类应用文。这类文体的特点是应用范围广、使用量大、实用性强，具有明确性。

（五）科技合同类

科技合同类应用文是开展科学技术活动时，具有两方以上的行为主体为实现一定的目的，经过协商制定的具有约束力的契约性文书。其文体种类主要包括技术开发合同、技术咨询合同、技术服务合同、技术转让合同、专利实施许可合同以及科研立项合同等。

（六）科技日常管理类

科技日常管理类应用文主要是指在科技活动、科技工作的日常管理中形成的有关应用文体，如科技工作计划、总结、会议纪要、科技建议书简报等。其作用是交流信息、处理事务、协调关系等。

（七）科技信息类

科技信息类应用文是指在搜集、研究、整理以及交流科技信息过程中形成的应用文体。这些文体主要具有传递性、知识性、时效性、资料性的特点，主要发挥传递科技信息、介绍科技成果、评论科技发展、综述科技工作的作用。其文体主要有科技综述、科技述评、科技题录、索引、文摘以及科技动态等。

（八）科普创作

科普，即科学普及。科普创作是科普工作的重要组成部分。人们习惯性地把写作文学作品和非文学作品叫作写作。由于科普文章中并存着文学和非文学作品，这才出现了"科普写作"和"科普创作"两种说法。科普创作包括科技小品、科幻小说、科幻影视作品等。

由于上述科技应用文中的某些类型与其他应用文中的内容重叠，下面只重点介绍科技报告、科技申报、科技成果鉴定书、科技说明文的写作技巧。

第二节 科技报告

一、科技报告概述

科技报告是科学技术报告的简称。狭义的科技报告专指科技工作者记录描述某项科学技术的研制、试验和考察过程，汇报某项科研课题的研究进展情况，交流某项发明创造和研究成果，陈述某项科技工作的历史现状、发展和建议等情况的文字材料；广义的科技报告泛指一切以科学技术知识为内容的报告。以下介绍狭义的科技报告。

（一）科技报告的特点和作用

科技报告的特点有：告知性、客观性、技术性、时效性、保密性和灵活性。

科技报告的作用是报道成果、汇报情况、储存资料、交流信息、反映科技成果、对重大科技工程项目的决策提供参考信息等。

（二）科技报告的写作要求

写作科技报告时，要遵循以下具体要求：

1. 要针对不同的目的和读者对象，选择不同的写作角度，便于读者接受。如科研阶段成果报告的对象是科研管理部门，目的是通过汇报科研进展情况和所取得的阶段性成果，获得后续的经费支持。

2. 科技报告有很强的时间性、告知性和技术性。

3. 科技报告的篇幅不宜过长，资料、数据要准确可靠。

4. 科技报告文字朴实、客观、严谨、简洁。

（三）科技报告的种类

1. 科技考察报告类，主要包含实地考察报告、学术考察报告、技术考察报告等。

2. 科技试验报告类，这类报告主要是验证科学假设，陈述试验方法、过程和结果，证实某种理论或设想的科学性。

3. 科技研究报告类，这类报告主要是学术性的，其作用是进行学术交流，报道新发明新成果等，如可行性报告、科学研究报告、科技成果报告等。

二、科技考察报告

（一）科技考察报告简述

科技考察是指科技工作者运用观察、调查、探测、采集、测试等方式对未知的科学领域或科技事物进行探索和研究的行为。科技考察报告既是一种科研手段，也是一种信息交流的工具，是根据对考察过程中取得的大量科学技术资料进行分析、综合、归纳、整理，反映其中本质性和规律性的东西或其他有参考价值的信息而写成的报告。

科技考察的主要方法包括普遍考察、典型考察、抽样考察。

科技考察报告的研究结论建立在亲自考察和观测而获得的第一手材料的基础上，所以价值很高，表述方法大量采用描述法，用事实说话，很少做抽象的理论推导，其结果也带有初步探索的性质。

（二）科技考察报告的写作要求

科技考察报告的基本内容通常由概述、主体和结论三部分组成。

1. 概述。概述又称概况、综述，或称前言、引言，其内容主要是考察工作的背景，参与考察工作的人员组成，考察的时间、地点和考察的对象，考察的目的和意义，以及考察过程的简要介绍等。这一部分应力求写得简明扼要、高度概括、言简意赅，切忌语言啰唆，篇幅冗长。

2. 主体。主体是科技考察报告的中心，其内容包括：对哪些部门或哪些方面进行过考察；详细说明考察所了解的现象和事实，并指出其意义；对这些现象和事实的分析；介绍考察所得的专业内容和考察的收获等。这部分内容必须写得详细具体，一般是列出细目，逐条逐项地加以说明，但要注意做到主次分明、重点突出、详略得当。

3. 结论，或称结果和讨论，是报告的精髓部分，应结合科技考察的具体情况，依据对考察内容、考察所得材料的分析和考察的体会，提出有价值的观点、意见和建议等，包括考察得出的全部结论，以及对结论的意义所进行的评价。这一部分要求写得简短、精炼。

（三）科技考察报告的类型和写作格式

根据科技考察对象和目的的不同，科技考察报告的内容和格式也不尽相同。下面介绍几种常见的科技考察报告及其写作格式。

1. 实地考察报告。这是根据科研项目的要求，通过实地考察，对考察所得到的材料进行归纳分析，得出科学的结论，并在此基础上撰写出来的考察报告。这种考察报告通常是关于某一科研课题的实地考察结果的报告。例如，关于天气水文状况、某地区植被覆盖状况的考察报告，都属于实地考察报告。实地考察报告的写作比较自由、灵活，通常采用以下格式：

题目
作者及其单位
摘要
前言
考察方法及过程
考察结果及讨论
小结
参考文献

其中，"考察方法及过程""考察结果及讨论"是科技考察报告中着墨较多的主体部分。

2. 学术考察报告。学术考察报告是指科技工作者通过参加学术交流活动，将所了解到的关于本学科领域的学术水平和发展动向，以书面形式反映出来的考察报告。学术交流活动的形式多种多样，例如，参观、访问、会议座谈等，最主要的是出席国际、国内的重大学术会议。写作学术考察报告的目的在于吸取同行的学术成果，促进学术交流，把握本学科领域的学术水平、发展重点和发展方向，因此，学术考察报告一般具有较高的学术价值。

学术考察报告的常用写作格式如下：

题目
作者（或考察团名称）
摘要（短文可以省略）
概述
学术收获
体会

其中，学术考察报告最重要的部分是"概述"、"学术收获"和"体会"三个部分。

（1）概述：概括出所参加的学术活动的基本情况，包括会议名称、主办单位时间及地点、与会人员的组成及所代表的单位、会议方式、提供论文情况、会议主题、主要研究的问题、取得了哪些成果等。

（2）学术收获：包括报告人在这次学术考察活动中，从学科理论、实验技术和生产技术上获得的主要收益；重点介绍会议所体现的本学科最新的研究动向及达到的水平，取得的新成就，新技术；综述会议发表论文的主要内容；介绍本学科先进的科研管理、学科发展方向、实验设备检测技术等方面的情况。

(3) 体会：主要说明报告人参加学术考察活动的感想，以及对本单位本部门科技工作的意见和建议。

3. 技术考察报告。技术考察的目的十分明确，就是为了解决实验或生产上的某种技术难题，通过参观、学习后撰写的科技考察报告。技术考察报告具有专业化程度高、目的性和针对性强等特点，因而具有较高的使用价值。技术考察报告的写作格式如：

题目

作者

前言

概述

考察具体事项

收获

其中，"考察具体事项"与"收获"是技术考察报告的主体，应为写作的重点内容。

科技考察报告的表达手段以叙述和说明为主，以议论为辅。只有通过客观叙述和说明，才能为科学研究提供更真实、可靠的信息资料。

三、科技试验报告

（一）科技试验报告简述

科技试验报告是科技工作者在科技试验中，对试验过程和结果进行如实记录而形成的告知性书面材料。其主要作用是进一步验证科学理论及其概念、定律、法则，补充和修正前人试验的不足之处；用已有的试验原理做出更高数量级的测试精度；用新的试验方法证明原有的结果；为某项开拓性研究设计全新的试验方案，提高科技人员独立思考和工作的能力。其基本功能是通过对试验过程和结果的报道，记录科学事实，揭示实验对象的本质和规律。

科技试验报告具有很强的纪实性和验证性；试验结果可以重复实现，不因试验者的不同而异；观测的结果和记录的数据要绝对客观真实；除文字符号外，图表也是完成科技试验报告的重要表述工具。

（二）科技试验报告的写作

1. 科技试验报告的编写格式具体如下：

题目

作者

摘要

引言

正文

讨论和结论

致谢

参考文献

其中，正文部分主要包括以下内容：

(1) 试验目的。简明扼要地指明进行本试验的意义。

(2) 试验原理。即进行本试验的理论依据，简要说明本试验中所涉及的概念定律。

(3) 公式及推导方法等。有的试验报告还要给出试验原理图、化学反应式等。

(4) 试验设备、装置和材料。试验设备包括试验过程中使用的重要设备、特殊设备、自制设备。详细介绍各类设备的原理结构、型号、规格、性能。实验材料应按照其性质分类详细介绍。化学试验中的试剂应给出形态、体积（或质量）及成分等。试验装置应以其在空间中的位置为序介绍，必要时应给出结构（原理）图。

(5) 试验方法与步骤。主要介绍试验步骤和操作方法，一般按时间顺序写。简要介绍试验过程，重点介绍试验方法。试验方法包括数据方法和以试验数据为依据的设计计算方法。

(6) 试验结果。试验结果包括描述和分析试验过程中所发生的现象、试验中得到的各种数据发生的误差以及试验的最终结果。试验结果应使用专用术语，引用数据要真实、准确。

讨论和结论主要包括以下内容：

(1) 讨论：对异常现象和数据误差进行解释，对影响试验结果的因素进行分析，对改进试验方法及装置进行探讨或建议等。

(2) 结论：对试验结果做出最后的判断，主要说明本试验验证或发展了哪些科学理论，发现了哪些新的规律；试验取得了哪些成果，这些成果有何价值、作用和意义。

2. 科技试验报告撰写原则具体如下：

(1) 正确性原则，即试验原理、方法、数据、结论正确无误以及试验报告表述的正确无误。

(2) 公正性原则，即试验者不带偏见的客观观察和理解现象的公正性。

(3) 可读性原则，即文字顺畅，符合语法规则和人们的阅读习惯。

四、科技研究报告

（一）科技研究报告概述

科技研究报告是阐述和说明科学技术研究过程并公布研究成果的报告，是全面、综合地阐述科学技术研究进度和结果的报告类文体。其基本功能是向主管机构、课题资助部门、同行或有关人士报告研究工作的进展情况以及取得的成果。科技研究报告应具有创新性和较高的学术价值。

（二）科技研究报告的写作

科技研究报告的写作格式如下：

题目

作者及单位

摘要

文献综述

引言

正文

结论

致谢

参考文献目录

其主要部分是引言、正文和结论三个部分。

研究报告一般不要求做理论上的阐述，也不一定是所研究课题的最终研究结果，故不要将其写成学术论文。

例 文

玉米最佳施肥量的探讨

孙英[1]，喻猛[2]

(1. 沈阳市农业检测中心 110034；2. 沈阳市土肥工作站 110034)

摘要：本文选择在法库县孟家乡进行试验，通过孟家乡七家子村试验地高产区玉米"3414"试验，获得重要施肥参数、经济产量施肥量、最高产量施肥量等。

关键词：3414；施肥量

为了摸清法库地区土壤养分校正系数、土壤供肥能力、不同作物养分吸收量和肥料利用率等基本参数，筛选验证土壤养分测试方法，建立施肥指标体系，掌握不同作物施肥数量，基肥、追肥分配比例，施肥时期和施肥方法。

一、试验材料与方法

1. 供试土壤：棕壤。

2. 供试肥料：氮肥为尿素（46%），磷肥为过磷酸钙（16%）、钾肥为硫酸钾（50%）。其中1/3尿素做底肥，另外2/3尿素分一次追施。磷肥、钾肥全部做底肥一次施入。

3. 供试作物：玉米品种"丹科21510"

4. 试验时间和地点：2006年4月30日，孟家乡七家子村。

5. 试验方法：

试验采用二次回归"3414"设计，氮、磷、钾三因素4水平，14个处理组合，小区面积30平方米，肥料水平和施肥量如表1。

表1 玉米3414试验氮、磷、钾施用量汇总量

玉米	3水平施肥量（千克/亩）			3水平施肥量（千克/亩）			3水平施肥量（千克/亩）		
	N	P_2N_1	K_2O	N	P_2O_1	K_2O	N	P_2O_1	K_2O
高产区	24	15	15	16	10	10	8	5	5

二、结果与分析

1. 地力产量与土壤肥力

从供试土壤理化分析结果看，供试土壤总体属中等肥力水平，肥料效应与肥力水平密切相关，试验方案中处理1（$N_0P_0K_0$）为空白区，处理2（$N_0P_2K_2$）户为无氮区，处理4（$N_2P_0K_2$）

为无磷区，处理8（$N_2P_2K_0$）为无钾区。经统计，玉米产量对土壤肥力的依存率为69。

2. 肥料效应函数的配置及施肥参数的计算（略）

三、小结（略）

参考文献

[1] 孙淑清. 现代技术在我国森林病虫害监测管理中的应用 [J]. 防护林科技. 2004, 59 (2): 38-39.

[2] 刘森，张贵，肖化.3S在森林病虫害预警中的应用与展望［J］.湖南环境生物职业技术学院学报.2004，10（4）：295-297.

[3] 满东斌，于金峰，张淑梅.退耕还林管理系统设计与实现［J］.现代化农业，2003（8）：35.

[4] 郭宝松，姜廷武.黑龙江垦区退耕还林动态监控地理信息系统的建立［J］.现代化农业，2004（1）.

（资料来源：《沈阳市法库县玉米最佳施肥量的探讨》，中国知网，2008年01月01日。）

第三节 科技申报

一、科技申报概述

（一）科技申报类文体的含义

科技申报类应用文是指行文主体（即集体或者个人）就科学技术中的有关问题向上级或有关部门申述情况、说明理由、表达意愿、提出请示要求的书面材料。

（二）科技申报类文体的作用

科技申报类文体主要用于申请科研立项、申报计划、竞争承揽科研任务、申请科研经费、要求解决有关问题，以及申报科技成果等。申请、申报书一经上级及有关部门批准，就成为开展科技活动的依据和凭证，同时也是上级及有关部门检查、验收、管理以及结题（项目完成）的标准和依据。因此，科技申报类应用文主要是通过说明缘由、提供情况、反映要求、表明愿望，以请上级和有关部门对有关事项进行批准，它对更好地开展科技活动具有十分重要的意义。

（三）科技申报类文体的分类

科技申报类文体按照作用可分为科研课题（项目）申请书（申报书、申报表）、科研项目（课题）投标书、技术引进项目申报书、补充经费申请书、特殊问题处理申请书、项目鉴定（验收）申请书、科技发明申请书、专利申请书、科技成果奖励申请书、科技成果推广申请书，以及加入科技组织申请书、召开科技或学术会议申请书（请示、报告）等。

（四）科技申报类文体的特征

科技申报类文体具体有以下几个特征：

1. 针对性。科技申报类应用文的读者对象是特定的上级和有关部门，特别是有相应审批权的部门和有关人员。如项目（课题）申请书、技术投标书等针对的是项目主管部门，同时又必须考虑项目评审者和专家组。科技申报类文体的行文除了遵循科学规律外，还要做到有的放矢。

2. 规范性。科技申报类应用文一般按照上级或有关部门规定的事项和要求进行撰写，特别是目前一般都使用固定统一的表格格式，其项目内容做了专门规定，不可改动，有些甚至连字体都做了规定，这就要求严格使用规范的格式，其格式文本一般可在互联网上下载，或由有关部门印制发放。这种规范的体式不仅有利于写作，同时也给阅读者带来方便，易于计算机管理。因此，撰写科技申报类应用文的技巧重在事项内容的设计与构思。

3. 时效性。科技申报类应用文一般必须按照上级或有关部门规定的时间进行填报或者撰写，逾期将丧失机遇。

4. 竞争性。科技申报类应用文的审批具有很强的竞争性。目前，由于科研经费及其他条件的限制，科研项目（课题）的申报与批准也就带有了选择性，选择本身就是一种竞争。科技项目的投标、成果的奖励等本身便是一种选优活动，因而也同样具有竞争性。

5. 论证性。科技申报类应用文的主要目的是申请批准，因此其核心内容是申请的缘由。申请的缘由往往需要通过对申报项目或成果的目的、意义、主要内容、经济效益、社会效益、学术作用等方面进行说明和论证来提出，这就必须做到说明清楚、论据充分、论证有力、方法得当，以便有关部门在评审中能清楚地了解申报内容，把握其价值，做出正确的评价与选择。

二、科研项目申请书

（一）科研项目申请书的功能与编写目的

科研项目申请书的基本功能包括：申请者通过申请书向有关主管部门陈述申请理由和需求事项，以此获得评审通过；申请者在完成项目研究的过程中，以此获得有关主管部门的检查、督促、指导和鉴定；申请者在展开研究的每个阶段，以此布置和完成各个环节的任务。

编写科研项目申请书的目的是说服经费主管部门给予资助，因此，编写科研项目申请书应着重强调申请者本人提出的项目是合理的、值得做的；项目的范围是经过仔细考虑的、现实的；如果按计划进行工作，有相当大的把握可以达到目标；已经完成了搜集有关文献的工作；申请人是可靠的，具备处理问题需要的资历和能力；申请的资金对达到要求的目的是必不可少的。

（二）编写科研项目申请书的准备工作

要写好科研项目申请书，除了确实具备做好项目的实力和条件之外，还应当事先做好相关准备工作。

1. 对申请书的申报对象应有所了解。我国具备科技管理职能的各种机构如"科学技术厅""计划委员会""经济贸易委员会"等，都可以接受重大科技项目的申请。还有各种科学基金会可以接受各类大中小型科技项目的申请。例如，国家自然科学基金委员会就设立了自由申请项目、重大项目、青年科学基金项目、高技术探索研究项目、地区基金项目等。

申请之前，申请人首先要了解我国有哪些部门能够资助自己的项目，申请人结合自身的研究能力和研究旨趣来选择。

2. 仔细研读申请指南。为了管理科研项目，指导课题申请，各级科技管理机构的项目管理部门和各类基金会都印有专门的项目申请指南，并不断更新。项目申请指南是履行申请手续的指导性、法规性和参考性文件，包括本部门项目申请的政策综述、资助范围、资助重点、申请程序、参考资料等内容。申请者可以通过"指南"发掘研究热点，有针对性地提出申请。

3. 掌握开题标准。在填写和递交项目申请书之前，应当掌握好开题标准。这主要是指：项目具有学术意义和经济意义；研究目标和内容具体明确、适度，近期可望取得重大进展；技术路线正确，方案论证充分而可靠；有能胜任的学术带头人和研究集体；具有一定的有利条件；经费预算合理。

（三）科研项目申请书的写作

各类基金会和各级科技管理部门的项目申请书虽不完全一致，但也大同小异，其中难度最大的是基础研究类的国家自然科学基金项目申请书。如果能写好国家自然科学基金项目申请书，其他类型项目申请书的写作也就不在话下。本节主要就国家自然科学基金申请书的写作进行阐述。

申请书表格和项目分类、目录及代码可以从"国家基金会"网站下载。申请书采用 MS-Word 文件格式,界面友好且操作简单。每一栏目仅需填写一次,重复出现的信息由计算机自动填入。为规范填写内容,减轻申请人负担,使申请者将撰写重心放在申请的主题内容上,申请书部分采用自带代码包,如单位代码、资助领域代码等,栏目采取下拉菜单方式填报。纸质文本的签字盖章页至少提供一份本人签名的原件,印章必须原章盖印。

申请书信息表格的内容以数据库方式按字段自动引入国家自然科学基金委员会项目管理系统,要求信息表格所填内容务必准确、翔实。其主要包括以下几个部分:①基本信息;②项目组主要成员;③经费预算;④报告正文;⑤签字盖章页;⑥根据不同要求添加附页或表格。基本信息、项目组主要成员部分只需据实填写即可,填写经费预算参阅《国家自然科学基金项目资助经费管理办法》(http://www.nsfc.gov.cn/02/index0203.htm),这里不再赘述。下面着重讨论报告正文的写法。科技、经济和管理工作者若能真正领会和掌握正文内容的内涵及其撰写技巧,其他各类研究开发项目申请书的撰写也就轻而易举了。

(四)报告正文的撰写

按照《国家自然科学基金正文撰写提纲》的要求,撰写正文报告必须内容翔实、清晰,层次分明,标题突出,版面简洁,易于阅读。

1. 立项依据与研究内容(约 4 000~8 000 字)。

(1) 项目的立项依据。该部分需要阐述项目的研究意义,分析国内外研究现状,并附上主要参考文献目录。最好分列"研究意义和应用前景""国内外研究概况、水平和发展趋势""主要参考文献目录"4个小标题,并围绕每一小标题来具体明确说明。这样写起来条理清晰,一目了然。

①研究意义和应用前景。对于基础研究项目,需结合科学研究发展趋势来论述项目的学术意义;应用研究需论述其应用前景,并与国民经济和社会发展中迫切需要解决的关键科技问题相结合。

②国内外研究概况、水平和发展趋势。应利用已有文献检索资料,指出所属研究领域的知识空白和技术上的缺陷,国内研究情况应包括申请者自己的研究工作,使同行评议专家能比较全面地了解申请者的知识基础和研究能力。此外,科学基金资助那些有创新性或有自己特色的基础性研究项目,要使我国的基础研究在世界上占有一席之地,而不是跟踪或填补空白。

③从事本项研究的理由。申请人应该清晰地介绍在前期工作中发现了什么,别人的工作中存在什么问题,或对哪个科学问题有什么特殊想法等。

④主要参考文献目录。参考文献的著录应按照国家有关参考文献的著录格式和标准,逐条著录清楚与本项目研究密切相关的国内外文献资料,以凸显研究者对国内外研究现状和发展趋势的认识,包括国内外关键性的研究工作都要有所显示,注意时间性,不要太多,也不宜太少。

(2) 项目的研究内容、研究目标以及拟解决的关键问题。该部分为重点阐述内容,也应按"研究内容"、"研究目标"和"拟解决的关键问题"三部分分头叙述。

①研究内容。首先将项目的研究内容进行归纳综述,再按照人们研究、认识事物本质的过程性、多侧面性,从简单到复杂,从已知到未知,从个别到综合的逻辑顺序进行分解,将其分为几大部分,简明扼要地表述出来。

②研究目标。即研究工作最终在学术上、理论上、应用上取得的成果。根据自然科学基金资助项目的特点,申请者更应强调基础理论和应用基础理论的成果,同时还必须具体指出它们是在理论上,还是在方法上、工艺上、实验上、技术上、管理上,以及上述各项研究的系统集

成上期望得到的研究成果。研究目标应是解决某个科学问题或学术问题。

③拟解决的关键问题。所谓关键问题，就是与研究项目最终完成攸关的重点问题。撰写的研究内容要具体，使评审者便于做出"是否值得做"的判断；填写研究目标和拟解决的问题也应该是具体的学术目标、学术问题，切忌写成空洞抽象的东西；填写的技术路线应该具体实在；对其中的关键问题要有涉及或暗示，以表明学术思路的独到之处。

（3）拟采取的研究方案及可行性分析。

①研究方案（包括对有关方法、技术路线、实验手段、关键技术等的说明）。进行科学研究，事先必须确定技术路线。所谓技术路线，就是某项目的整体研究方案，它由若干个具有内在联系的技术方案组成。所谓技术方案，就是项目研究拟采用的实验方法、工艺流程和设备选型匹配方案。这里所说的工艺流程，是使产品在质量最好，耗用人力、资源最少的情况下能完成某项产品或零部件的生产、加工和装配的技术流程和制造方法。在撰写这部分内容时，应考虑主要原材料的影响，资源、能源和劳动力的节约环保及综合利用。设备的选型和匹配，主要考虑设备的选择与生产能力是否配套。

②可行性分析。即主要从理论、实验、技术三个方面分析研究项目能否达到预期目的。

（4）本项目的特色及创新之处。特色是指本项目的研究在理论上、实验上、技术上与本项目研究领域的同类研究有什么不同之处，主要的区别在哪里。创新主要是指本项目研究采用的技术方案和技术路线与该研究领域的其他已知技术方案和技术路线相比有什么区别，并且由于这些区别的技术特征给本项目的研究带来了哪些积极的科学技术效果。这些区别特征就是本项目研究的创新之处。

（5）年度研究计划及预期研究结果。年度研究计划是在研究内容已确定的基础上，将研究内容分解成一些阶段性研究的子内容，然后再制定出每一阶段的日程安排，包含应完成的研究内容及具体时间、地点、实验研究条件和应采用的技术手段。预期研究结果应明确指出预期成果，是理论成果、方法成果，还是新的实验装置和仪器，或是新产品、新工艺，以及提交成果的具体形式是专著、论文、专利，还是技术资料、技术报告等。预期的研究结果一定要在研究期限内能够完成。

2. 研究基础与工作条件。

（1）研究基础，即与本项目相关的研究工作积累和已取得的成绩。其内容包括过去从事的与现在研究项目相关的科研项目以及取得的成果（专著、论文、专利、样品、样机、技术报告等）。

（2）工作条件，其内容包括：已具备的实验研究条件以及和其他单位的协作攻关条件；有利的自然资源和自然环境条件；现有的项目研究基本仪器设备；已申请获得或拟申请的经费。

（3）申请者和项目组主要成员的业务简历，具体包括申请者和项目组主要成员的学历和研究工作简历，近期已发表的与本项目有关的主要论著目录和获得的学术奖励情况，以及在本项目中承担的任务。如承担过科学基金资助项目，应写清楚完成情况和国内外评价、引用及应用情况等。

（4）承担的科研项目情况。申请者和项目组主要成员正在承担的科研项目情况，包括自然科学基金项目，要注明项目的名称和编号、经费来源起止年月、负责的内容等。

以上几个部分构成了项目申请书的正文。正文是项目申请书的核心内容，正文撰写的好坏决定了所申请项目能否获得批准。

三、专利申请和科技成果申报

(一) 专利申请

专利权是指国家专利管理机关根据专利授权条件,经审查合格,授予发明人、设计人或其所在单位,在一定期限内为法律所确认的对某项发明创造享有的专有权。我国将发明、实用新型和外观设计放在专利法中以专利形式保护,并将这三者统称为发明创造。

向专利局申请发明或者实用新型专利的,应当提交请求书、说明书及附图、权利要求书、说明书摘要及附图等申请文件,这是审查员依法审查的依据。因此,撰写一份清晰、完整、符合规定的专利申请书是非常重要的。专利申请文件的撰写是一项法律性、技术性很强的工作,其撰写的好坏直接影响到该专利的审批进程。

发明专利和实用新型专利的请求书格式相同,内容基本一样,只有个别栏目不同。在填写时,一定要仔细阅读填表注意事项,然后再逐项填写。下面介绍请求书填写应特别注意的问题。

1. 发明和实用新型的名称应与说明书等其他文件中的名称完全一致。

2. 发明人是指对发明创造的实质性特点做出创造性贡献的人,不能填写单位;在有多个发明人的情况下,其人员名单应按照协商好的顺序自左向右,再自上而下地填写,若因人员多填满表格时,应再填写在由专利局统一制定的附页内;发明人姓名必须真实,不能使用笔名或者假名;发明权不能继承和转让,已经死亡的人员可以在姓名后注明"死亡"字样。

3. 申请人应根据协商的名单,按顺序填写;只有一个申请人,应填写在第一署名申请人栏内,不得空行,或者随意填在第二、三署名申请人栏内。申请人是单位时,单位应当是法人或者是可以独立承担民事责任的组织,单位名称应使用正式完整的名称,不能使用缩写或者简称,其名称应与公章上的名称完全一致。

4. 申请文件清单及附加文件清单中的文件数量要准确填写,并以专利局核对数量为准。

5. 请求书中无内容可填写的一律空格,不要做任何标记,或者加字占位充当不必要说明。

6. 申请人是个人的,应当由申请人亲自签字或盖章;申请人是单位的,应当加盖公章。有多个申请人的,应当由全体申请人签字或盖章。委托专利代理机构的,应当由专利代理机构加盖公章,但应当同时提交由申请人签章的专利代理委托书。有多个申请人的,应当由共同委托的专利代理机构盖章,并同时提交有全体申请人签章的专利代理委托书。签章应当与请求书中填写的申请人或专利代理机构的姓名或名称一致。签章不得复印,不得代签。不符合上述要求的,视为签字手续未履行。例如,请求书由专利代理机构盖章,但未同时提交有效的专利代理委托书的,该签章手续视为无效。

7. 收件人地址、姓名填写必须准确无误,以免发生邮件投递不到而导致专利权的丧失。由申请人委托专利代理机构的,此栏地址应填写专利代理机构的邮政编码、地址和名称,收件人填写代理人姓名。如果申请人未委托代理机构的,此栏地址应写第一署名申请人的地址,收件人写第一署名申请人姓名;若第一署名申请人为单位的,在地址后面还应写单位名称;收件人应写第一署名申请人姓名或单位联系人姓名。

(二) 科技成果申报

国家科学技术奖励推荐书是国家自然科学奖、技术发明奖、科学技术进步奖三大奖励的申报、审批材料,其基本功能是为国家科技奖励评审提供基本技术资料依据。《中华人民共和国科学技术奖励条例》明确规定,报奖项目必须是具有创新性、具有重大经济效益和社会效益的科技成果,这正是推荐书内容的基本特点。中央各部委、各级地方政府设立的科学技术进步奖，其推荐书也是参照《国家科学技术奖励推荐书》制作的。

《国家科学技术奖励推荐书》是国家科学技术奖励评审的基本技术文件和主要依据，其填报严格按规定的格式、栏目及所列标题如实、全面填写即可。本小节主要论述其撰写原则。

1. 全面、准确、有针对性地表述不同奖种的重点内容。在《国家科学技术奖励推荐书》的九项内容中，第三部分"详细内容"是整个推荐书的核心，是考核、评价该项目是否符合授奖条件的主要依据，因此，在写作时应做到全面、翔实、准确，必要的图示必须就近插入相应的正文中，不宜另附。这一部分内容又分七个方面，由于申请奖种的不同，写作的具体内容和表述也存在明显差异。例如，在"详细科学技术内容"一栏中，既要写全栏目的三个方面——总体思路、技术方案、实施效果，又要根据具体奖种的不同，有区别地表述其技术方案的具体内容。申请自然科学奖励的推荐书，这一部分要写明主要学术观点，着重阐明在自然现象和规律方面的发现，在科学理论上的创见，在研究方法上的创新以及综合分析上的创造性。申请发明奖励的推荐书，在技术方案中应根据发明的个体类型区别对待。申请科技进步奖励的推荐书，应在技术方案中说明在已取得的重大效益中所采用的创造性技术推广措施。另外，该部分的"创新点"也是写作重点，应根据奖种的不同，写明是基础型创新还是复合型或改进型创新。同时，"保密要点""应用、推广及论文引用情况""经济、社会效益情况表"等内容也应按奖种不同区别处理。

2. 使用高度概括、精练的语言。在《国家科学技术奖励推荐书》的写作中，应使用中性陈述语言，避免使用含评价的空泛的语句，诸如"高效率的""取得显著效果""填补国内外空白""达到世界先进水平"等。并且在推荐书各栏目规定的字数内，用概括精练的语言，简明扼要地阐明有关内容。例如，在填写"详细科学技术内容"部分的"实施效果"栏时，只需简明填写该成果在节省能源原材料消耗、提高工效或在学科、专业发展上的作用或意义即可，不必展开阐述。必要时，也可使用数据与图表等方式来说明较为复杂的内容，以达到简明、直观的效果。

3. 写《国家科学技术奖励推荐书》还必须坚持实事求是的科学态度，据实填报，并出具推荐书中所列内容及相关数据的证明材料。

科技项目申请书正文部分（有删改）

（一）立项依据与研究内容（4 000~8 000 字）

1. 项目的立项依据（研究意义、国内外研究现状及分析，附主要参考文献目录）（基础研究须结合科学研究发展趋势来论述科学意义，应用研究须结合国民经济和社会发展中迫切需要解决的关键科技问题来论述其应用前景）

目前，移植排斥反应仍然是制约肝移植疗效的主要原因。虽然由于免疫抑制剂的临床应用，肝移植的一年存活率大幅度提高，已超过了80%。但是终身服用免疫抑制剂不仅成为患者沉重的经济负担，而且造成机体的免疫功能低下，可能促进肝炎及肿瘤复发，诱发感染、肿瘤等疾病。因此，找寻诱导特异性移植耐受的新方法，是克服移植排斥反应的最佳途径。

特异性移植耐受是指在无须使用免疫抑制药物的情况下，受者的免疫系统对同种异体或异种供体抗原长期不发生免疫反应，而对其他抗原可发生正常免疫应答的状态。目前认为，诱导机体产生免疫耐受涉及免疫清除、免疫失能、免疫抑制和免疫忽视四类机制。根据以上诱导免疫耐受的机制，学者们发展出许多诱导移植耐受的新方法：①在胸腺内直接注射表达供体抗原的细胞，在胸腺内通过克隆清除诱导免疫耐受。②利用骨髓移植造成造血细胞嵌合体诱导耐受。③阻断T细胞活化的共刺激信号通路。④输注供体树突状细胞（Dentritic cell，DC）诱导耐受。⑤针对T细胞黏附和活化相关分子的单克隆抗体：抗T细胞及T细胞亚群的单抗；抗黏附分子或细胞因子的单抗。⑥其他特异性免疫抑制的方法：合成肽阻断TCR对同种异体抗原的识别；合成肽阻断趋化因子及其受体。以上方法均不同程度地诱导了对供体抗原的耐受，但它们存在如下不足：①成年人胸腺已经萎缩，无法在胸腺内直接注射表达供体抗原的细胞，故该方法适用范围大大受限。②供体骨髓移植能诱导部分耐受，但不易控制嵌合程度，移植物抗宿主病（graft versus host disease，GVHD）的发生率大大增加。③DC诱导的淋巴细胞失能状态可通过给予外源性1L-2而逆转；感染或其他因素引起机体强烈的免疫应答，产生大量的1L-2等细胞因子也可以通过旁效应解除失能的细胞克隆；失能状态的维持需要抗原的持续存在，抗原的去除也能逆转失能。④阻断协同刺激通路、应用针对T细胞黏附和活化相关分子的单克隆抗体、合成肽阻断TCR对同种异体抗原的识别、阻断超化因子及其受体等方法能诱导出确切的免疫抑制，但是其作用范围是全身性的、非特异性的，且一旦中止阻断剂的供给，则移植耐受消失。总之，目前诱导移植耐受的方法存在非特异性、容易逆转、实际操作困难等缺陷。

（下略）

参考文献

［1］Arnold B. Levels of peripheral tcellto lerance［J］. Transp Lantation Lmmunology. 2002, 10（2-3）：109-114.

［2］Goddard S, Adams D H. New Approaches to immunosuppression in liver transplantation ［J］. Jastroenterol Hepatol. 2002, 17（2）：116-126.（下略）

2. 项目的研究内容、研究目标，以及拟解决的关键问题（此部分为重点阐述内容）

2.1 研究内容

2.1.1 构建携带DcR3基因的腺相关病毒载体，并将其转染AAV293细胞，收集AAV病毒颗粒备用。

2.1.2 从雄性近交系Wistar大鼠股骨、胫骨抽取骨髓，分离出肝干细胞，用上述腺相关病毒颗粒转染，并进行表达鉴定。

2.1.3 将雌性近交系Wistar大鼠肝脏植入雌性近交系Lewis大鼠，同时将转染的雄性近交系Wistar大鼠的肝干细胞经门静脉注入肝脏。

（下略）

2.2 研究目标：本课题拟构建携带DcR3基因的腺相关病毒，将其转染雄性近交系Wistar大鼠骨髓来源的肝干细胞；将雌性近交系Wistar大鼠肝脏植入雌性近交系Lewis大鼠，同时将转染DcR3基因的肝干细胞经门静脉注入移植后的肝脏；使DcR3基因在供肝中长期表达，从而诱导特异针对肝脏的移植耐受状态。探讨：①转基因肝干细胞在供肝中的定植、分布情况。②转入肝干细胞的DcR3基因在供肝中的表达情况。③转基因肝干细胞在供肝中的分布及其基因表达与移植耐受的关系。

2.3 拟解决的关键问题

2.3.1 腺相关病毒转染肝干细胞的效率（下略）

2.3.2 转基因肝干细胞在供肝汇管区中定植的数量（下略）

3. 拟采取的研究方案及可行性分析（包括有关方法、技术路线、实验手段、关键技术等说明）

3.1 研究方案

3.1.1 DcR3 基因的克隆，参照 PittiRM 等介绍的方法进行

3.1.2 构建携带 DeR3 基因的腺相关病毒载体，并用其感染 AAV_293 细胞进行体外表达鉴定，收集 AAV 病毒颗粒备用。

3.1.3 从雄性近交系 Wistar 大鼠股骨、胫骨抽取骨髓，分离肝干细胞并进行纯化、鉴定，参照 ItzhakAvital 等介绍的方法进行。

3.1.4 腺相关病毒载体转染肝干细胞，采用直接感染方法。

3.1.5 体外试验：表达 DcR3 基因的肝干细胞抑制 FasL 诱导淋巴细胞凋亡试验；表达 DcR3 基因的肝干细胞抑制 FasL 诱导的淋巴细胞趋化试验。

3.1.6 动物实验（下略）

3.2 技术路线（下略）

3.3 可行性分析

3.3.1 理论上，骨髓来源的肝干细胞是肝脏汇管区卵圆细胞、嗜碱性小肝细胞的前体细胞。研究证明，经门静脉注入的肝干细胞定植的肝脏汇管区的 Hering 小管，可分化为血管内皮细胞、胆管上皮细胞、肝细胞。汇管区是肝移植排斥反应时 CTL 细胞首先浸润的区域，血管内皮细胞、胆管上皮细胞、肝细胞是 CTL 细胞攻击的靶细胞。因此肝干细胞将转染的免疫抑制基因带入肝脏并汇管区及血管内皮细胞、胆管上皮细胞、肝细胞中持续表达，从而诱导特异针对肝脏的移植耐受状态在理论上是可行的。

3.3.2 本研究所涉及的技术均为成熟的免疫学技术；本所拥有本研究所需的设备和条件。

4. 本项目的特色与创新之处

本研究利用了肝干细胞在肝脏定植、分化的靶向性，将其作为免疫抑制分子的载体，使非特异性的免疫抑制分子的作用局限于肝脏之中，克服了免疫抑制分子作用范围过大的缺点，从而诱导特异针对肝脏的移植耐受状态。

5. 年度研究计划及预期研究结果（包括拟组织的重要学术交流活动、国际合作与交流计划等）

年度研究计划

2015.01——2015.09（下略）

2015.10——2016.06（下略）

2016.07——2017.06（下略）

2017.07——2017.12（下略）

预期研究结果

（1）证明转染 DcR3 基因的肝干细胞能在供肝汇管区及部分血管内皮细胞、胆管上皮细胞、肝细胞中持续表达，同时诱导出长期的肝移植免疫耐受。

（2）在国外学术期刊上发表论文 2~3 篇，在国内核心期刊发表论文 6~8 篇，并在国内学术会议交流。

（二）研究基础与工作条件

1. 工作基础（与本项目相关的研究工作积累和已取得的研究工作成绩）（下略）

2. 工作条件（包括已具备的实验条件，尚缺少的实验条件和拟解决的途径，包括利用国家重点实验室和部门开放实验室的计划与落实情况）（下略）

3. 申请人简历（包括申请者和项目组主要成员的学历和研究工作简历，近期已发表与本项目有关的主要论著目录和获得学术奖励情况及在本项目中承担的任务）（下略）

（三）经费申请说明（要求按照《国家自然科学基金资助项目经费管理办法》认真填写，购置5万元以上固定资产及设备等，须逐项说明与项目研究的直接相关性及必要性）（下略）

（四）其他附件清单（附件材料复印后随纸质《申请书》一并上交）（随纸质申请书一同报送的附件清单，如具有中级技术职称申请者的推荐信或在职研究生申请项目的导师推荐等）（下略）

第四节　科技成果鉴定书

一、科技成果鉴定书的概念与作用

科技成果鉴定是指有关科技行政管理机关聘请同行专家，按照规定的形式和程序，对科技成果进行审查和评价，并得出相应的结论。

科技成果鉴定过程中形成的各种文件统称为科技成果鉴定书，它包括科技成果鉴定申请表和科技成果鉴定证书。科技成果鉴定申请表的主要功能是申请人表达请求受理鉴定的愿望，并反映申请鉴定成果的基本情况，启动鉴定程序，为各有关单位、部门受理、审核提供依据。科技成果鉴定证书是根据国家规定，由组织鉴定单位对经鉴定通过的科技成果颁发的具有系统性、权威性、评价性、结论性和规范性的书面意见，是科技成果通过鉴定的凭证，是鉴定过程中最核心的技术文件，其基本功能是确认科技成果的学术水平和应用价值。

二、科技成果申请鉴定的条件

科技成果是指针对某一科学技术研究课题，通过观察、实验、设计、试制和辩证思维活动所取得的具有一定学术意义或实用价值的创造性成果。根据我国的实际情况，科技成果的种类及其申请鉴定的条件有如下三种：

其一，科学理论成果。它包括基础理论研究成果和应用理论研究成果，是指发现并阐明自然现象特征、规律及其内在联系，在学术上具有新见解，对科学技术发展具有指导意义的研究成果。它的社会价值表现在对科技发展的意义上。科学理论成果申请鉴定的条件是：成果的主要论文或著作在全国性专业学术刊物、学术会议或国际学术刊物上公开发表或宣读，并在一年以后得到学术界的公认。

其二，软科学成果。这是指推动决策科学化和管理现代化，对促进科技、经济与社会协调发展起重大作用的有关战略、政策、规划、评价、预测、科技立法等方面的研究成果。软科学成果申请鉴定的条件是：完成了计划任务书或技术合同书规定的任务，并为有关单位采纳或应用，证明是先进、合理、经济、可行的。

其三，应用技术成果。这是指为解决生产建设中的科学技术问题而做出的具有新颖性、先进性和实用性的研究成果，包括新产品、新技术、新工艺、新材料、新设计和生物、矿物的新品种。在推广已有成果中获得的新成果或消化吸收引进技术取得的新成果也属此类。应用技成果申请鉴定的条件是：经过实践证明其成熟可行，具备应用推广的条件，符合环境保护和卫生、安全等法规的要求。高技术成果若难度大、周期长，可酌情组织阶段成果鉴定。

三、科技成果鉴定书的特点

（一）权威性和结论性

对科技成果的鉴定只能由国家及地方各级学术技术管理部门统一组织和管理。任何单位未经批准自行组织的鉴定一律无效。技术鉴定证书只能由国家及地方各级科技成果管理机构统一颁发。

科技成果的鉴定一定要聘请本行业、本领域有较高学术水平和丰富实践经验的专家、学者参加。这些专家学者对科技成果进行审查评议后得的鉴定意见具有权威性和结论性。

（二）科学性和公正性

首先，在选聘专家时，一方面要注重其学术水平、技术水平；另一方面，是否具备良好的职业道德和严谨的科学态度也是选聘至关重要的条件。这是保证科技成果鉴定书公正性和科学性的前提条件。

其次，鉴定委员会对科技成果的评价是本着严肃认、真实事求是的态度，在深入了解研究、细致分析比较中得出的。对鉴定成果应进行全面评价，指出其存在的问题和改进意见。鉴定委员会成员对被鉴定的科技成果有充分发表个人意见的权利，对鉴定的科技成果有不同意见时，应在科技成果鉴定证书中注明。

最后，各级主管部门、组织部门都应在科技成果鉴定证书上表明意见并盖章，以示负责。鉴定委员会应对鉴定评价的正确性负责，鉴定委员会主任委员应对鉴定结论负技术责任，全体委员应在科技成果鉴定证书上签名。所有这些措施都是为了防止虚假搪塞现象，以确保鉴定意见的科学性和公正性。

（三）全面性和规范性

科技成果鉴定证书规格一律为标准 A4 纸，竖装；必须打印或铅印，字体为 4 号字。科技成果鉴定证书为国家科技部制定的标准格式，任何部门、单位、个人均不得擅自改变内容、增减证书中的栏目。

科技成果申请鉴定时需要提供 11 个方面的文件，一份也不能少。这 11 个方面的文件，有的是原来就有的，如计划任务书或合同书；有的是别人提供的，如用户使用报告、经济效益证明材料、涉及污染环境和劳动安全等问题的科技成果、由有关主管机构出具的报告和证明、科技信息机构出具的检索材料和查新结论报告；有的是申请鉴定前撰写好的，如技术研究报告、测试分析报告质量标准、国内外同类技术的背景材料对比分析报告等。在科技成果鉴定证书的"简要技术说明及主要技术性能指标"栏目中的 7 个方面的内容，一个方面也不能缺。此外，申请鉴定者不仅必须填写《科技成果鉴定申请书》，还要附全套技术材料。

四、科技成果鉴定书的结构

科技成果鉴定书的格式一般包括封面、正文、鉴定意见及附录四个部分。

（一）封面

填写鉴定报告的名称、编号、被鉴定项目的名称、研制单位、组织鉴定单位、鉴定日期等。

（二）正文

科技成果鉴定书先用一段简要文字说明，然后用条款列出其规格、指标和性能。

1. 简要技术说明及主要技术性能指标，包括任务来源（即计划项目应写清计划名称及其编号，计划外的应说明是横向或自选项目）；应用领域和技术原理；性能指标（包括合同要求的主要性能指标和实际达到的性能指标）；与国内外同类技术比较；成果的创造性、先进性、作用和意义（直接经济效益和社会意义）；推广应用的范围条件和前景，以及存在的问题和改进意见。

2. 推广应用前景与措施。由申请鉴定单位对其成果的推广应用范围和产生的经济效益或社会效益做出定量预测。

（三）鉴定意见

鉴定意见是鉴定报告的核心内容，根据鉴定对象分条目撰写。

鉴定意见由三部分组成：肯定性意见、改进性意见及对所提供的技术文件的审定情况。例如：①该仪器具有测量精度高、用途广、测量方法简易、读数直观等优点，适用于制造和修理行业。②仪器精度符合设计要求，是一种良好的准直仪器。③对仪器的几条改进意见。

国家科学技术委员会（即今科学技术部）1994年10月发布了《科学技术成果鉴定办法》，该办法从1995年1月1日起施行。按照该文件规定，结论必须包含以下几个方面的内容：

1. 项目是否按照批准的《计划任务书》和设计（研究）方案进行。

2. 技术考核是否全面，各项技术参数是否符合国家有关标准规范的规定，能否充分验证成果的可能性和先进性。

3. 与国外类似项目相比，技术经济效果或社会效益有何提高和改善，技术上有何创新。

4. 理论研究项目在理论上有何独创之处，研究报告（论文）的学术水平如何。具有应用价值的科学理论成果，其应用意义如何。

5. 新产品能否定型或初步定型，新工艺、新技术能否正式应用于生产。

6. 对推广使用的意见。

7. 存在的问题及改进意见。

8. 按国家《科学技术保密条例》定密级。

一般按照肯定意见、改进性意见、推广适用建议的顺序行文，在改进性意见中，应如实地把发现的问题和缺点指出来，绝不能不讲原则地、违心地夸赞或贬低。

鉴定意见后边，鉴定委员会负责人要签名盖章，以体现该意见的严肃性。鉴定意见的书写格式为：

____月____日由____组织召开了"_____"成果鉴定会，与会专家听取了课题组的工作汇报，观看了_____演示，经专家讨论鉴定意见如下：

1.

2.

3.

4.

5.

……

（以上写明该成果的创新性、技术特征、达到的技术水平等。）

建议或存在的问题：

（该内容写明该成果目前存在的技术方面的问题及改进意见。）

（四）附录

有组织鉴定单位审查意见、主要技术文件及提供单位、主管部委审查意见、鉴定委员会成员名单以及其他说明文字。

五、科技成果鉴定书的写作要求

(一) 从实际出发，实事求是

由于科技成果鉴定书的读者对象是具有专门知识的同行专家，而"科技成果鉴定申请表"和"科学技术成果鉴定证书"所填写的篇幅受到限制，所提供的技术文件又很多，因此，在撰写时，对成果水平的估计要准确，避免估计偏高或估计不足，要从实际出发，实事求是，全面衡量，不要有自我夸耀之词，否则会招致反感。

(二) 保持所有文件前后一致

所谓一致，是指提供的所有技术文件，在叙述相同内容时具有一致性。因为这么多的技术文件不可能是一个人完成，而是集体创作的。因此，在撰写技术文件前，要召开项目全体人员会议，反复讨论，达成共识；然后再分头撰写；最后由技术负责人或委托专人统稿。发现不一致的地方要及时处理；或重新补做试验，或重新取证；要求同存异，不要强调个人意见。

(三) 突出可比性

没有可比性，就没有优势。所谓可比性，是指标志科技成果创造性、先进性的性能指标，与国内外同类技术相比，其检测手段是相同的，其应用领域和工作状态是相同的，经济效益的计算方法是相同的。总之，为专家评议时提供可比的对象，使专家们做出的总体性能、水平的评价更符合实际。

(四) 有理有据，条理清晰

要充分占有资料，了解和熟悉科技研究成果必须具备的试验研究报告、调查考察报告、设计图纸、图片、标本和样本，以及其他必要的科学技术文件等资料。对应用前景及效益的预测一定要有理有据。写作时一定要条理清晰，使人信服。

"非固化橡胶沥青防水涂料技术"成果鉴定证书

(一) 简要技术说明及主要技术性能指标

(1) 任务来源：本项目为山东汇源建材集团有限公司承担的非固化橡胶沥青防水涂料技术项目。

(2) 应用领域和关键技术：产品可应用于各种无面案、地下室、隧道等建筑物防水工程。在生产工艺中加入沥青、SBS、防老剂来代替传统工艺的脂肪族异氰酸酯做主要原材料，使产品性能指标仍超过国内产品，固化物含量大于 99.9%，几乎没有挥发物，施工后始终保持胶状的原有状态，无毒、无味、无污染、不燃于火。自愈性强，施工时即使出现防水层破损也能自行修复，维持完整的防水性能。潮湿基面、黏结性能、剪切状态下的黏合性无界面剥离、脱开/100% 内聚破坏。低温柔性/(℃) -20，无裂纹，黏结性好，抗蹿水性 0.6MPa，不窜水与任何异物可黏结，且可以再超市地面施工，黏结后可有效防止蹿水现象。

(3) 技术指标：固体含量(%)：99；低温柔性/(℃)：-20℃、无裂纹；剪切状态下的黏合性：无界面剥离、脱开/100% 内聚破；潮湿基面：无界面剥离、脱开/100% 内聚破；热老化/168：25 (高于行标)；抗蹿水性：0.6MPa，不蹿水。

（4）与国内外同类技术比较：（下略）

（5）成果的创造性、先进性：（下略）

总的来说，该产品应用于各种屋面、地下室、隧道等建筑物防水工程，具有较高的推广应用价值。

（6）作用与意义：该产品替代了国内传统脂肪族异氰酸酯后，性能指标仍然和国内产品指标相当，固化物含量大于99.9%，几乎没有挥发物，施工后，始终保持胶状的原有状态，无毒、无味、无污染、不燃于火。自愈性强，施工时即使出现防水层破损也能自行修复。

（二）推广应用前景与措施

近年来，建筑渗漏率居高不下，部分建于20世纪90年代的楼房已开始出现墙面砖大片脱落、墙体渗漏等问题。热熔型非固化橡胶沥青防水涂料是新型环保、节能的防水涂料，一次成型，立即成膜，不需要养护，防水膜即发挥作用，防水膜永不固化，给予建筑更持久的保障，防水寿命至少30年。①在该项目被列入创新项目计划的基础上，进一步加大人才引进和技术人员的培训力度，全面提高研发队伍素质，提高产品质量，做大汇源品牌。②在完成CE认证、质量认证、环境管理体系认证、职业健康认证、中国环境标志认证等体系认证的基础上，进一步健全完善质量保证体系和监控体系，修订完善各项规章管理制度，明确岗位责任，加强工作流程和各环境的监管，形成严密的质量保证网络，进一步提高产量。③在现有技术装备和技术力量的基础上，进一步加大资金投入特别是技术装备和技术研发力量的投入，针对产品性能改良设备，改善管理，努力做到设备精良、仪器精密、技术精湛，进一步扩大生产规模，提高科技含量，增强竞争力，扩大市场份额和占有率。

将来本方案主要在以下几方面改进以取得更佳的效果：（下略）

（资料来源：百度文库，https://wenku.baidu.com/view/ec5d1adf80c758f5f61fb7360b4c2e3f572725ec.html，2018年4月3日。）

第五节　科技说明文

一、科技说明文概述

（一）科技说明文的含义

科技说明文是指科学技术领域的专利保护、成果推广、知识传播过程中，以说明为主要表达方式来解说事物、阐明事理的文章，包括产品说明书、专利说明书以及科普说明文等。

根据说明文的表现手法，大体上可以把科技说明文分为三类：阐释性说明文、述说性说明文和文艺性说明文。

（二）科技说明文的特点

1. 说明性。所谓说明，就是通过解说使人明白，即对事物的形状性质、结构，对事物的发生、发展、结果，对两种以上事物间的相互关系加以介绍解释，其作用是帮助读者理解或了解论述对象的全貌。说明的方法包括：定义和诠释，举例和分类，比较和援引，引用数字和图表，介绍和比喻等。

2. 科技性。科技说明文的内容以科技为核心，不管是哪一篇说明文，它的内容不外乎是自然科学知识，社会科学知识，人们日常生活、工作、学习所需要的知识。知识性是说明文写作的出发点，也是它的落脚点。

说明文既然要给人传授知识，就必须具有高度的科学性（包括阐释事理的合理性）。不管是对实体事物的说明，还是对非实体事物的说明，都必须如实地反映，做到内容真实可靠，反映准确恰当，解说清楚明白。说明文主要对客观事物或事理予以冷静解说和阐释，一般不需要带上强烈的感情色彩或表示作者的倾向。

3. 实用性。从说明文的社会功用来看，它具有广泛的实用价值。从法律条文的撰写、典章制度的编纂、天文历法的修著，到生产知识的记录、工作经验的介绍，莫不如此。

二、产品说明书

（一）产品说明书的概念

产品说明书是生产部门利用文字、照片、图表等向用户介绍产品原理、性能特点、制作工艺、主要技术参数、商品成分、使用与保养方法、维修注意事项等的说明性文字材料。产品说明书广泛用于生产、科研和商业领域，一般情况下随着产品销售赠送给用户。

（二）产品说明书的功能

1. 产品说明书具有向用户详细介绍产品的用途性能、使用程序和方法的作用。
2. 产品说明书具有扩大销售、宣传、推销产品的广告作用。
3. 产品说明书具有提供新产品科技、经济以及市场信息的作用。

（三）产品说明书的分类

根据写作目的和用途的不同，产品说明书可分为以下三种主要类型。

1. 民用产品说明书。这类产品说明书主要介绍产品的安装、调试、使用、保养、注意事项等内容，多用于轻工业产品、家电产品、医药产品、日用产品等。民用产品说明书一般不介绍工作原理，也不涉及产品的技术参数、结构特点、材料构成、原料组分及制作过程等内容，文面比较简单，文字简洁，通俗易懂。

2. 专业产品使用说明书。这类说明书比较复杂，它与专业技术有关，多用于比较复杂的大型的工业产品和精密的仪器设备。专业产品使用说明书内容全面，介绍详细。用文字与图表、符号相结合加以说明，详细地介绍产品的工作原理性能、技术参数、安装、调试、产品构成、工艺计算、附属资料等内容。

3. 推销产品说明书。这类说明书一般着重介绍新产品的新设计、新工艺、新功能，起到诱导消费者的购买欲、推销产品的作用。推销产品说明书主要有产品简介、产品样本、产品目录等。

（四）产品说明书的基本格式与写作要求

编写产品说明书，必须贯彻执行《工业产品使用说明书总则》（GB 9969.1—88）和《消费品使用说明总则》（GB 5296.1—85）等国家标准的规定。

1. 产品说明书的基本格式。完整的产品说明书由封面、目录、前言（或概述）、正文、封底五部分组成。

（1）封面。封面一般包括产品的名称、规格、型号专利号、商标、生产单位及地址，有的还有产品外形图或照片等。封面设计要突出产品形象，印刷精美，富有美感。

（2）目录。目录标明各章节名称及页码，帮助读者翻检和查阅。如果内容比较简单，也可以不写目录。

（3）前言。一般说明产品的特点、性能、原理、用途、使用范围等，也可以简单地介绍单位概况、技术开发研究能力等内容。撰写前言不要平铺直叙、面面俱到，语言要概括、简明扼要。

（4）正文。正文介绍以下五个方面的内容：一是技术特征说明。写明产品的规格型号、主要技术参数、用途、适用范围，以及产品的体积、尺寸，产品达到的质量标准，有的产品还需采用图表与数据等来说明产品的主要技术特征。二是工作原理。一般只写出与产品操作、使用和维修保养相关的基本原理和运行规则等内容。三是产品的使用方法。按操作程序逐条列出，说明产品各部分的安装、使用方法、调试内容、操作程序等，有的产品使用方法还需对照图例加以说明。四是保养与维修。这部分内容常配以结构图、线路图示意图、表格等，说明产品的保养方法以及排除故障等事项，有的还注明设置在各主要城市的产品维修点。五是附属配件及工具。

（5）封底。封底要标上醒目的商标，注明厂址、电话号码、邮政编码、银行账号，有的还印有生产企业的简介。

2. 产品说明书的写作要求。

（1）抓住产品特征进行说明，应正确地说明产品的性能、特点、构造、使用与保养方法等，绝不允许夸大其词，欺骗消费者。

（2）突出关键内容。产品说明书的关键内容是产品的技术特征、规格、性能、指标、结构及工作原理，要从消费者的角度着眼，避免用户操作使用不当造成损失，以达到正确引导消费者使用的目的。

（3）文字语言要精练，通俗易懂。撰写产品说明书主要运用朴实的语言，以叙述和说明的方式表达，尽量少用专业术语、符号和公式。如果是外销产品的说明书，还要注意语言文种的选择和销售国家的风俗习惯。

三、专利说明书

专利说明书是专利请求书的文件之一，主要用于清楚、完整地公开发明或者实用新型，以使所属技术领域的技术人员能够理解和实施该发明或者实用新型。在确定发明或者实用新型专利权的保护范围时，说明书还可以用于解释权利要求。

（一）专利说明书的撰写方式和顺序

专利说明书由发明或者实用新型名称和正文两部分组成。

1. 名称。发明或者实用新型名称写在说明书首页正文上方居中的位置，与说明书正文之间应当空一行，名称前面不得冠以"发明或者实用新型名称"或者"名称"等字样。发明或者实用新型名称应当按照以下各项要求撰写。

（1）发明或者实用新型名称不超过25个字，化学领域内的除非必要，一般也不得超过40个字。

（2）采用所属技术领域通用的技术术语，最好是国际专利分类表中的技术用语，不得使用杜撰的非技术术语。

（3）清楚并尽可能简明地反映发明或者实用新型要求保护的技术主题的名称和类型（产品或者方法）。

（4）不得使用人名、地名、商标、型号、商品名称等，也不得使用商业性宣传用语。开头常用语句为："一种……的装置"（或者"一……方法"，或者"……装置及方法"）。

2. 正文。说明书正文包括技术领域、背景技术、发明内容、附图说明、具体实施方式五大部分，撰写时每部分在其前面都要加标题。

（1）技术领域。这是正文第一自然段，一般应用一句话说明发明或者实用新型要求保护的技术方案所属或者直接应用的具体技术领域。常用语句为："本发明（实用新型）涉及一种……，特别涉及一种……"

（2）背景技术。写明对发明或者实用新型的理解、检索和审查有用的背景技术，并引证反映这些背景技术的文件。引证的背景技术文件应当是出版物，除纸件形式以外，还包括电子出版物等形式。背景技术文件可以是专利文件，也可以是非专利文件。引证专利文件的，要写明专利文件的国别、公开号和公开日期；引证非专利文件的，要写明这些文件的详细出处。此外，还要简要叙述背景技术文献的内容，客观地指出背景技术中存在的问题和缺点。

常用语句为："×××××（文献名称及出处等）公开了一种……，其构成（方法）是……，缺点（不足之处）是……"

（3）发明内容。这部分内容是说明书的核心部分，它包括发明或者实用新型所要解决的技术问题、技术方案和有益效果三个部分。首先写明发明或者实用新型所要解决的技术问题，也就是发明的目的；接着进一步阐明为解决上述技术问题采用的技术方案，使所属技术领域内的技术人员能够理解该技术方案，并能用该方案解决所提出的技术问题；最后说明该发明创造与背景技术相比所获得的有益效果。

发明内容的撰写要求是：这一段应当与上一段（背景技术部分）相呼应，针对上面提到的背景技术文件中存在的缺陷或不足，用正面的、尽可能简洁的语言客观而有根据地反映发明或者实用新型要解决的技术问题，也可以进一步说明其技术效果。对发明或者实用新型所要解决的技术问题的描述，不得采用广告式宣传用语。

常用语为："本发明或者实用新型所要解决的技术问题是提供一种……"，或者"本发明或者实用新型克服了现有技术中的缺点（或者不足），提供一种……"

发明或者实用新型的技术方案是申请人对其要解决的技术问题所采取的技术措施的集合。技术方案通常是由技术特征体现的，它必须包括全部必要技术特征，也可包括附加技术特征。具体写法是：首先用一自然段写明发明或者实用新型要求保护的技术方案，其用语应当与独立权利要求的用语相对应或者相同，以发明或者实用新型的必要技术特征总和的形式阐明其实质；必要时，说明必要技术特征总和与发明或者实用新型效果的关系。接着用一个或者几个自然段对发明或者实用新型的附加技术特征做描述，其用语与权利要求书中从属权利要求的用语相应或者相同，技术方案部分不涉及附图，不应有附图标记。

常用语句为："为解决上述技术问题，本发明或者实用新型的技术方案是：……"

有益效果是指由构成发明或者实用新型的技术特征直接带来的，或者是由所述技术特征必然产生的技术效果。通常，有益效果可以从产率、质量、精度和效率的提高，能耗、原材料、工序的节省，加工、操作、控制、使用的简便，环境污染的治理或者根治，以及有用性能的出现等方面反映出来。对有益效果应进行具体分析，不能只给出结论，有益效果可以通过对发明结构特点或者作用关系进行分析的方式，或者用理论说明的方式，或者通过列出实验数据的方式（要公开实验方法）予以说明。

常用语句为："与现有技术相比，本发明或者实用新型的有益效果（优点）是：……"

（4）附图说明。发明专利申请不一定有附图，实用新型专利申请一定要有附图。有附图的，应当写明各幅附图的图名；还要对所有附图做出图面说明，图面说明可以包括附图中具体零部件名称列表。

（5）具体实施方式。具体实施方式是说明书的重要组成部分，它对充分公开、理解和再现发明或者实用新型，支持和解释权利要求都是极为重要的。因此，说明书应当详细写明申请人认为实现发明或者实用新型的优选方式；必要时，举例说明；有附图的，对照附图。具体撰写要求是：具体实施方式（实施例）的描述应当与技术方案一致，并做详细描述，使发明所属技术领域的技术人员在不需要创造性劳动的情况下就能够实现该发明或者实用新型;对于产品的发明,应当描述产品的机械构成、电路构成或者化学成分,说明组成产品的各部分之间的相互关系;对于可动产品,只描述其构成不能使所属技术领域的技术人员理解和实现发明或者实用新型时,还应当说明其动作过程或者操作步骤。对于方法的发明,应当写明其工艺步骤、工艺条件、所用设备等。一般来说,一件专利申请至少有一个实施例;在发明或者实用新型技术方案比较简单的情况下,如果说明书涉及技术方案的部分已经就专利申请的主题做出清楚、完整的说明时,可以没有实施例。当一个实施例足以支持权利要求所概括的技术方案时,说明书中可以只给出一个实施例。当权利要求(尤其是独立权利要求)覆盖的保护范围较宽,其概括的特征不能从一个实施例中找到依据时,应当给出一个以上的不同实施例,以支持要求保护的范围。当权利要求涉及较宽的数值范围时,应给出两端值附近的实施例和至少一个中间值的实施例。对照附图描述发明的具体实施方式时,使用的附图标记或者符号,应当与附图中所示的一致,并放在相应的技术名称的后面,不加括号。

常用语句为:"下面结合附图(若有附图)与具体实施方式(实施例)对本发明或者实用新型做进一步详细描述:……"

(二) 专利说明书的撰写要求

专利说明书的撰写,除了上述规定的方式和顺序外,还有下列要求:

1. 在说明书中应清楚、完整地写明发明或者实用新型的内容,使所属领域的技术人员能根据此内容不需创造性劳动就能实施发明或者实用新型。说明书不能隐瞒任何实质性的技术要点。
2. 权利要求书中的每个技术特征均要在说明书中做出说明,且不超出说明书的记载范围。
3. 说明书中要保持用词一致,要使用该技术领域通用的名词和技术术语。
4. 使用国家计量部门规定的国际通用的计量单位。说明书中可以有化学式、数学式,但不能有插图,包括流程图、框图、曲线图等。说明书附图应当作为一份单独的申请文件附在说明书后面。
5. 说明书中不能使用商业性宣传用语,不能使用意义不确切的语言。
6. 涉及外文技术文献或者无统一译名的技术名词时,要在译名后注明原文。
7. 说明书中不得使用"如权利要求……所述的……"一类的引用语。

例文一 专利说明书

通用自控设备防侵权检测保护系统说明书

所属技术领域

本发明涉及一种光电检测领域的仪器仪表,特别是一种通用自控设备防侵权检测保护系统。

背景技术

我国改革开放以来,国民经济得到快速增长,在市场经济迅猛发展的今天,随着商品经济的快速发展,形形色色的产品进入到人们的视野及生活的各个方面,大大丰富了我们的物质生活,促进了生产的发展。由于我国长期以来对商品侵权关注和保护不足,销售者、生产者承担责任强度较低,商品侵权破坏了市场秩序,妨碍行业产品的发展和创新。如何加强对产品知识产权的保护,已成为商品经济大潮下一个不容忽视的问题。特别是通用自控设备,因其技术含量高,保护措施不力,易导致技术泄密,给企业造成巨大损失。普遍的保护产品知识产权的防护方法,一种是给产品加一个标签,采用撕开标签后就不参与保修来保护产品不被非法打开，这种方案被破坏的代价是一个产品的价值，所以防止侵权的作用微乎其微。另一种是通过技术手段保护产品的技术，通常电气智能保护方法较多，首先把硬件的标签抹掉，防止破解人员根据硬件资料查找相应电路或了解硬件原理，其次对软件进行加密等，但是现在已经有专门的破解机器可以直接读取硬件芯片的资料，也有专门人士对电路进行破解，专门破解电路板电路。而软件的加密是相对的，解密的方法也越来越多，加密的安全性正受到严峻的考验。因此人们迫切需要一种新型防侵权手段，保护新产品问世。

发明内容

本发明的目的在于克服以上不足，提供了一种通用自控设备防侵权检测保护系统，采用一套软硬件方案，通过三重措施对产品的自主知识产权进行保护。三重保护环环相扣，组成严密的防护网络，实时监控自控设备的开启状态，防止对通用自控设备的非法破坏和侵权复制，提高了安全性和可靠性。

为了实现上述目的，本发明所采用的技术方案是：

（1）Spartan-3FPGA 通过检测螺旋装置与弹性触点的接触或断开状态来判断自控设备的开启与否；

（2）Spartan-3FPGA 通过光亮度检测模块感应自控设备中光强的变化来判断自控设备的开启与否；

（3）Spartan-3FPGA 通过超声波测距模块检测机箱的顶盖是否被移动来判断自控设备的开启与否；

（4）判断自控设备开启后，启动声光报警；

（5）确认自控设备继续侵权时，启动高压烧毁电路。

附图说明

下面结合附图和实例对本发明做进一步描述。

图1（略）是通用自控设备防侵权检测保护系统的结构图。

图1中，①充电电池；②光亮度检测模块；③超声波测距模块；④I/O 接口-A-a；⑤RAM存储器；⑥I/O 接口-A-b；⑦模数转换芯片；⑧精密电位器；⑨检测接口；⑩密钥匹配检测电路；⑪I/O 接口-A-c；⑫Spartan-3FPGA；⑬报警灯；⑭报警喇叭；⑮螺旋装置；⑯触点；⑰I/O 接口-A-d；⑱高压烧毁电路。

具体实施方式：

本实施例是通用自控设备防侵权检测保护系统的保护方法，按以下步骤进行：

（1）Spartan-3FPGA12 通过检测螺旋装置15与弹性触点16的接触或断开状态来判断自控设备的开启与否；

（2）Spartan-3FPGA12 通过光亮度检测模块2感应自控设备中光强的变化来判断自控设备的开启与否；

（3）Spartan-3FPGA12 通过超声波测距模块3检测机箱的顶盖是否被移动来判断自控设备的开启与否；

（4）判断自控设备开启后，启动声光报警；

（5）确认自控设备继续侵权时，启动高压烧毁电路。

（资料来源：百度文库，https://wenku.baidu.com/view/05295d0e6fdb6f1aff00bed5b9f3f90f76c64d66.html? from = search，2016年11月25日。）

四、科普说明文

科普说明文的基本功能是采用各种通俗易懂的方式和方法，把人类已经掌握的科学知识和技术技能（包括各门科学技术的基本概念、基本理论、基本技能、最新成果和发展趋势等）以及先进的科学思想和科学方法，广泛地传播到社会各有关方面，为文化层次不同的广大读者所了解和掌握。

（一）科普说明文的种类

根据科普说明文的内容及读者层次，可以将它分成两种基本的类型：知识性科普说明文和技术性科普说明文。

1. 知识性科普说明文。知识性科普说明文又分为浅说、史话、趣谈、对话、问答等小类。浅说是最常见的形式，其规模有大有小。那些写成数万字或数十万字的往往是中、高级科普小册子或著作，它们都保留了原有的学科体系，回避了繁复的数学公式、专业术语及定理，配有必要的插图、照片、表格等。登在报刊上的常常是一事一物的科普说明文，篇幅短小，读者喜闻乐见。

知识性科普说明文的主要功能是普及各种科学知识，特别是自然科学各学科的基础理论和基本知识的普及。其内容的组合方式多是由"浅"处入手，"近"处下笔，借助不复杂的论述和大家熟悉的事例，深入浅出地介绍自然科学领域内的基本原理和定义，使读者先获得具体的科学知识，进而理解科学原理；有的采用循序渐进、逐步提高的说理方式来回答"是什么""为什么"的问题，引起读者对科学知识的直接兴趣。

2. 技术性科普说明文。技术性科普说明文可分为问答型、实验型、图说型、辞书型等类型。问答型科普说明文是将某种专业技术制成若干问题，然后逐一进行解答的形式。实验型科普说明文是指运用那些常用的仪器、代用品进行实验，实验过程只需看科普作品即可解决。图说型科普说明文是将专业技术加以图解，用形象化的手段来传授专业技术的形式，如《整形外科手术图谱》等。辞书型科普说明文实际上是普及性技术参考书，如《电工技术手册》等。

技术性科普说明文的主要功能是传播生产技能和推广技术新成果，增强人们认识自然和改造自然的本领。技术性科普说明文一般多按照技术操作的程序来写作，准确地把操作的方法、步骤、要领、关键、窍门和注意事项依次交代清楚，并充分利用图示范例和表格，以及浅显贴切的比喻来说明原理，指导读者基本掌握这种技术；一些介绍医疗科技或新技术、新工艺的作品常采用设置悬念的手法，先提出引人注目的技术问题把读者吸引住，然后再步入正题；有的科普说明文则采用电影蒙太奇的艺术手法，用连续的画面剪辑而成。

（二）科普说明文的结构

科普说明文主要有宏观和微观两种结构形式。宏观结构形式常见的有分条列项式和事理解说式。分条列项式是把要说明的科技知识或技术，根据主题的要求分成若干条目，有的还冠以数字标项，然后逐目逐项地予以说明。事理解说式是将比较抽象的原理、特征或内在联系用通俗的例子予以解说，科学地揭示事物或事理的本质，这种结构形式最明显的特征是通篇没有条目或小标题。

微观结构形式常见的有功能式、程序式、特征式和逻辑式。功能式按照说明对象的功能依次排列，多是主功能在前、次功能在后，介绍某种新产品、新工艺、新技术功能和作用的作品常采用这种结构形式。程序式是按照说明对象操作和运行的过程顺序来安排结构。特征式是按照说明对象的性质和特征来安排结构。逻辑式即按照说明对象所呈现出来的内在逻辑关系来安排结构，例如《什么是知识产权》一文，作品从"知识产权"的概念、产生、内容、特点到它的运用,依次安排,逻辑十分严密。

科普说明文一般由标题、引言、正文、结尾四部分组成。标题基本采用直陈的形式,简洁明确,一看便知,如《常用棉田间套种植模式》《豆奶加工工艺》;有时也采用设问式,如《哪些农药可与化肥混用》。

引言有三种写法:①开门见山式,这种形式的标题往往就是主题,作品一开始就径直披露主题;②落笔入题式,即先交代原因、意义、背景功能、效果、概况等;③省略式,即全文没引言,直接进入正文。

正文写法自由灵活,或通过通俗的讲解和叙述向读者介绍某种知识和技术;或通过系列插图、照片,配上适当文字来介绍知识和技术;或按时间、空间、程序的递进来介绍知识和技术。

结尾常采用归纳总结或自然了结的形式。归纳总结,既与开头照应,又点出主题。

(三)科普说明文的写作过程及方法

科普说明文写作的主要环节有搜集材料、提炼主题、谋篇布局、起草修改等。本小节着重就提炼主题、思维方法、逻辑规律的运用这几个主要方面,谈谈怎样写科普说明文。

1. 抓住本质特征,深入挖掘主题。

(1) 由表及里挖掘主题。说明事物本身的特征,不能停留在一般意义的内涵上,应透过表面现象看到事物内部错综复杂的矛盾,看到特殊性的矛盾与其他矛盾的关系,从而使认识深化。

(2) 由点及面归纳主题。事物的特征是由多方面构成的,必须从几个方面的特征去归纳总的特征。例如,叶圣陶的《苏州园林》,全文主题是从苏州园林处处"如在图画中"这一特点归纳出来的。作者正是观察了若干个景点,抓住了每个景点的特征,由点及面,进而抓住了整个苏州园林的设计特征,归纳出主题。

(3) 由果溯因提炼主题。现象往往是矛盾发展的结果,需要我们深入挖掘,追根溯源,由果而因,分析事物内部的因果关系,这样,我们就能得到反映事物本质特征的主题。

2. 分析与综合方法的科学运用。

(1) 科学地运用分析的方法。

①从事物内部联系做分析。竺可桢的《向沙漠进军》一文,作者先分析了沙漠的特性:用风和沙这两种武器向人类进攻;继而分析了人类对其进攻毫不示弱,用植树种草、挖掘水源、利用沙漠地区的风力和日照等办法抵御风沙的进攻;通过这对矛盾的深入展开得出结论:人类一定能征服沙漠。

②从事物的不同侧面做分析。事物的每一个侧面均表明其一种属性,且各个侧面的属性相互联系。只要把每种属性都分析透了,事物总的属性也就清楚了。

③按事物发展的不同层次做分析。事物在其矛盾运动中有着不同的层次,可针对不同层次的特点做分析,逐步揭示事物的内在规律。

④定性分析和定量分析相结合。定性分析是解决"是不是"或"有没有"的问题,定量分析是解决"有多少"的问题,它们之间有着密切的联系。

(2) 科学地运用综合的方法。

①一次性综合。这是对事物做一次性分析汇总的结论,多用于较短的科普说明文。

②多次性综合。这是从事物不同方面、不同层次逐一分析之后,依次做出各部分的综合,待各部分综合做完了,再做总的综合,多用于较长的科普说明文。

3. 自觉地运用逻辑规律。为了正确而科学地说明事物,作者应自觉运用逻辑规律。逻辑规律包括同一律、矛盾律和排中律,它们从不同方面揭示了正确思维的基本特征。只有遵循这些规律，构思和表述才明确清楚。

4. 表述通俗又不失科学高度。一篇有价值的科普说明文首先应具有一定的科学高度，反映这一领域新的研究成果，指示事物的科学原理、科学依据，有的甚至在某些领域还要做超前反映。但是，这会产生一些矛盾，因为具有科学高度的科普说明文往往要讲比较深奥的科学原理，某些复杂的系统工程，读者接受起来还会有困难。这就给科普作者提出了一个要求：写作科普说明文，应写得明白而不失深度，通俗而不失高度；越是有科学高度的文章，越应通俗浅显地表述。怎样达到这一要求呢？首先，作者应该通晓、熟悉所说明的事物，厚积薄发。如果没有丰厚的知识、技能为基础，对说明对象一知半解，就事说事，是不能深入浅出地表述的。只有深入实际考察，掌握大量的第一手资料，才能将深奥的科学知识和技术通俗易懂地介绍出来。其次，作者应掌握一定的表达技巧：①应该选择恰当的表述形式，例如，对复杂的科学原理，可采用"对话"的形式，处处为读者着想，多角度地提问题，运用层层剥笋式发问，使问题的解说越来越深入。②要在写作语言上下功夫。作者应采用人民群众的语言来说话，贴近生活、贴近群众，写的作品才容易被群众所接受。③要融入多种说明方法，如举例、比喻、比较、形象说理等，有利于表述的通俗化。

例文二 知识型科普说明文

豆奶加工工艺

核心提示：

一、实验目的

掌握豆奶的生产加工工艺，了解影响豆奶质量的各种因素。

二、实验原理

豆奶的生产是利用大豆蛋白质的功能特性和磷脂的强乳化特性。经变性后的大豆蛋白质、磷脂及油脂的混合体系，经过加入其他风味物质和均质，在水中形成均匀的乳状分散体系，即豆奶。

三、实验原料与器材

原料：新鲜黄豆、糖、奶粉

器材：高压灭菌锅、磨浆机、电子天平、糖度计、滤布

四、实验方法

工艺流程：大豆——清洗——浸泡——去皮——磨浆（80℃热水）——加热调配（85℃下进行）——过滤1200目——均质（200~250kp/cm²）——瓶装密封——杀菌——冷却——成品。

步骤：

1. 原料筛选：去除黄豆原料可能掺杂的泥沙、豆叶、秸秆及梅豆等异常。

2. 原料浸泡：将筛选后的黄豆倒入水槽中，注意不能太满，因为黄豆在浸泡时体积会发生1.5~2倍的膨胀。浸泡时，水量大约是原料量的5倍左右。浸泡过程中要随水温进行适当地控制：适时搅拌、换水2~3次。黄豆浸泡时间大概：夏季浸泡4~5小时，春、秋季浸泡8~10小时，冬季浸泡12小时左右，可以根据工艺流程使用温水来控制浸泡时间，浸泡效果：内膛饱满、略有凹形，内膛有轻微的部分色泽较深为宜。

3. 去皮。

4. 磨浆：将浸泡好的黄豆捞出倒入磨浆器中，注意磨浆器要均匀地加入适量的80℃

热水。

5. 调配：根据产品的口味、营养成分或其他标准要求的含量进行辅料添加，并均匀地搅。

6. 滤布过滤。

7. 均质：将调配后的豆浆进行均质，去除部分不希望的物质。

8. 灌装。

9. 杀菌：121℃、15分钟。

10. 冷却至室温，感官评定。

五、感官评定

色泽：微黄，色泽均匀。

气味：无异味，无豆腥味，有豆香。

口感：口感顺滑，有极少量微粒。

味道：甜度适中，有豆香味、奶香味。

六、结果分析与讨论结果分析：成品的色泽、气味、口感、味道都正常，说明原料质量良好，操作过程合格。豆奶中含有少量微粒，过滤操作需要改进。

影响豆奶质量的因素：

1. 清理与脱皮：大豆经过清理除去所含杂质。脱皮可减少细菌，改善豆乳风味，限制起泡性，防止褐变，赋予豆奶良好色泽。

2. 浸泡：磨浆前浸泡，能抑制制浆中异味物质的产生。

3. 磨浆：最大限度地提取大豆中的有效成分，除去不溶性多糖和纤维素。磨浆是要求用80℃以上的热水研磨，并且研磨要细。豆糊细度要求达到120目以上，豆渣含水量在85%以下，豆浆含量一般为8%～10%。

4. 调制：加入营养强化剂、赋香剂、豆腥味掩盖剂、油脂、稳定剂等，增强豆奶的风味、营养成分、口感、色泽、稳定性。

（资料来源：甘肃农业信息网，http://www.gsny.gov.cn/apps/site/site/issue/syjs/jgcz/2016/11/01/1477964734009.html，2018年07月13日。）

第五章　宣讲类应用文

第一节　宣讲类应用文概述

一、宣讲类应用文的含义

宣传类应用文是指人们为了配合一定时期的工作或进行社会交往活动，对公众进行宣传教育活动的文书。

二、宣讲类应用文的种类

根据内容性质和表达方式的不同，宣传类应用文可以分为解说类、序跋类、记事类和评论类等。

解说类应用文包括解说词、讲话稿、演讲稿等。

序跋类应用文是在各类出版物前后用来交代有关作品或者作者等情况的文书，包括发刊词、出版说明、内容提要、作者小传、序、跋、凡例、编后记等。

记事类应用文是读者或者作者用来总结经验、记录重要事情的文书，包括读后感、回忆录、大事记、年谱等。

评论类应用文是对各种文章、现象进行分析评价的文书，包括文艺评论等。

三、宣讲类应用文的特点

宣讲类应用文的特点可以概括为鼓动性、规范性和实用性。

（一）鼓动性

宣讲类应用文具有引人向上、催人奋进的特点，发挥鼓舞和教育作用。

（二）规范性

宣讲类应用文在人们长期使用过程中逐渐形成了相对固定的格式，特别是序跋类应用文，哪些放在前面，哪些放在后面，都有明确的规定。对宣讲类应用文进行规范，不仅有利于宣讲类应用文的编写，同时也有利于人们在实际工作和生活中更好地使用它。

（三）实用性

宣讲类应用文具有实用价值。随着社会的发展，人们发言的机会也多了，在实际交往中发表意见是经常的事情，运用规范的演讲稿和讲话稿更加便利于人们的沟通。物质丰富的同时必然带来精神财富的丰盛，人们著书立说的时候，序跋类应用文可以帮助人们在撰写过程中更得心应手。

四、宣讲类应用文的功用

（一）宣传教育

宣讲类应用文担负着对民众开展宣传、教育的作用。

（二）处理事务

宣讲类应用文担负着处理日常事务的作用。在日常生活中，人们需要交流思想、沟通感情、记载发生的各种重要的事情，如果不能解决实际问题，宣讲类应用文的价值就会大大降低，这些就需要用讲话稿、大事记、回忆录等文书来完成。

（三）介绍说明

宣讲类应用文有助于读者和听众更准确、更深刻地理解宣讲的内容和目的。如解说词有利于他人对介绍的内容等有很好的了解。出版说明则通过对编辑的方针、过程、立场和态度以及作者、译者的成就和影响等的介绍，使读者对图书有一个比较全面的认识。

（四）史料记载

宣讲类应用文有助于读者和后来人更好地了解所记载的资料，很多发生的事情在不远的将来都会成为历史，那些留下来的资料会给后来者的分析和研究提供帮助。也可以说对某些问题的研究，这些资料是不可多得的，如大事记、编后记、读后感、回忆录等。

第二节　解说词

一、解说词的含义

解说词是用于口头说明、解释的文字。解说词通过对事物、事件或人物的描述、叙说、渲染来感染观众或听众，使他们在对解说的内容有所认识和了解的同时产生更深刻的感受。

二、解说词的分类

解说词按题材可以分为电视专题片解说词、电影解说词、文物古迹解说词、专题展览解说词等。

三、解说词的特点

（一）说明性

解说词一般配合实物或图画的文字说明，使观众借助简明的文字介绍，对实物或图画有深刻认识。

（二）顺序性

解说词是按照实物陈列的顺序或画面推移的顺序编写的。陈列的各实物或各画面有相对的独立性，反映在解说词里，应该节段分明，每一件实物或一个画面有一节或一段文字说明。在书面形式上，或用标题标明，或用空行表示。

（三）形象性

实物或图片一般都形象生动，栩栩如生。解说词与其配套，也应具有形象性。

四、解说词的作用

解说词能引导观众的思路，诱发想象和联想，渲染画面气氛，此外，还能帮助编者进行场面的转换。

五、解说词的写作要求

解说词是解说客观事物的，而客观事物是复杂的，只有仔细地观察、深刻地研究，才能把客观事物如实地反映出来，介绍给读者。因此，要写好解说词，就要认真观察、研究被解说的事物，准确地把握它们之间的关系。

写解说词时必须照顾每组画面时间长度的约束，同时要顾及播音员的读播速度，应该尽量多用短句，并尽可能精简那些次要的、价值不大的附加语和修饰语，以便读播时能密切配合画面的需要。

写作解说词时要注意通俗化、口语化，多用群众语言，少用书面语言。字音响亮和谐，读起来上口，听起来入耳。多选用响亮的字眼、平声字、双音节词，避免使用同音不同义的词。要注意专有名词和专业术语的写法：少用或不用简称，注意语法修辞，防止出现基本的语法错误，言语搭配要符合听觉习惯。

写解说词，要尽量使语言抑扬顿挫、节奏鲜明、音律和谐、音调优美动听。

器、食物与刀灶釜的缘分（节选）

天亮的时候，黄有胜一家已经在深山里走了两个小时。他们要去寻找一种特殊的石料，这种石料可以用来制作当地怒族人非常喜爱的石板粑粑。黄有胜今年六十岁，从记事起，祖辈们就以此为生，过去是因为道路艰险，人们想要炊煮饭食，只能就地取材。

这里是云南丙中洛镇，净水深流，怒江第一湾于此蜿蜒而过。石板是当地特有的一种青黑色页岩，通常选取背阴背风的山崖上的石块，用撬杆撬下后，将大小合适的石料，用刀砍削修整，背下山后再打磨抛光，放在火塘边烘烤一两个月，水分烤干后就可以使用了。在整个怒江峡谷懂得这门技艺的人，已经不多。

石板放在火上，受热后便从松软可削变得坚实密硬，火烧不坏，水浇不裂，撒上薄薄一层炉灰，这是祖先传下来的不粘锅的古法，把野生甜荞粉搅成的糊，倒在石板上开始烙制。在火的烘烤中，石板渐渐有个温度，荞麦粑粑边缘的气孔中溢出焦香，粑粑熟了，再蘸上一点蜂蜜，这是来自怒江峡谷中的野生蜂蜜，集万物于一山的峡谷地貌，使得蜂蜜饱含清甜，荞麦的焦香和野蜂蜜的甜润混合，舌尖上就有了怒江夏天的味道。这种起源于新石器时代，用火加热石器烹制食物的石烹方法，是目前还能看到的最为古老的食物制作方法之一。

今天，在云南当地厨师中，石烹器形有了改变，但仍然创造着美味，将石锅放在火上空烧30分钟，灌入熬制八个多小时的高汤，再放入新鲜松茸，受热均匀的石锅成为松茸的温润天堂，它们的香气流溢出来，珍贵食材的活力被完美释放。

在南方许多民族当中，火塘仍然被广泛使用，简朴的土灶被置于房屋中心，成为家中最神圣的区域。烟火升起，便有了中国人烹饪美食的期许。

每年九、十月份的农闲时节，都是薛辉明最忙的时候，在河南三门峡陕州，薛辉明是当地有名的厨师，应接不暇的红白喜宴常常让他难以应付，薛辉明的办法是砌灶。陕州，地处黄河峡谷，为了防风抗震，当地先民掘地为穴，至今仍然留存着几百座坚固耐用的下沉式院落，这种奇特的民居就是地坑院。

地坑院里正在砌一种叫作穿灶的特殊灶台，这是薛辉明闻名乡里的绝技。利用地坑院气流向上的原理，七孔穿山灶呈斜坡状，依次向上开七个灶孔，灶心相通。

忙了整整一天，给新砌的穿山灶贴上灶神，这意味着穿山灶全部完成。灶神是人们在锅灶边供奉的、掌管驱邪避祸的神，对灶王爷的礼敬寄托着每一位厨人对平安幸福的希望。

十月的陕州正值雨季，到了夜里，果然下起了小雨，新砌的灶虽然已经暖膛烘干，但能不能经得住雨水的浇淋，薛辉明还是有点担心。

一夜过去，大灶安好，天一亮，老薛赶紧开始准备，搭档李建朝夫妇也早早赶到菜场，开始婚宴菜品的挑选。今天老薛准备的菜是扣碗条子肉、红油豆腐、小酥肉、杂烩菜、清炖三珍、高汤海带，烹饪方法不同，火候要求不同，每种菜都要分别放在不同的灶眼上。扣碗条子肉、糯米饭都需要大火蒸，放在第一、第二眼灶上；第三眼灶火头最强，能确保小酥肉的酥香里嫩；再往上炉温逐渐减弱，依次用于炖、焖、保温等，七个灶同时做出七道热菜，再配上三道凉菜，这就是陕州当地有名的十碗席。

有了穿山灶，即便是百余人的婚宴，薛辉明也显得从容不迫，自己的手艺给乡邻们带来了快乐，也赢得了人们的敬意，穿山灶最大限度地利用了热能，使用少量燃料也足以烹制大量的食物，充满了地坑院人的生活智慧。

灶实现了对火的掌控，几千年前，中国人还发现了水的转化，并在世界上最早运用蒸汽来烹制食物。

蒸笼，已经是中国人最常用的器具，这种利用弯木作边和竹条衬底的圆形蒸笼，将食物与水隔离，高于沸水温度的蒸汽传导热量，保持了食物的完整形状，蒸的过程中，鲜味物质被保留在食物内部，营养成分也不受破坏，无论菜肴还是面点，蒸的技法给中国人的餐桌带来了原汁原味的选择。

八百多年前的一天，一艘宋代货船行船至此。在广东阳江附近的海域发现的这艘"南海1号"沉船，让宋代饮食文化的繁盛和铁锅的发展浮出时光之海。考古队长崔勇，三十年前再水下找到这艘沉船时，最先触摸到的便是水底沉船货舱顶上的铁锅。

铁锅的历史始于秦汉，铁质炊具良好的导热性能推动形成了中国人独有的爆炒技法。在高温中，食物性状发生改变，各种调味得以浸入，万千食材在短时间内成为美味佳肴。中国菜肴的精妙，因为炒，而独步世界。

山东章丘今年八十三岁的王立芳，打了一辈子铁锅。这里许多铁匠都出自他的门下。其子王玉海，儿媳高恒盘，更是得其亲传。在章丘，打铁多为夫妻搭档，两个人必须得配合起来。

章丘手工铁锅制造分十二道工序，七道热锻，五道冷锻。这项工艺历史悠久，早在汉代这里便是冶铁重镇，直到今天，这里仍保留传统铁锅打制技艺。

中式炒菜经常需要手指翻动，两毫米的铁板被打制成锅把一体，不仅传热均匀，而且结实耐用，能给予厨师舒适的手感。铁锅打制的工序中，最重要的有两道工序，是打底子和打冷子，打底子要捶打出铁锅的锅形。

煎转黄花鱼是鲁菜大翻勺的功夫菜。在烹制中需要黄花鱼整体一次性翻转180度，保持整齐不乱，汁水不洒，这既是鲁菜技艺的高深，也得益于铁锅内部深、适合煎转的特点，而锅的内壁经过锻打，形成了内弧，食材在翻勺时从锅体自然内翻，不会产生外抛，煎转出的黄花鱼，外表酥脆而肉质细嫩，入口即化。

打冷子也称冷锻，一点一点把锅锻打成镜面，能够在里面看到人脸才是合格。

十二道工序，十八遍火候，大大小小十几种铁锤工具，一千度高温冶炼，三万六千次锻打，每一次的锻打都是对铁最有力的历练，注入着气力的同时，更赋予铁锅以生命。

手工打造的铁锅，在一款清水炒鸡蛋中，没放一滴油，丝毫不沾，这一特性助力了鲁菜独有的制作方法。

鲁菜经典九转大肠在熬糖上色过程中，需要不断烧燖，而铁锅厚薄恰当，光滑紧致，在长时间熬制中，糖浆始终没有干结粘锅，食物完整完美，晶莹剔透入口筋道，五味融合。有生命的器物创造着有生命的饮食。

章丘铁锅三万六千次捶打，获得生命的它，成为创造鲁菜传奇与荣耀的舞台。

2000年前后，手工锻锅行业受到多种因素的影响，短短两年，几乎所有的铁匠铺全部倒闭，随捶打的声音止息、衰微的，也是铁匠们的生命。

最近几年，人们又开始认识到传统铁锅的魅力，在热爱传统手工的年轻人的帮助下，王立芳和已经放弃的老师傅们又重出家门，在东平陵新址，这个曾经的汉代冶铁技术中心，人们又再次燃起炉火。

(本文根据电视节目《舌尖上的中国（第三季）》第一集录音整理而成)

第三节　讲话稿

一、讲话稿的含义

讲话稿是为讲话人出席会议、典礼等而准备的发言稿。讲话稿一般专门就某一方面的问题发表意见，内容集中，中心突出。有些讲话稿起到报告的作用，成为反映会议精神的主要的文件。

二、讲话稿的分类

（一）导向性讲话

导向性讲话一般发表于会议开始时，或会议进行之中。会议开始时，多由会议主持人或执行主席就召开会议的背景、缘由、目的、开好会议的要求发表讲话；会议进行中，他们常就讨论中提出的问题，结合有关文件精神进行有针对性的讲话，引导与会者用文件、上级指示精神统一认识。

（二）指导性讲话

指导性讲话一般发表在大会工作报告之后。这时讲话人通常会对会议的中心议题做重点阐发，结合当前形势和本地区、本单位的实际，向与会者提出应当怎样分析和认识一些具体问题。其中往往提出对某些实质性问题的处理原则，具有明显的指示、指导性质。

（三）总结性讲话

总结性讲话可分为阶段性总结和会议总结讲话。在会议进行中所做的阶段性讲话一般是在转入下一议程之前，就会议已经讨论的问题，针对讨论中的发言、讲话情况做客观的评价，肯定成绩，指出不足，作为阶段小结。会议总结讲话是在会议结束时对会议进行总结，提出贯彻会议精神的意见和要求。

三、讲话稿的特点

（一）权威性

讲话稿往往是领导者在重要场合所做的演讲和发言，目的是贯彻上级的指示精神，实施本级的决定，对分管的工作提出指导性意见等。因此，讲话稿具有权威性。

（二）思想性

作为政府领导的讲话，讲话内容必须具有一定的思想性。具体来讲，就是要能以马列主义理论为指导，阐述所做的工作的意义。

（三）鼓动性

当政府下发一项文件或精神时，就需要其工作人员去认真执行。此时，领导者的讲话便必须具有鼓动性，做到能够调动听众的情绪，使听众能够以饱满的热情投入到工作中去。

四、讲话稿的作用

讲话稿的使用范围很广，多用于各种大小会议、广播录音、电视录像中做口头表达，也可以作为"书面发言"在报纸上登载。

五、讲话稿的写作要求

（一）讲话稿的结构

讲话稿一般由标题、签署、称呼、正文等部分组成。

1. 标题。讲话稿的标题有多种写法。一种是由单位名称或讲话人、事由、文种组成；也可由事由加文种组成；或者根据讲话的内容确定讲话稿的标题，让人一听就知道讲话的主题。

2. 签署。在标题下方注明讲话人的姓名及日期，也可将日期写在文末。

3. 称呼。称呼要注意泛指性、次第性等。泛指性是指称呼要有包容性，将与会人员全部包容进去。次第性是称呼要按主次排列。

4. 正文，一般由开头、主体、结尾组成。开头或阐明讲话主题，或交代讲话背景，或提出问题，以引起注意。主体部分或分析问题，解决问题；或总结经验教训，安排新的工作项目。这部分要围绕一个主题有条理地展开，做到言之有物，言之有序。结尾部分一般是对全文的总结概括，同时提出要求、希望等。

（二）讲话稿应注意的关系

1. 权威性与平易性的关系。一篇好的讲话稿总是权威性与平易性相结合的产物。领导讲话无疑要具有权威性，这种权威，与讲话人的身份、地位、所代表的方面相符合，立场坚定，原则性强，严肃、认真，鲜明，有力地展示自己的观点，起到应有的强调、号召作用。这种权威，确实是一种原则性的把握。但是如果讲话人在讲话时处处炫耀自己的身份，表现得不可一世，就会拉远听众与讲话人距离。讲话人应尽量表现得平易近人，讲话人坦率、真挚，就能很快地与听众沟通，大大缩短与听众之间的距离，在自然而亲切的气氛中传达自己的思想。

2. 庄重与幽默的关系。领导人讲话无疑要非常严肃、庄重，决不能像拉家常一样闲扯，说起话来毫无目的，想到哪说到哪，只为消遣。领导者讲话要严肃、认真、准确地传达上级的指示精神，阐明自己的思想，这是领导者讲话必须把握的原则。但是，如果整个讲话自始至终处于一种非常严肃的氛围中，将使听众产生厌倦情绪，以致大大降低讲话的效果。因此，适时地活跃一下现场气氛，不但能够调动听众的情绪，而且会使讲话的效果更好。

3. 深入与浅出的关系。领导讲话时一定要注意处理好深入与浅出的关系。因为听众的水平参差不齐，讲话者要通过阐明一定的道理来说服人、教育人，就必须将深奥的道理通俗化。

（三）起草讲话稿应注意的问题

首先要避免雷同。因为讲话的场合多种多样，在同一个场合可能有不止一位领导针对同一个问题发言，这时，如何避免讲话内容的雷同便是起草人员应预先考虑且有所准备的。起草人应尽可能地使领导的讲话既全面又独特，紧紧抓住观众，才能收到好的效果。一般来说，避免雷同可在以下几个方面下功夫：一是根据领导者的特定身份，就会议的主旨阐发观点，展开议论，这样可以自然而然地成为"一家之言"。二是适当变换议题的角度，从独特的角度来看待问题，阐发观点，给听众耳目一新的感觉。三是选择那些富有新意的材料来说明问题，不同程度地满足人们审美活动和求异思维的需要，使听众开阔视野，回味无穷。

其次要独树风格。领导讲话最忌千篇一律地发表意见，平淡无奇。讲话要有自己的风格，才能抓住听众。撰稿人要在把握领导者思维、语言特点的基础上发挥创造性，使领导讲话讲出自己的风格来。讲话不应有固定的章法，应随讲话的内容和场合而随时变化，不仅要逻辑严明、思路清晰，而且应生动活泼、文采盎然。撰写领导讲话稿应当潇洒一些，讲究文采。文采对形成讲话风格有着很大的关系，可使讲话更富有生气，富有感染力、号召力。由于领导人的性格、职务特点、语言习惯不同，讲话风格也必然各具特色。

最后要适当调剂情绪和氛围。如果遇到长一些的讲话，一般来讲，任何人都会感到疲劳，精力往往不会像开始那样集中，这时讲话就需要调剂情绪和气氛。对这一点，撰稿人也要预先考虑到，运用即兴调剂要因领导讲话的内容而变化、因听众不同而变化，有时用在开头，有时用在中间，有时用在结尾。讲话即兴调剂是领导者机智灵活的表现。

例 文

在北京大学师生座谈会上的讲话
（2018年5月2日，北京）
习近平

各位同学，各位老师，同志们：

今天，有机会同大家一起座谈，感到非常高兴。再过两天，就是五四青年节，也是北大建校120周年校庆日。首先，我代表党中央，向北大全体师生员工和海内外校友，向全国各族青年，向全国青年工作者，致以节日的问候！

近年来，北大继承光荣传统，坚持社会主义办学方向，立德树人成果丰硕，双一流建设成效显著，服务经济社会发展成绩突出，学校发展思路清晰，办学实力和影响力显著增强，令人欣慰。

五四运动源于北大，爱国、进步、民主、科学的五四精神始终激励着北大师生同人民一起开拓、同祖国一起奋进。青春理想，青春活力，青春奋斗，是中国精神和中国力量的生命力所在。今天，在实现中华民族伟大复兴新征程上，北大师生应该继续发扬五四精

神，为民族、为国家、为人民做出新的更大的贡献。

从五四运动到中国特色社会主义进入新时代，中华民族迎来了从站起来、富起来到强起来的伟大飞跃。这在中华民族发展史上、在人类社会发展史上都是划时代的。

我在党的十九大报告中提出了我国发展的战略安排，这就是：到2020年全面建成小康社会，到2035年基本实现社会主义现代化，到本世纪中叶把我国建成富强民主文明和谐美丽的社会主义现代化强国。广大青年生逢其时，也重任在肩。我说过，中华民族伟大复兴，绝不是轻轻松松、敲锣打鼓就能实现的，我们必须准备付出更为艰巨、更为艰苦的努力。广大青年要成为实现中华民族伟大复兴的生力军，肩负起国家和民族的希望。

每一代青年都有自己的际遇和机缘。我记得，1981年北大学子在燕园一起喊出"团结起来，振兴中华"的响亮口号，今天我们仍然要叫响这个口号，万众一心，为实现中国梦而奋斗。广大青年既是追梦者，也是圆梦人。追梦需要激情和理想，圆梦需要奋斗和奉献。广大青年应该在奋斗中释放青春激情、追逐青春理想，以青春之我、奋斗之我，为民族复兴铺路架桥，为祖国建设添砖加瓦。

同学们、老师们！

近代以来我国历史告诉我们，只有社会主义才能救中国，只有中国特色社会主义才能发展中国，才能实现中华民族伟大复兴。坚持好、发展好中国特色社会主义，把我国建设成为社会主义现代化强国，是一项长期任务，需要一代又一代人接续奋斗。我们的今天就是这样走过来的，我们的明天需要青年人接着奋斗下去，一代接着一代不断前进。

教育兴则国家兴，教育强则国家强。高等教育是一个国家发展水平和发展潜力的重要标志。今天，党和国家事业发展对高等教育的需要，对科学知识和优秀人才的需要，比以往任何时候都更为迫切。我在党的十九大报告中提出要"加快一流大学和一流学科建设，实现高等教育内涵式发展"。当前，我国高等教育办学规模和年毕业人数已居世界首位，但规模扩张并不意味着质量和效益增长，走内涵式发展道路是我国高等教育发展的必由之路。

大学是立德树人、培养人才的地方，是青年人学习知识、增长才干、放飞梦想的地方。借此机会，我想就学校培养什么样的人、怎样培养人，同各位同学和老师交流一下看法。

我先给一个明确答案，就是我们的教育要培养德智体美全面发展的社会主义建设者和接班人。前不久，我在十三届全国人大第一次会议上向全体代表讲过："中国人民的特质、禀赋不仅铸就了绵延几千年发展至今的中华文明，而且深刻影响着当代中国发展进步，深刻影响着当代中国人的精神世界。"我讲到中国人民的伟大创造精神、伟大奋斗精神、伟大团结精神、伟大梦想精神。这种伟大精神是一代一代中华儿女创造和积淀出来的，也需要一代一代传承下去。

"国势之强由于人，人材之成出于学。"培养社会主义建设者和接班人，是我们党的教育方针，是我国各级各类学校的共同使命。大学对青年成长成才发挥着重要作用。高校只有抓住培养社会主义建设者和接班人这个根本，才能办好、才能办出中国特色世界一流大学。为此，有3项基础性工作要抓好。

第一，坚持办学正确政治方向。《礼记·大学》说："大学之道，在明明德，在亲民，在止于至善。"古今中外，关于教育和办学，思想流派繁多，理论观点各异，但在教育必须培养社会发展所需要的人这一点上是有共识的。培养社会发展所需要的人，说具体了，就是培养社会发展、知识积累、文化传承、国家存续、制度运行所要求的人。所以，古今中外，每个国家都是按照自己的政治要求来培养人的，世界一流大学都是在服务自己国家发展中成长起来的。我国社会主义教育就是要培养社会主义建设者和接班人。

马克思主义是我们立党立国的根本指导思想，也是我国大学最鲜亮的底色。今年是马克思诞辰200周年，在世界人民心目中，马克思至今依然是最伟大的思想家。中国共产党的主要创始人和一些早期著名活动家，正是在北大工作或学习期间开始阅读马克思主义著作、传播马克思主义的，并推动了中国共产党的建立。这是北大的骄傲，也是北大的光荣。要抓好马克思主义理论教育，深化学生对马克思主义历史必然性和科学真理性、理论意义和现实意义的认识，教育他们学会运用马克思主义立场观点方法观察世界、分析世界，真正搞懂面临的时代课题，深刻把握世界发展走向，认清中国和世界发展大势，让学生深刻感悟马克思主义真理力量，为学生成长成才打下科学思想基础。要坚持不懈培育和弘扬社会主义核心价值观，引导广大师生做社会主义核心价值观的坚定信仰者、积极传播者、模范践行者。要把中国特色社会主义道路自信、理论自信、制度自信、文化自信转化为办好中国特色世界一流大学的自信。只要我们在培养社会主义建设者和接班人上有作为、有成效，我们的大学就能在世界上有地位、有话语权。

"才者，德之资也；德者，才之帅也。"人才培养一定是育人和育才相统一的过程，而育人是本。人无德不立，育人的根本在于立德。这是人才培养的辩证法。办学就要尊重这个规律，否则就办不好学。要把立德树人的成效作为检验学校一切工作的根本标准，真正做到以文化人、以德育人，不断提高学生思想水平、政治觉悟、道德品质、文化素养，做到明大德、守公德、严私德。要把立德树人内化到大学建设和管理各领域、各方面、各环节，做到以树人为核心，以立德为根本。

第二，建设高素质教师队伍。人才培养，关键在教师。教师队伍素质直接决定着大学办学能力和水平。建设社会主义现代化强国，需要一大批各方面各领域的优秀人才，这对我们教师队伍能力和水平提出了新的更高的要求。同样，随着信息化不断发展，知识获取方式和传授方式、教和学关系都发生了革命性变化，这也对教师队伍能力和水平提出了新的更高的要求。

建设政治素质过硬、业务能力精湛、育人水平高超的高素质教师队伍是大学建设的基础性工作。要从培养社会主义建设者和接班人的高度，考虑大学师资队伍的素质要求、人员构成、培训体系等。高素质教师队伍是由一个一个好老师组成的，也是由一个一个好老师带出来的。2014年教师节时我同北京师范大学的师生代表座谈时就如何做一名好老师提出了4点要求，即：要有理想信念、有道德情操、有扎实学识、有仁爱之心。我今天再强调一下。

古人说："师者，人之模范也。"在学生眼里，老师是"吐辞为经、举足为法"，一言一行都给学生以极大影响。教师思想政治状况具有很强的示范性。要坚持教育者先受教育，让教师更好担当起学生健康成长指导者和引路人的责任。

评价教师队伍素质的第一标准应该是师德师风。师德师风建设应该是每一所学校常抓不懈的工作，既要有严格制度规定，也要有日常教育督导。我们的教师队伍师德师风总体是好的，绝大多数老师都敬重学问、关爱学生、严于律己、为人师表，受到学生尊敬和爱戴。同时，也要看到教师队伍中存在的一些问题。对出现的问题，我们要高度重视，认真解决。要引导教师把教书育人和自我修养结合起来，做到以德立身、以德立学、以德施教。

第三，形成高水平人才培养体系。"凿井者，起于三寸之坎，以就万仞之深。"社会主义建设者和接班人，既要有高尚品德，又要有真才实学。学生在大学里学什么、能学到什么、学得怎么样，同大学人才培养体系密切相关。目前，我国大学硬件条件都有很大改善，有的学校的硬件同世界一流大学比没有太大差别了，关键是要形成更高水平的人才培养体系。人才培养体系必须立足于培养什么人、怎样培养人这个根本问题来建设，可以借鉴国外有益做法，但必须扎根中国大地办大学。

人才培养体系涉及学科体系、教学体系、教材体系、管理体系等，而贯通其中的是思想政治工作体系。加强党的领导和党的建设，加强思想政治工作体系建设，是形成高水平人才培养体系的重要内容。要坚持党对高校的领导，坚持社会主义办学方向，把我们的特色和优势有效转化为培养社会主义建设者和接班人的能力。

当今世界，科学技术迅猛发展。大学要瞄准世界科技前沿，加强对关键共性技术、前沿引领技术、现代工程技术、颠覆性技术的攻关创新。要下大力气组建交叉学科群和强有力的科技攻关团队，加强学科之间协同创新，加强对原创性、系统性、引领性研究的支持。要培养造就一大批具有国际水平的战略科技人才、科技领军人才、青年科技人才和高水平创新团队，力争实现前瞻性基础研究、引领性原创成果的重大突破。

同学们、老师们！

当代青年是同新时代共同前进的一代。我们面临的新时代，既是近代以来中华民族发展的最好时代，也是实现中华民族伟大复兴的最关键时代。广大青年既拥有广阔发展空间，也承载着伟大时代使命。青年是国家的希望、民族的未来。我衷心希望每一个青年都成为社会主义建设者和接班人，不辱时代使命，不负人民期望。对广大青年来说，这是最大的人生际遇，也是最大的人生考验。

2014年我来北大同师生代表座谈时对广大青年提出了具有执着的信念、优良的品德、丰富的知识、过硬的本领这4点要求。借此机会，我再给广大青年提几点希望。

一是要爱国，忠于祖国，忠于人民。爱国，是人世间最深层、最持久的情感，是一个人立德之源、立功之本。孙中山先生说，做人最大的事情，"就是要知道怎么样爱国"。我们常讲，做人要有气节、要有人格。气节也好，人格也好，爱国是第一位的。我们是中华儿女，要了解中华民族历史，秉承中华文化基因，有民族自豪感和文化自信心。要时时想到国家，处处想到人民，做到"利于国者爱之，害于国者恶之"。爱国，不能停留在口号上，而是要把自己的理想同祖国的前途、把自己的人生同民族的命运紧密联系在一起，扎根人民，奉献国家。

二是要励志，立鸿鹄志，做奋斗者。苏轼说："古之立大事者，不惟有超世之才，亦必有坚忍不拔之志。"王守仁说："志不立，天下无可成之事。"可见，立志对一个人的一生具有多么重要的意义。广大青年要培养奋斗精神，做到理想坚定，信念执着，不怕困难，勇于开拓，顽强拼搏，永不气馁。幸福都是奋斗出来的，奋斗本身就是一种幸福。1939年5月，毛泽东同志在延安庆贺模范青年大会上说："中国的青年运动有很好的革命传统，这个传统就是'永久奋斗'。我们共产党是继承这个传统的，现在传下来了，以后更要继续传下去。"为实现中华民族伟大复兴的中国梦而奋斗，是我们人生难得的际遇。每个青年都应该珍惜这个伟大时代，做新时代的奋斗者。

三是要求真，求真学问，练真本领。"玉不琢，不成器；人不学，不知道。"知识是每个人成才的基石，在学习阶段一定要把基石打深、打牢。学习就必须求真学问，求真理、悟道理、明事理，不能满足于碎片化的信息、快餐化的知识。要通过学习知识，掌握事物发展规律，通晓天下道理，丰富学识，增长见识。人的潜力是无限的，只有在不断学习、不断实践中才能充分发掘出来。建设社会主义现代化强国，发展是第一要务，创新是第一动力，人才是第一资源。希望广大青年珍惜大好学习时光，求真学问，练真本领，更好为国争光、为民造福。

四是要力行，知行合一，做实干家。"纸上得来终觉浅，绝知此事要躬行。"学到的东西，不能停留在书本上，不能只装在脑袋里，而应该落实到行动上，做到知行合一、以知促行、以行求知，正所谓"知者行之始，行者知之成"。每一项事业，不论大小，都是靠脚踏实地、一点一滴干出来的。"道虽迩，不行不至；事虽小，不为不成。"这是永恒的道理。做人做事，最怕的就是只说不做，眼高手低。不论学习还是工作，都要面向实际、深入实践，实践出真知；都要严谨务实，一分耕耘一分收获，苦干实干。广大青年要努力成为有理想、有学问、有才干的实干家，在新时代干出一番事业。我在长期工作中最深切的体会就是：社会主义是干出来的。

同学们、老师们！

辛弃疾在一首词中写道："乘风好去，长空万里，直下看山河。"我说过："中国梦是历史的、现实的，也是未来的；是我们这一代的，更是青年一代的。中华民族伟大复兴的中国梦终将在一代代青年的接力奋斗中变为现实。"新时代青年要乘新时代春风，在祖国的万里长空放飞青春梦想，以社会主义建设者和接班人的使命担当，为全面建成小康社会、全面建设社会主义现代化强国而努力奋斗，让中华民族伟大复兴在我们的奋斗中梦想成真！

（资料来源：新华网，http：//www.xinhuanet.com/2018-05/03/c_1122774230.htm，2018年5月3日。）

第四节 演讲稿

一、演讲稿的含义

演讲稿是演讲者事先准备的，以在大会上或其他公开场合发表个人的观点、见解和主张的文稿。演讲稿对演讲起着提示与规范的作用。

二、演讲稿的分类

从内容上划分，演讲稿分为政治演讲稿、法律演讲稿、学术演讲稿和社交演讲稿等。从方式上划分，演讲稿分为专题演讲稿、辩论演讲稿。

三、演讲稿的特点

（一）针对性

演讲是一种社会活动，是用于公众场合的宣传形式。它为了以思想、感情、事例和理论来晓喻听众，打动听众，感动群众，必须要有现实的针对性。所谓针对性，首先是作者提出的问题是听众所关心的问题；其次是要懂得听众有不同的对象和不同的层次，而公众场合也有不同

的类型，如党团集会、专业性会议、服务性俱乐部、学校、社会团体、宗教团体、各类竞赛场合，写作时要根据不同场合和不同对象，为听众设计不同的演讲内容。

（二）可讲性

演讲的本质在于"讲"，而不在于"演"，它以"讲"为主、以"演"为辅。由于演讲要诉诸口头，拟稿时必须以易说能讲为前提。如果说有些文章和作品主要通过阅读欣赏，领略其中意义和情味，那么，演讲稿的要求则是"上口入耳"。一篇好的演讲稿对演讲者来说要可讲；对听讲者来说应好听。因此，演讲稿写成之后，作者最好能通过试讲或默念加以检查，凡是讲不顺口或听不清楚之处（如句子过长），均应修改与调整。

（三）鼓动性

演讲是一门艺术。好的演讲自有一种激发听众情绪、赢得听众好感的鼓动性。要做到这一点，首先要依靠演讲稿思想深刻、内容丰富、见解独到，此外，语言表达也要形象、生动，富有感染力。

四、演讲稿的作用

演讲具有宣传、号召、提示和规范行为的作用。

五、演讲稿的写作要求

（一）选题需恰当

选题主要是确定演讲题目，规定演讲的范围。要选择听众感兴趣的、有现实意义的题目，并根据演讲时间的长短规定合适的范围。

（二）观点需鲜明

要善于分析问题，透过事物的表象把握本质规律。确定了演讲的观点之后，材料必须紧扣观点组织，为阐明观点服务。

（三）选材需精当

演讲离不开真实典型、生动形象的事例。

（四）语言需准确优美

语言要准确精练，通俗易懂，还要生动形象，有幽默感与感染力。

六、演讲稿的写作技巧

演讲稿的结构分开头、主体、结尾三个部分，其结构原则与一般文章的结构原则大致一样。但是，由于演讲是具有时间性和空间性的活动，因而演讲稿的结构还具有其自身的特点，尤其是它的开头和结尾，有特殊的要求。

（一）开头要抓住听众，引人入胜

演讲稿的开头也叫开场白，它在演讲稿中处于显要的地位，具有重要的作用。瑞士作家温克勒说："开场白有两项任务：一是建立说者与听者的同感；二是如字义所释，打开场面，引入正题。"好的演讲稿，一开头就应该用最简洁的语言、最经济的时间，把听众的注意力和兴奋点吸引过来，这样才能达到出奇制胜的效果。开场白的技术主要有：①楔子。用几句诚恳的话同听众建立个人间的关系，获得听众的好感和信任。②衔接。直接地反映出一种形势或是将要论及的问题，常用某一件小事、一个比喻、个人经历、轶事传闻、出人意料的提问，将其与主要演讲内容衔接起来。③激发。可以提出一些激发听众思维的问题，把听众的注意力集中到演讲中来。④触题。一开始就告诉听众自己将要讲些什么。世界上许多著名的政治家、作家和国家领导人的演讲都是这样的。

演讲稿的开头有多种方法，通常用的主要有：

1. 开门见山，提示主题。这种开头是一开讲就进入正题，直接提示演讲的中心。

2. 介绍情况，说明根由。这种开头可以迅速缩短与听众的距离，使听众急于了解下文。

3. 提出问题，引起关注。这种方法是根据听众的特点和演讲的内容，提出一些激发听众思考的问题，以引起听众的注意。

除了以上三种方法，还有释题式、悬念式、警策式、幽默式、双关式、抒情式等方法。

（二）主体要环环相扣，层层深入

主体即演讲稿的主要部分。在行文过程中，要处理好层次、节奏和衔接等几个问题。

1. 层次。层次是演讲稿思想内容的表现次序，它体现了演讲者思路展开的步骤，也反映了演讲者对客观事物的认识过程，演讲稿结构的层次是根据演讲的时空特点对演讲材料加以选取和组合而形成的。由于演讲是直接面对听众的活动，所以演讲稿的结构层次是听众无法凭借视觉加以把握的，而听觉对层次的把握又受限于演讲的时间。

那么，怎样才能使演讲稿结构的层次清晰明了呢？根据听众以听觉把握层次的特点，显示演讲稿结构层次的基本方法就是在演讲中树立明显的有声语言标志，以此适时诉诸听众的听觉，从而获得层次清晰的效果。演讲者在演讲中反复设问，并根据设问来阐述自己的观点，就能在结构上环环相扣，层层深入。此外，演讲稿用过渡句，或用"首先""其次""然后"等语词来区别层次，也是使层次清晰的有效方法。

2. 节奏。节奏是指演讲内容在结构安排上表现出的张弛起伏。演讲稿结构的节奏主要是通过演讲内容的变换来实现的。演讲内容的变换是在一个主题思想所统领的内容中，适当地插入幽默、诗文、逸事等内容，以便听众的注意力既保持高度集中，又不因为高度集中而产生兴奋性抑制。优秀的演说家几乎没有一个不长于使用这种方法。

演讲稿结构的节奏既要鲜明，又要适度。平铺直叙，呆板沉滞，固然会使听众紧张疲劳，而内容变换过于频繁，也会造成听众注意力涣散。所以，插入的内容应该为实现演讲意图服务，节奏的频率也应该根据听众的心理特征来确定。

3. 衔接。衔接是指把演讲中的各个内容层次联结起来，使之具有浑然一体的整体感。由于演讲的节奏需要适时地变换演讲内容，因而也就容易使演讲稿的结构显得零散。衔接是对结构松紧、疏密的一种调节，它使各个内容层次的变换更为巧妙和自然，使演讲稿富于整体感，有助于演讲主题的深入人心。演讲稿结构衔接的方法主要是运用与两段内容、两个层次有联系的过渡段或过渡句。

（三）结尾要简洁有力，余音绕梁

结尾是演讲内容的自然收束。言简意赅、余音绕梁的结尾能够使听众精神振奋，并促使听众不断地思考和回味；松散疲沓、枯燥无味的结尾则只能使听众感到厌倦，并随着时过境迁而被遗忘。怎样才能给听众留下深刻的印象呢？美国作家约翰·沃尔夫说："演讲最好在听众兴趣到高潮时果断收束，未尽时戛然而止。"这是演讲稿结尾最为有效的方法。在演讲处于高潮的时候，听众大脑皮层高度兴奋，注意力和情绪都达到最佳状态，如果在这种状态中突然收束演讲，那么保留在听众大脑中的最后印象就特别深刻。

演讲稿的结尾没有固定的格式，或对演讲全文要点进行简明扼要的小结，或以号召性、鼓动性的话收束，或以诗文名言以及幽默俏皮的话结尾，但一般原则是要给听众留下深刻的印象。

> 例 文

2018博鳌论坛习近平总书记主旨演讲

习近平

尊敬的各位元首，政府首脑，国际组织负责人，部长，尊敬的各位博鳌亚洲论坛现任和候任理事，各位来宾，女士们，先生们，朋友们：

仲春时节的海南，山青海碧，日暖风轻。在这个美好的季节里，各国嘉宾汇聚一堂，出席博鳌亚洲论坛2018年年会。海南有一首民歌唱道："久久不见久久见，久久见过还想见。"大家就是这样，今天，有机会在此同各位新老朋友见面，我感到十分高兴。

首先，我谨代表中国政府和中国人民，并以我个人名义，对各位嘉宾的到来表示诚挚的欢迎！对年会的召开表示热烈的祝贺！

博鳌亚洲论坛成立以来，立足亚洲，面向世界，在凝聚亚洲共识、促进各方合作、推进经济全球化、推动构建人类命运共同体等方面建言献策，提出许多富有价值的"博鳌方案"，做出了积极贡献。今年是论坛理事会换届之年，借此机会，我谨向即将离任的各位理事表示衷心的感谢！对新当选的各位理事表示热烈的祝贺！

本届年会以"开放创新的亚洲，繁荣发展的世界"为主题，顺应时代潮流，符合各方期待。相信各位嘉宾和各界人士将畅所欲言，提出真知灼见。

女士们、先生们、朋友们！

历史，总是在一些特殊年份给人们以汲取智慧、继续前行的力量。2018年是中国改革开放40周年，也是海南建省办经济特区30周年。海南省可谓是"因改革开放而生，因改革开放而兴"。改革开放以来，海南从一个较为封闭落后的边陲岛屿，发展成为中国最开放、最具活力的地区之一，经济社会发展取得巨大成就。

一滴水可以反映出太阳的光辉，一个地方可以体现一个国家的风貌。海南发展是中国40年改革开放的一个重要历史见证。

1978年，在邓小平先生倡导下，以中共十一届三中全会为标志，中国开启了改革开放历史征程。从农村到城市，从试点到推广，从经济体制改革到全面深化改革，40年众志成城，40年砥砺奋进，40年春风化雨，中国人民用双手书写了国家和民族发展的壮丽史诗。

——40年来，中国人民始终艰苦奋斗、顽强拼搏，极大解放和发展了中国社会生产力。古人讲，天道酬勤，春华秋实。中国人民坚持聚精会神搞建设、坚持改革开放不动摇，持之以恒，锲而不舍，推动中国发生了翻天覆地的变化。今天，中国已经成为世界第二大经济体、第一大工业国、第一大货物贸易国、第一大外汇储备国。40年来，按照可比价格计算，中国国内生产总值年均增长约9.5%；以美元计算，中国对外贸易额年均增长14.5%。中国人民生活从短缺走向充裕、从贫困走向小康，现行联合国标准下的7亿多贫困人口成功脱贫，占同期全球减贫人口总数70%以上。

——40年来，中国人民始终上下求索、锐意进取，开辟了中国特色社会主义道路。中国人民坚持立足国情、放眼世界，既强调独立自主、自力更生又注重对外开放、合作共赢，既坚持社会主义制度又坚持社会主义市场经济改革方向，既"摸着石头过河"又加强顶层设计，不断研究新情况、解决新问题、总结新经验，成功开辟出一条中国特色社会主义道路。中国人民的成功实践昭示世人,通向现代化的道路不止一条,只要找准正确方向、驰而不息,条条大路通罗马。

——40年来,中国人民始终与时俱进、一往无前,充分显示了中国力量。中国人民坚持解放思想、实事求是,实现解放思想和改革开放相互激荡、观念创新和实践探索相互促进,充分显示了思想引领的强大力量。中国人民勇于自我革命、自我革新,不断完善中国特色社会主义制度,不断革除各方面体制弊端,充分显示了制度保障的强大力量。中国人民敢闯敢试、敢为人先,积极性、主动性、创造性空前高涨,充分显示了13亿多人民作为国家主人和真正英雄推动历史前进的强大力量。

——40年来,中国人民始终敞开胸襟、拥抱世界,积极做出了中国贡献。改革开放是中国和世界共同发展进步的伟大历程。中国人民坚持对外开放基本国策,打开国门搞建设,成功实现从封闭半封闭到全方位开放的伟大转折。中国在对外开放中展现大国担当,从引进来到走出去,从加入世界贸易组织到共建"一带一路",为应对亚洲金融危机和国际金融危机做出重大贡献,连续多年对世界经济增长贡献率超过30%,成为世界经济增长的主要稳定器和动力源,促进了人类和平与发展的崇高事业。

今天,中国人民完全可以自豪地说,改革开放这场中国的第二次革命,不仅深刻改变了中国,也深刻影响了世界!

"天行有常","应之以治则吉"。中国进行改革开放,顺应了中国人民要发展、要创新、要美好生活的历史要求,契合了世界各国人民要发展、要合作、要和平生活的时代潮流。中国改革开放必然成功,也一定能够成功!

中国40年改革开放给人们提供了许多弥足珍贵的启示,其中最重要的一条就是,一个国家、一个民族要振兴,就必须在历史前进的逻辑中前进、在时代发展的潮流中发展。

女士们、先生们、朋友们!

放眼全球,当今世界正在经历新一轮大发展大变革大调整,人类面临的不稳定不确定因素依然很多。新一轮科技和产业革命给人类社会发展带来新的机遇,也提出前所未有的挑战。一些国家和地区的人民仍然生活在战争和冲突的阴影之下,很多老人、妇女、儿童依然饱受饥饿和贫穷的折磨。气候变化、重大传染性疾病等依然是人类面临的重大挑战。开放还是封闭,前进还是后退,人类面临着新的重大抉择。

面对复杂变化的世界,人类社会向何处去?亚洲前途在哪里?我认为,回答这些时代之问,我们要不畏浮云遮望眼,善于拨云见日,把握历史规律,认清世界大势。

当今世界,和平合作的潮流滚滚向前。和平与发展是世界各国人民的共同心声,冷战思维、零和博弈愈发陈旧落伍,妄自尊大或独善其身只能四处碰壁。只有坚持和平发展、携手合作,才能真正实现共赢、多赢。

当今世界,开放融通的潮流滚滚向前。人类社会发展的历史告诉我们,开放带来进步,封闭必然落后。世界已经成为你中有我、我中有你的地球村,各国经济社会发展日益相互联系、相互影响,推进互联互通、加快融合发展成为促进共同繁荣发展的必然选择。

当今世界,变革创新的潮流滚滚向前。中国的先人们早在2500多年前就认识到:"苟利于民,不必法古;苟周于事,不必循俗"。变革创新是推动人类社会向前发展的根本动力。谁排斥变革,谁拒绝创新,谁就会落后于时代,谁就会被历史淘汰。

从顺应历史潮流、增进人类福祉出发,我提出推动构建人类命运共同体的倡议,并同有关各方多次深入交换意见。我高兴地看到,这一倡议得到越来越多国家和人民的欢迎和认同,并被写进了联合国重要文件。我希望,各国人民同心协力、携手前行,努力构建人类命运共同体,共创和平、安宁、繁荣、开放、美丽的亚洲和世界。

——面向未来,我们要相互尊重、平等相待,坚持和平共处五项原则,尊重各国自主选择的社会制度和发展道路,尊重彼此核心利益和重大关切,走对话而不对抗、结伴而不结盟的国与国交往新路,不搞唯我独尊、你输我赢的零和游戏,不搞以邻为壑、恃强凌弱的强权霸道,妥善管控矛盾分歧,努力实现持久和平。

——面向未来,我们要对话协商、共担责任,秉持共同、综合、合作、可持续的安全理念,坚定维护以联合国宪章宗旨和原则为核心的国际秩序和国际体系,统筹应对传统和非传统安全挑战,深化双边和多边协作,促进不同安全机制间协调包容、互补合作,不这边搭台、那边拆台,实现普遍安全和共同安全。

——面向未来,我们要同舟共济、合作共赢,坚持走开放融通、互利共赢之路,构建开放型世界经济,加强二十国集团、亚太经合组织等多边框架内合作,推动贸易和投资自由化便利化,维护多边贸易体制,共同打造新技术、新产业、新业态、新模式,推动经济全球化朝着更加开放、包容、普惠、平衡、共赢的方向发展。

——面向未来,我们要兼容并蓄、和而不同,加强双边和多边框架内文化、教育、旅游、青年、媒体、卫生、减贫等领域合作,推动文明互鉴,使文明交流互鉴成为增进各国人民友谊的桥梁、推动社会进步的动力、维护地区和世界和平的纽带。

——面向未来,我们要敬畏自然、珍爱地球,树立绿色、低碳、可持续发展理念,尊崇、顺应、保护自然生态,加强气候变化、环境保护、节能减排等领域交流合作,共享经验、共迎挑战,不断开拓生产发展、生活富裕、生态良好的文明发展道路,为我们的子孙后代留下蓝天碧海、绿水青山。

女士们、先生们、朋友们!

去年10月召开的中共十九大宣告中国特色社会主义进入了新时代,制定了全面建设社会主义现代化强国的宏伟蓝图。中国特色社会主义进入新时代,掀开了实现中华民族伟大复兴的新篇章,开启了加强中国同世界交融发展的新画卷。

一个时代有一个时代的问题,一代人有一代人的使命。虽然我们已走过万水千山,但仍需要不断跋山涉水。在新时代,中国人民将继续自强不息、自我革新,坚定不移全面深化改革,逢山开路,遇水架桥,敢于向顽瘴痼疾开刀,勇于突破利益固化藩篱,将改革进行到底。中国人民将继续大胆创新、推动发展,坚定不移贯彻以人民为中心的发展思想,落实新发展理念,建设现代化经济体系,深化供给侧结构性改革,加快实施创新驱动发展战略、乡村振兴战略、区域协调发展战略,推进精准扶贫、精准脱贫,促进社会公平正义,不断增强人民获得感、幸福感、安全感。中国人民将继续扩大开放、加强合作,坚定不移奉行互利共赢的开放战略,坚持引进来和走出去并重,推动形成陆海内外联动、东西双向互济的开放格局,实行高水平的贸易和投资自由化便利化政策,探索建设中国特色自由贸易港。中国人民将继续与世界同行、为人类做出更大贡献,坚定不移走和平发展道路,积极发展全球伙伴关系,坚定支持多边主义,积极参与推动全球治理体系变革,构建新型国际关系,推动构建人类命运共同体。

无论中国发展到什么程度,我们都不会威胁谁,都不会颠覆现行国际体系,都不会谋求建立势力范围。中国始终是世界和平的建设者、全球发展的贡献者、国际秩序的维护者。

第五章 宣讲类应用文

女士们、先生们、朋友们！

综合研判世界发展大势，经济全球化是不可逆转的时代潮流。正是基于这样的判断，我在中共十九大报告中强调，中国坚持对外开放的基本国策，坚持打开国门搞建设。我要明确告诉大家，中国开放的大门不会关闭，只会越开越大！

实践证明，过去40年中国经济发展是在开放条件下取得的，未来中国经济实现高质量发展也必须在更加开放条件下进行。这是中国基于发展需要做出的战略抉择，同时也是在以实际行动推动经济全球化，造福世界各国人民。

在扩大开放方面，中国将采取以下重大举措。

第一，大幅度放宽市场准入。今年，我们将推出几项有标志意义的举措。在服务业特别是金融业方面，去年年底宣布的放宽银行、证券、保险行业外资股比限制的重大措施要确保落地，同时要加快保险行业开放进程，放宽外资金融机构设立限制，扩大外资金融机构在华业务范围，拓宽中外金融市场合作领域。在制造业方面，目前已基本开放，保留限制的主要是汽车、船舶、飞机等少数行业，现在这些行业已经具备开放基础，下一步要尽快放宽外资股比限制特别是汽车行业外资限制。

第二，创造更有吸引力的投资环境。投资环境就像空气，空气清新才能吸引更多外资。过去，中国吸引外资主要靠优惠政策，现在要更多靠改善投资环境。我们将加强同国际经贸规则对接，增强透明度，强化产权保护，坚持依法办事，鼓励竞争、反对垄断。今年3月，我们组建了国家市场监督管理总局，还有一些其他新的机构，对现有政府机构做出大幅度调整，坚决破除制约使市场在资源配置中起决定性作用、更好发挥政府作用的体制机制弊端。今年上半年，我们将完成修订外商投资负面清单工作，全面落实准入前国民待遇加负面清单管理制度。

第三，加强知识产权保护。这是完善产权保护制度最重要的内容，也是提高中国经济竞争力最大的激励。对此，外资企业有要求，中国企业更有要求。今年，我们将重新组建国家知识产权局，完善加大执法力度，把违法成本显著提上去，把法律威慑作用充分发挥出来。我们鼓励中外企业开展正常技术交流合作，保护在华外资企业合法知识产权。同时，我们希望外国政府加强对中国知识产权的保护。

第四，主动扩大进口。内需是中国经济发展的基本动力，也是满足人民日益增长的美好生活需要的必然要求。中国不以追求贸易顺差为目标，真诚希望扩大进口，促进经常项目收支平衡。今年，我们将相当幅度降低汽车进口关税，同时降低部分其他产品进口关税，努力增加人民群众需求比较集中的特色优势产品进口，加快加入世界贸易组织《政府采购协定》进程。我们希望发达国家对正常合理的高技术产品贸易停止人为设限，放宽对华高技术产品出口管制。今年11月，我们将在上海举办首届中国国际进口博览会。这是个大平台，今后要年年办下去。这不是一般性的会展，而是我们主动开放市场的重大政策宣示和行动。欢迎各国朋友来华参加。

我想强调的是，我刚才宣布的这些对外开放重大举措，我们将尽快使之落地，宜早不宜迟，宜快不宜慢，努力让开放成果及早惠及中国企业和人民，及早惠及世界各国企业和人民。我相信，经过努力，中国金融业竞争力将明显提升，资本市场将持续健康发展，现代产业体系建设将加快推进，中国市场环境将大大改善，知识产权将得到有力保护，中国对外开放一定会打开一个全新的局面。

5年前，我提出了共建"一带一路"倡议。5年来，已经有80多个国家和国际组织同

中国签署了合作协议。共建"一带一路"倡议源于中国，但机会和成果属于世界，中国不打地缘博弈小算盘，不搞封闭排他小圈子，不做凌驾于人的强买强卖。需要指出的是，"一带一路"建设是全新的事物，在合作中有些不同意见是完全正常的，只要各方秉持和遵循共商、共建、共享的原则，就一定能增进合作、化解分歧，把"一带一路"打造成为顺应经济全球化潮流的最广泛国际合作平台，让共建"一带一路"更好造福各国人民。

女士们、先生们、朋友们！"积土而为山，积水而为海。"幸福和美好未来不会自己出现，成功属于勇毅而笃行的人。让我们坚持开放共赢，勇于变革创新，向着构建人类命运共同体的目标不断迈进，共创亚洲和世界的美好未来！

最后，预祝博鳌亚洲论坛2018年年会圆满成功！谢谢大家。

（资料来源：新华网，http：//www.xinhuanet.com/politics/2018-04/10/c_1122659873.htm，2018年4月10日。）

第五节　内容提要

一、内容提要的含义与功能

图书、电影、戏剧等文艺作品的"内容提要"，亦称内容简介、内容摘要、内容说明、内容梗概等，是针对文艺作品的一种辅助性文体，是用来扼要介绍文艺作品内容及其特色的概括性文字。内容提要具有概括功能和引导功能，甚至可以起到作品征订、宣传推广的作用。

内容提要是对原作品的高度浓缩和概括，全面提示原作品的内容要点。从概括作品全部要素的要求出发，简短的内容提要包含四个方面的内容，即探讨（或反映）了什么问题，根据（或使用）什么理由（或材料），运用了怎样的分析方法（或采用什么创作手法），得出什么样的结果（获取什么样的效果）。对有故事情节的文艺作品，其内容提要包括故事起因、经过、结果，展示的是故事主人公的主要矛盾和冲突。

二、内容提要的写作特点

（一）以小搏大

文艺作品的内容提要一般仅两三百字，却忠实地反映了原作品的总体面貌。其意义在于供阅听人和发行机构观看、选购或预订时参考，并作为图书馆、文化馆、影剧院等文化、收藏机构储存的信息资料。

内容提要是文艺作品的"窗口"、导读的"路标"、选购的"指南"、文艺作品资源信息的"基础"，是从选题、策划、创意起，到编辑制作、发行销售等产业链中不可忽视的重要一环。内容提要是主创人员、编者、读者共同关注的焦点之一。优秀的"内容提要"可以扩大社会影响，产生良好的社会效益，可以扩大发行和提高上座率，产生良好的经济效益。内容提要不似广告，却起着独特的宣传作用。可见，约占不到三分之一版面的内容提要，看似只占整个作品的极小部分，却有着举足轻重的深刻内涵与广博外延。

（二）提纲挈领

内容提要以简明扼要的语言介绍该文艺作品的基本内容（或故事梗概）、性质、用途、特点、价值及其阅听对象等。

（三）就实避虚

撰写内容提要应避免空洞浮泛，言不及义，使人读后不得要领，起不到应有的作用。在用词方面，一句之差可能影响作品的社会效益，一字之差可能导致经济效益锐减。同时，切忌为单纯追求市场效果而夸大其词，损害创作者和出版发行单位的形象；更不能使用虚无缥缈、漫无边际的语言，造成不良的社会影响。推荐观众、读者对象一定要准确，专业类作品切忌将读者对象泛化。

三、内容提要的写作方法

（一）平铺直叙法

所谓"平铺直叙法"，亦称"三段论"法，即"内容提要"的整体结构为"谓什么""是什么""为什么"三部分。在"谓什么"中表述书名或书名及作者，在"是什么"中介绍该书的基本内容并简要评介，在"为什么"中推荐读者对象。这是一种最常见也最普通的方法。

（二）目录浓缩法

此方法是将目录中的基本内容浓缩、升华为内容提要。这种方法常用于科技类专业教材内容提要的撰写。撰写时需先将教材中的篇、章目录进行提炼，概括介绍本书共几篇、几章及重点篇章，篇章的名称是什么，这样各章所涉及的重点内容便一目了然。同时，该类提要一般都要讲明此教材是针对哪类学校、什么课程，甚至读者对象，方便教师或学生选用教材。例如，清华大学出版社2018年7月出版的高等学校教材《汽车工程概论》（第二版），其内容简介这样写道：

本书是按照教育部关于车辆工程专业本科和"卓越工程师教育培养计划"的总体目标，并结合汽车类专业的实际需求编写的。本书共分10章，紧紧围绕汽车工程，在简要介绍汽车发展史、汽车分类与性能、汽车基本构造等内容的基础上，重点阐述汽车工程材料、汽车设计工程、汽车试验工程、汽车制造工程等内容，对汽车认证与新车评价以及汽车报废回收与循环经济等相关知识也做了充分的介绍，是一本内容较为广泛、简明扼要地反映当代汽车及汽车工业新知识的教材。本书可作为普通高等院校车辆工程（汽车）类专业教材，也可作为高等工程专科学校、高等职业技术学院以及自学考试、成人教育类汽车运用、汽车服务、汽车维修类专业教材，还可作为广大汽车工程技术人员和汽车爱好者的参考读物。

（三）突出主创者法

此方法是以独特的视角、新锐的理念，突出此作品为主创人员倾心倾力所作，以吸引读者，此法对已经发表过较有影响力作品的创作者更为适宜。如北京人艺演出的话剧《茶馆》的内容简介：

老舍先生创作的《茶馆》被公认为是中国现代话剧的经典代表之作，于1958年首次被北京人艺搬上舞台，曹禺在看了戏之后，兴奋地对老舍先生说："这第一幕是古今中外剧作中罕见的第一幕。"1980年，《茶馆》应邀赴民主德国、法国、瑞士三国15个城市进行访问演出，被誉为是"东方戏剧的奇迹"，这是中国话剧第一次走出国门，其后又赴日本、新加坡、加拿大及中国香港、台湾等国家和地区演出。

1992年7月16日，在北京人艺建院四十周年之际，《茶馆》在首都剧场所进行的第374场演出，成为于是之、郑榕、蓝天野等老一辈《茶馆》演员的告别演出。2004年5月，《茶馆》迎来第500场演出。

为纪念导演焦菊隐先生诞辰100周年，2005年夏，北京人艺重排"焦版"《茶馆》，并于当年成功地出访美国。《茶馆》在舞台上长演不衰，是北京人艺演剧风格的代表作。

故事发生在京城的老裕泰茶馆（剧情略）。

（四）开门见山法

此方法是突出作品的精髓、亮点，开门见山地表达主题。如华夏出版社 2012 年 4 月出版的《心性灵明论——人文精神与心性本体论的研究》（大道哲学通书第四卷），其内容提要就开门见山地写道：

这是一部研究人文精神与心性本体论的著作，天下之根本，莫过于人心；然欲唤醒人心，就要倡明学术。治国平天下，全在教化人心。唯有人心正，才能天下定！人心邪妄，物欲汹汹，君子失义，小人犯刑，是没有安定、持续发展可言的。本部论著，旨在唤醒国家民族良知之心，重建国家民族文化精神。它的研究全部是围绕着心性本体与精神创造展开的。全书书 10 章，前 4 章主要是研究心性本体与精神创造的基本理论；后 6 章围绕着立心立命、继绝学、开太平问题研究了盛治之道与重建华夏礼仪之邦的文化哲学基础。

（五）书名定睛法

此方法在撰稿时以书名为主线，书名的玄妙在于一目了然或扣人心弦，以书名之主题为主，以书名之精华涵盖全书，以书名之魅力锁定读者。例如，电子工业出版社 2015 年出版的《工业 4.0 大革命》一书的内容简介直接将读者定睛于此书名。该书的内容简介写道：

本书深入而客观地解读了工业 4.0 的起源及现存状况，用通俗易懂的方式梳理了与工业 4.0 相关的各种最前沿科技成果，如可穿戴设备、物联网、大数据、云计算、智能设备等，同时不仅针对德、美、日等强国进行了优势分析与对比，而且重点针对我国面对工业 4.0 的优劣势与切入点、现状与出路等进行了详尽的分析和讨论，继而引发人们对工业 4.0 将可能带来的种种机遇与挑战的思考。

（六）设问回答法

此方法是根据作品提出简要问题并巧妙作答。采用此法可收到事半功倍之效果。四川文艺出版社 2018 年 6 月出版的《空谷幽兰》一书，其内容简介就运用了设问回答法：

空谷幽兰，常用来比喻品行高雅的人，在中国历史上，隐士这个独特的群体中就汇聚了许多这样的高洁之士，而今这些人是否还存在于中国广袤的国土之上？这是一直在困扰着比尔·波特的问题。因此，他于 20 世纪 80 年代末，亲自来到中国寻找隐士文化的传统与历史踪迹，探访了散居于各地的隐修者，借此表达他对中国传统文化的高度赞叹和无限向往，形成了风格独特的"文化复兴之旅"。

（七）悬念法

该方法是依照作品内容制造悬念，以引起阅听人的兴趣。该法多应用于影片介绍。例如：

继《拯救大兵瑞恩》和《兄弟连》等二战题材后，大导演史蒂文·斯皮尔伯格把目光转向第一次世界大战。最新电影《战马》讲述了一个男孩与一匹马之间非同寻常的友谊，他们被分离的命运因为第一次世界大战又重新交织在一起。

影片以一匹名叫乔伊的农场马的视角展开。1914 年，一战爆发，一个英国农场少年阿尔伯特的父亲为了维持农场，无奈之下将乔伊卖给军队，为前线运送军火物资。阿尔伯特和他心爱的马不得不分离。尽管身处在这凄凉的战壕，乔伊的勇气感动了它身边的士兵和人们，它能够寻找到温暖和希望。但是它的内心却惦记着它的小主人阿尔伯特，最终他们是否能够再次相逢呢？

第六节 作者小传

一、作者小传的含义

作者小传是一种以简洁的文字，介绍作者生平中的主要史实以及创作、研究活动中主要成就的微型传记。

二、作者小传的作用

编写作者小传的目的是为了宣传作者，扩大影响，让其更广泛地得到社会的了解和承认，同时也给读者正确理解作品提供方便。读者了解了作者，再去读他的作品，便会得到更多的收获，留下更深刻的印象。

三、作者小传的写作要求

（一）要注意稳定性

因为图书再版机会较多，要长期流传下去，一些不够稳定的材料，如作者的现任职务、正在撰写的著作之类，不宜写到小传中。

（二）要注意准确性

作者小传中的内容是带有史料性质的，有的可能被广泛引用，一旦失实，容易以讹传讹，造成混乱。因此，编写作者小传，要以可靠的材料为依据，并应做必要的核实。

（三）要注意分寸

对作者及其作品的评价一定要实事求是，不能滥用"著名的""杰出的"一类形容词，乱戴"名家""新秀"一类桂冠。

（四）应该在"小"字上面下功夫：小巧、精悍、扎实，言之有物

写作者小传，是向社会介绍和推荐人才，不仅要有严肃、冷静的态度，也要有饱满、动人的热情。

（五）要坚持实事求是原则

要如实写出传主的经历，实事求是地评价传主，不夸大，不缩小，不编造，不隐匿，包括时间、地点都要写清楚，一些重要事件要有证明人。

> **例　文**

老舍小传

老舍（1899—1966），原名舒庆春，字舍予。北京人，满族。1924年在英国期间开始文学创作，写出长篇小说《老张的哲学》、《赵子曰》和《二马》，震动文坛。1930年回国，任教于齐鲁大学和山东大学，出版了《月牙儿》《我这一辈子》《离婚》《骆驼祥子》等优秀中、长篇小说。抗战期间，主持中华全国文艺界抗敌协会，写了大量通俗文艺作品和长篇小说《四世同堂》。新中国成立后，从美国归来，创作了《龙须沟》《茶馆》《正红旗下》等优秀剧本和小说。1951年，北京市人民政府授予他"人民艺术家"称号。曾担任中国文联副主席、中国作协副主席及书记处书记、中国民间文艺研究会副理事长（副主席)、中国戏剧家协会理事、北京市文联主席等职务,并多次当选全国人大代表和全国政协常委。1966年"文革"中,不堪凌辱投湖自尽。

第七节 序、跋

一、序、跋的含义

放在书的正文之前的是"序",主要是说明书的内容以及与之有关的问题。请别人写的称"代序",作者自写的称"自序"。放在书的正文后面的是"跋",主要叙述书的内容或做补充说明。"跋"实际上就是"后序",一般都由该书作者自己撰写。

二、序、跋的特点

序、跋的特点是评介性,可以帮助读者更好地理解著作内容,具有较大的文学价值或史料价值。

三、序、跋的结构与写作要求

序、跋一般包括标题、正文、署名和日期。
1. 标题一般写作"序""序言""自序""跋"等。
2. 正文可以有自序和他序之分。序和跋的体例大致相同。自序偏重于说明著作的宗旨,撰写经过,编写的体例,还可以简要阐述书中的重点和难点。他序常常对作者、作品进行介绍和评论,或对书中的观点进行引申和发挥。自序和他序可以并用,不同的观点还可以展开争鸣。前者如鲁迅的《〈呐喊〉自序》,后者如毛泽东的《〈农村调查〉序言》。序、跋正文语言表达方式比较灵活,可以以一种表达方式为主,也可以综合运用多种表达方式。如《〈农村调查〉序言》以议论为主,文天祥的《〈指南录〉后序》是叙述与抒情相结合,孙中山的《〈黄花岗七十二烈士事略〉序》则把叙事、抒情、议论融为一体。
3. 署名,即写明作序者的姓名。
4. 日期,即写上作序的时间。

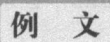

自 序

习近平总书记讲过,中国需要更多地了解世界,世界也需要更多地了解中国。

我希望这部文集能为增进中国与世界的相互了解尽绵薄之力。这是我的第二部文集,大部分是2015年到2017年在国外的演讲,以及在外国报纸杂志和网络媒体上发表的文章,有几篇是更早的,其中不少在国内发表过。感谢中信出版社把这些文稿收集到一起,建议我分别用中文和英文出版。本书共收录了40篇文稿,分为九个篇章,包括秩序、格局、中美关系、中俄关系以及亚洲问题等。

人在往前走时不太会想到丈量脚下,隔了一段时间回头看才发现,原来已经翻过了那么多座山,趟过了那么多条河。重新审读这些文章时,意识到这些年还是做了不少思考的,观点也随着时间的推移而逐步深化。如今一并呈现在大家面前,多少有些惶恐。因是在不同场合谈及，且囿于时间、空间的限制，对一些看法的阐述难以系统和周全。例如关于秩序问题，就在不同文章中反复出现。有的文稿是根据谈话整理的，基本保留了原来的语言风格。

这部文集的内容主要是关于如何看世界，旨在回应当时国际上所关心的一些问题。有的文稿在草拟过程中吸纳了不少学者的意见，有些看法是经过讨论甚至是辩论而形成的，也有的文章得到相关领域专家学者的指点，也不乏尖锐的批评。这个过程让我受益匪浅，使得一些观点能在一次次打磨中抽丝剥茧、聚沙成塔。

当世界即将进入21世纪第二个十年的最后阶段之际，国际形势纷繁交织的变化逐渐显现出头绪。美国作为冷战后国际政治的主导性国家，不愿继续承担全球义务，从一些领域的"领导责任"中退出，这对美国自身及其盟友产生比较大的震荡。2017年12月，我在欧洲参加了三场论坛，人们关心的两大问题：一是美国是否会继续收缩国际战略和部署？换言之，没有了美国"领导"的世界会是什么样子？二是谁来填补"真空"？会是中国吗？

显然，当美国的"领导"角色陷入疲态之际，人们把目光转向中国，想知道中国能为世界做什么。中国共产党的十九大和习近平总书记的报告在国际上受到广泛关注，人们希望从中更好地了解中国，判断中国未来的方向和对世界的影响。

另一方面，目前外界对中国仍然缺乏全面了解。长期形成的偏见并没有消除，一些人继续用旧的思维惯性揣度中国的战略和目标，美国对中国的警惕和疑虑正在上升，新的错误认识和判断仍在生成。中外语言文化的差异也容易带来理解问题。

中国在成长为一个世界大国的过程中，需要国际社会更好地了解：我们是谁？从哪里来？向哪里去？要成为什么样的世界大国？

习近平主席在党的十九大报告中明确提出，中国特色大国外交要推动构建新型国际关系，推动构建人类命运共同体。中国人民的梦想同各国人民的梦想息息相通，实现中国梦离不开和平的国际环境和稳定的国际秩序。中国将始终不渝走和平发展道路，始终做世界和平的建设者、全球发展的贡献者、国际秩序的维护者。

中国是在用改变自己的方式改变世界的，也需要通过更好地阐释自己来让世界信服。一个大国在成长的过程中，难免会遭遇各种阻力，我们需要多向世界讲述自己的想法和观点，以赢取更多的了解和理解；不主动讲，谬误就容易越积越多。赢得理解是一个长期的过程，中国的许多主张需要多讲、反复讲。

出版这部文集，既是向努力思考和探索前行的同仁们致敬，也是抛砖引玉。在此谨向帮助我的学者和助手们表示衷心感谢。有些文章和演讲是用英文发表的，也要感谢提供协助的翻译和朋友们。

傅莹
2018 年 1 月 20 日

（资料来源：傅莹：《看世界》，中信出版社 2018 年版。）

第八节 编后记

一、编后记的含义

编后记是在正文结束以后，就书刊或文章中的有关问题，向读者所做的补充交代。

二、编后记的分类

编后记可分为以下两类：一类是以谈论作品为主。或推荐佳作，评论新人，以引起社会的重视；或从作品中引出问题，提请读者开展讨论；或就某些作品发表编辑部的看法，旨在扩大作家、作品的影响。一类是以交代编辑业务为主。有时是解释一些问题，有时是提出一些要求，有时则是公开一些设想，旨在争取读者的谅解和配合。

三、编后记的作用。

1. 解释说明，说明作者或作品的情况，提供理解正文的一些材料。
2. 借题发挥，阐发编者的见解，有时也可写成随感或短评。

四、编后记的写作要求

撰写编后记时可遵循以下要求：
1. 要有感而发，有事可记。
2. 要抓住刊物个性，坚持编者坚定方针，做到有的放矢。

例　文

《傅雷家书》编后记

爸爸一生工作严谨，就是来往书信也整理得有条不紊。每次给哥哥的信都编号，记下发信日期，同时由妈妈抄录留底；哥哥的来信，也都编号，按内容分门别类，由妈妈整理成册。可惜在"十年浩劫"期间，爸爸的手稿几乎全部失去，书信更是如此。今天，如果能把父亲和哥哥两人的通信一起编录，对照阅读，必定更有教益。

爸爸妈妈给我们写信，略有分工，妈妈侧重于生活琐事，爸爸侧重于启发教育。一九五四年到一九六六年，爸爸给哥哥的中文信件共一百九十封，妈妈的信也有百余封。哥哥在外二十余年，几经搬迁，信件有所失散。这本家书集选自哥哥保存的一百二十五封中文信和我仅有的两封信。家书集虽然只收录了一封妈妈的信，但她永远值得怀念；妈妈是个默默无闻，却给爸爸做了大量工作的好助手。爸爸一生的业绩是同妈妈的辛劳分不开的。

今年九月三日是爸爸妈妈饮恨去世十五周年，为了纪念一生刚直不阿的爸爸和一生善良贤淑的妈妈，编录了这本家书集，寄托我们的哀思，并献给一切"又热烈又恬静，又深刻又朴素，又温柔又高傲，又微妙又率直"的人们。

傅敏
一九八一年四月二十六日

第九节 读（观）后感

一、读（观）后感的含义

读（观）后感是读一本书、一篇文章，或观看一部电影、一出戏剧后的一点感想、体会，或有益的启示、教训。

二、读（观）后感的特点

读（观）后感的中心论点（或中心思想）必须是从所读的材料中提炼、概括出来的，与所读的材料有着必然的、内在的联系。

读（观）后感必须是写自己的所读、所思、所感、所悟。可以写一点，也可以写几点，不求面面俱到，但一定要写自己独特的认识和理解。

三、读（观）后感的作用

1. 可以帮助我们记住已读过的书籍或者观看的影视作品的主要内容。
2. 可以为我们研究问题时积累资料。
3. 有助于我们发现问题和研究新的问题，提出新的创意。
4. 能够提高我们对事物的认识能力和理解能力。

四、读（观）后感的结构与写作要求

（一）写作要求

1. 读懂原文抓中心。读（观）后感的"感"是从读中产生的，只有读得认真，才能有所感，并能感受深刻。在读中可分三步理解文章内容，把握文章的思路。一是初读感知，理清层次，把握文章的来龙去脉，建立起对所读材料的初步总体印象。二是细读深思，抓重点，体会用词的生动、准确。三是研读体悟，突破难点，掌握文章的内容和表达的中心思想，用心去感悟生活、研读文章，理解含义深刻的句子。只有通过认真地"读"，才能领会文章的内容和作者的思想感情，在此基础上，才具备写"感"的条件。

2. 选择重点作"感点"。一本好书或一篇好文章的读（观）后感，可"感"之点很多，要写好读（观）后感，必须选好"感点"。什么叫"感点"呢？感点是由书中某一个地方的内容引起的，引发我们体会的地方。面对众多的感点，我们必须从中选择自己感受最深、角度最新、现实针对性最强、最善于写的一个或几个感点，作为自己写读（观）后感的切入点，切不可面面俱到。

3. 读感结合有侧重。写读（观）后感要处理好"读"与"感"的关系。"读"是"感"的前提和引子，"感"是"读"的结果和目的。读（观）后感中少不了对原文的叙述，但它不像记叙文中的"叙"那样具体、形象、生动，读（观）后感中的"叙"要做到简明。出色的读后感总是受原文内容或情感触发，从而引起对生活、学习、思想等实际问题的思考。写读（观）后感时，可以先叙述文章内容，后集中谈体会，这种写法适于只谈一点体会；还可以边叙边谈体会，"读"和"感"交叉写，这种写法可以谈几点体会。

4. 联系实际谈感受。这个"实际"可以是自己的思想和生活实际,也可以是别人的思想和生活实际。没有情感的读后感苍白无力,有情感的读后感才能感染人。在联系实际谈体会时,不要就事论事,要注意展开想象,从古到今,从近到远,从己到人,从正面到反面,只要与文章的主要内容有关系,都应大胆自由地写,如果把自己的经验教训与作者的切身体会结合起来写,那么,读(观)后感一定更真切、更有感染力。

(二) 读(观)后感的结构模式

读(观)后感的一般结构模式是:述读——感点——发感——结感。

(三) 读(观)后感的写作步骤

第一步,引述材料。读(观)后感的第一部分一般是围绕感点引述材料。写这部分内容就是为了交代感想从何而来,并为后文的议论做好铺垫。引述原文要精简,不能大段大段地叙述所读书籍、文章的具体内容。

第二步,提出感点。紧承"述读"所引述的材料,针对材料进行评析,然后水到渠成地"亮"出自己的感点,也就是中心论点。感点的提出要有与之相关的所读材料。如果没有述读的这部分材料,感点就是无源之水。

第三步,展开议论。"发感"就是对"感点"——中心论点——进行论证。这一部分是读后感的主体部分,是感点的阐述,通过摆事实、讲道理证明感点的正确性。需要强调的是,所摆的事实、所讲的道理都要围绕感点展开,此外,"发感"还要联系实际,深入论证。

第四步,收束全文。结感是收束全文,既可以回应前文,强调感点;也可以提出希望,发出号召。

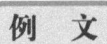 例 文

读习近平《谈治国理政》:百年瞻顾谋治国

习近平总书记的《谈治国理政》,是一部内容丰富、视野广阔、瞻前顾后、继往开来,旨在开辟当代中国治国理政崭新局面的著作。

阅读这部著作,可以有远近两个方面的重要收获。就近处看,这是一部帮助读者全面了解中国"新常态"最系统、最宏富的著作。全书十八个部分,涉及当代中国的方方面面、事事物物,论述切近经验,论旨高屋建瓴。让读者可以更加深入地理解何谓中国特色社会主义,何以实现中国梦,怎么深化改革,如何促进经济健康持续发展,以及怎样建设法治中国、社会主义文化强国、生态文明,有效推进社会事业和社会管理改革发展、推进国防和军队现代化、推进祖国统一、推进构建新型大国关系、谋求周边外交和谐、加强与发展中国家团结合作、积极参与多边事务。并且对人们理解执政党的群众路线、提高执政党执政水平,以及反腐倡廉建设,极有助益。

从远处看,这是一部言近旨远的重要著作。这部著作不单对人们理解当代中国的大政方针、重大举措具有重要指引作用,更关键的是,它对人们站在百年历史的高度,审视中国从传统向现代转变、从独立向富强发展、从富强向文明跃升的历史进程,具有明确的导向作用。

百年中国的历史进程,艰难曲折、蜿蜒向前。正如习近平总书记指出的那样,中华民族的昨天,可以说是"相关漫道真如铁";中华民族的今天,正可谓"人间正道是沧桑";中华民族的明天,可以说是"长风破浪会有时"。中华民族在漫长的古代历史与屈辱的近代历史中,一直努力奋进,从来不曾屈服,不断奋起抗争,终于掌握了自己的命运。而历

经改革开放的艰辛探索，中华民族摸索出了一条举世瞩目的经济社会发展道路，从而展现了中华民族伟大复兴的光明前景。正是在中华民族这一历史飞跃中，展现出从独立富强向民主文明跃迁的亮丽景观。

诚然，这一伟大的变迁，有着中国特色社会主义的强大政治保障。除开这一政治保障机制，中华民族顽强追求现代目标、努力实现自我超越、尽力建构现代国家，也为世人所称道。在百年的历史进程中，孙中山、毛泽东带领中国人民实现了国家独立的目标，挣脱了列强瓜分和奴役中国的悲壮命运。邓小平带领中华民族走上了民族富强的道路，实现了从贫穷落后向富裕先进的跃升。这是像中国这样一个地缘广袤、历史悠久、文化辉煌的大国，呈现给世人的壮观历史场景。

现代国家的独立富强，是国家足以完整行使国家权力的前提条件。一个积弱积贫的国度，是不足以在现代国际体系中获得平等的国家地位的。但一个独立富强的国家，并不见得就是获得人们尊重的大国强国。因为，一个现代国家的民主文明程度，成为一个国家在现代国际体系中赢得世人尊重的决定性理由。中国的经济实力，无疑已经跻身世界前列。尽管国家的富强之路前路漫漫，但富强之途已经鲜明呈现。国家发展的重大任务，已经落到创新现代文明、为现代文明有所贡献上面。正是对这一任务的阐释，构成习近平总书记铺展中国历史百年画卷的醒目笔触。

追忆中国艰难困苦的漫长历史，是习总书记刻画中国梦的历史出发点。这当然不是中华民族要嫉恨什么的表现，而是一个民族对自己历史经验的珍视。中国的历史发展，长期领先世界。从发展的波峰跌入波谷，中华民族承受了难以想象的苦难。但民族脊梁的挺立，使中华民族终于在自己的艰苦奋斗中走出了一条重新崛起之路，给世人展示了一条古老民族复兴的独特魅力。而中华民族发展的远大前程，业已呈现出中国梦的强大感召力。

中国梦，是习总书记鼓舞民族自尊心与自信心的重要命题。这一命题，正在呈现它丰富的内涵，展示它引领中国发展的能量。中国梦，是现代梦、富强梦、民主梦、文明梦。在这一有力号召和有效整合国家与国际正能量的命题中，正显示出中华民族自强不息的强大生机、厚德载物的德性精神和温润敦厚的人类情怀。由此向人们表明，一种旨在落定在现代平台上的中华文明，已然浮现。

百年中国，方始复兴。这是人民的成就、人民的复兴、人民的胜利。在中国的不断崛起和持续发展中，人民既是牵引历史潮流的动力，也是经济社会持续发展的引擎，更是引导国家规范发展的强大推力。人民是国家权力的赋权者，也是规范国家权力的行动者，更是国家发展的受益者。这是任何一个现代国家根本的政治原则。习总书记强调的"权为民所赋"，从根本上凸显了现代国家的人民主权原则。这条原则，体现为中国共产党长期坚持的群众路线。只不过，群众路线在现代中国走上治理现代化道路的时候，已经具有了鲜明的时代特征：那就是执政党务必确认，"人民对美好生活的向往，就是我们的奋斗目标。"务必认识清楚，"我们一定要始终与人民心心相印、与人民同甘共苦、与人民团结奋斗，夙夜在公，勤勉工作，努力向历史、向人民交出一份合格的答卷。"这是中国现代建国必须坚守的基本政治准则，这也是中国共产党作为执政党理解治国理政重大问题的核心命题。这无疑表明，习总书记对现代政治具有十分精准的理解、把握与阐释。

在人民主权原则之下，一切现代政治与现代国家的建构理念渐次浮现：国家必须以人民主权原则为指引，建构依法治国的现代化治理体系，增强国家的治理能力。如果说现代国家的治理体系，在体系结构的经济层面上必须是开放的经济体系，能将"看不见的手"与"看得见的手"都用好，从而将国家与市场、政府与企业的功能各得其宜地加以发挥的话，那么，在国家权力的行使上，则必须落定在依宪治国、依宪执政的平台上。这既是所有现代国家的基本经验，也是中国可持续发展的必须，更是百年中国努力复兴的宝贵经验。展现现代国家的中国轮廓，正是习总书记这部著作的核心论旨。

习总书记对法治中国的论述，完全切中治国理政的现代首要原则。现代国家治国理政的首要原则，就是依宪治国、依宪执政。依宪治国，说的是"权为民所赋"；依宪执政，说的是"权为民所用"。两者落定的是国家权力的来源与功用问题。而这两个问题，恰恰是划分传统国家与现代国家界限的分水岭。依宪治国，不是一种政治地治国的状态，即不是一种按照政党、国家领导人的政治意志治国的状态，而是按照宪法的规定法治地治国的情形。这就让中国免除了千年人治的窘迫，走上了现代法治的轨道。习总书记为此刻画了三条重要线索：一是高度肯定宪法在治国理政中的中心地位。"宪法是国家的根本法，是治国安邦的总章程，具有最高的法律地位、法律权威、法律效力，具有根本性、全局性、稳定性、长期性。全国各族人民、一切国家机关和武装力量、各政党和各社会团体、各企业事业组织，都必须以宪法为根本的活动准则，并且负有维护宪法尊严、保证宪法实施的职责。任何组织或者个人，都不得有超越宪法和法律的特权。一切违反宪法和法律的行为，都必须予以追究。"二是宪法的生命，在于贯穿治国理政的全过程。"宪法的生命在于实施，宪法的权威也在于实施。我们要坚持不懈抓好宪法实施工作，把全面贯彻实施宪法提高到一个新水平。"三是要将治国理政落实为依法治国。"各级党组织和党员领导干部要带头厉行法治，不断提高依法执政能力和水平，不断推进各项治国理政活动的制度化、法律化。各级领导干部要提高运用法治思维和法治方式深化改革、推动发展、化解矛盾、维护稳定的能力，努力推动形成办事依法、遇事找法、解决问题用法、化解矛盾靠法的良好法治环境，在法治轨道上推动各项工作。"这就为中国完全坐实在依法治国、依法执政的平台上，奠定了坚实的政治基础。围绕这一目标，建设法治国家、法治政府与法治社会，真正促使中国作别人治传统，步入法治轨道，建成现代国家。

将中国建成法治国家，是习总书记从总体上勾画出的中国发展蓝图。这是基于中国处在从富强走向文明的关头做出的重大战略决定，也是将中国完全推向现代轨道的决定性举措。从根本上讲，中国走上法治的轨道，也就是人民依照宪法行使民主权利的轨道。这正是习总书记强调社会主义核心价值观必须坚定坐实、认真践行的理由之所在。在国家价值层面呈现的民主、在社会价值层面呈现的自由平等，无不关系到人民权利优先于国家权力的民主属性。而这正是法治中国展现出来的民主本质。

中国之走向民主文明的发展新境地，既需要勾画宏观蓝图，也需要切实深化改革，从而稳妥地坐实中国发展的战略任务。为此，全面深化改革、推进反腐倡廉、提高党的领导水平，便成为中国实现依法治国的三大现实驱动力量。"改革只有进行时没有完成时""改革再难也要向前推进"，这些掷地有声的话，表明习总书记推进改革的决心与信心，显现出改革在实现中国梦、坐实法治梦上的决定性作用。以"把权力关进制度的笼子里"为导向展开的反腐斗争，则体现出公权公用的现代国家权力公共性特质，预示着反腐作为一种政治新常态的长期性与持续性。而提高党的领导水平，直接显示了作为国家发展核心领导力量的政党建设，所发展的关键性作用。化解执政党面临的四大考验、四大危险，构成执政党担负人民赋权的组织前提，这正是将中国共产党推向现代政党的强大动力。

习总书记的《谈治国理政》，确实是一部可以放置在百年中国现代转变历程中认真阅读的重要著作。

(资料来源：人民网，http://book.people.com.cn/n/2015/0122/c69365-26433572.html，2015年1月22日。)

第十节　海　报

一、海报的含义

海报是一种极为常见的招贴形式，多用于电影、戏剧、比赛、文艺演出等活动。

二、海报的特点

海报一般具有以下一些特点。

（一）告知性

海报希望社会各界的参与，它是广告的一种。有的海报通过美术设计，吸引更多的人加入活动。海报可以在媒体上刊登、播放，但大部分是张贴于人们易于见到的地方，其广告性色彩极其浓厚。

（二）商业性

演出类海报占海报中的大部分，而演出类广告又往往着眼于商业性目的。当然，学术报告类海报一般是不具有商业性的。

三、海报的分类

从内容上看，海报可以分为下列几类。

（一）电影海报

这是影剧院公布演出某部电影的名称、时间、地点及内容介绍的一种海报。这类海报有的还会配上简单的宣传画，将电影中的主要人物形象地描绘出来，以扩大宣传力度。

（二）演出类海报

这类海报同电影海报大同小异，它的内容是介绍观众可以身临其境地进行娱乐观赏的演出活动，如文艺晚会、杂技表演、体育比赛、话剧等。这类海报一般有较强的参与性，海报的设计往往要新颖别致，引人入胜。

（三）学术报告类

这是一种为学术性活动发布的海报，一般张贴在学校或相关单位内。学术类海报具有较强的针对性。

四、海报的格式与写作要求

（一）海报的格式

海报一般由标题、正文和落款三部分组成。

1. 标题。海报的标题比较灵活，大体可以有以下一些形式：

（1）直接由文种名构成，即在第一行中间写上"海报"字样。

(2) 直接以活动的内容作为题目，如"舞讯""影讯""球讯"等。

(3) 可以是一些描述性的文字，如"×××再显风采"。

2. 正文。海报的正文要求写清楚以下内容：

第一，活动的目的和意义。

第二，活动的主要内容、时间、地点等。

第三，参加的具体方法以及一些必要的注意事项等。

3. 落款。落款要求署上主办单位的名称及海报的发文日期。

以上格式是就海报的整体而讲的，在实际使用中，有些内容可以省略。

（二）写作海报的注意事项

海报一定要具体真实地表明活动的地点、时间以及主要内容。文中可以用些鼓动性的词语，但不可夸大。海报文字要求简洁明了，篇幅要短小精悍。海报的版式可以做些艺术性的处理，以吸引观众。

海　报

　　××市中心医院特邀请俄罗斯国家卫生部重点心血管病专科医院医务人员一行7人，于20××年7月10日到我院讲学并进行手术，共10天。欢迎各类先天性心脏病、瓣膜病及冠心病患者及各类主动脉瘤病人速来我院联系住院检查，安排手术治疗，安排满为止。

联系电话：××××××××

联系人：××

地址：××市××中路××号市中心医院住院部四楼心脏外科

××市中心医院心脏外科
××××年××月月××日

 # 第六章　教育与学术类应用文

第一节　教育与学术类应用文概述

一、教育与学术类应用文的含义与特点

教育与学术类应用文是在教学过程和学术研究活动中所使用的应用文的总称，它具备如下特点。

（一）科学性

科学性是所有教育与学术类应用文最重要的特点，也是衡量和评价一切教育科研文章质量高低、价值大小最重要的标准之一。教育与学术类应用文的科学性，要求写作表达的内容具有真实性、正确性、先进性、可行性。

（二）专业性

教育与学术类应用文的专业性十分明显。首先，从表达的内容来看，它是以不同学科的研究成果为表述对象的，任何教育科研文章均有其明显的学科特征。其次，从写作主体看，无论是教育工作者还是学术研究者，都有他自己的专业特长，对本专业而言可能是专家，对其他专业而言则可能是外行，因而也会表现为专业上的局限性。最后，从读者对象来看，不同学科的教育与学术类文章均有其特定相关学科的人员，针对不同的对象，各类教育科研文章在写作内容、表述重点、写作方式上均有所区别。

（三）实用性

教育与学术类应用文写作的主要目的是为了记录、总结、贮存、传播、交流、普及学术见解和科学知识，解决教育教学活动中的各种实际问题。因此，教育与学术类应用文写作对提高广大教育工作者的教育教学理论水平和实际操作水平、社会与经济发展、教育的改革具有积极作用。

（四）规范性

不同体裁的教育与学术类应用文在长期演变过程中逐步形成了各自的基本格式和写作要求，一些文体的文面、行款、基本格式正在趋向统一，趋向规范化、标准化。不少国家已对各类科技文献的写作、编辑、贮存制定了各种国家标准，国际标准化组织也正在进行科技文献国际标准化工作。我国1987年发布了《科学技术报告、学位论文和学术论文的编写格式》，2005年修订了《文后参考文献著录规则》等国家标准，联合国教科文组织1968年公布了《关于公开发表的科学论文和科学文摘的撰写指导》。这些标准对各类科研文章的格式、名词、缩略语、主题词、符号、表格、计量单位、插图等都做了统一规定。这些规定是我们在撰写教育与学术

类应用文时应该严格遵守的。

二、教育与学术类应用文的分类

（一）教育类应用文的分类

教育类应用文可分为教学计划、教学大纲、教案和教材等。

（二）学术类应用文的分类

学术类应用文是用来表述学科学术研究成果的一种深度表达人类智慧的哲理性应用文体。从撰写应用的角度，可分为投稿论文、学业论文和命题论文三类。

投稿论文是指科研人员为学术期刊或出版社投稿，以及为在学术会议发表而撰写的论文。习惯上用学术性论文来专指学术期刊和学术会议的单篇论文，超出 5 万字、送出版社出版的论文则被称为学术专著。学业论文是指高等教育按照不同的阶段、层次规定的不同级别的学术论文，分为学年论文、毕业论文和学位论文。命题论文是指上级领导部门根据社会需要提交给科研人员的研究项目的论文，或某学科机构组织的攻关项目，或由指导老师提交给学生的研究课题的论文。

第二节　教学计划

一、教学计划的含义

教学计划是根据一定的教育目的和培养目标制定的教学和教育工作的指令性或指导性的教学文件。它决定着教学内容总的方向和总体结构，并对有关学校的教学、实验、实习、社会实践活动等各方面做出全面安排，具体规定学校的学科设置、各门学科的教学顺序、教学时数以及学年编制（包括学年阶段的划分、每学年或学期的教学总时数、学生参加社会实践的总时数、节日放假以及假期的天数）等。一个完整的教学计划主要包括培养目标、培养要求、修业年限、主干学科和主要课程、课程设置、教学安排与时间分配、成绩考核及学位授予等项内容。

本书所谓教学计划，是指教师为完成教学任务、实现教学目标而拟定教学程序、教学内容和教学方法等的一种文书形式。

二、教学计划的分类

按管理层次分，有学校总体教学计划、年级组教学计划、教研组（室）教学计划。学校总体教学计划由教务管理部门编制，就学校教育教学的总体情况做出规划与安排。年级组教学计划由年级组长负责编制，一般是就某一学年或某一学期年级教学活动情况做出安排。教研组（室）教学计划由各学科教研组长负责编制，一般是对某一学年或某一学期的学科教学和教研活动做出具体安排。

按学科分，有语文教学计划、数学教学计划、体育教学计划、音乐教学计划等。每一学科都要编写自己的教学计划，以各学科名来称呼，则有了各学科的教学计划。

按形式分，有条文式教学计划、表格式教学计划、条文与表格综合式教学计划。比较详细的教学计划都采用条文式，把计划的目的、意义、内容、步骤、措施等逐项列出，对执行者来说，条文式教学计划明确、具体。简略的教学计划的内容、步骤等可以用表格的形式来显示，对执行者来说，表格式教学计划简明、清楚，比如，教学进度就可以采用表格式。另外，也可以把条文式与表格式综合起来，取两者之长。

三、教学计划的编写要求

1. 要熟练掌握教育政策、法规和教育理论。
2. 要深入钻研教材和《课程标准》，制订教学计划。
3. 要充分了解学生的学习状况。
4. 要条理清楚，简明扼要。
5. 要利于实施，方便操作。
6. 要有一定的前瞻性和预见性。

例 文

中央广播电视大学"人才培养模式改革和开放教育试点"
管理学科工商管理类会计学专业（专科）教学计划

一、培养目标及规格

本专业培养社会主义市场经济建设需要的，德、智、体全面发展的，重点面向基层、面向业务第一线的应用型高等专门人才。

在政治思想道德方面，拥护党的基本路线，热爱祖国，具有全心全意为人民服务的精神；遵纪守法，有良好的社会公共道德和职业道德。

在业务知识和能力方面，掌握会计专业所必需的基本理论、基本知识和基本技能，能从事各种实际会计工作，具有比较扎实的经济和会计理论基础，较高文化素质，较强分析、解决会计业务和技术问题的能力以及较高的组织管理能力。

在身体素质方面，身体健康，能精力充沛地工作。

二、课程设置及教学管理

（一）教学计划中设必修课、限选课、选修课和集中实践环节。其中，必修课由中央电大统一开设，执行统一教学大纲、统一教材、统一考试、统一评分标准。采用集中辅导和巡教巡考等方式，加强教学过程管理。

（二）限选课由中央电大统一课程名称，执行统一教学大纲（或教学要求），并推荐教材，尽可能提供教学服务。

（三）选修课供试点电大制订实施性教学计划时选用。试点电大也可根据本专业培养目标及当地特殊需要，自开少量有针对性的选修课。试点电大自开课程的教材、教学管理及考试工作由试点电大负责。在专科阶段已选的选修课，在本科阶段不得重复选用，也不能替代学分或免修。

（四）学生除可以从本专业选修课表中选修课程外，还可以从"公共选修课程目录"中选修课程，也允许跨科类选课。但这部分课程的学分不得超过课程总学分的10%。

（五）为了加强教学的实践环节，每门课程都规定有教学实践的具体内容，即实习、社会调查和作业。根据课程性质，凡有相应教学实践环节的，必须统一要求组织完成。各门专业课程的实践，由中央电大和地方电大共同组织。成绩计入课程总成绩，一般占总成绩的20%左右。无实践环节成绩或成绩不及格者，不能参加期末考试并取得学分

（六）集中实践环节是为了培养学生使用所学知识解决实际问题的能力，由试点电大依据中央电大教学大纲（要求）组织实施，可形式多样，学员不能免修。

三、修业年限与毕业

实行学分制，学生注册后8年内取得的学分均为有效。

中央电大按三年业余学习安排教学计划。

本专业最低毕业学分为76学分。学生通过学习取得规定的毕业总学分，思想品德经鉴定符合要求，即准予毕业，并颁发国家承认的高等教育专科学历毕业证书。

四、课程说明

1. 政治经济学

本课程5学分，课内90个学时，开设一学期。

本课程是电大经济学科的基础理论课。课程的主要内容包括资本主义和社会主义两个部分。资本主义部分主要研究资本主义商品生产过程、资本主义商品流通过程及资本主义的分配过程、资本主义市场经济的运行和它的内在矛盾以及资本主义国家对社会经济的调节，同时阐明了商品经济的基本概念、基本理论和基本知识，研究商品经济所固有的内在的规律（即价值规律、竞争规律、积累规律、货币流通规律等）和机制（即价格机制、竞争机制、市场机制等）的作用。

社会主义部分主要研究我国社会主义初级阶段及其特征、主要矛盾、主要任务、基本路线、社会主义市场经济及市场体系；现代企业制度；国民收入和个人收入的分配和使用；社会主义国家的对外经济关系和国家对经济的宏观调节。

通过本课程的学习，一方面提高学生的政治思想觉悟，另一方面为进一步学习经济类的专业基础课和专业课及将来从事经济管理工作奠定基础。

2. 经济数学基础（略）
3. 基础会计（略）
4. 统计学原原理（略）

第三节　教学大纲

一、教学大纲的含义与作用

教学大纲是根据教学计划中规定的各门学科的目的、任务而编写的指导性文件。它以纲要的形式具体规定每门学科知识、技能的范围、深度及其体系、结构，同时规定教学的一般进度和对教学方法的基本要求。教学大纲是由教育主管部门制定的学科教学的"基本法"。通过教学过程，教师将教学大纲变成实际的课堂内容。教学大纲为教师备课、授课提供了准则。

二、教学大纲的内容

教学大纲是为共同完成培养创新人才教育目标而存在的，它包括与目标相应的三个内容：其一，作为一种契约的内容；其二，作为一种评估依据的内容；其三，作为一种设计规划的内容。

（一）作为一种契约的教学大纲

通过教学大纲的编写，应当使教师与学生之间构成一个契约关系，以保证师生双方具有同等的权利和义务,并在具有保障的前提下共同完成教育目标。

作为一种具有契约形式与内容的教学大纲,应当包含师生双向角色权利、义务的内容设计。像任何一种合同一样,大纲用以阐明合同期间(这里特指在一个学期之内)将会发生的事情,并指导立约双方的行为。教学大纲要说明学生和教师在各项教学任务中应承担的责任,包括作业、考试及课堂规则等。它还应该阐明教学进程以及课程规划,包括教师对课程进程中某些可变因素的预先估计,以及提出的应对和解决方案。

(二) 作为一种评估依据的教学大纲

所谓具有评估依据内容的教学大纲,是指它应当是对教育目标、教师使命、教师责任、教师能力以及学科思想等相关内容的记载,以此作为对教师投入的客观评估依据。

各式各样的评估程序,诸如学期或年度教学绩效评估、岗位考核评估、职称晋升评估等,对任课教师的表现做出了判断。作为评估过程的一部分,教学大纲往往传达出有关任课教师教学责任和能力的信息。因此,教学大纲中应该包括:①授予的学分;②预修课程以及并修课程;③教科书及要求的其他资料;④课程目标描述;⑤课程内容;⑥学生课业表现的评估过程等。评估者可以通过仔细考察教师的教学大纲来判定教师的教育目标、教学思维、授课能力和学科水平等方面拥有的要素以及投入程度。

(三) 作为一种设计规划的教学大纲

一份精心设计的教学大纲能够协助学生有效地完成课上与课下、校内与社会的学习,接受除课程教师之外的更多授业者的认知思想和实践案例。

教学大纲的内容应当涵盖对课程学习具有指导意义的设计和规划。教学大纲的编写应当鲜明地体现出设计、规划思想的现实可行性和具体操作性。在一份教学大纲中,至少应当包含这样几个设计、规划落实因素:其一,教师对学生学习兴趣和要求掌握的情况;其二,教师对学科知识与实践应用契合点的理解程度和具体阐释;其三,教师学科知识支撑信息的来源及更新情况;其四,教师提供给学生的相关阅读资料情况和查找区域;其五,社会组织提供给学科知识学习的有关帮助;其六,教师提供给学生的相互沟通交流的具体办法。当一份教学大纲具备以上六种设计、规划因素的时候,对学生来说,它便可以成为指导学生学习的有效辅助工具。一方面,它提供给学生指导性思想和经验;另一方面,学生借助教学大纲,可以清晰地了解寻找学科授业教师、学科阅读资料的途径。

三、教学大纲的结构

教学大纲一般分为以下四个部分:

1. 一般信息,包括名称、编码、类型、性质、学时数、学分、选修课程。
2. 教学大纲说明,包括课程的地位、作用、任务、教学目的和要求、教学方法和手段、本课程与其他课程的联系、教材与参考书。
3. 课程的教学内容、重点和难点。
4. 学时分配。

××课程教学大纲

一、课程概况
英文名:××××××

开课单位：××××××

课程编码：××××

学分学时：××

授课对象：××××

选修课程：××××

课程目的和主要内容：（略）

二、课程教学内容及要求

第一章 （略）

1.1（略）

1.2（略）

第二章 （略）

2.1（略）

2.2（略）

（以下章节略）

三、实践环节（略）

四、学时分配

章	学时分配					小计
	讲课	实验课	上机课	习题课	其他	
一						
二						
三						
…						
合计						

五、附录

参考教材（略）

参考和阅读书目（略）

第四节 教 案

一、教案的含义与内容

教案，即教学方案，它是授课教师在授课前根据教育对象、教学内容、教学目的、教学要求等设计好且必须依照实施的教学方案。

教师在授课前设计课程和章节教案是必备的教学环节。教师不仅要设计撰写所授课程的总体教学方案，而且要对每节课的教学目的、教学方法、教学重点、教学难点和教学要求做出明确的设计，并写成书面文字，以备教学过程中依照实施。

教案的内容在大的方面应分为课程教案和章节教案两部分，各部分的具体内容大致应包括教学内容、教学学时、教学目的、教学形式、教学方法、教学手段、教学重点与难点、教学要求和考核方法等。

教学中所采用的技巧与艺术手法可在备课时打下腹稿，也可依靠教学经验即兴发挥。这是取得更好教学效果必不可少的内容之一，但不必写入教案。

二、教案的写作原则

（一）纲领性原则

纲领性原则是指教案的设计不要过于烦琐，无论是阐明讲授内容，描述教学方法、手段，还是确定教学重点、难点，只需提纲挈领，简约概括。教案主要是为教师自己写的，是教师准确把握教学全过程的标准和尺度，因此，以教师自己看了教案就能够掌握所要求的尺度和标准为宜，不必要写得过细过繁，更不可将教案变成讲稿，也不能用讲稿代替教案。教案是纲，讲稿是目，纲举才能目张。

（二）指导性原则

言之有物，是写作教案的基本要求；言之可导，是教案设计的基本原则。教案要对教师讲课的过程起到导向和引航的作用。

（三）规范性原则

这里所说的规范性是指教案的设计原则和写作内容要有规范性。就写作内容而言，教学目的、教学模式、教学方法、教学手段、重点难点、教学要求、考核方式等是不可少的，但也不必增加过多的内容。

（四）服务目的性原则

教案必须服务于教学目的，也就是说，教案的设计要从教学目的出发。

三、教案的写作要求

（一）科学性

教案是教学要求、教学内容、教学方法的统一。因此，在要求上、内容上及方法上都有一个是否科学的问题。教学要求是否科学，主要表现在程度上，过低或过高都不科学。教学内容是否科学，主要表现在概念上，具体表现在概括出的规律上。教学方法是否科学，主要表现在是否符合学生的认识规律，使用的一切手段是否能揭示本质等方面。

（二）系统性

任何一份教案都具有一定的独立性，但又都具有一定的连续性。把相对独立与前后的联系统一起来，才有助于形成良好的认知结构。

（三）针对性

课堂教学总是面对具体的学生进行的，所以必须具有针对性。讲授同样的内容，在不同的班级里，起点、坡度、密度、难度都可能不大一样，没有针对性，也就没有可行性。

（四）启发性

教学不应是一切都靠教师"给予"，应启发学生，可让学生主动地"获取"。所以，要创设必要的情景，做到温故知新，举一反三。

四、教案的写法

教案的主要内容包括教学内容、教学目的要求和教学过程。

(一) 教学内容的写法

教学内容的写法比较简单，概括出来即可。

(二) 教学目的要求的写法

教学目的要求的制定，一要全面，二要具体，三要恰当。所谓全面，就是不能只有对知识的要求，也应当有对能力的要求；不能只有对智育的要求，也应当结合教学内容有思想品德的要求。所谓具体，就是不讲大话，不讲空话，而且要在40分钟里能实现。所谓恰当，是指要求的程度符合大纲及学生实际。

教案的重点部分是教学过程，包括复习检查、基本训练、例题的分析与讲解、复习巩固、布置作业等。

(三) 教学过程的写法

教学过程没有固定的模式，一般可分为以下四个部分：

第一，复习检查或基本训练。

第二，讲授新课。

第三，巩固练习。

第四，布置作业。

之所以说它没有固定的模式，关键是在讲与练的处理上。练习不仅是一个教学环节，更是一种教学方法。讲中有练，练中有讲，讲练结合，效果更好一些。

在教案中，对于教具、学具的使用，板书的总体设计等也应有所说明。

例 文

《秘书实务》教案

(一) 课程教案

《秘书实务》是文秘与办公自动化专业中与秘书学紧密结合的一门应用性极强的实用技能课。学生在具备了有关秘书学的基本知识和基本理论后，学习《秘书实务》就初步掌握了指导秘书实务实践的理论基础，有利于对实践的理解与训练。

本门课全程计划学习40学时，完成2学分。

教学内容包括基础知识和技能练习两大部分。

基础知识：秘书工作概述等秘书学的基本知识。

技能练习：秘书办文、秘书办会、秘书办事三项实务。

教学目的：通过本课程的学习，使学生基本了解秘书工作相关的基本知识和基本理论，重点在于通过实践培养，使学生具备独立承担机关、企事业单位、社会团体等的文书撰制、文书处理、文书管理等办文技能；各种会议的筹备、组织、善后等办会能力；信息处理、沟通协调、办公自动化等办事能力。

教学模式：模块式教学（将基础知识、办文、办会、办事分为四个教学模块）。

教学方法：以"情景模拟"教学为主，辅以讲授、辅导与实训。

教学手段：多媒体视听教学传授基本理论和必备知识，设计秘书实务情景，让学生扮演不同角色，进行真实的办文、办会、办事演练，达到过程记忆和培养实践能力的目的。

考核方法：本课程考核内容以"情景案例"为主（75%）、基础知识为辅（25%），考核形式为书面试卷。

（二）章节教案（以"办会模块"为例）

第三模块　办会（8学时）

"办会"是本课程的重点之一，具有极强的实践性，教学过程需要8学时。

教学目的：通过本章的学习与训练，使学生掌握一般会议秘书机构的组成、会议要素、主要程序和原则、会议的筹划与准备内容、注意事项以及会议接待礼仪等知识和能力。

教学方法：先讲授，后模拟。

教学过程：将学生分成3个小组，分别组织一个会议。

第1组：组织学院内部各教学单位参加的教学改革经验交流会。

第2组：组织河北省高职院校图书馆馆长工作会议。

第3组：组织北方五省市高职教材编写会议。

教师提出各种会议的具体要求，学生在教师的指导下完成。

教学要求：每组以书面形式写出所承担会议的组织方案，然后经老师审核后实施；小组中每一个学生担任会议组织者中的一个角色，全班同学作为每次会议的与会成员，大家共同完成会议的组织工作。

最后各组写出会议总结。

考核评价：根据各组写出的会议方案、会议总结和组织会议过程的表现，评定成绩并进行总结讲评。

第五节　学位论文

一、学位论文的含义与特点

学位论文是为申请学位而撰写的学术论文，是评判学位申请者学术水平的主要依据，也是学位申请者获得学位的必要条件之一。学位论文由于需要向答辩委员会报告、答辩，上报学位评审委员会审定，因此采用单行本格式。

学位论文必须是一篇（或由一组论文组成的一篇）系统的、完整的学术论文。学位论文应是学位申请者本人在导师的指导下独立完成的研究成果，不得抄袭和剽窃他人成果。学位论文的学术观点必须明确，要做到逻辑严谨、文字通畅。

学位论文价值的高低、质量的优劣主要取决于论文的理论意义或实用价值，是否有自己的创新见解或独到之处。这就要求学位论文不能只限于罗列实验的结果和数据，满足于记叙遇到了什么问题，观察到什么现象，而是要把这些实验现象、数据、问题和结果上升到理论的高度，并做出科学的理论解释。这应该是对科技学术论文的共同要求。

学位论文要经过考核和答辩，因此，无论是论述、文献综述，还是介绍实验装置、实验方法，都要比较详尽，而学术论文是写给同专业的人员看的，要力求简洁。除此之外，学位论文与学术论文之间并无其他严格的区别。

二、学位论文的分类与写作要求

（一）学士论文

学士论文是指大学本科毕业生申请学士学位要提交的论文，其篇幅一般为1万字左右，按

国家标准《科学技术报告、学位论文和学术论文的编写格式》（GB 7713—1987）的规定："学士论文应能表明作者确已较好地掌握了本门学科的基础理论、专门知识和基本技能，并具有从事科学研究工作或担负专门技术工作的初步能力。"

工科学生有的要求做毕业设计，毕业设计与科技论文有某些相同之处。毕业论文或毕业设计应反映出作者具有专门的知识和技能，具有从事科学技术研究或担负专门技术工作的初步能力。学士论文一般只涉及不太复杂的课题，论述的范围较窄，深度也较浅，因此，严格地说，学士论文一般还不能作为科技论文发表。

（二）硕士论文

硕士论文是指硕士研究生申请硕士学位要提交的论文，其篇幅一般为2万~5万字。按国家标准 GB 7713—1987 的规定："硕士论文应能表明作者确已在本门学科上掌握了坚实的理论基础和系统的专门知识，并对所研究课题有新的见解，有从事科学研究工作或独立担负专门技术工作的能力。"

硕士学位论文要注意在基础学科或应用学科中选择有价值的课题，对所研究的课题有新的见解，并能表明作者在本门学科上掌握了坚实的基础理论和系统的专门知识，具有从事科学研究工作或独立担负专门技术工作的能力。硕士学位论文的写作一般在硕士生完成培养计划所规定的课程学习后开始，应包括文献阅读、开题报告、拟定并实施工作计划、科研调查、实验研究成果。通过答辩的硕士论文应该说基本上达到了发表水平。

（三）博士论文

博士论文是指博士研究生申请博士学位要提交的论文，篇幅一般在5万字以上。按国家标准 GB 7713—1987 的规定："博士论文应能表明作者确已在本学科上掌握了坚实的、宽广的基础理论和系统深入的专门知识，并具有独立从事科学研究工作的能力，在科学或专门技术上做出了创造性的成果。"它可以是一篇论文，亦可以是相互关联的若干篇论文的总和。

博士学位论文要选择在国际上属于学科前沿的课题或对国家经济建设和社会发展有重要意义的课题，要突出论文在科学和专门技术上的创新性和先进性，并能表明作者在本门学科掌握了坚实宽广的基础理论和系统深入的专门知识，具有独立从事科学研究工作的能力。博士学位论文工作是培养博士学位研究生最重要的环节，其工作时间一般不应少于两年。研究生入学后，要在导师指导下确定科研方向，收集资料，阅读文献，进行调查研究，选择研究课题。一般在第二学期，最迟在第三学期通过开题报告并制订论文工作计划，之后根据论文工作计划分阶段报告科研和论文工作进展情况。

博士论文应反映出作者具有坚实、广博的基础理论知识和系统、深入的专门知识，具有独立从事科学技术研究工作的能力，应反映出该科学技术领域最前沿的独创性成果。因此，博士论文被视为重要的科技文献。

三、学位论文的格式

学位论文采用单行本格式，一般由以下几个部分组成：封面、论文摘要、论文目录、正文、参考文献、发表文章目录、致谢等。

（一）封面、封二、题名页

封面对于学位论文不仅起保护作用，更重要的是提供学位论文工作的概貌，如题名、作者姓名及其所属单位和专业的名称、申请学位的类别、导师姓名及职称、论文研究起止日期和论文交稿日期等。封二一般列出论文指导小组成员的姓名和职称。题名页除重现封面的一些内容外，还可适当补充一些重要的概括性内容。通常，封面格式由学位授予单位统一印制。

根据国家标准《科学技术报告、学位论文和学术论文的编写格式》（GB 7713—1987）的规定，学位论文的封面格式一般有以下具体要求。

1. 分类号学位论文。必须在封面左上角注明分类号，一般应注明《中国图书资料分类法》的类号，同时注明《国际十进分类法 UDC》的类号。

2. 编号。由各培养单位自定。

3. 密级。论文必须按国家规定的保密条例在右上角注明密级（如系公开型论文，则可不注明密级）

4. 论文题目。学位论文的题目应当简明扼要地概括和反映论文的核心内容，一般不宜超过20个字，必要时可加副标题。

5. 指导教师。指导教师必须是被批准上岗的指导教师。

6. 申请学位级别。可填学士学位、硕士学位或博士学位。

7. 学科、专业名称。按国家颁布的学科、专业目录中的名称填写。

8. 论文提交日期和论文答辩日期。按实际提交和答辩日期填写。

9. 培养单位。填写培养单位全称。

10. 学位授予单位。填写学位授予单位全称。

（二）摘要页

学位论文的摘要有两种，一种是简短摘要，另一种是详细摘要。简短摘要的写法与一般学术论文摘要的写法一样，应概括地反映本论文的主要内容，主要说明本论文的研究目的、内容、方法、成果和结论，但字数可适当增加，字数在500字左右。英文摘要内容要与中文摘要内容一致，通常设专页排印，称摘要页。

详细摘要是交学位论文评审委员会或同行评议者阅读的，或者是为学位授予单位将学位论文的摘要汇集出版用的。此时摘要字数可增加到200~300字，博士学位论文的详细摘要字数还可再适当增加，以充分反映学位论文的主要内容，包括所获得的主要结果和数据，讨论的主要观点和最终的结论等。

无论中英文摘要，都必须在摘要页的最下方另起一行，注明本论文的关键词（3~5个）。

（三）目次页

目次页是根据论文内容，按结构的篇、章、节、目、条、款以及附录等的序号、标题和页码编排而成，排在题名页或扉页之后。通常，目录仅列出章、节、目三级标题即可，若内容复杂，也可列出四级标题。

论文目次是论文的提纲，也是论文各章节组成部分的小标题。

（四）正文

正文是学位论文的主体和核心部分，不同学科专业和不同的选题可以有不同的写作方式。正文一般包括以下几个方面。

1. 引言。引言是学位论文主体部分的开端，要求言简意赅，不要与摘要雷同或成为摘要的注解。除了说明研究目的、方法、结果等外，引言还应评述国内外研究现状和相关领域中已有的研究成果；介绍本项研究工作的前提和任务，理论依据和实验基础，涉及范围和预期结果以及该论文在已有的基础上所解决的问题。

2. 各具体章节。对于研究课题比较单纯的学位论文，其正文的写法与一般学术论文无太大差异。如果学位论文课题较复杂、涉及多项研究内容，为了表述得更清楚、更有条理，可就每项研究内容分别进行撰写。

3. 结论。结论是学位论文最终和总体的结论，是整篇论文的归宿，应精炼、准确、完整。

结论着重阐述作者研究的创造性成果及其在本研究领域的意义,还可进一步提出需要讨论的问题和建议。

(五) 参考文献

学位论文的撰写应本着严谨求实的科学态度,凡有引用他人成果之处,均应按论文中所引用的顺序列于文末。参考文献的著录均应符合相关国家标准(即按照 GB 7714—2005《文后参考文献著录格式》执行)。

(六) 发表文章目录

发表文章目录是指学位申请者求学期间在各类正式刊物上发表或已被接受的学术论文。

(七) 致谢

致谢主要表达作者对完成论文和学业提供帮助的老师、同学、领导、同事及亲属的感激之情。

第六节 学术论文

一、学术论文的含义与作用

学术论文是科学研究成果的书面表达形式,是对哲学、社会科学和自然科学领域中某些现象和问题进行比较系统的研究,从而探讨其本质特征和发展规律的理论性文章。这些文章是研究人员提供给学术性期刊发表或向学术会议提交的,反映了该学科领域最新的、最前沿的科学水平和发展动向,以报道学术研究成果为主要目的。

写作与发表的学术论文是科技工作者之间进行科学思想交流的永久记录,也是科学的历史,它记载了探索真理的过程,记载了各种观测结果和研究结果。科技工作者通过论文写作与发表进行学术交流,能促进研究成果的推广和应用,有利于科学事业的繁荣与发展。

二、学术论文的特点

(一) 创新性或独创性

学术论文报道的主要研究成果应是前人(或他人)所没有的。没有新的观点、见解、结果和结论,就不称其为学术论文。学术论文的创新程度是相对于人类已有的知识而言的。至于某一篇论文,其创新程度可能大些,也可能很小,但总要有一些独到之处,总要对丰富知识宝库和社会发展起到一定的积极作用。"首次提出""首次发现"当然是具有重大价值的研究成果,但这毕竟为数不多。

对某一点有发展,应属于创新的范围;而基本上重复他人的工作,尽管确实是作者自己研究所得的"成果",也不属于创新之列。在实际研究中,有很多课题是在引进、消化、移植国内外已有的先进科学技术,以及应用已有的理论来解决本地区、本行业、本系统的实际问题,只要对丰富理论、促进生产发展、推动技术进步有效果、有作用,报道这类成果的论文就应视为有一定程度的创新。

(二) 理论性或学术性

理论性是指一篇学术性论文应具有一定的学术价值,它包括两个方面的含义:

1. 对实验、观察或用其他方式所得到的结果,要从一定的理论高度进行分析和总结,形成一定的科学见解,包括提出并解决一些有科学价值的问题。

2. 对自己提出的科学见解或问题，要用事实和理论进行符合逻辑的论证、分析或说明，总之，要将实践上升为理论。

写作学术论文，如果仅仅是说明解决了某一实际问题，讲述了某一技术和方法，是远远不够的。

（三）科学性和准确性

一篇学术论文有了创新性和理论性还只能定性地说它已经具备了一篇论文最主要的东西，在具体的研究及写作阶段，还必须使论文具有科学性和准确性。

所谓科学性，就是要正确地说明研究对象所具有的特殊矛盾，并且要尊重事实，尊重科学。具体说来，包括论点正确，论据必要而充分，论证严密，推理符合逻辑，数据可靠，处理合理，计算精确，实验可重复，结论客观，等等。

所谓准确性，是指表述与客观事物即研究对象的运动规律和性质的接近程度，包括概念定义、判断、分析和结论要准确，对自己研究成果的估计要确切、恰当，对他人研究成果（尤其是在做比较时）的评价要实事求是，切忌片面性和说过头话。

（四）规范性和可读性

撰写学术论文是为了交流、传播、储存新的科技信息，让他人利用，因此，学术论文必须按一定的格式写作，必须具有良好的可读性。在文字表达上，要求语言准确、简明、通顺，条理清楚，层次分明，论述严谨。在技术表达方面，包括名词术语、数字、符号的使用，图表的设计，计量单位的使用，文献的著录等都应符合规范化要求。

三、学术论文的格式

（一）学术论文的撰写顺序

1. 从绪论写起，接着写本论、结论。这是学术论文最常见、最基本的写作顺序。它符合人的思维规律。人们在思考问题时，总是要先提出问题，然后分析问题，最后解决问题。

2. 从本论写起，在写好本论、结论之后再回过头来写绪论。因为，本论部分所写的都是研究者自始至终悉心考虑的问题，已经成竹在胸，写起来自然较为顺手。本论这个主要部分有了，其他部分也就迎刃而解了。

3. 从结论写起，写了结论，再从多方论证这个结论的正确。这种写法在语言研究或考古研究中较常见。

绪论、本论、结论是论文的基本结构。第二、第三种顺序虽然没有按照基本结构方式依次来写，仍包含绪论、本论、结论这三个部分。

（二）学术论文的写作格式

为了便于学术论文所报道的研究成果这一信息系统的收集、储存、处理、加工、检索、利用、交流和传播，1988 年 1 月 1 日起实施的国家标准《科学技术报告、学位论文和学术论文的编写格式》（GB 7713—87）对科技论文的撰写和编排格式做了规定。尽管各篇论文的内容千差万别，不同作者的写作风格各有千秋，但格式完全可以统一。

有了论文的编写格式这一国家标准，对于一篇论文应先写什么，后写什么，各部分要写什么内容，以及表达中有些什么要求，编排上应符合哪些规定，都有章可循。但是，论文的主题如何确立，论据如何选取，论证如何进行，结构如何安排，节、段如何划分，层次标题如何拟定，具体材料如何到位等，则要根据研究对象、研究目的和研究方法，以及论文内容的不同，即根据实际情况来处理。

一般来说，学术论文的组成部分和排列次序为：题名、作者署名、摘要、关键词、中图法分类号、引言、本论、结论（和建议）、致谢、参考文献和附录。

四、学术论文各部分的写作要求

（一）题名

题名又称篇名、题目、文题、标题（或称"总标题"，以区别于"层次标题"）等，它位于全文之首，是能反映论文最主要的特定内容的最恰当、最简明的词语的逻辑组合，是读者了解全文的窗口。

题名的一般要求是准确得体，简短精练，便于检索，容易认读。题名一般用名词或名词性词组为中心的偏正词组，例如，《生态伦理学的三个难题》。《科学技术报告、学位论文和学术论文的编写格式》（GB 7713—87）规定，题名"一般不宜超过20字"。我们应把这"20字"视为上限，在保证能准确反映"最主要的特定内容"的前提下，题名字数越少越好。

（二）作者署名

作者姓名、工作单位及所在地和邮政编码，一般列于篇名之下。署名方法因所投寄的不同学术期刊对署名的要求不同而异。有的作者姓名在上，工作单位名称、所在地及邮政编码用圆括号括起来，放在下方；有的作者工作单位名称及邮政编码在前，姓名紧跟其后；有的题名下方仅署作者姓名，而将与作者有关的信息（如工作单位、地址、邮政编码、职务、职称等）放在同页，以脚注的形式标出。

学术论文的署名不宜太多。学术论文的署名必须署真名、全名，不能署笔名。凡是署名的作者及致谢的对象，均应征得本人同意，不可强加于人。

（三）摘要

摘要是对论文的内容不加注释和评论的简短陈述。一般来说，只有少于300字的简报、简讯之类，才可不附摘要。在科技信息量迅猛增长的今天，摘要的重要性日益突出。为此，国家专门制定并颁布了有关文摘编写规则的国家标准（GB 6447—86）。

摘要置于作者之后、正文之前。一篇完整的论文都要求撰写随文摘要，其作用一是让读者尽快了解论文的主要内容，以补充题名的不足，二是为科技情报人员和计算机检索提供方便。

摘要的撰写包含以下四方面要求：其一，应包括研究目的、方法、结果和结论等内容，基本上涵盖论文的主要信息，是一篇可供单独引用的完整的短文；其二，读者只看摘要，不看全文，就能看懂；其三，离开原文能独立存在，可作为文摘单独使用；其四，行文精炼，简明扼要，一般不超过300字。

另外，作为一种可供阅读和检索的独立使用的文体，摘要只能用第三人称而不用其他人称来写，而且尽可能用规范术语，不用非共知共用的符号和术语。摘要不得简单地重复题名中已有的信息，切忌罗列段落标题来代替摘要。除了实在无变通办法可用以外，一般不出现插图、表格，以及参考文献序号，一般不用数学公式和化学结构式。摘要不分段。

（四）关键词

关键词是为了满足文献标引或检索工作的需要而从论文中选取出的词或词组。关键词包括主题词和自由词两个部分：主题词是专门为文献的标引或检索而从自然语言的主要词汇中挑选出来并加以规范的词或词组；自由词则是未规范化的，即还未收入主题词表中的词或词组。

每篇学术论文中应专门列出3~8个关键词，它们应能反映论文的主题内容。其中，主题词应尽可能多一些，它们可以从综合性主题词表（如《汉语主题词表》）和专业性主题词表（如NASA词表、INIS词表、TEST词表、MeSH词表等）中选取。那些确能反映论文的主题内容但现行的主题词表还来不及收入的词或词组可以作为自由词列出，以补充关键词个数的不足或更好地表达论文的主题内容。

关键词作为论文的一个组成部分，列于摘要之后。

（五）分类号

分类号通常是指《中国图书资料分类法》或《中国图书馆图书分类法》（第四版）的分类表中的分类。分类语言由符号体系、词汇和语法组成。符号体系即分类语言类名所使用的代码系统，这种代码系统通常由字母和阿拉伯数字组成。如"F"表示"经济"类图书文献，"F223"表示主题为"投入产出分析"的文献。

一篇涉及多学科的论文，可以给出几个分类号，其中，主分类号排在首位。分类号排印在"关键词"的下方。

（六）引言

引言是学术论文的开头部分，又叫引论、序论、绪论，这一部分通常是提出问题，交代背景，阐明课题研究的目的、意义、学术价值，介绍课题研究的范围、方法，概括学术论文的基本内容。一篇学术论文的绪论应根据其课题研究特点而有所侧重，不必面面俱到。引言文字要力求简明扼要、高度概括、直截了当、重点突出。论文的引言又叫绪论，写引言的目的是向读者交代本研究的来龙去脉，其作用在于唤起读者的注意，使读者对论文先有个总体的了解。引言中要写的内容大致有如下几项。

1. 研究的理由、目的和背景。包括问题的提出，研究对象及其基本特征，前人对这一问题做了哪些工作，存在哪些不足，希望解决什么问题，该问题的解决有什么作用和意义，研究工作的背景是什么。

因为要回答的问题比较多，所以只能采取简述的方式，通常用一两句话即把某一个问题交代清楚，无须赘言。

2. 理论依据、实验基础和研究方法。如果是沿用已知的理论、原理和方法，只需提几笔，或注明有关的文献。如果要引出新的概念或术语，则应加以定义。

3. 预期的结果及其地位、作用和意义。这部分要写得自然、概括、简洁、确切。

（七）本论

本论是学术论文的主体、核心部分，它担负着表述科研成果，体现学术论文的水平和价值的重要任务。这一部分要对绪论中提出的问题展开充分的论证和分析，运用丰富翔实的材料，进行条理清晰、逻辑严密的论述。本论部分内容丰富，篇幅较长，必须采用恰当的结构方式加以安排。常见的结构方式有以下三种。

1. 并列式。并列式就是对绪论中提出的问题分别从几个方面进行论述，这几个方面可以是一个问题的几个角度，也可以是一个问题的几个组成部分，相互之间是并列关系。例如，王海明的学术论文《生态伦理学的三个难题》（《首都师范大学学报·社会科学版》2007年第2期）的本论部分就是用三句名人名言引申出三个生态伦理学难题，并分别予以分析阐述的。

2. 递进式。这是一种逐层深入、逐步推进的论证方式。

3. 综合式，即在一篇学术论文的本论中综合运用上述两种结构方式，以一种为主，另一种为辅。这种结构方式适用于篇幅较长、内容复杂的学术论文。

4. 交错式，即利用某一种新的理论、原理，对某一问题进行分析、研究。如周尚等著《北京城区文化产业空间分布特征分析》（《北京师范大学学报社会科学版》2006年第5期）就是先介绍了文化产业空间分布的效益分析理论，然后根据最新一期的北京基本单位调查数据，利用洛伦兹曲线、集中程度指数、文化企业年产值的等值线图来刻画北京城区范围内文化产业现有空间分布状况，最后利用文化产业空间分布理论对该状况进行分析。

(八) 结论

结论是学术性论文正文的结尾，是本论部分论述的自然发展结果，是对全文的概括总结，可以用高度概括的语言归纳出全文内容要点，或写出结论性意见，也可以对课题提出自己的探索性看法。结论不是研究结果的简单重复，而是对研究结果更深一步的认识，是从正文部分的全部内容出发，并涉及引言的部分内容，经过判断、归纳、推理等过程，将研究结果升华为新的观点。其内容要点如下：

1. 本研究结果说明了什么问题，得出了哪些规律性的东西，解决了哪些理论或实际问题；

2. 对前人有关本问题的看法做了哪些检验，哪些与本研究结果一致、哪些不一致，作者做了哪些修正、补充、发展或否定；

3. 本研究的不足之处或遗留问题。

对于某一篇论文的"结论"，上述第一点是必需的，第二和第三点视论文的具体内容可以有，也可以没有；如果不可能导出结论，也可以没有结论而进行必要的讨论。

如果结论段的内容较多，可以分条来写，并加以编号，如（1）（2）（3）等，每条成一段，包括几句话或一句话；如果结论段内容较少，可以不分条写，整个为一段。结论里应包括必要的数据，但主要是用文字表达，一般不再用插图和表格。

(九) 致谢

致谢不是论文必需的组成部分。致谢是作者对在本文研究中参与部分工作，或协助完成本文的研究工作，或对论文撰写提供帮助和指导，或提供样品、器材及其他支持的单位和个人表示感谢的一种方式。其主要作用是对合作者的劳动表示尊重，同时为读者介绍与本课题有关的合作者、资助者、指导者、协作者等的情况，从另一个侧面反映了论文工作的有关信息，具有一定的参考价值。

致谢的对象包括：①协助完成本课题研究工作和提供各种帮助的组织和个人；②对研究工作提出建议和给予某些指导的专家；③为研究工作提供实验样品、材料和仪器者；④为论文写作提供某些资料者；⑤帮助审阅、修改论文者和帮助论文做统计学处理者；⑥对本课题研究给予资助或支持的有关组织、企业和个人；⑦其他应感谢的组织和个人。

(十) 参考文献

"参考文献"是指"文后参考文献"，其内容为撰写或编辑论著而引用的有关图书资料。所引文献必须是作者直接阅读过的文献，不可从他人文献中转引文献。所引文献必须是在公开发行的正式出版物上刊载的文献，保密资料、内部刊物或尚未发表的文献不得引用。所引文献要忠于原意，著录时要仔细核对。引用文献应以原著为主，译文、文摘、转载一般不应作为参考文献引用。应尽可能引用近期（3~5年）内最新的、主要的、与本文密切相关的文献，少用年代久远的、次要的或教科书之类公知的文献。引用文献应突出重点，少而精。

我国制定的国家标准《文后参考文献著录规则》（GB 7714—2005）规定，参考文献采用顺序编码制和著者、出版年制。目前，我国科技学术期刊大多采用国家标准规定的顺序编码制，只是各家杂志的具体著录方法略有差异。因此，这里重点介绍顺序编码制的标注方法。

参考文献著录格式包括文内标注格式和文后参考文献表的编写格式。

采用顺序编码制时，在引文处，按它们出现的先后用阿拉伯数字连续编码，并将序码置于方括号内，视具体情况把序码作为上角标，或者作为语句的组成部分。在文后参考文献表中，各条文献按在论文中的文献序号顺序排列，项目应完整，内容应准确，各个项目的次序和著录符号应符合规定①。

1. 专著的基本著录格式。

[序号] 主要责任者. 题名：其他题名信息 [文献类型标志]. 其他责任者. 版本项. 出版地：出版者，出版年：引文页码 [引用日期]. 获取和访问的路径

示例：[1] 余敏. 出版集团研究 [M]. 北京：中国书籍出版社，2001：179-1934.

2. 析出文献的基本著录格式。

[序号] 析出文献主要责任者. 析出文献题名 [文献类型标志]. 析出文献其他责任者 // 专著主要责任者. 专著题名：其他题名信息. 版本项. 出版地：出版者，出版年：析出文献的页码 [引用日期]. 获取和访问路径.

示例：[1] 程伟根. 1998年长江洪水的成因与减灾对策 [M] // 许厚泽，赵其国. 长江流域洪涝灾害与科技对策. 北京：科学出版社，1999：32-36.

3. 连续出版物的基本著录格式。

[序号] 主要责任者. 题名：其他题名信息 [文献类型标志]. 年，卷（期）-年. 卷（期）. 出版地：出版者，出版年 [引用日期]. 获取和访问路径径.

示例：[1] 中国图书馆学会. 图书馆学通讯 [J]. 1957（1）-1990（4）. 北京：北京图书馆，1957-1990.

4. 专利文献的基本著录格式。

[序号] 专利申请者或所有者. 专利题名：专利国别，专利号 [文献类型标志]. 公告日期或公开日期 [引用日期]. 获取和访问路径.

示例：[1] 姜锡洲. 一种温热外敷药制备方案：中国，88105607，3 [P]. 1989-07-26.

5. 电子文献的基本著录格式。

[序号] 主要责任者，题名. 其他题名信息 [文献类型标志/文献载体标志]. 出版地：出版者，出版年（更新或修改日期）[引用日期]. 获取和访问路径.

示例：[1] pacs-l：The Public-Access Computer System of Forum [EB/OL]. Houston, Tex：University of Houston Libraries，1989 [1995-05-171]. http：//info. libuh. edu/pacsl. html.

表6-1　文献类型代码表

文献类型	标志代码	文献类型	标志代码
普通图书	M	报告	R
会议录	C	标准	S
汇编	G	专利	P
报纸	N	数据库	DB
期刊	J	计算机程序	CP
学位论文	D	电子公告	EB

---

① 参考文献表中各著录项之间的符号是"著录符号"，而不是书面汉语或其他语言的"标点符号"，所以不要从标点符号的概念上去理解。

表 6-2 电子文献载体和标志代码

载体类型	标志代码	载体类型	标志代码
磁带（magnetictape）	MT	光盘（CD-ROM）	CD
磁盘（disk）	DK	联机网络（online）	OL

五、英文摘要

为了扩大我国科学技术成就和信息传播的范围，加强国际学术交流与合作，现在我国绝大多数的科技学术期刊对投寄的论文都要求附有英文摘要，即将论文中的中文摘要译成英文。

一篇完整的英文摘要应包括以下几个部分：①题名；②作者及工作单位、地址、邮政编码；③论文摘要正文；④关键词。

（一）题名

与中文题名一样，英文题名应撰写得简单、明了、醒目，一般要求包含研究目的、方法和对象，或研究对象、处理因素和反应效应三要素，要符合英语规范。按国家标准（GB 7713—87）的规定，英文题目一般不宜超过 10 个实词。原则上是比照论文的中文题名译成英文，使两者保持基本一致。但这并不等于字字对译，必要时可以加译、减译和意译。

题名中，单词字母的大小写目前尚无统一规定。一般题名的第一个词的第一个字母为大写，其余除专有名词外，一般为小写，这种方式为绝大多数科技学术期刊所采纳。也有的除介词、连词或冠词外，每个词的首字母均大写。

（二）署名及单位名称

在题名之下，另起一行，居中写作者姓名。中国作者的姓名，将姓和名各作一词按汉语拼音拼写，两者首字母皆大写。在作者的姓名之下，另起一行列出作者单位名称、所在地和邮政编码，单位名称次序正好与中文相反，即先小单位后大单位。

（三）摘要

英文摘要与中文摘要一样，其目的是要以最精炼的文字介绍论文的精华和主要观点。英文摘要通常是将中文的摘要直接翻译成英语，即主要反映研究目的、方法、结果和结论四项内容。如果中文是结构式摘要，则写英文摘要就更为方便。

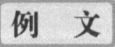

塔里木盆地沙尘天气的气候特征

马 禹 肖开提 王 旭
（新疆环境气象中心，乌鲁木齐，830002）

摘要：利用塔里木盆地周边 28 个气象站 1961—2003 年逐日地面观测资料，分析了沙尘天气的空间分布特征和时间演变规律，在构建多元线性回归影响因子模型的基础上，探讨了气温、地温日较差、气压、平均风速、降水量 5 个气候因子对沙尘天气的影响程度，建立了沙尘指数。塔里木盆地沙尘天气有着明显的地域分布特征和季节变化，春季是高发期，沙尘日数与气候因子季节变化的关系非常密切。沙尘日数年际变化呈明显的减少趋势，具有 6-9a 的振荡周期。3~9 月，盆地沙尘天气的主要影响因子依次是平均风速、降水量和地温日较差。春季降水量占主导地位，6~9月，平均风速占主导地位。本文选取各月对沙尘天气影响有意义的气候因子建立了沙尘指数，它在时间序列上对沙尘天气有很好的反映，可用来做沙尘天气出现日数的气候预测。

关键词：沙尘天气；变化趋势；相关分析；影响因子；沙尘指数

  沙尘天气分沙尘暴、扬沙和浮尘3类。中国西北地区沙漠、戈壁广布，植被稀少，沙生物质极其丰富，风蚀强烈，是中国沙尘天气出现的高频区域。而浩瀚的塔克拉玛干沙漠是沙尘天气的高频中心之一。沙尘天气的发生机制、影响因素一直是热点问题，特别是气候因子对沙尘天气出现频率的影响。全林生等分析了中国沙尘天气与降水、气温及扰动漩涡的相关关系。瞿盘茂通过相关关系着重分析了中国北方大风、降水、相对湿度、地表温度及积雪对沙尘天气形成的影响。王小玲等利用 EOF 和 SVD 方法分析了近半个世纪中国春季沙尘天气频数与近地面风速和海平面气压的关系。何清等指出，塔里木盆地沙尘暴、扬沙、浮尘总日数与温度、降水量在春季有相对较好的相关关系。可见，多数研究工作集中在沙尘频数与大风、降水和气温等气象要素的多年变化及时空分布相互关系的统计分析上，其结果偏重于状态演变的统计描述，定量研究是一个比较薄弱的环节。郦玉等利用风速、降水、蒸发量、相对湿度、大风日数基本气象资料，提出了风速影响指数 W 和土壤湿润指数 H 计算方法，在此基础上建立气候指数 D 模型，并选取北京 4 个郊区县站1961—1990 年的风速、降水量、蒸发量、相对湿度、大风日数的月平均值和沙尘暴发生日数，回归分析了气候指数 D 与沙尘暴发生频率的关系。这些方法旨在用气候指数定量反映沙尘天气的发生日数，并没有反映出气候因子对沙尘天气影响的复杂性及程度。况且到目前为止，对于源区沙尘天气发生频次的变化趋势及其与气候因子相互关系的定量研究非常有限。

  本文以塔里木盆地周边 28 个气象站 1961—2003 年逐日地面气象观测资料为依据，从沙尘天气和与其关系密切的气候因子的季节及年际变化入手，通过构建影响因子模型研究气温、地温日较差、气压、平均风速和降水量这 5 种气候因子对沙尘天气的影响程度，并建立沙尘指数模型，为沙尘天气的预测工作提供参考依据。

1. 资料和方法（略）
2. 沙尘天气的时空变化（略）
2.1 地理分布、季节变化（略）
2.2 沙尘天气的变化趋势和周期分析（略）
3. 沙尘天气的主要影响因子（略）
4. 沙尘指数和指数模型（略）
5. 结论（略）

参考文献

[1] 中央气象局. 地面气象观测规范 [M]. 北京：气象出版社，1979：21-27.

[2] 全林生，时少英，朱亚芬，等. 中国沙尘天气变化的时空特征及其气候原因 [J]. 地理学报，2001，56（4）：477-485.

[3] 王式功，王金艳，周自江，等. 中国沙尘天气的区域特征 [J]. 地理学报，2003，58（2）：193-200.

[4] 程盘茂，李晓燕. 中国北方沙尘天气的气候条件 [J]. 地理学报，2003，58（增

刊）：125-131.

［5］王小玲，翟盘茂.中国春季沙尘天气频数的时空变化及其与地面风压场的关系［J］.气象学报，2004，62（1）：96-103.

……

（资料来源：《北京大学学报》（自然科学版），2006年01期，有删略。）

# 第七章 法律文书

第一节 法律文书概述

一、法律文书的含义

法律文书是指公安机关（含国家安全机关，下同）、检察院、法院、监狱或劳改机关以及公证机关、仲裁机关等依法制作的处理各类诉讼案件和非诉案件的文书，以及当事人、律师及律师事务所自书或代书的具有法律效力或法律意义的文书的总称。

二、法律文书的分类

法律文书的类别可依不同的分类标准划分为不同的类别。

1. 依制作主体的不同，可以分为公安机关的刑事法律文书、人民法院的诉讼文书、人民检察院的检察文书、公证文书、仲裁文书和律师实务文书等。
2. 依写作和表达方式的不同，可以分为文字叙述式文书、填空式文书、表格式文书和笔录式文书等。
3. 依文种的不同，可以分为报告类文书、通知类文书、判决类文书、裁定类文书和决定类文书等。
4. 从文书体例上划分，大致可分为信函式文书、致送式文书、宣告式文书、表格式文书和实录式文书等。

三、法律文书的基本特点

（一）制作的合法性
各种法律文书都必须依法制作，这是法律文书制作的前提，也可以说是文书立意的依据。
（二）形式的程式性
法律文书的程式化特点十分明显，主要表现在结构固定化和用语成文化两个方面。
（三）内容的法定性
法律文书的写作内容都是法律规定的，具有法定性。
（四）语言的精确性
法律文书对语言有很高的要求，这是因为法律文书都是涉及国家、集体、个人根本利益的有现实法律意义的文书，语言运用必须高度精确。

（五）使用的实效性

法律文书都是为解决一定的法律问题而制作的，因此是最讲求实效的。

四、法律文书的作用

1. 法律文书是具体实施法律的重要手段。
2. 法律文书是进行法制宣传的生动教材。
3. 法律文书是有关法律活动的忠实记录。

五、法律文书写作的基本要求

（一）法律文书写作的基本要求

1. 遵循格式，写全事项。
2. 主旨鲜明，阐述精当。
3. 叙事清楚，材料真实。
4. 依法说理，折服有力。

（二）法律文书语言应用的具体要求

1. 表意精确，解释单一。法律文书是体现和贯彻国家法律的文字形式，是当事人向国家执法机关提出的诉讼请求或某项法律要求的文书。因此，它的文字必须做到表意精确、解释单一，以避免给理解和履行带来任何问题。

2. 文字精练，言简意赅。法律文书的语言必须精炼简洁，不能事无巨细、冗长拉杂，但是必须交代的情况和事实，必须阐述的理由和法律依据，又不能讲得过于简略或粗疏，所以必须做到文意顺畅。

3. 文风朴实，格调庄重。法律文书严肃的内容决定了它朴实无华、严谨庄重的语体风格。

4. 语言规范，语句规整。法律文书的语言应力求合乎语法规则，句子规整，成分齐全。

5 褒贬恰切，爱憎分明。法律文书的内容大都与处理违法侵权以及犯罪行为的案件有关，因而对是非正误有鲜明的褒贬态度和浓厚的感情色彩。

6. 语言诸忌，竭力避免。法律文书在语言运用中也有些忌讳，必须引起重视：一是忌方言方语；二是忌用流氓黑话；三是忌用脏话；四是力求避免出现错别字。

第二节 起诉书

一、起诉书的含义

起诉书是人民检察院代表国家按照审判管辖的规定，向同级人民法院对依法应当追究刑事责任的被告人提起公诉时制作的文书。

二、起诉书的分类

起诉书根据所适用诉讼程序性质的不同，可分为民事起诉书和刑事起诉书。

三、起诉书的功用

制作起诉书的法定依据是我国《刑事诉讼法》第 141 条的规定："人民检察院认为犯罪嫌

疑人的犯罪事实已经查清，证据确实、充分，依法应当追究刑事责任的，应当做出起诉决定，按照审判管辖的规定，向人民法院提起公诉。"

起诉书一经送达即产生法律效力，同时标志着公诉案件已进入审判程序。起诉书的制作既表明对侦查机关完成侦查任务的确认；是人民检察院行使国家公诉权，惩罚犯罪，保护人民的依据；也是人民检察院检察人员出庭支持公诉，发表公诉意见书，进行法庭辩论的基础；同时，又是人民法院对公诉案件进行审判的合法依据。起诉书是人民检察机关经常使用的重要法律文书。

四、起诉书的写作要求

起诉书由标题、编号、被告人情况、正文、受文机关、落款、附件（注）等部分构成。

1. 标题。标题分两项写明"××人民检察院""起诉书"。

2. 编号。标题下一行写明文书编号，应按照年度、院名（简称）、部门（简称）和编号的顺序排列。例如，〔××××年〕×检诉字第×号。

3. 被告人基本情况。依次写明姓名（别名）、性别、年龄、民族、籍贯、文化程度、职业、住址，是否曾受过刑事处罚，何时何罪被捕，是否在押。如有同案被告数人，也应分别写明。

4. 正文。正文应写清案由和案件来源、犯罪事实和证据以及起诉的理由。

（1）案由和案件来源。这部分内容主要反映本案移送审查起诉的单位、时间和过程等诉讼程序情况。由于公安机关、国家安全机关侦查的案件与人民检察院直接受理侦查的案件来源不同，写法也不尽相同，要具体写明。

（2）犯罪事实和证据。起诉书在叙述被告人的犯罪事实时，应准确、客观、实事求是。应按照犯罪事实，把被告人犯罪的时间、地点、动机、目的、手段、情节、后果等写清楚。要详写主要犯罪事实，略写次要犯罪事实。与主要犯罪事实无关或关系不大，或者不能作为定罪、量刑依据的材料，一概不能写入。

写完犯罪事实，另起一段写犯罪证据。在陈述犯罪证据时，不但要把本案查证属实的基本的或者主要的证据一一列举，而且还要表明"证据确实、充分"的明确态度。

（3）起诉的理由。这是人民检察院对公安机关移送起诉或本院直接受理自行侦查的案件，经过审查或者侦查终结所做出的结论。书写这一部分时，要根据所述的犯罪事实进行高度的抽象概括，准确认定被告人触犯刑法何条何款、构成什么罪，然后写明提起公诉的目的和建议。共同犯罪案件应分清每一个被告人的罪责及应负的刑事责任，有附带民事诉讼的，也应交代清楚。

在引用法律条款时，必须明确引用被告人触犯刑法的条、款、项，而且要先引定罪条款；数罪并罚的，要先引重罪条款，后引轻罪条款。

5. 受文机关。写明"此致""××人民法院"。

6. 落款。检察长或者检察员（包括代理检察员）署名，注明年、月、日，并加盖公章。

7. 附注。写明被告人姓名、羁押处所，未在押的，可以写明其住址；卷宗的卷、册、页数；证物、赃物的名称、数量，是否随卷移送或存放何处；证人职业及住址；附带民事诉讼书状的说明等。

例文一

××市人民检察院起诉书

×检刑诉字〔××××年〕第8号

被告人张××，男，20岁，××省××县××镇××村人，汉族，高中文化程度，××市无线电六厂工人，现住××市××区无线电六厂宿舍。××××年7月因打架曾被行政拘留15天。因故意杀人（未遂）罪，××××年7月21日被××分局拘留。同年7月23日经××市人民检察院批准逮捕。

被告人张××故意杀人（未遂）一案，经××市公安局侦查终结，移送我院审查起诉。经审查证实：

被告人张××于××××年初与被害人赵××（女，19岁，××市××路副食店营业员）相识并确立了恋爱关系。××××年5月，被害人赵××以张××曾被拘留过为由提出终止恋爱关系后，张××仍纠缠不休，遭赵××拒绝后，张××对此怀恨在心，蓄谋杀人报复。

××××年6月，被告人张××从本市××商店购得刀一把（长9.2厘米，宽2.5厘米）随身携带，多次到被害人单位门口堵截。××××年7月19日晚7时许，被告人张××携带凶器再次到被害人单位堵截赵××。晚8时30分，赵××下班骑车回家时，张××尾随其后，伺机行凶。当赵××行至××路口时，被告人张××用自行车将赵××撞倒后，从裤子口袋内掏出刀子，朝赵的腹部猛捅一刀，继而又朝赵的胸部、腹部连捅四刀后逃跑。

赵××被人送至医院经抢救脱险，经医院诊断证明：①赵右前胸2.5厘米横形伤口并刺破右肺上叶、中叶心包及右心房，心脏伤口约1厘米，手术后见有活动性出血，胸内出血1200CC；②赵右上腹2.5厘米伤口，刺破胸壁，腹部内脏未见损伤；③赵右肩部刀刺伤一处，长约2.5厘米。

上述犯罪事实有被害人陈述、证人证言、现场勘验报告、医院诊断证明、鉴定结论等证明，事实清楚，证据确实充分，足以认定。

本院认为：被告人张××恋爱不成，竟蓄意行凶报复，手段恶劣，情节严重，其行为已触犯了《中华人民共和国刑法》第232条、234条之规定，依法应予严惩。为了维护社会治安秩序，保护公民的人身权利，特向你院提起公诉，请依法惩处。

此致
××区人民法院

代理检察员：高×× 孙××
××××年××月××日

例文二

礼县人民检察院起诉书

礼检刑诉〔××××〕62号

被告人申某某，男，××××年××月××日出生，居民身份证号码6226281992××××××××，汉族，小学，户籍所在地甘肃省陇南市礼县，住甘肃省陇南市礼县××乡××村××组××号，农民，无前科。因涉嫌危险驾驶罪，××××年3月27日被礼县公安局刑事拘留，同年3月

30 被取保候审，5 月 25 日被本院决定取保候审。

本案由甘肃省礼县公安局侦查终结，以被告人申某某涉嫌危险驾驶罪，于××××年 5 月 21 日向本院移送审查起诉。本院受理后，已告知被告人有权委托辩护人，已告知被害人有权委托诉讼代理人，依法讯问了被告人，审查了全部案件材料。

经依法审查查明：

××××年 3 月 9 日晚，被告人申某某在礼县白河镇"凯豪 KTV"饮酒后，驾驶号牌为陕××××××小型普通客车于当日 23 时准备回沙金时，行驶至礼县白河镇街道时车撞在了董某某停放在路边的车上，董某某报警后，申某某被礼县公安局交警大队民警查处，并现场进行呼气式酒精含量检测值为 231.7mg/100ml，将其带至白河卫生院提取血样后送检，经陇南市公安司法鉴定中心鉴定：从申某某血样中检出乙醇成分，含量为 197.5mg/100ml。

认定上述事实的证据如下：

照片、书证、被告人供述与辩解、鉴定意见等。

本院认为，被告人申某某醉酒后驾驶机动车在道路上行驶，其行为触犯了《中华人民共和国刑法》第 133 条之一之规定，犯罪事实清楚，证据确实、充分，应当以危险驾驶罪追究其刑事责任。申某某到案后能如实供述，具备《中华人民共和国刑法》第 67 条第三款规定的坦白情节，可以从轻处罚。为打击犯罪，维护公共安全，根据《中华人民共和国刑事诉讼法》第 172 条的规定，决定将被告人申某某提起公诉，请依法判处。

此致

礼县人民法院

检察员：韩××
××××年 5 月 29 日

第三节　抗诉书

一、抗诉书的含义

抗诉书是人民检察院行使审判监督职权，认定人民法院所做出的判决或裁决确有错误，要求人民法院重新审理并予以纠正而提出抗诉时制作的法律文书。

我国《刑事诉讼法》第 181 条规定："地方各级人民检察院认为本级人民法院第一审的判决、裁定确有错误的时候，应当向上一级人民法院提出抗诉。"《刑事诉讼法》第 205 条第 3 款又规定："最高人民检察院对各级人民法院已经发生法律效力的判决和裁定，上级人民检察院对下级人民法院已经发生法律效力的判决和裁定，如果发现确有错误，有权按照审判监督程序向同级人民法院提出抗诉。"

二、抗诉书的分类

按照诉讼种类的不同，抗诉书可分为刑事诉讼中的抗诉书、民事诉讼中的抗诉书和行政诉讼中的抗诉书。其中，刑事诉讼中的抗诉又分为二审程序抗诉书和审判监督程序抗诉书，民事诉讼和行政诉讼只有审判监督程序抗诉书。二审程序的抗诉书是地方各级人民检察院认为本级人民法院第一审判决或裁定确有错误，在法定期限内向上一级人民法院提出抗诉时所制作的法律文书；审判监督程序抗诉书是最高人民检察院对各级人民法院已经发生法律效力的判决或裁定、上级人民检察院对下级人民法院已经发生法律效力的判决或裁定确有错误，向同级人民法院提出抗诉时制作的法律文书。

三、抗诉书的作用

刑事抗诉书是人民检察院对人民法院的审判活动进行有效监督的重要手段，是按照正常法律程序提起公诉活动的继续。抗诉书通过法律文书的形式，对人民法院的审判活动进行监督，纠正确有错误的判决和裁定，促使人民法院正确处理案件，严肃公正执法，以确保审判机关审理案件的公正性和公开性。因此，制作抗诉书是一项严肃而又细致的工作，一定要坚持"以事实为依据，以法律为准绳"的原则，按照《刑事诉讼法》和刑事检察文书样式的规定认真制作，成文后对文字结构要精心推敲，认真核实，须经得起实践的检验。

四、抗诉书的写作要求

抗诉书由首部、正文、尾部、附项四部分组成。

（一）首部

首部按次序写明以下几项内容。

1. 标题。在文书顶端正中分两行书写检察机关名称和文书种类。

2. 编号。在标题右下方写上："（年度）××检刑抗字第××号"。

3. 原审被告人身份情况。依次写明被告人的姓名、性别、年龄、出生年月日、民族、籍贯、职业、单位及职务、住址、被采取强制措施或服刑情况。有数名被告人的，依由重至轻顺序分别列出。

4. 案由。这一项写明原审被告人的姓名、案件的性质、来源、审理过程、原审人民法院做出判决或裁定等内容。表述时，必须按新样本的具体规定来写，如：

原审被告人×××一案（写明姓名、案由）、由××公安局侦查终结移送本院审查起诉、本院××××年××月××日提起公诉（对自侦案件，相应改写为"本院侦查终结并提起公诉"，对自诉案件相应改写为"自诉人××××年××月××日向人民法院提起诉讼"），人民法院以刑事判决书（裁定书）做出判决（裁定）：（判决、裁定结果）。经依法审查：（如果是被害人及其法定代理人不服地方各级法院第一审的判决而请求人民检察院提出抗诉的，应当写明这一程序。如果是按照审判监督程序提出抗诉的，应当写明生效的一审判决或二审判决情况、有关人民检察院提请抗诉的程序，然后再写明"经依法审查，本案的事实如下"。）

（二）正文

抗诉书正文包括犯罪事实及证据、提起抗诉的理由及法律依据两项内容。

1. 概括叙写抗诉机关认定的事实、情节。叙述事实应当根据具体案件事实、证据情况，围绕刑法规定该罪构成要件特别是争议的焦点问题，简明扼要地叙写案件经过。一般应当具备时间、地点、动机、目的、关键行为、情节、数额、危害后果、作案后表现等有关定罪量刑要素。一案有数罪，各罪有数次作案的，应依照由重至轻顺序叙写，文字应力求简明扼要。最后应写明认定犯罪的证据，"上述犯罪事实有×××、×××、×××为证，证据确实充分，足以认定。"

2. 提起抗诉的理由及法律依据。这部分是抗诉书的关键，对提起抗诉活动能否成立具有举足轻重的作用，必须写好，做到抗之有理，诉之有据。

具体写法是,开头先用"本院认为"作为提起语,进而详细阐明对原判决(裁定)的审查意见和抗诉理由。其写作层次为:第一层,在"本院认为"之后,先用扼要的文字概括出被告人行为危害程度,情节轻重程度,依法应当如何判决。第二层,明确指出原审判决、裁定错误的核心之处,明确抗诉焦点。第三层,集中阐述抗诉理由、具体分析原审判决、裁定错误所在,论证检察机关的正确意见。一般来说,可以从以下几方面相应阐述抗诉的理由。

(1) 针对原审判决(裁定)事实不清,判决(裁定)的根据不足,提出纠正或否定的事实依据和证据。

(2) 针对原审判决(裁定)定性和适用法律的不当,提出纠正否定的事实依据和法律依据。

(3) 针对原审判决(裁定)违反法律规定的诉讼程序,提出纠正的法律依据。

理由写完之后,写明适用提起抗诉的法律依据,依法提出予以抗诉、请求改判的请求。适用的法律应根据抗诉程序的不同来加以引用,若属按上诉程序提起的抗诉,应引用《刑事诉讼法》第181条;若属按审判监督程序提起的抗诉,应引用《刑事诉讼法》第205条第3款。

具体写作格式如下:综上所述,为严肃国法,准确惩治犯罪(或保障公民的合法权益),依照《中华人民共和国刑事诉讼法》第×××条的规定,特提出抗诉,请依法改判。

(三)尾部

抗诉书结尾应写明以下三点内容:

1. 致送单位名称。
2. 检察人员署名。
3. 制作该文书的时间,并在其上加盖检察机关的印章。

(四)附项

附项应写明以下几点:

1. 被告人现在何处。
2. 证据目录。
3. 证人名单(证据目录、证人名单与一审无异,可注明"证据目录、证人名单与一审无异",不必另行移送)。

例文一

××市××区人民检察院抗诉书

(××××)×检刑抗字第×号

××市中级人民法院:

××市××区人民法院于××××年××月××日以(××××)×法刑字第74号判决,对被告人宗××以诈骗罪判处有期徒刑三年。经本院审查认为:一审判决对被告人宗××的部分犯罪事实应当认定而未认定,导致适用法律不当,量刑畸轻。

理由如下:

一、判决书认定部分犯罪事实与引用证据不当。

判决书认定:"被告人宗××于××××年××月间,虚构事实,向金××谎称可为其联系购买2吨平价电解铜。为骗得金××的信任,宗××先后私刻了××市化工轻工供应公司第二化工供应部、××市勤工化工厂供销股的印章,并伪造上述两单位的供货证明。嗣后,以代垫付电解铜款为名，骗得金××人民币5 000元。"事实是：被告人宗××在××××年××月下旬通过伪造"××市化工轻工供应公司第二化工供应部"两张供货证明，骗得金××5 000元后，为达到进一步诈骗的目的，于××月××日再次私刻"××市勤工化工厂供销股"印章，伪造供货证明，以自己为金××的电解铜垫付了8 000余元，造成资金搁死，需再借款1万元归还他人的理由，又骗得金××1万元。由此可见，宗××伪造"××市勤工化工厂供销股"的假证明不是为了诈骗5 000元（5 000元在此前10余天前已骗得），而是为了诈骗1万元所实施的行为。

二、一审判决对被告人宗××诈骗1万元的事实应该认定而未认定，本院指控宗××诈骗1万元事实清楚，有被害人陈述、证人证言和书证所证实，证据充分。

1. 宗××在骗得5 000元后，又向金××"借"钱。开始金××对宗××有无电解铜产生怀疑，所以对宗××"借"钱予以拒绝。在此情况下，宗××伪造了"××市勤工化工厂供销股"的证明，又虚构了自己为此垫付8 000余元的事实使金××信以为真，金××才筹借了1万元给宗××。由此可见，宗××向金××所借的1万元是在虚构事实的前提下取得的。

2. 宗××诈骗1万元与诈骗5 000元是采用同一手段，其实都是以虚构事实为前提的。一审判决书认定了"宗××虚构事实，向金××谎称可为其联系购买2吨平价电解铜，为骗得金××信任，宗××先后私刻了'××市化工轻工供应公司第二化工供应部''××市勤工化工厂供销股'的印章，并伪造上述两单位的供货证明。嗣后，以代其付电解铜款为名，骗得金××人民币5 000元"。这里认定的是诈骗1万元的手法，却不认定诈骗1万元的结果，这是自相矛盾的。

3. 宗××无经济偿还能力。宗××在借钱时称，将电解铜出卖后得款才能归还，其实她根本没有电解铜。所得之款用于还债后已无偿还能力。所以，"借"是形式而骗是实质。综上所述，本院认为：被告人宗××采用虚构事实的手法诈骗他人15 000元，数额巨大，应按《中华人民共和国刑法》第266条的规定予以惩处。一审判决只认定被告人诈骗5 000元而否定1万元，因而在认定犯罪事实和适用法律上均属不当。根据《中华人民共和国刑事诉讼法》第181条之规定，特向你院提出抗诉。

××市××区人民检察院
检察员：李××　王××
××××年××月××日

例文二

山东省××县人民检察院刑事抗诉书

×检公诉诉刑抗〔××××〕1号

××县人民法院以（××××）鲁1427刑初10号刑事判决书对被告人李某某、许某某涉嫌贪污一案判决：被告人李某某犯贪污罪，免予刑事处罚；被告人许某某犯贪污罪，免予刑事处罚；赃款42 000元予以没收，由扣押机关上缴国库。本院依法审查后认为，该判决适用法律确有错误，理由如下：

一、该刑事判决书认定被告人李某某属于坦白、被告人许某某属于自首，对二被告人均可依法从轻、减轻或者免除处罚，属于适用法律错误。《刑法》第六十七条第三款规定：

犯罪嫌疑人虽不具有前两款规定的自首情节，但是如实供述自己罪行的，可以从轻处罚；因其如实供述自己罪行，避免特别严重后果发生的，可以减轻处罚。因此对李某某的坦白情节不能适用减轻处罚和免除处罚。

二、该刑事判决书认定许某某属于自首，但仅适用了《刑法》第六十七条第三款关于坦白的规定，对于其自首情节未援引适用该条第一款关于自首的规定，属于适用法律错误。

三、该刑事判决书中适用两高《关于办理贪污贿赂刑事案件适用法律若干问题的解释》第一条第二款的规定属于适用法律错误。该条款是指贪污数额在一万元以上不满三万元，贪污救灾等特定款物的，应当认定为《刑法》第三百八十三条第一款规定的"其他较重情节"的情形，而该案贪污数额为 42 000 元，不属于该条第二款所规定的情形，本案应适用该条第一款之规定。

综上所述，该判决书适用法律确有错误，为维护司法公正，准确惩治犯罪，依照《中华人民共和国刑事诉讼法》第二百一十七条的规定，特提出抗诉，请依法判处。

此致
××市中级人民法院

××县人民检察院
××××年2月22日

附：
被告人李某某现取保候审于××县第一中学家属院；被告人许某某现取保候审于××县城区××街××号。

第四节　公诉词

一、公诉词的定义

公诉词是国家公诉人在法庭审理刑事案件的过程中当庭发表的揭露和指控被告人的演说词。

二、公诉词的作用

公诉词是在人民检察院对刑事被告人提出起诉书的基础上，全面揭露被告人的犯罪行为，证实被告人的犯罪行为，分析犯罪行为的性质、后果和对社会的危害，阐明为什么追究被告人的刑事责任，对检察院提起的诉讼进行补充和阐发，从而进一步在事实上、证据上、法律上揭露被告人的犯罪行为。

三、公诉词的写作要求

最高人民检察院44号文件规定，公诉词应包括以下五项内容：
第一，对法庭调查的简要概括；
第二，进行证据分析，认定被告人的罪行；
第三，进行案情分析，概括案情的全貌，揭露被告人犯罪的社会危害性；

第四，分析被告人犯罪的思想根源和社会根源；

第五，进行法律上的论证，指明被告人触犯的刑法条款，阐明被告人应负的法律责任。

以上五项内容并非每份公诉词都完全具备，应根据案件的特点及实际需要，决定哪几项内容可写，哪几项内容重点写。公诉词文无定式，内容分标题和正文。正文分引言、主体和结尾三部分。

（一）引言

引言部分主要写明对法庭调查情况的简要概况。开头先写称呼语。如一审公诉词是"审判长""人民陪审员"，二审公诉词的称呼语是"审判长""审判员"。行文中，为了演讲的需要，可在关键地方或提醒法庭注意的地方插入称呼语。

（二）主体

主体部分是公诉词写作的核心。这一部分的写作主要运用议论的方式，即根据已经查明的被告人的犯罪事实，从法理上分析被告人的犯罪性质，从事理上分析被告人犯罪行为的严重危害性，从情理上分析被告人犯罪的思想根源和社会根源，进而阐明将被告人交付法庭审判的必要性、合法性和正确性。主体部分的具体写法一般是分专题论述，每一个专题题首都冠以小标题作为该题的分论点；接着列举论据，摆事实、讲道理，进行分析论证。从章法上看，每一个专题各自独立，但组合起来却形成了一个完整的有机整体，即从不同的方面、不同的角度去支持中心论点。

（三）结尾

结尾是正文分析论证后的结束语，主要是对公诉意见的总结，并就如何处罚被告人向法庭提出意见和要求。根据审判程序的不同，结尾可采用以下两种行文方法：

一审案件的公诉词可写为："以上几点意见请法庭结合全案情节，考虑被告人的认罪态度，依照我国《刑法》的有关规定，做出正确的判决。"

二审案件的公诉词可写为："以上对被告人×××的一审判决是否正确，被告人×××上诉是否有理，阐明了我们的意见，供二审法庭合议中考虑。"

最后注明制作的年、月、日。

××人民检察院关于张××诈骗案的公诉词

审判长、人民陪审员：

根据法律规定我以国家公诉人的身份对我院提起公诉的张××诈骗一案出席法庭，支持公诉。

张××的犯罪事实在起诉书中已明确认定，并为今天的法庭调查所证实，事实清楚，证据确凿，被告人亦供认不讳，不需再加论证。但是为了更加充分地揭露本案的犯罪性质及其对社会的危害性，提请法庭对被告给予严厉制裁，以保护公私财产，有必要对本案做进一步论述。诈骗案，是以非法占有为目的，用虚构事实和隐瞒真相等欺诈方法取得公私财物的行为。所谓虚构，就是捏造不存在的某种事实，骗取被骗人的信任。所谓隐瞒事实真相，就是对被骗人掩盖客观存在的某种事实，这种事实如果被骗人知道，就不会把财物"自愿"交给被告。被告张××就是以代购和借贷之名，行诈骗之实，在仅7个月的时间内，就诈骗公私财物123万余元，数额巨大，罪行严重，其行为已构成诈骗罪，应受到法律制裁。

被告用诈骗之款，大肆挥霍，浪费国家财产，给社会和群众造成了很大的危害。

被告张××年仅23岁，正是人生黄金时期，为什么会走上犯罪道路呢？贪图享受，沉醉在花天酒地之中，吃喝玩乐是他对幸福的定义。由于这种错误的幸福观在支配着他，因而不择手段地诈骗钱财。在我们提讯张××时，他交代中有这样一段话，清楚地说明了这个问题，他讲道："比如坐车口袋没钱就不行，还要抽高档烟，住高级宾馆等，没钱就编写所谓的理由，拿别人的钱。"他还讲："我见到别人都那样，我就很想那样，坐高级车，过腐化生活，叫别人羡慕，好像只有这些，才能满足，但我没有考虑后果，没有想到这是犯罪。"在短短的几个月内，他竟然用于租车的费用就达到8 000余元，宾馆费用5 000余元，和司机二人吃饭每一次至少达700元。他自己交代一天就花近2 000元左右。这种挥金如土的腐化生活使他在犯罪道路上越走越远，法律是公正的，今天被告张××被押上被告席，这就是必然结果，也是罪有应得的。但我们诚心地希望，被告人一定要记取这次教训，认罪服法，努力改造，重新做人。

张××诈骗案难道给我们某些部门和个人不是也敲了警钟吗？张××多次诈骗成功，并不是他的手段如何高明，而是我们有些同志缺乏起码的警惕性，或思想上存在某种不正当的追求，或是规章制度上存在着漏洞。比如，本案几个受骗人和受骗单位就轻信被告花言巧语，将现金或支票交给被告"走后门"而上当受骗。我们政府职能部门同志一定要克服麻痹思想，杜绝不正之风，提高警惕，共同保护国家的共有财产不受损失。

在审查此案中，被告对自己犯罪事实，尚能如实交代，有悔罪表现，请法庭根据被告的犯罪事实、性质、情节及考虑被告人的认罪态度等依法给予公正判决。

××××年××月××日

第五节　辩护词

一、辩护词的含义

辩护词，是被告人及其辩护人在诉讼过程中根据事实和法律所提出有利于被告人的材料和意见，部分地或全部地对控诉的内容进行申述、辩解、反驳，以证明被告人无罪、罪轻，或者提出应当减轻甚至免除刑事责任的文书

二、辩护词的写作要求

1. 标题，可写"关于×××（人）××××案的辩护词"。

2. 前言。交代辩护人的合法地位，同时简要说明辩护人事前进行了哪些工作，如查阅案卷、了解案情、同在押的被告会见或通信等（多限于律师）。在前言的最后，可概括说明辩护人对此案件的基本观点。例如，认为公诉人指控被告的犯罪事实不能成立，或定罪不当，等等。

3. 辩护理由。这是辩护词的主体部分，可以从事实、法律、被告的认罪态度方面提出辩护理由。具体可从分析公诉人所提出的被告的犯罪事实是否能成立等方面提出辩护理由；或者从运用法律定罪量刑上提出意见，针对起诉书中提出的罪名发表意见；认罪态度主要是根据"坦白从宽，抗拒从严"的政策，提出可以从轻的理由。

4. 结尾。归结辩护理由，提出有关判处被告的建议。

5. 写明辩护人姓名，并注明具体日期。

例 文

关于王××贩毒案的辩护词

审判长、合议庭：

根据《律师法》有关规定，广东××律师事务所接受被告王××母亲尤×的委托，并征得被告王××的同意，指派本律师担任被告王××贩毒一案的辩护人，现根据事实和法律，发表辩护意见如下，请合议庭接纳。

一、本案涉及的犯罪事实清楚，适用的法律正确，本律师不表示异议。但贩卖的毒品43.1克欠纯度的鉴定，鉴定书只是表明"43.1克灰白色块状物含有海洛因成分"，并非说是100%的含量，这是酌情考虑的情节，希望审判长加以注意。

二、一些酌情从轻的情节

1. 王××贩卖毒品是他人介绍才进行的。

这在夏×的笔录有（夏×案卷P6）。问：你是介绍何人和何人交易毒品？答：介绍"阿辉"和王××交易毒品。在被告王××笔录有（王××案卷P22）。问：谁叫你贩卖毒品？答：是夏×介绍的。所以，被告虽然触犯了刑律，构成贩卖毒品罪，但只是经人介绍进行了一次，误入歧途，并非不可救药，不是犯罪的团伙行为。

2. 被告无前科。

被告在逮捕之前，没有违法的前科，案卷P76页××县公安局××派出所的证明也清楚反映：王××在辖区无前科。

3. 被告坦白交代了犯罪行为。

被告在被拘留后，清楚交代了其本人的犯罪事实，前后交代一致，并且对自己的犯罪事实和社会危害性有清楚的认识，多次表示后悔，应该酌情从宽处理，以利于贯彻党和国家坦白从宽的方针。

4. 被告现在仍重病在身，适当从轻处理，有利于被告身体的恢复。

被告在××××年6月22日贩毒，××××年12月31日就被拘留，到现在已经拘押10个多月，大大超过了正常的办案期限，主要就是因为被告重病在身，住院的时间超过了3个月，现在也是在看守所病号仓。为了被告更好恢复健康，在心理上给予被告出路，有利于他改过自新。

综上所述，由于被告是由别人介绍贩毒，只是贩了一次，又坦白地交代了其犯罪事实，无前科，对于自己的犯罪行为的社会危害性有清楚的认识，并表示悔罪；并且被告又重病在身，需要身体和心理上的治疗，本律师建议合议庭在《刑法》第347条第3款贩卖海洛因十克以上不满五十克处7年至15年有期徒刑的下限量刑，以体现国家的政策和利于被告早日改过自新。

此致

××市人民法院

辩护人：广东××律师事务所
律师：×××
××××年××月××日

第六节 代理词

一、代理词的含义

代理词是指律师接受诉讼当事人的委托，担任代理人参与诉讼或仲裁活动，在法庭辩论阶段为维护委托人的权益，就案件事实提供证据、适用法律、辩明是非所发表的代理意见形成的文字材料。

二、代理词的作用

在民事诉讼活动中，律师接受当事人的委托，维护当事人的合法权益，而代理词是实现这一职责的合法手段。律师通过代理词的形式，依据证据和法律论证民事侵权行为，反驳无理指控和主张，提出明确的观点和意见，体现了对委托人合法权的充分保护。同时，代理词也是审判人员对案件做出合理、公正处理的依据之一。

三、代理词的写作要求

代理词由首部、序言、正文、结束语四部分构成，下面分别说明各部分的写法与要求。

（一）首部

每一份代理词都应有一个确切的标题，标题应反映案件性质和所代理的当事人在案中的地位，如"民事原告诉讼代理词"等，使听众一开始就了解代理词的性质。因为代理词是一种讲演词，主要向合议庭陈述，因此开头的习惯称呼语是"审判长""审判员"。

（二）序言

1. 说明代理人出庭的合法性，概述接受委托和受指派，担任本案当事人哪一方面的代理人；

2. 说明代理人接受代理后进行工作的情况，即在出庭前做了哪些方面的工作，如查阅案卷、调查了解案情等；

3. 表明代理人对本案的基本看法，也可以不说。如系上诉案件，则要说明对一审判决的看法和意见。

（三）正文

正文是代理词的核心内容。这一部分应根据具体案情、被代理人所处的诉讼地位、诉讼目的和请求以及被代理人与对方当事人的关系等因素来确定其内容。代理人应当在代理权限内，依据事实和法律，陈述并论证被代理人提供的事实与理由成立，从而支持其主张和请求，同时揭示、驳斥对方的错误。代理意见通常从认定事实、适用法律和诉讼程序等几方面，或其中一两个方面展开论述。一般来讲，代理意见的内容主要有以下几个方面。

1. 陈述纠纷事实，提出有关证据，反驳对方不实之处。

2. 对纠纷的主要情节、形成纠纷的原因以及双方当事人争执的焦点进行分析，以分清是非，明确责任，认定性质。

3. 阐明当事人双方的权利和义务，促使当事人彼此之间互相谅解，把权利和义务有机地统一起来。

4. 提出对纠纷解决的办法和意见。这部分内容既要保护当事人的合法权益，又要考虑有利于纠纷的解决。

5. 如系二审，还应对原判决进行评论，提出要求和意见。

这部分内容要从具体案情出发，抓住本案的特点，有针对性地阐明几个问题，为解决纠纷提出切实可行的主张、意见、办法和要求，使案件得到正确、合法、及时的处理。

（四）结束语

结束语是归纳全文的结论性见解和具体主张，为被代理人提出明确的诉讼请求。写作时，要求要言不烦、简洁明了，使听众对整个代理词留下深刻、鲜明的印象。

代理人具名和注明日期。

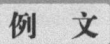

民事原告诉讼代理词

审判长：

我接受本案被害人赵××的近亲属徐××的委托，依法担任被害人赵××诉柳××虐待案的第一审诉讼代理人。在接受委托后，我进行了广泛而必要的调查取证活动，认真阅读了本案的卷宗，做了较为充分的庭前准备工作。根据刚才进行的法庭调查活动，赵××诉被告人柳××虐待一案事实清楚，证据充分、确实。为了进一步支持起诉，维护本案自诉人赵××的合法权益，我在此向法庭发表如下代理意见。

一、本案所指控的犯罪事实清楚，证据确实充分

（应详述事实经过，此略。）

以上事实均有证据予以佐证。证据刚才已提交法庭。

二、柳××的行为构成了《中华人民共和国刑法》（以下简称《刑法》）规定的虐待罪，应予追究刑事责任。

虐待罪，是指对共同生活的家庭成员，经常以打骂、挨饿、限制人身自由、凌辱人格等方法，从肉体上和精神上进行摧残迫害，情节恶劣的行为。我国《刑法》第260条规定："虐待家庭成员，情节恶劣的，处二年以下有期徒刑、拘役或者管制。"

本案中，柳××虐待赵××时间长（长达×年），造成的后果严重——给赵××的身心健康造成了极大的损害，属情节恶劣，理应追究其刑事责任。而且，柳××公然蔑视国家的计划生育政策，重男轻女，还因此对不愿屈从其错误意志的妻子百般折磨，实属情理不容。

综上所述，被告人柳××的行为已构成虐待罪，请人民法院对其依法惩处。

代理人：×××
××××年××月××日

第七节　刑事自诉状

一、刑事自诉状的含义

刑事自诉状，又称刑事起诉状，是刑事自诉案件的被害人或者他的法定代理人，根据事实和法律直接向人民法院控告被告人侵犯自身权益，要求追究被告人刑事责任的一种诉讼文书。

它是依法维护自诉人合法权益的一种重要的诉讼文书。根据《中华人民共和国刑事诉讼法》（以下简称《刑事诉讼法》）第170条规定：自诉案件包括：①告诉才处理的案件；②被害人有证据证明的轻微刑事案件；③被害人有证据证明对被告人侵犯自己人身、财产权利的行为应当依法追究刑事责任，而公安机关或者人民检察院不予追究被告人刑事责任的案件。其中，告诉才处理的案件主要是指侮辱、诽谤、暴力干涉他人婚姻自由、虐待等罪。制作刑事自诉状具有重要作用。刑事自诉状同人民检察院的公诉书在法律上具有同样的性质和作用。所不同的是，前者是以个人的名义向人民法院起诉的文书，后者是以国家的名义向人民法院提起诉讼的文书。

二、刑事自诉状的作用

1. 刑事自诉状是人民法院决定是否受理自诉案件的审查依据。没有刑事自诉状，人民法院将视为没有告诉，因而对该刑事案件不予立案。

2. 刑事自诉状是人民法院审理、判决刑事自诉案件的依据。

3. 刑事自诉状充分发挥律师的作用。律师代为书写自诉状，有助于该法律文书从形式到内容都符合严谨的要求。

三、刑事自诉状的写作要求

1. 标题。单列一行在正中写"刑事诉状"或"刑事自诉状"。

2. 当事人的基本情况。写明自诉人与被告人的姓名、年龄、民族、籍贯、文化程度、职业、工作单位、住址、电话、邮政编码等。如果自诉人有代理人的，在列过自诉人之后，另起一行列出他的代理人称谓，明确是法定代理人、指定代理人，还是委托代理人。在称谓之后，列出该代理人的姓名、性别、年龄、民族、籍贯、职业（或职务）、单位或住址，与被代理人的关系。其次，列写被告人的姓名、性别、年龄、民族、籍贯、职业（或职务）、单位或住址。自诉人和被告人不止一人的，应根据主次情节顺序排列，先把自诉人一一列出，然后再逐一列写被告人。

3. 诉讼请求。具体写明被告人侵犯自诉人合法权益的行为性质以及在法律上所构成的罪名，向人民法院提出追究被告人刑事责任的具体请求。事实和理由是刑事自诉状的主要内容，是提起诉讼、请求人民法院受理案件和依法审判的重要依据，应叙写清楚。刑事自诉状可分为三部分：

一写事实。事实部分主要写被告人对自诉人（被害人）实施犯罪行为的具体事实。事实部分应写明被告人实施犯罪行为的时间、地点、动机、目的、手段、情节、危害后果等内容。当事人双方的关系和犯罪的原因及案情的关键性问题要写清楚，以便人民法院调查研究，认定案情，正确审判。

二写理由。理由部分应列举证据。按照《刑事诉讼法》的规定，自诉人负有提出证明被告人犯罪的证据材料的义务，即对刑事自诉状中所控告的犯罪事实，必须提出证据材料，以便人民法院调查核实证据。在叙述事实和列举证据基础上援引法律相应条款，讼证案情性质和情节，对照《刑法》有关条款说明被告人犯了什么罪，并说明具有哪些从轻、从重、减轻、加重情节。

理由部分在写法上要体现先述"情"，后说"理"，再引"法"，最后推出理由，证明所诉案件有理有据。

三写请求目的。具体可以写为:"综上所述,被告人×××的行为,触犯了《中华人民共和国刑法》第××条××款的规定,构成×××罪,后果严重,情节恶劣,请求对被告人依法惩处。"

4. 写明致送机关。前面空两格写"此致",另起一行顶格写"××人民法院"。

5. 具状人签名或者盖章,并注明提交起诉状的年、月、日。

6. 附项,应依次写明本起诉状副本的份数;书证、物证的名称、件数;证人的姓名等。

例 文

刑事自诉状

自诉人蔡××,男,60岁,汉族,××省××县人,××市××区建筑工程××队退休工人,住××市××区××路×栋×号。

被告人蔡××,男,30岁,汉族,××省××县人,××市××区××厂工人,住址同上。

案由和申诉请求:

被告人蔡××犯虐待罪,请依法追究其刑事责任。

事实及理由:

被告人是自诉人的儿子。从××××年被告人不满16岁,就与社会上的流氓混在一起,曾因强奸妇女被市公安局拘留6个月,释放后仍不务正业,经常领一些不三不四的人到家酗酒赌博。他母亲对其进行教育,被告人蔡××不但不听,还动手多次殴打他母亲,有一次竟把他母亲的胳膊打骨折,半年左右才愈合。自诉人还有两个女儿,都已20多岁,也曾帮助教育被告人蔡××,被告人多次辱骂、殴打两个妹妹。××××年××月开始,被告人蔡××以找对象准备结婚为由,欲将自诉人全家撵走,将三间房全部归他自己居住。从此,全家更成了被告人的眼中钉、肉中刺,几乎天天寻衅打骂自诉人夫妇和两个妹妹。被告人的母亲因不堪忍受其打骂,于××××年××月不得不离开家,寄住到自己的侄女家,自己有家却不能归。两个妹妹为了逃避蔡××的打骂,只好到同学、同事家,东借一宿,西住一夜,有时甚至在屋外的院子里过夜。自诉人的衣物也被蔡××扔出家外,逼迫自诉人离家腾房。自诉人不从,被告人蔡××毫无人性,将自诉人推倒,拉着自诉人的双脚,拖拉了十几米,并用不堪入耳的污言秽语辱骂自诉人。

自诉人多次到自己单位、被告人蔡××的单位及街道居民委员会反映,要求解决,但被告人蔡××蛮不讲理,不但不接受教育,还辱骂对他进行教育的工作人员。

被告人流氓成性,屡教不改,对全家成员经常打骂虐待,搞得自诉人家庭无法生活下去。根据《中华人民共和国刑法》第二百六十条第一款的规定,被告人蔡××的行为已构成虐待罪,故诉请法院维护公民的合法权益,依法追究被告人蔡××虐待家庭成员罪的刑事责任。

此致
××市××区人民法院

自诉人蔡××
××××年××月××日

附:
(1) 刑事自诉状×份
(2) 证人××的证言

(3) ××医院的诊断证明书
(4) ××医院的医药费收据×张
(5) 原告的工资证明一份
(6) ××司法鉴定室的鉴定结论一份

第八节　起诉状

一、起诉状的含义

起诉状是诉讼当事人为维护自己的合法权益，依法向人民法院提出诉讼请求的文书，简称"诉状"。起诉状的制作不只是引起诉讼程序的必要手续，而且对于案件的审理过程有着实质性的影响。当事人通过起诉状提出自己的诉讼请求并充分说明事实和理由，人民法院则以起诉状作为审查、立案和处理凭据之一，所以制作起诉状应当慎重。注意不要与起诉书混淆，起诉书是检察院因刑事案件向法院提起公诉的诉讼文书，由检察长签署。

二、起诉状的分类

起诉状因当事人的身份和诉讼目的不同，分为民事起诉状、刑事起诉状和行政起诉状三种。

民事起诉状是指民事纠纷的原告认为自己的权益受到侵犯或者与他人发生争议，依法向人民法院提出诉讼请求的文书。赡养、离婚、各种经济纠纷、劳动纠纷等适用于民事起诉状。

刑事起诉状是刑事案件的被害人或其他法定代理人为追究被告人的刑事责任或刑事附带民事责任，依法向人民法院递交的提出诉讼请求的文书。刑事案件的起诉分自诉和公诉两种。公诉权属于检察机关，绝大部分刑事案件由公安机关侦查、由检察机关提起公诉。而情节轻微的伤害案、公然侮辱、诽谤案、重婚案、抗拒执行判决、裁定案、破坏军婚案、暴力干涉婚姻自由案、虐待案、遗弃案等案件适用自诉。制作刑事自诉状的主体是公民个人。

行政起诉状是公民、法人或者其他组织认为行政机关和行政机关工作人员的具体行政行为侵犯其合法权益而向人民法院提起诉讼的文书。行政起诉状的原告可以是公民、法人或者其他组织，而被告只能是做出具体行政行为的行政机关。

三、起诉状的写作要求

起诉状的文体格式由以下六个部分组成：

1. 标题。单列一行在正中写"民事起诉状"、"刑事起诉状"或者"行政起诉状"。

2. 诉讼参与人的基本情况。如原告是公民，写明姓名、性别、年龄、民族、籍贯、职业、工作单位和住址。如原告是机关、团体、企业事业单位，写单位名称、地址，次一行写法定代表人姓名及职务，法定代表人应为单位的主要负责人。原告不论是公民或者法人，如有委托代理人的，在原告的下一项还要写明委托代理人的姓名、职务以及与原告的关系。被告栏的事项和写法与原告栏的事项和写法相同。如果有数个原告、被告，应依他们在案件中的地位与作用，逐次说明其个人的基本情况。

3. 诉讼请求。诉讼请求主要是针对被告的具体行为提出的民事、刑事、行政的具体要求，是原告提出诉讼所要达到的目的,也是原告要求人民法院解决的问题。诉讼请求应明确具体、条目清晰,言简意赅。既要合法,又要合情、合理。如"原告生活难以维持,请求判令被告给付赡养费""原、被告双方之间感情确已破裂,请求判决离婚""被告人×××犯重婚罪,请人民法院依法判处"等。诉讼请求若不止一项,可用序码标列。

4. 事实和理由。这一部分是起诉状的核心部分,是请求人民法院依法裁决的重要根据,对能否胜诉起决定作用。陈述事实要围绕诉讼请求全面反映客观的真实情况,要写明被告人做出侵权行为的具体事实和当事人双方权益争执或纠纷的具体内容(包括时间、地点、原因、情节及事实经过等),以及被告人一方所承担的法律责任。特别要把被告人侵权行为所造成的后果和应承担的法律责任以及当事人双方争议的焦点和实质分歧写清楚。在起诉状中所列述的事实必须是真实的,而不是伪造的、推测的或揣度的;是全面的、完整的、有理的,而不是片面的、支离破碎的;是事实的本来面貌,而不是"无限上纲"、夸大的。

理由,即法律根据,要写明下列两点:①根据事实和证据,写明认定被告人侵权行为的性质、所造成的后果、应承担的法律责任,并且要阐明理由。②写明提出请求的法律依据。凡是有法可依的诉讼请求和主张,均应写明是根据我国什么法律的条、款、项的规定。引用法律条款要确切、完整;陈述理由、分析问题必须观点明确,说理中肯,证据充分;援引法律准确、恰当。

5. 致送法院名称。前面空两格的位置写"此致",另起一行顶格写"××人民法院"。

6. 具状人签名或者盖章,并注明提交起诉状的年、月、日。

附项应依次写明本起诉状副本的份数;书证、物证的名称、件数;证人的姓名和住址。

起诉状

原告人:××市××区××公司

地址:××市××区××路×号

法人代表:×××,系公司经理

被告人:××市××区××商店

地址:××市××区××大街×号

法人代表:×××,系商店经理

案由:追索货款,赔偿损失

诉讼请求:

1. 责令被告偿还原告货款 3 万元。

2. 责令被告赔偿拖欠原告货款 3 个月的利息损失。

3. 责令被告赔偿原告提起诉讼而产生的一切损失,包括诉讼费、律师费等。

诉讼事实和理由:

原告和被告 2017 年 10 月 18 日商定,被告从原告处购进酒 200 箱,价值人民币 3 万元。原告于当年 10 月 19 日将 200 箱酒用车送至被告处,被告立即开出 3 万元的转账支票交付原告,原告在收到支票的第二天去银行转账时,被告开户银行告知原告,被告账户上存款只有 1.2 万余元,不足清偿货款。由于被告透支,支票被银行退回。当原告再次找被告索要货款时,被告无理拒付。后来原告多次找被告交涉,均被被告以经理不在为由拒之门外。

根据《中华人民共和国民法通则》第 106 条第一款和第 134 条第一款第七项的规定，被告应当承担民事责任，原告有权要求被告偿付货款，并赔偿由于被告拖欠货款而给原告带来的一切经济损失。

证据和证据来源：

被告收到货后签收的收条 1 份（附后）

此致

××区人民法院

起诉人：××市××区××公司（公章）

2017 年 11 月 20 日

第九节　上诉状

一、上诉状的含义

上诉状是指当事人对还没有发生法律效力的第一审判决、裁定不服，为了保护自己的合法权益而请求上一级人民法院对案件进行二审而制作的文书。

二、上诉状的分类

上诉状根据案件性质的不同，可分为民事上诉状、刑事上诉状和行政上诉状三种。

三、上诉状的特点

（一）时效性

我国民事、刑事、行政三大诉讼法均规定，当事人不服地方人民法院第一审判决的，有权在判决书送达之日起十五日内向上一级人民法院提起上诉。当事人不服地方人民法院第一审裁定的，有权在裁定书送达之日起十日内向上一级人民法院提起上诉。

（二）针对性

上诉状应当针对一审裁判认定的事实和适用的法律书写。

（三）完整性

上诉人应对一审中未能完全阐明的事实进行全面论证，避免由于论述不完整而承担不利的法律后果。

四、上诉状的作用

上诉是法律赋予诉讼当事人的一项诉讼权利。我国刑事、民事和行政三大诉讼法的有关条款对当事人的上诉权都做了明确规定。上诉对维护当事人的合法权益和完善司法制度具有重要意义。一方面，如果上诉符合事实，理由充分，经二审法院审理后，做出正确裁决，可避免错案的发生；另一方面，如果原审裁决正确，经终审裁决后，就可以使正确的裁决得以维持，保证了法律的正确实施。上诉状的作用是为上诉提供文字资料，为二审裁决提供参考。

五、上诉状的写作要求

上诉状各部分的写作要求如下所述:

1. 标题。标题应写明案件性质和诉讼程序,例如"民事上诉状""刑事上诉状"等。

2. 当事人的基本情况。当事人的基本情况主要写明案件当事人的姓名、性别、年龄、民族(外籍的写国籍)、职业、工作单位及详细地址,以便法院传唤或通知到庭。当事人的顺序,应先写上诉人(如有多人,应依次写出),后写被上诉人(若有多人,则依次写出),同时还应将当事人所处的诉讼地位即原告、被告或第三人用括号加以标明。例如:上诉人(原审原告)×××、被上诉人(原审被告)×××。如果民事案件涉及第三人,也应在上诉状中写明。

3. 上诉请求。上诉请求要依次写明两项内容:第一,原审判决书、裁定书的案由和案呈;第二,上诉的请求,即上诉人不服原审裁判,要求二审法院撤销原审裁判或全部、部分变更原审裁判结论。上诉请求也可以写在上诉理由之后,要明确、具体、详尽,不能含糊其词,要针对一审裁判存在的主要问题提出恰当的要求。

4. 上诉理由。上诉理由主要是针对原审判决、裁定的不当,写明上诉理由。上诉状不必详述案情。如果是部分上诉,应明确指出对原判决主文的哪些部分提出上诉。如果上诉状有几点理由,应分项叙述这些理由,供受理法院具体研究。在上诉内容的顺序上,往往是针对一审判决、裁定在认定事实和采证上的错误,提出纠正或否定的事实依据和人证、物证、书证;针对一审在诉讼程序上的错误,提出纠正的法律依据;针对一审在适用实体法上的错误加以反驳,并提出纠正的法律依据。最后再简要强调上诉理由。

5. 致送法院名称。前面空两格的位置写"此致",另起一行顶格写"××人民法院"。

6. 署名及日期。右下方由上诉人署名,注明具状的日期。

7. 附注。要写明上诉状的份数,证人的姓名、工作单位、职业、住址,物证和书证的件数。

例 文

刑事上诉状

上诉单位:山西××酒业有限公司,法定代表人聂××。

上诉人:聂××,男,1966年2月2日出生,汉族,大专文化,福建省三明市人,捕前住太原市××苑××楼××单元××室。任山西××酒业有限公司、山西××投资有限公司、山西××俱乐部有限公司董事长兼总经理。2003年6月28日因涉嫌非法吸收公众存款罪被刑事拘留,同年8月5日被逮捕。现羁押于榆次区看守所。

上诉单位及上诉人不服山西省晋中市中级人民法院(2004)晋中刑初字第36号刑事判决,特依法提起上诉。

上诉请求

请求贵院撤销晋中市中级人民法院对上诉单位及上诉人的有罪判决,依法宣告上诉单位及上诉人无罪。

事实与理由

一审判决将上诉单位及上诉人的商业经营行为认定为"非法吸收公众存款"罪而处以刑罚,严重违背了"以事实为根据,以法律为准绳"及"法无明文规定不为罪"的《刑法》基本原则。理由如下：

一、一审判决认定事实错误

1. 关于对××酒业有限公司"返本销售"模式的认定。

判决书对××酒业公司返本销售的认定是"在山西××酒业有限公司采取的所谓'返本销售'模式中，出资人交付产品抵押金（实际为货款）后，又实际提取货物用于消费，公司经一段时间后返还货款，至此，其行为还可以说属于返本销售，但其随后又承诺，出资人可不实际提取货物，委托公司代为销售，公司保证在一定时间内支付一定比例的金钱，这些承诺从本质上背离了返本销售的初衷，从而符合变相吸收公众存款的特征。因为：首先，返本销售属一种促销手段，其根本目的在于产品的销售，而被告单位将已销售的产品收回，就不再是为了销售，背离了返本销售的原则；其次，虽然被告单位又称是为出资者代为销售产品，但又承诺经一定时间后无论是否能销出产品，均按固定比例支付一定数额的金钱，此种方法显然不符合法律意义上的代销行为，因为其支付金钱不以是否能销售出产品为前提，故其承诺从本质上讲是无条件支付一定的利益；第三，从绝大多数出资者并不实际提取货物的事实看，出资者交付产品抵押金的目的并不在于公司产品的优劣，而在于通过此方式直接获取本金之外的利益，整个模式缺少货物这一纽带，更符合变相吸收公众存款的性质。"

第一，此认定不符合事实。

（略）

第二，此认定不符合法律。

（略）

2. 关于对××投资有限公司"植树造林"项目的认定。

（略）

3. 关于××俱乐部出售住房卡的认定。

（略）

据上可以充分看出，认定事实错误，是导致一审错判的主要原因。

二、原判决采信证据不当

（略）

三、一审判决适用法律不当

（略）

综上所述，一审判决认定事实错误，采信证据不当，适用法律不当，因而导致错判。为此，特请求二审法院撤销原判，依法宣告上诉单位及上诉人无罪，以维护法律的尊严。

此致

山西省高级人民法院

上诉单位：山西××酒业有限公司
法定代表人：聂××
上　诉　人：聂××
2004 年 7 月 23 日

第十节　申诉状

一、申诉状的含义

申诉状是指刑事、民事和行政诉讼中的当事人或其法定代理人、被害人及其家属等，对已经产生法律效力的判决、裁定不服，向司法机关（主要指人民法院）申请重新调查或重新审理时使用的文书。

二、申诉状的分类

申诉状根据性质的不同，可以分为民事申诉状、刑事申诉状、行政申诉状。

民事、行政申诉状是民事、行政诉讼当事人及其法定代理人，对已经发生法律效力的判决、裁定不服，向原审人民法院或其上一级人民法院提出申请复查纠正的书状。

刑事申诉状是刑事诉讼当事人及其法定代理人、被害人及其家属，对已经发生法律效力的刑事判决、裁定认为确有错误，向人民法院或人民检察院提出申请复查纠正的书状。

三、申诉状的特点

1. 申诉状必须是与本身权益有关的公民（行政申诉和民事申诉也可以是法人或其他组织）提出的。

2. 申诉状可以向人民检察院（仅指刑事申诉，民事、行政申诉不能向人民检察院提出）、原审人民法院或原审的上级人民法院提出。

3. 申诉是对已经发生法律效力的判决、裁定不服才提出的。

四、申诉状的作用

申诉是法律赋予诉讼当事人、法定代理人、受害人的合法权利。申诉状能使司法机关重新审判，减少冤假错案。

五、申诉状的写作要求

1. 标题。在文书顶端写"刑事申诉状"、"民事申诉状"或者"行政申诉状"。

2. 当事人基本情况。当事人除自诉案件分申诉人和被申诉人外，公诉案件只写申诉人，其基本情况同上诉状。

3. 申诉案由。可以写为："申诉人×××对××人民法院××××年×月×日（×）字×号刑（民）事（行政）判决不服，提出申诉。"

4. 请求事项。简明扼要地写明请求人民法院（或人民检察院）予以解决何问题，说明原来受的处理有何不当，要求给予撤销、变更的意见，以供人民法院或人民检察院审查时考虑。具体写法为"请××人民法院撤销（或变更）原判决（或原判定、决定）""予以改判（或重新审理等）"。请求事项若有两项以上，应分别列项书写。

5. 申诉理由。这是申诉状的核心内容，也是能够引起审判监督程序（或复查）的重要依据。因此，申诉理由一定要写清楚。这部分内容主要是针对原判决、裁定（或者决定）的不当之处，从认定事实、适用法律和诉讼程序上存在的错误分别加以阐述。指明错误时，要提出有关证明错误的证据材料，并根据有关法律规定论证提出的申诉请求是合理合法的，原生效的裁判（或决定）应予撤销、变更或重新审理。

6. 致送机关名称。

7. 署名或盖章，并注明制作的日期。

8. 附项，包括案卷名称及份数，物证、书证的名称及数量，有证人的列出证人姓名、住址，申诉人如为在押犯，写明现在的羁押处所。

申诉状的写作要注意突出主要矛盾，理由阐述充分。申诉人不服原审法院的裁判，其申诉理由必须针对原判认定的事实和结论，将自己不服判的论点明确写出，逻辑严密，反驳有力。在摆出不服原判的论点后，充分运用事实论据进行说理、反驳及论证，要做到论点与论据一致，原因和结果、前提和结论吻合；结构严谨，层次分明；措辞准确，语言规范。

例 文

民事申诉状

申诉人：唐××，女，××岁，××省××县人，××县××村××厂合同工，住××县××路30号。

申诉人因房屋产权一案不服××省××县××人民法院（××）民终字第××号民事判决，现依法申诉如下：

1. 我和余××婚姻关系存续期间所住的房子，房款是我独自筹措，也是我独自承担偿还的，有债权人吴××、马××证明。

2. 买房子时，我的丈夫，对方当事人的父亲余昌富公开表态：不与我共买此房。我坚持要买，故请刘××代写了不愿共买房的声明。声明内容请见代写人刘××的书面证明。

3. 一审法院只是简单地认定了事实，援引法律条文，对我提出的证人证言则不加调查，不做分析。这样主观武断地认定案件事实、做出的判决怎能使人信服呢？

4. 夫妻关系存续期间所得财产，应理解为包括双方或一方的劳动所得。如属这样的性质，其产权应归夫妻所共有。我买的房子虽在婚姻关系存续期间，但买房用款是由我个人借债来支付的，还债则是在我丈夫死后，靠我个人的劳动所得偿还的。一审法院引用我国《婚姻法》第13条，只讲"夫妻在婚姻关系存续期间所得财产，归夫妻共同所有"，不提该条的最后句"双方另有约定的除外"，是不适当的。

以上理由陈述，敬请××地区中级人民法院按审判监督程序调卷审理，依法判处，以维护法制，保护公民合法财产。

此致

××地区中级人民法院

附：

一、证明材料四份；

二、房产影印本一份；

三、一审判决书副本各一份。

申诉人：唐××

××××年××月××日

第十一节　答辩状

一、答辩状的含义

答辩状是被告和被上诉人针对起诉人或上诉人提出的诉讼请求及事实和理由进行回答和辩解所使用的文书。人民法院在收到原告的起诉状和上诉人的上诉状以后，应当在规定的期间内将副本送达被告或被上诉人，被告或被上诉人应当在法定期限内提出答辩状。

二、答辩状的分类

答辩状分民事答辩状、行政答辩状和刑事答辩状三类。答辩状是与起诉状或上诉状相对应的一种诉讼文书。

三、答辩状的特点

1. 作者的特定性。答辩状必须由民事、行政案件的被告、上诉案件的被上诉人、刑事案件的被告人提出。
2. 写作时间上的规定性。答辩状必须是在法定期限内提出。
3. 内容的针对性。答辩状必须针对起诉状和上诉状的内容进行答辩。

四、答辩状的作用

1. 体现诉讼当事人的权利和义务一律平等的原则。被告和被上诉人通过答辩状，可以针对原告或上诉人所提出的起诉或上诉事实、理由和根据以及请求事项，进行有的放矢的回答辩解，阐明自己的理由和要求，并提出事实和证据来证实自己的观点，以保护自身的合法权益。
2. 有利于人民法院在全面了解案情的基础上判明是非，做出正确的判决。通过对诉状或上诉状、答辩状的全面了解，人民法院可以全面了解诉讼当事人的意见、要求，对如何进行调查、调解和审理做出适当的考虑和安排，以保证合法、合理、合情，及时处理好案件。

此外，根据具体案情，答辩人还可以通过答辩状对刑事诉讼的被告人和民事诉讼的原告提起反诉。

五、答辩状的写作要求

1. 标题。标题应写明"刑事（或民事）答辩状""刑事（或民事）被上诉答辩状"。前者为第一审案件答辩状，后者为上诉案件答辩状。
2. 答辩人的基本情况。被告人是公民的，就列写答辩人姓名、性别、年龄、民族、籍贯、职业和住址。有代理人的，挨着另起一行列写代理人，并标明是法定代理人、指定代理人，还是委托代理人，并写明其姓名、性别、年龄、民族、籍贯、职业和住址。如果是法定代理人，还要写明他与答辩人的关系。如委托律师代理，只写明其姓名和职务。被告人是企事业单位、机关、团体（法人）的，先列写答辩人及其单位全称和所在地。另起一行列写该单位的法定代表人及其姓名、职务。再另起一行，列写委托代理人及其姓名、职务。

对方当事人的情况不用单独列写,可在下面的答辩理由说明起诉人和上诉人是谁、起诉或上诉的案由是什么。

3. 答辩事由。事由是最重要的部分,要尊重事实。要针对起诉状、上诉状所提的诉讼请求进行答复和反驳,而且要注意突出重点。要写得具体,要注意提供证据,并注明证据可证明什么事实,现在保存何处,证人的姓名、住址、工作单位及当事人的关系等。第一审案件答辩状和上诉案件答辩状事由的写法不同。第一审案件答辩人是被告人,答辩事由的具体行文为:"因××(案由)一案,现提出答辩如下:……"上诉案件答辩状的答辩人是被上诉人,答辩状具体行文为:"上诉人×××(姓名)因××(案由)一案不服×××人民法院××年×月×日×字第×号×事判决(或裁定),提起上诉,现提出答辩如下:……"

4. 致送法院名称。前面空两格的位置写"此致",另起一行顶格写"××人民法院"。

5. 署名及日期。右下方写明答辩人×××(签名或盖章),并注明年、月、日。

6. 附项。注明证物、书证的名称和件数。

例 文

民事答辩状

答辩人(系被告人):张××,男,31岁,××公司工人,现住××市××区七里。

被答辩人(系原告人):李××,女,30岁,无业,现住同上。

答辩人就被答辩人所诉离婚一案,具体答辩如下:

答辩人认为被答辩人所诉离婚之理由纯属捏造的不实之词,答辩人不能同意被答辩人离婚的要求。理由有三:

一、被答辩人诉称答辩人不务正业,对家务事不管不问,经常在外赌博,致使被答辩人生活困难,连买衣服都得回娘家要钱等情况,确系捏造。事实是:答辩人单位工作制度系三班倒,答辩人下夜班后还干包工活,根本没有赌博之事。答辩人将挣来的钱交给被答辩人支配,现被答辩人有三千元储蓄,根本不存在买衣服回娘家要钱之事情。

二、被答辩人诉称近三四年来,答辩人对被答辩人张口就骂,举手就打,经常夜不归宿,在外赌博,被答辩人稍加询问,便对被答辩人进行毒打,逼得被答辩人曾两次自杀,经抢救脱险等,更是不符合事实。答辩人从未打过被答辩人,除夜班外,答辩人都在家住。至于被答辩人两次自杀,与答辩人毫无关系,只不过是为其离婚创造条件而已。

三、应当指出的是,被答辩人生活作风不正派。曾于××年跟×××乱搞两性关系,答辩人发现后,由于被答辩人和×××苦苦哀求,并表示悔改,答辩人才勉强把事情压下去。事情过后,被答辩人迄今并未有悔改表现,但答辩人考虑到两个女儿幼小,愿等待答辩人悔改过来,重归于好。故答辩人请法院对合法婚姻予以保护,对被答辩人的不法行为给予教育,对其无理要求给予驳回,做出公正判决。

此致
××市××区人民法院

答辩人:张××
××××年××月××日

第十二节 遗 嘱

一、遗嘱的含义

所谓遗嘱，是指遗嘱人生前在法律允许的范围内，按照法律规定的方式对其遗产或其他事务所做的个人处分，并于遗嘱人死亡时发生效力的法律文书。

二、遗嘱的分类

依据我国有关法律，遗嘱可分为以下几种：

1. 公证遗嘱。公证遗嘱，即遗嘱人经公证机关办理的遗嘱。公证遗嘱是最严格的遗嘱方式，能确实保障遗嘱人意思表示的真实性，公证遗嘱也是处理遗嘱继承纠纷最可靠的证据。

2. 自书遗嘱。遗嘱人自己亲笔书写的遗嘱，称为自书遗嘱。

3. 代书遗嘱。代书遗嘱是由他人代笔书写的遗赠。代书遗嘱通常是在遗嘱人不会写字或因病不能写字的情况下不得已而为之的。为了保证代笔人书写的遗嘱确实是遗嘱人的真实意思，减少纠纷，应由二人以上的见证人在场见证，由其中一人代书，注明年、月、日，并由代书人、其他在场见证人和遗嘱人在代书遗嘱上签名。

4. 录音遗嘱。录音遗嘱是用录音方式录制下来的遗嘱人口授的遗嘱。因录音遗嘱容易被伪造和剪辑，法律规定以录音形式设立的遗嘱必须有两名以上见证人在场见证，以证明遗嘱内容的真实性。

5. 口头遗嘱。口头遗嘱是由遗嘱人口头表达并不以任何方式记载的遗嘱。口头遗嘱完全靠见证人表述证明，极易发生纠纷。因此，法律规定，遗嘱人只能在情况危急时才可以立口头遗嘱，并且必须有二名以上见证人在场见证。危急情况解除后，原立口头遗嘱无效。

三、遗嘱的特点

1. 遗嘱是单方法律行为，即遗嘱是基于遗嘱人单方面的意思表示即可发生预期法律后果的法律行为。

2. 遗嘱人必须具备完全民事行为能力，限制行为能力人和无民事行为能力人不具有遗嘱能力，不能设立遗嘱。

3. 设立遗嘱不能进行代理。遗嘱的内容必须是遗嘱人的真实意思表示，应由遗嘱人本人亲自做出，不能由他人代理。如是代书遗嘱，也必须由本人在遗嘱上签名，并要有两个以上见证人在场见证。

4. 遗嘱是要示法律行为。一般情况下，遗嘱必须是书面的，只有在遗嘱人生命垂危或者在其他紧急情况下，才能采用口头形式，而且要求有两个以上的见证人在场见证，危急情况解除后，遗嘱人能够以书面形式或录音形式立遗嘱的，所立口头遗嘱即失效。

5. 遗嘱是遗嘱人死亡时才发生法律效力的行为。因为遗嘱是遗嘱人生前以遗嘱方式对其死亡后的财产归属问题所做的处分，死亡前还可以加以变更、撤销，所以，遗嘱必须以遗嘱人的死亡作为生效的条件。

四、遗嘱的写作要求

1. 拟写标题。写明"遗嘱"或者"××××遗嘱"。
2. 写明立遗嘱人的基本情况,包括姓名、别名、曾用名,性别、出生年月日、民族、职业、服务处所、住所地、居住地、居民身份证号等。
3. 写明遗嘱人订立遗嘱的原因。
4. 写明订立遗嘱人所有的财产名称、数额、价值、特征,以及遗嘱人对遗产的处理意见。
5. 写明所订立遗嘱的份数、时间和地点。
6. 最后分别由立遗嘱人、见证人、代书人等签名或盖章,另外,还要写明立遗嘱的日期。

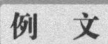

遗　嘱

立遗嘱人王××,男,××××年××月××日出生,汉族,××省××县人,在××单位从事××职业,住本市××街××巷×号,身份证号码:××××××××。

我无子女,无近亲,近期来肝硬化的病情又转重,我的生活全靠邻居刘××照料。长期以来我与刘××情谊甚笃,对于他的悉心照顾我十分感激。我决定,在我去世以后,将我个人财产,计旧床一张,方桌一个,木凳两个,黑白电视机一台,双铃马蹄钟一个,上海牌手表一块,零星家庭用具若干,都无偿地赠予刘××所有。我的后事,也烦刘××料理。特此遗嘱为证。

立遗嘱时间:××××年××月××日

立遗嘱地点:本市××街××巷×号

立遗嘱人:王××

立遗嘱份数:×份

证明人:李×× (签名盖章)

许×× (签名盖章)

代书人:律师贾×× (签名盖章)

××××年××月××日

第八章 社交礼仪文书

第一节 社交礼仪文书概述

一、礼仪文书的含义

礼仪文书是人们在社会交往、礼仪活动中使用的表示礼节、具有固定格式的一种文体。当今社会，国内外人们之间的联系日益频繁，现代礼仪文书在人们的社会交往、礼仪活动和情感交流中所起的桥梁作用愈来愈突出和重要。

二、礼仪文书的特点

（一）传统性

今天的礼仪文书虽然和古代的礼仪文书无论在类别上还是结构特点上都有所不同，但是今天的礼仪文书均是在古代礼仪文书的基础上发展而来，两者之间有着十分鲜明的传承关系。

我国古代具有鲜明的礼仪性的文书延续至今的，一类是以挽悼死者、寄托哀思为内容的丧祭哀悼类文书，另一类是以庆贺、道谢、应酬为内容，沟通人际情感的祝告答赠类文书。

（二）公关性

在人际交往过程中，礼仪文书被人们用来协调、融洽、巩固、发展相互之间的关系，联络感情，沟通信息，增进友谊。因此，礼仪文书具有鲜明的公关性。

（三）规范性

礼仪文书的最大特点就是讲究文本格式的模式化和规范化，尽管礼仪文书的形式多种多样，但都有相对稳定的格式与规范。这种规范性主要是人们在长期的写作实践中逐步形成的，与民族的文化特征和语言习惯有着密切的联系，是对传统的继承。这种约定俗成的格式，写作时不能随意改变。

（四）针对性

礼仪文书的应用场合大都相对固定，因此，必须针对不同的场合拟就不同内容和风格的礼仪文书。礼仪文书的阅读对象往往也比较具体明确，在写作时要注意对象的性别、年龄、民族、身份、职业、学历、爱好，注意对不同对象应采取不同的用语方式。

三、礼仪文书的种类

礼仪文书的种类很多，主要包括机关、团体、人民群众在节日和红白喜事中用的各种请柬、邀请函；用于庆贺、赞扬、表彰的贺信、贺词以及开幕词、闭幕词；在公开场合或者宴会、酒会表达敬意和礼貌的欢迎词、欢送词以及祝酒词、答谢词；对相关人员表示安慰、问候、鼓励和关怀的慰问信；表达哀思的祭悼文，如讣告、悼词等。

第二节 请柬、邀请函

一、请柬

（一）请柬的含义

请柬是人们在节日和各种喜事中使用的一种简便邀请信，是为邀请他人参加某种会议、宴会、聚会活动时所使用的一种书面形式的通知书。请柬通常也称作请帖。

（二）请柬的基本格式和写法

请柬从形式上又分为横式写法和竖式写法两种。横写比较简便灵活，文字多寡皆宜，而且容易打印；竖写比较庄重，富有民族传统特色。横式与竖式的选择可依具体情况而定。

请柬一般由标题、称谓、正文、结尾、落款五部分构成。

1. 标题，写上"请柬"（请帖）二字即可。如果请帖是折页纸，就在封面写"请帖"二字，如果请柬是单页纸，第一行正中写"请柬"二字。需要说明的是，现在通常所用的请柬都是按照书信格式印制好的，封面一般已直接印上了名称"请柬"或"请帖"字样，发文者只需填写正文即可。

2. 称谓，要顶格写出被邀请者（单位或个人）的姓名或名称，如"××先生""××教授""××研究所""××公司"等。发给长辈的请柬可以省略姓名，直接写称谓，如伯父、伯母等。发给平辈和小辈的请柬，则应当加上姓名或只写姓名，如"××侄儿""××外甥"等。称呼后加上冒号。

3. 正文，要写清活动内容，如开座谈会、联欢晚会、生日聚会、国庆宴会、婚礼、寿诞等。要写明时间、地点、方式，如果是请人看戏或其他表演，还应将入场券附上。为了便于被邀请者赴会，有的还应注明如何接送，或乘什么车辆可以抵达之类。若还有其他特殊要求，也需注明，如"请准备发言""请准备节目"等。

4. 结尾，要写上礼节性问候语或恭候语，如"此致敬礼""敬请光临""恭候指导""敬请届时出席"等，注意不能用"准时"代替"届时"，否则就成了命令式，对被邀请者不尊敬。

5. 落款，注明邀请者（单位或个人）的名称和发柬日期，若是单位所发请柬，有时还需加盖公章。

（三）请柬写作的文字要求

第一，求"达"，即要通顺明白。

第二，求"雅"，即要讲究文字优雅。

第三，请柬文字尽量用口语，不可为求"雅"而去追求古文言。要尽量用新的、活的语言。雅致的文言词语可偶一用之，但需恰到好处。

第四，要根据场合、内容、对象、时间具体认真地措辞，语言优美、文雅庄重，使邀请者看了便领会邀请者的诚意和礼貌，切忌生硬和粗鲁。

二、邀请函

(一) 邀请函的概念

邀请函是党政机关、企事业单位和各种团体在举行各种纪念活动、重要会议、宴会、酒会、茶话会时所常用的一种应用文样式。邀请函既能对被邀请者表示尊重，表明邀请者的郑重态度，又能作为参加活动的凭证。邀请函实际上就是一种比较复杂的请柬，它除了起请柬的作用外，还有向被邀请者交代有关需要做的事情的作用。一般邀请函多用于集体，很少用于个人，个人一般是用请柬。

(二) 邀请函的基本格式和写法

邀请函通常由标题、称谓、正文、结尾和落款五部分组成。

1. 标题。标题一般有以下两种方式：

(1) 仅用文种名称，如"邀请函""邀请信"。

(2) 由发文原因和文种名称共同组成，如"关于××会议的邀请书"。

2. 称谓。要顶格写被邀请者（个人或单位）的姓名或名称，即要写明主送对象。姓名之后可以加"书记""主席"等职务或"先生""女士"等尊称。单位名称要用全称，以示尊敬。称呼之后加冒号。

3. 正文。在称谓下一行空两格写正文。通常要求写出举办活动的内容、目的、时间、地点、方式、邀请原因、邀请对象，以及邀请对象所做的工作等。务必把活动的各种事宜写清楚、写周详，如差旅费及活动经费的开销来源，以及被邀人所应准备的材料、文件、节目、发言等。为了方便安排活动，如有必要，可注明请对方回复能否应邀及还有哪些要求等。

4. 结尾。结尾处要求写上礼节性的问候语，如"恳请光临""欢迎指导""致以敬意"等。

5. 落款。在正文右下方写上邀请人的姓名或邀请单位的名称，并签上年、月、日。发出邀请的单位还应加盖公章，以示慎重。

(三) 写作邀请函的注意事项

在起草邀请函之前，要充分了解邀约活动的各方面情况，如会议主题、报到路线、食宿安排等，这样写出的邀请函才能够准确、清楚、有条理。措辞应得体、委婉、礼貌，给对方一种热情、周到的感觉。此外，邀请函要提前发送，让被邀请人有足够的时间做统筹安排。

例文一

结婚请柬

×××（先生、女士）：

　　谨订于二〇××年×月×日×时（星期×）在××酒店××厅，为××××××举行结婚典礼，敬请光临。

　　敬约

××××年×月×日

例文二

请 柬

×××：

兹订于20××年×月×日至8月18日，在××大厦召开××名酒展销会，并于8月10日中午11时30分×××大酒店举行开幕典礼，敬备酒宴恭候。请届时光临。

××有限公司敬约
××××年×月×日

例文三

2016中国农业发展论坛邀请函

主办单位：中国农业大学

承办单位：中国农业大学经济管理学院、农村政策研究中心、MBA教育中心、企业家校友联谊会

会议时间：2016年4月17日（周日）8:00—18:00

会议地点：中国农业大学食品学院报告厅

会议费用：无

2016年是"十三五"开局之年，中央一号文件连续13年聚焦"三农"，强调坚持不懈推进体制机制创新，大力推进农业现代化，中国农业面临前所未有的历史机遇。但中国农业发展也必须应对一系列的重大挑战。中国农业必须进行供给侧改革，加快转变农业发展方式，推动产业融合发展；我国农业企业必须利用国内国际两个市场、两种资源，赢得参与国际市场竞争的主动权；各路资本和商业领袖进军农业，农业投资竞争压力越来越大，农业企业必须转变观念，创新投融资方式。

"2016中国农业发展论坛——十三五与中国农业发展"将围绕十三五规划的中国农业，就农业供给侧结构性改革、中国农业走出去、中国农业金融、农业互联网+等问题，邀请各领域专家学者、政府高级官员、农业企业领袖、投资机构等与会互动交流，共同探讨阐释中国农业发展的挑战与机遇。

"中国农业发展年度论坛"始于2010年，每届论坛将聚焦中国农业政策、经济发展与企业管理的热点问题，集官、学、商各界精英于一堂，被认为是中国最具影响力的农业领域公开学术论坛和年度管理论坛之一，是各方代表关于农业的一场思想盛宴。

我们诚挚邀请您出席此次论坛！若参会，请按照附件填写报名表，并在论坛现场签到。

论坛组委会联系方式：

地址：北京市××××××路17号

邮编：×××89

电话：010-×××××××

传真：010-×××××××

联系人：韦老师

E-mail：××168××@×××.edu.cn

第三节 开幕词、闭幕词

一、开幕词

(一) 开幕词的概念

开幕词是会议讲话的一种，是各级党政机关、社会团体、企事业单位在会议开始时，由会议主持人或主要领导人向大会所做的重要讲话。开幕词是大会的序曲，在郑重宣布会议开幕的同时，必须阐明会议的指导思想、宗旨、重要意义，向与会者提出开好会议的中心任务和要求。开幕词以简洁、明快、热情的语言阐明大会宗旨、性质、目的、任务、议程、要求等，对会议起着重要的指导作用。

开幕词按内容的不同，可以分为侧重性开幕词和一般性开幕词两种。侧重性开幕词往往对会议召开的历史背景、重大意义或会议的中心议题等做重点阐述，其他问题一带而过。一般性开幕词则只对会议的目的、议程、基本精神、来宾等做简要概述。

(二) 开幕词的基本格式和写法

开幕词一般由标题、时间、称谓、正文、结尾五个部分组成。

1. 标题。开幕词的标题一般由致辞者、事由和文种三部分构成，如"××先生在第七届海峡两岸投资洽谈会上的开幕词"。但在运用时常常有所简化，有的场合可直接简化成"开幕词"。常见的格式是"事由+开幕词"，如"××省文联第九次代表大会开幕词""××大学第十五届职工运动会开幕词"。

此外，采用主副式的新闻标题也较为常见，这种标题通过主标题概括会议的目的和主要内容，再缀以副标题标明事由、文种，如"守护和谐社会的碧水蓝天——第二届全国环境执法研讨会开幕词"。

2. 时间。时间另起一行标于标题之下，用括号详细注明会议或活动开幕的年、月、日。撰写开幕词时也可在时间下一行用括号注明致词人姓名。

3. 称谓。称谓一般是根据会议的性质及与会人员的身份而定，主要使用泛称，如"各位代表、各位来宾、各位朋友""各位女士、各位先生""同志们"等。

4. 正文。正文部分是开幕词的核心，它一般包括以下内容：阐明会议、活动的重要意义，即对过去工作情况的概括和总结，说明会议召开要达到什么目的和解决什么问题；指明会议的指导思想，说明会议的议题和议程安排；向与会者提出要求等。

5. 结尾。此部分一般是提出希望，发出号召，并对相关人员表示感谢。最后往往以"预祝大会取得圆满成功"结束全文。

二、闭幕词

(一) 闭幕词的概念

闭幕词是党政机关、企事业单位或群众团体的领导人在会议、活动即将结束时对与会者所做的总结性讲话。闭幕词与开幕词是相伴相生的两种礼仪文书，两者格式基本一致，内容高度关联，仅仅是侧重点有所不同。闭幕词主要是对会议内容和基本精神进行简要总结，恰当评价会议的主要成果和影响。

（二）闭幕词的基本格式和写法

闭幕词一般由标题、时间、称谓、正文、结尾五个部分组成。基本格式与开幕词完全相同，此处不再赘述。

（三）写作闭幕词的注意事项

闭幕词要从会议实际情况出发，紧密结合中心议题进行阐述，要有针对性地对会议内容予以阐述和肯定，同时可以对会议讨论的重要问题做出适当强调或补充。

例文一

开幕词

（2016年2月17日）

强丰集团理事长×××

尊敬的各位领导、各位嘉宾、各位代表：

大家上午好！

强丰集团2016年度年会今天在这里举行，借此机会，我谨代表集团公司领导向参加会议的各位嘉宾、公司主管以上领导、员工代表，并通过你们向你们的家属拜个早年，衷心地祝愿大家新年快乐！身体健康！阖家幸福！万事如意！强丰集团年会已经连续开了9年，这是公司每年一次的盛会，也是公司的一个传统。年会既是一个总结经验、表彰先进的大会，也是一个找准问题、展望未来、共谋发展的大会，又是一个相互交流、共同祝愿新年新气象的大会。今年年会的主要任务：总结2015年集团公司发展情况和部署2016年公司主要工作，会议将表彰奖励2015年度的先进个人并进行迎新春抽奖活动、强丰员工自编自演的文艺节目演出活动。我相信，经过大家的共同努力，年会必将开成一个共话互勉、生动活泼、团结鼓劲和持续发展的会议。

回顾过去的一年，我们强丰集团又有了很大的发展，一年来捷报频传。首先，公司董事长兼总经理吴连强被评为全国商业优秀企业家、全国农村产业融合发展典型人物等荣誉称号。这不仅是对吴总个人创业创新的肯定，也是对强丰集团的肯定，为强丰集团立足金山、发展上海、走向全国提高了知名度。其次，公司的各项业务发展也在2015年度取得了明显的成绩：保安公司取得一级资质；物业公司、保安公司双双通过了环境体系/职业健康安全体系认证；强丰实业公司荣获"第十一届上海市和谐商业企业"荣誉称号，获得市商务委颁发的"2015年度社区智慧微菜场品牌企业"荣誉称号，并被全国乡镇企业协会评为"全国农村产业融合发展典型企业"荣誉称号；强丰生态农庄被入选"我喜爱的长三角休闲农业（农家乐）乡村旅游景点"；众创庄园入选国家科技部首批"星创天地"备案名单，并入选上海公益基地。这一系列高档次的证书和荣誉，是强丰集团做大做强做精的具体体现。

然而，我们还应该看到：集团公司发展过程中还存在着许多不如人意的地方，公司内部管理和持续发展的基础还不够扎实，后劲不足，管理的规范化、制度化、信息化还有不少差距。通过今天的会议，我们要总结经验、找准差距、统一认识、共谋发展。我们相信，在全体与会人员的共同努力下，我们完全有能力把年会开成一次团结、鼓劲、发展的大会，开成一次求真务实、开拓奋进的大会。

最后，预祝集团公司年会圆满成功！

例文二

××市××中学2016上学期开学典礼闭幕词

(2016年2月21日下午)

抚顺市南阳中学校长 ×××

各位老师，各位同学：

大家好！

当盛夏的燥热褪去，当金桂的馨香飘逸，当我校中考升学提高率第一，开学率第四，取得全区瞩目的骄人业绩的时候，我们又相聚在美丽的校园，迎来了一个新的学年，开始了新的学习生活。今天我们隆重集会，召开新学期开学典礼，这既是一次总结会、迎新会，又是一次加油会、动员会和誓师会！首先请允许我代表学校党支部向辛勤工作的全体教师致以诚挚的问候和崇高的敬意！向全体同学致以新学期的问候和祝福，期待着你们在新学期取得新成绩！

九月是收获的季节，秋天从来都属于辛勤耕耘的人们。在刚刚过去的学期里，全校师生齐心协力、负重奋进、辛勤工作、努力拼搏，在教育教学质量和师生队伍建设方面都取得了可喜的成绩，教育教学秩序井然，管理机构运转正常，文明的校风、勤奋的学风进一步形成……我校中考升学提高率第一，开学率第四，我校赵越老师在新抚区名师选拔赛中成绩优异，名列第三，师生们取得了全区瞩目的骄人业绩。这些成绩使我们赢得了教育主管部门的肯定、家长的信赖和社会的赞誉。

老师们，同学们，过去的成绩是鞭策我们前进的动力，新的学期，新的开始，带来了新的挑战，也孕育新的希望与憧憬，面对这一更为紧张和富有挑战性的学习与工作，我们每一位教师、学生都应站在新的起跑线上认真审视自己，以满腔的热情投入到新学期的工作与学习中去，为实现自身的目标而奋斗、拼搏！在此，我祝愿并相信我们每一位师生都能以自己的勤奋与智慧书写新学期学习与工作的满意答卷。我们要再接再厉，创造性地抓好学校方方面面的工作，使我校的管理水平和教育教学质量有新的提高。我们有理由相信，只要努力与我们同行，希望就会与我们同在！辉煌就会与我们同在！

现在我宣布：××市××中学2016—2017上学期开学典礼闭幕！

第四节 贺信、贺词

一、贺信

（一）贺信的概念

贺信是表示庆祝的书信的总称，它是由古代祝词演变而来。贺信是行政机关、企事业单位、社会团体或个人以书信的形式，向取得成就、获得荣誉或者职位、有喜庆之事的单位或个人表示祝贺的一种专用书信。

今天，贺信已成为表彰、赞扬、庆贺对方在某个方面所做贡献的一种常用形式，它还兼有表示慰问和赞扬的功能。重要的贺信往往还会在媒体上刊载或播发，不仅能够鼓励被祝贺者，对广大群众也有很大的鼓舞和教育作用。

（二）贺信的基本格式和写法

贺信一般由标题、称谓、正文、祝颂语和落款五部分构成。

1. 标题。贺信的完整标题应当是"祝贺者+被祝贺者+祝贺事由+文种名"组成，但在实际运用中常省略被祝贺者或事由，甚至仅仅保留文种名"贺信"，如"××省政府贺信""××公司给中国乒乓球队的贺信"。

2. 称谓。在标题下一行顶格写被祝贺对象的名称或姓名。如被祝贺对象是单位的，应当写单位全称；对个人，应当在其姓名之后相应写上"先生""女士""同志"，个人姓名之前往往也可以加上"尊敬的""敬爱的""亲爱的"等修饰语以示尊重。称谓之后需用冒号。

3. 正文。写完称谓之后另起一行，空两格开始写正文。正文一般包括开头、主体和结语三部分。

（1）开头。首先应简略地交代当时的背景或其他有关情况，结合当前的形势，说明对方取得成绩的环境，或者某个重要会议召开的历史条件，并态度明朗、热情洋溢地表示祝贺。

（2）主体。这是贺信的中心内容，应概括说明对方在哪些方面取得了成绩，分析其成功的主、客观原因，要充分肯定和热情赞扬对方所取得的主要成就，以及取得成就的根本原因和重大意义。

在不同的场合，贺信的内容和措辞各不相同。如果是祝贺重要会议的召开或重大活动的开展，应概括地写出会议、活动的主要内容和重要目的，并充分肯定其深远意义和长期影响。如果是祝贺寿辰，应简要说明被祝贺者的突出贡献和高贵品质。

（3）结语。结语表示热烈的祝贺，要写出自己祝贺的心情和今后准备怎么办。在这里，一般应再一次向对方表示热烈祝贺、由衷的祝福和真诚的慰问，也可以号召别人向被祝贺者学习，还可以提出殷切的希望和要求，以利其发扬成绩，更上一层楼。

4. 祝颂语。结尾部分要另起一行写上祝愿或敬意的话，如"此致敬礼""争取更大的胜利""祝您健康长寿"等。

5. 落款。写完祝颂语后应空一行，在右下方写明发出贺信的单位名称或个人姓名，另起一行相同位置署上成文的时间。

（三）贺信的文字要求

贺信的写作字里行间要洋溢着喜庆、热烈的气氛，给人以鼓舞。语言要求精炼、简洁明快，篇幅要短小精悍。贺信中常常使用排比、对偶、比喻等修辞手法和成语，形成比较优美、文雅的风格，切忌堆砌华丽的辞藻。

（四）贺信写作应注意的事项

贺信要体现的是自己真诚的祝福，是加强彼此联系、增强双方交流的重要手段。所以，贺信要写得感情饱满充沛。唯有饱满的感情，才能使受信人感到亲切、温暖。

对被祝贺人的赞扬要实事求是、恰如其分；表示决心要切实可行，不可空发议论，空喊口号。

二、贺词

（一）贺词的含义

贺词，也叫祝词或祝贺词，是对受贺者一方取得的胜利、成就或节日、寿辰等喜庆之事以及重大活动表示祝贺的言辞。贺词经常和祝词通用。

贺词的使用大多是向被祝贺者当面表达，若不能向被祝贺者亲自表达祝贺，则往往使用贺信或贺电。致贺词的一方可以以个人名义，也可以以团体和国家机关的名义。同样，受贺的一方可以是个人、团体或国家机关。

贺词是一种常用的社交应酬类的礼仪文书，在现实生活中使用很广，种类很多。按场合分，有会议祝词、宴会祝词等；按表达方式分，有口头祝词、书面祝词等；按内容划分，则可分以下几种：

1. 节日贺词，包括元旦、春节、三八妇女节、五四青年节、八一建军节、国庆节等重大节日在内，都可以发表贺词。

2. 对重要活动和大会的祝贺。某些活动、会议有重要意义，有关单位、领导、个人均可到场表示祝贺并发表贺词。

3. 对单位和个人喜庆日子的祝贺，如对开业庆典、周年纪念、乔迁之喜、婚礼、寿辰等表示祝贺。

4. 毕业贺词。毕业贺词一般是指同学之间的互勉，师长、亲友的祝贺。毕业时，或在纪念册上赠言，或在纪念照上题写贺词，或在毕业典礼上致祝词。

（二）贺词的基本格式和写法

贺词的格式包括标题、称谓、正文和落款四部分。

1. 标题。贺词的标题包括致词人、场合、文种三个部分，一般有以下四种写法：

（1）直接以"贺词"为题。

（2）省略致词人，以"场合+文种"为题，如"在××先生从艺20周年纪念会上的贺词"。

（3）"致词人+场合+文种"，如"××市长在××博览会上的贺词"。

（4）将贺词的中心内容概括成正题，以"场合+文种"为副题，如"携手共创美好未来——××董事长在××公司与××大学成立产学研基地的签字仪式上的贺词"。

2. 称谓，即接受单位的名称和个人的姓名、称呼。在实际写作中，往往在前面加上"尊敬的""亲爱的"等修饰语。

3. 正文。正文一般可以分为三个部分：

（1）开头。首先简略说明祝贺事由，明确陈述自己代表何人或何种组织向被祝贺人祝福贺喜。

（2）主体。概括评价被祝贺人的事迹和品格，热情赞颂其所取得的成绩，同时还可以说明自己祝贺的意义和作用。

（3）结语。展望未来美好前景，也可提出希望或要求，表明自己的态度与决心，并再次向被祝贺人表示衷心祝贺。

4. 落款。落款署上单位或个人的名称与时间。在现实生活中，有时人们会在贺词的标题下直接标明致词人和时间，此时则无须在贺词末尾落款。

（三）贺词的文字要求

写作贺词时，语言要求充满热情、喜悦、鼓励、希望、褒扬之意，以便使对方感到温暖和愉快，受到激励与鼓舞。行文要感情真挚、热烈，字里行间洋溢着热情友好的气氛。贺词篇幅短小精悍，语言庄重典雅，富有文采。

（四）贺词写作的注意事项

贺词的写作应以表达祝贺、赞颂为中心内容，简要写明对方的成就、功绩及其意义，并用简洁的语言表达衷心的祝贺和美好的祝愿。评价、赞美要实事求是，客观公正，过分的赞美之词会使对方感到不安，自己也难免有谄媚之嫌。

第八章　社交礼仪文书

例文一

贺　信

××国际招标公司：

　　值××国际招标公司成立10周年之际，谨表示热烈的祝贺！10年来，贵公司在我局利用世界银行及亚洲开发银行贷款项目的招标采购工作中给予了大力支持与协助。特别在签约及执行合同过程中，坚持信守合同，维护我方用户利益，使项目单位尽快产生效益。借此机会，我们再次对贵公司表示衷心的感谢。

　　回顾10年历程，我们的合作是真诚友好的。值此庆祝贵公司成立10周年之际，愿我们的合作留下长久的记忆，并期待得到发扬，共同为农垦及外贸事业的发展做出新的贡献。

国家环境保护总局（原）
2017年7月9日

例文二

二〇一八年新年贺词

大家好！

　　时光飞逝，转眼我们将迎来2018年。在这里，我向全国各族人民，向香港特别行政区同胞、澳门特别行政区同胞、台湾同胞和海外侨胞致以新年的祝福！我也祝愿世界各国各地区的朋友们万事如意！

　　天道酬勤，日新月异。2017年，我们召开了中国共产党第十九次全国代表大会，开启了全面建设社会主义现代化国家新征程。我国国内生产总值迈上80万亿元人民币的台阶，城乡新增就业1 300多万人，社会养老保险已经覆盖9亿多人，基本医疗保险已经覆盖13.5亿人，又有1 000多万农村贫困人口实现脱贫。"安得广厦千万间，大庇天下寒士俱欢颜！"340万贫困人口实现易地扶贫搬迁、有了温暖的新家，各类棚户区改造开工数提前完成600万套目标任务。各项民生事业加快发展，生态环境逐步改善，人民群众有了更多获得感、幸福感、安全感。我们朝着实现全面建成小康社会目标又迈进了一大步。

　　科技创新、重大工程建设捷报频传。"慧眼"卫星遨游太空，C919大型客机飞上蓝天，量子计算机研制成功，海水稻进行测产，首艘国产航母下水，"海翼"号深海滑翔机完成深海观测，首次海域可燃冰试采成功，洋山四期自动化码头正式开港，港珠澳大桥主体工程全线贯通，复兴号奔驰在祖国广袤的大地上……我为中国人民迸发出来的创造伟力喝彩！

　　我们在朱日和联合训练基地举行沙场点兵，纪念中国人民解放军建军90周年。香港回归祖国20周年时，我去了香港，亲眼所见，有祖国做坚强后盾，香港保持了长期繁荣稳定，明天必将更加美好。我们还举行了纪念全民族抗战爆发80周年仪式和南京大屠杀死难者国家公祭仪式，以铭记历史、祈愿和平。

　　我们在国内主办了几场多边外交活动，包括首届"一带一路"国际合作高峰论坛、金砖国家领导人厦门会晤、中国共产党与世界政党高层对话会等会议。我还参加了一些世界上的重要多边会议。今年年初，我出席达沃斯世界经济论坛年会，并在联合国日内瓦总部做了讲话，后来又出席了二十国集团领导人峰会、亚太经合组织领导人非正式会议等。在

这些不同场合，我同有关各方深入交换意见，大家都赞成共同推动构建人类命运共同体，以造福世界各国人民。

2017年，我又收到很多群众来信，其中有西藏隆子县玉麦乡的乡亲们，有内蒙古苏尼特右旗乌兰牧骑的队员们，有西安交大西迁的老教授，也有南开大学新入伍的大学生，他们的故事让我深受感动。广大人民群众坚持爱国奉献，无怨无悔，让我感到千千万万普通人最伟大，同时让我感到幸福都是奋斗出来的。

2018年是全面贯彻中共十九大精神的开局之年。中共十九大描绘了我国发展今后30多年的美好蓝图。九层之台，起于累土。要把这个蓝图变为现实，必须不驰于空想、不骛于虚声，一步一个脚印，踏踏实实干好工作。

2018年，我们将迎来改革开放40周年。改革开放是当代中国发展进步的必由之路，是实现中国梦的必由之路。我们要以庆祝改革开放40周年为契机，逢山开路，遇水架桥，将改革进行到底。

到2020年我国现行标准下农村贫困人口实现脱贫，是我们的庄严承诺。一诺千金。到2020年只有3年的时间，全社会要行动起来，尽锐出战，精准施策，不断夺取新胜利。3年后如期打赢脱贫攻坚战，这在中华民族几千年历史发展上将是首次整体消除绝对贫困现象，让我们一起来完成这项对中华民族、对整个人类都具有重大意义的伟业。

当前，各方对人类和平与发展的前景既有期待、也有忧虑，期待中国表明立场和态度。天下一家。中国作为一个负责任大国，也有话要说。中国坚定维护联合国权威和地位，积极履行应尽的国际义务和责任，信守应对全球气候变化的承诺，积极推动共建"一带一路"，始终做世界和平的建设者、全球发展的贡献者、国际秩序的维护者。中国人民愿同各国人民一道，共同开辟人类更加繁荣、更加安宁的美好未来。

我们伟大的发展成就由人民创造，应该由人民共享。我了解人民群众最关心的就是教育、就业、收入、社保、医疗、养老、居住、环境等方面的事情，大家有许多收获，也有不少操心事、烦心事。我们的民生工作还有不少不如人意的地方，这就要求我们增强使命感和责任感，把为人民造福的事情真正办好办实。各级党委、政府和干部要把老百姓的安危冷暖时刻放在心上，以造福人民为最大政绩，想群众之所想，急群众之所急，让人民生活更加幸福美满。

谢谢大家。

国家主席　习近平
2018年1月1日

第五节　欢迎词、欢送词

一、欢迎词

（一）欢迎词的含义与特点

欢迎词是指行政机关、企事业单位、社会团体或个人在公共场合对友好团体或个人的莅临表示热烈欢迎的带有礼仪性质的应用文书。

欢迎词一般具有如下特点：

1. 礼仪性。欢迎词是主人在接待客人的正式场合中，向对方表示欢迎和友好的演讲文稿。无论是外宾来访、领导视察、同仁参观、新生入学等，都要表示热烈的欢迎和美好的祝愿，给人以礼貌、尊敬之感，体现亲切友好。因此，欢迎词是主人接待行为的一部分，具有鲜明的礼仪性。

2. 针对性。由于欢迎词多用于对外交往，所欢迎的宾客朋友也是多方面的，欢迎场合和欢迎仪式也多种多样，欢迎词必须根据对象、场合、宾客身份、会议或聚会的性质的不同，充分考虑欢迎的情由来撰写，切忌套话过多。

3. 篇幅简短。欢迎词一般都较为简短，这是因为欢迎仪式上的讲话并不是为了阐述实质性问题，而主要是出于礼节上的需要，而且欢迎场合也根本不具备让致辞者长篇大论的条件。

（二）欢迎词的基本结构和写法

欢迎词通常由标题、称谓、正文、祝颂语和落款五部分构成。

1. 标题。标题有三种形式：

（1）由"致词人+事由+文种"组成，如"××总经理在开业三十周年纪念会上的欢迎词"。

（2）由"事由+文种"构成，如"在××研讨会上的欢迎词"。

（3）直接用文种"欢迎词"做标题。

2. 称谓。在标题下一行顶格写参与该会议或活动的来宾的称呼。由于欢迎词应当体现主人的热情，具有鲜明的礼仪性，因此必须在宾客的称谓前加上"尊敬的""敬爱的"，或在其后加上"先生""女士""阁下"等敬语。

3. 正文。写完称谓之后另起一行，空两格开始写正文。正文一般包括三个部分：

（1）开头。开头通常应说明欢迎事由，简要交代致词人身份，用简短、亲切、得体的话表示热烈的欢迎、诚挚的问候和致意。

（2）主体。这是欢迎词的主要内容，这一部分一般要阐述本次宾客到访的重要意义和作用，回顾宾主双方的长期交往与牢固友谊，赞扬双方之间的友好合作，还应具体地介绍来宾在各方面的成就以及在某些方面做出的突出贡献。对初次来访者，可多介绍本组织的情况。

（3）结语。这部分主要由主人用来表示对来宾的良好祝愿，同时也可提出共同的希望。

4. 祝颂语。结尾部分要另起一行写上祝愿或表示敬意的话。

5. 落款。欢迎词的落款要求并不严格，现场发表的欢迎词往往可以不用落款；用于在媒体上发表的欢迎词则必须署名，这种署名可选择在文章末尾署名或是用括号在标题下注明。

（三）欢迎词写作的注意事项

1. 欢迎词的写作要求感情真挚、友好热情，切忌过度，应当恰到好处。另外，语言应得体，既要表达自己的原则立场，又要注意尊重对方的习惯、信仰，宜用比喻或幽默的话语来回避冲突。

2. 欢迎词篇幅短小，言简意赅。语言要通俗、精炼、生动、热情、友好、温和、礼貌，应选用朗朗上口的词语，在运用时可以结合富于表现力的态势语言，以收到良好的现场效果。

二、欢送词

（一）欢送词的含义

欢送词是行政机关、企事业单位、社会团体或个人在公共场合欢送友好团体离开或个人出行时表示感谢、欢送之意的带有礼仪性质的应用文书。

欢送词与欢迎词往往会先后使用，两者的区别主要在于，欢送词不能像欢迎词那样热情洋溢，而应当含蓄低调，对接待不周之处表示歉意，表达主人的依依惜别之情。

(二) 欢送词的基本结构和写法

欢送词的格式和写法基本与欢迎词相同，同样由标题、称谓、正文、祝颂语和落款五部分构成，只是正文部分的内容有所区别。欢送词应回顾宾主双方欢聚的美好时光，简要介绍双方达成了哪些一致，取得了什么突破，积极肯定双方的友好关系，同时还应表达双方进一步加深彼此友谊的意愿。最后还应该表达一下对客人离去的惋惜之情。

(三) 欢送词写作的注意事项

欢送词应当真挚恳切，谦虚朴实，可以委婉表达照顾不周的歉意，简要叙别和传达希望宾客再访的愿望；应当以积极的姿态、委婉的方式指出彼此之间存在或出现的不可回避的分歧或矛盾；必要时，还应对共同关注的其他重大问题表明立场和看法。

例文一

欢迎词

尊敬的曲松县委书记××先生，县长××先生，尊敬的各位来宾、同志们：

大家下午好！

值此金风送爽、丹桂飘香的美好季节，我们十分荣幸地迎来了曲松县党政代表团的各位领导莅临我县考察指导工作。在此，我谨代表中共曲松县人民政府及勤劳朴实的曲松人民，向远道而来的各位领导表示热烈的欢迎和美好的祝愿！

曲松县位于××省东南部，长江中游南岸，县域面积2780平方公里，现辖22个镇（场、开发区）、386个行政村，总人口107万。曲松是一块历史悠久的红色土地。自西汉建县迄今，已有2200多年历史，近代诞生了王平等十多位共和国将军，是全国著名的"烈士县"。××县是一块美丽富饶的土地。现已探明矿藏40余种，是全国百家重点产煤县和八大产铜基地县之一。全县现有规模以上工业企业128家。农业初步形成了优质粮油、苎麻、蔬菜、畜牧、水产、林特六大特色板块。共有富河、海口湖等6大水系，素有"百湖之县、鱼米之乡"的美誉，是全国林业示范县和著名的苎麻之乡。××是一块山青水秀的土地，有荆楚第一奇湖——仙岛湖、省级森林公园——七峰山、省级湿地保护区——网湖、湘鄂赣边区鄂东南革命烈士陵园和全国闻名的"天然革命历史博物馆"——龙港革命旧址群，是旅游观光、休闲度假的理想场所。

对口支援西藏是党中央国务院从增强中华民族凝聚力、维护祖国统一和民族团结的战略高度做出的一项重大决策。功在当代，利在千秋。根据××省委和××市委的统一要求，自2017年开始，我县先后选派了两名干部，积极参与对口支援曲松的建设事业。尽管我们××是一个集山区、库区、革命老区和血吸虫病疫区于一体的国家扶贫开发重点县，但我们一直以来始终坚持援藏奉献、尽力而为的原则，与曲松人民一道艰苦创业，奋发图强，共同发展，共同繁荣。今天，贵县党政代表团的各位领导到××参观考察，为我们提供了一次难得的交流和学习机会，必将进一步加深两县情谊，密切两县关系。在此，我也真诚地希望各位领导能够多来××走一走、看一看，能够不吝赐教，为××的发展多提宝贵意见和建议。

最后，衷心祝愿曲松和××发展的大业蒸蒸日上、人民的感情地久天长，祝各位领导、各位来宾身体健康、工作顺利，生活愉快，万事如意！

例文二

在退伍战士欢送仪式上的讲话

退伍老战士同志们：

　　你们今天就要告别军前退出现役，此时此刻，我想，大家都心潮起伏、思绪万千，借此机会，我谨代表团党委和全团官兵讲几句肺腑之言。你们入伍以来，在党组织的培养教育下，认真学习专业理论，努力提高军事技能，多方学习文化知识，尽心尽责，乐于奉献，为我们团的全面建设做出了平凡而伟大的贡献。三年来，我们团的每一项成绩都凝结着你们的聪明和才智，每一项光荣都渗透着你们的汗水和心血。对此，我代表团党委和全体留队的官兵向你们表示崇高的敬意和衷心的感谢。

　　同志们，在改革开放的浪潮一浪高过一浪的大好形势下，你们脱下军装，走向社会，这对大家既是一个严峻的挑战，更是一个难得的机遇。衷心希望你们勇敢地走上社会舞台，以军人特有的气质和风采，抓住机遇，迎接挑战，成为时代的骄傲。在你们中间一定会涌现出一个又一个新型的工人、农民；一个又一个大有作为的厂长、经理；一个又一个被社会承认的企业家、文学家……我们在此敬候你们的佳音早日传来，我们坚信也一定能够传来。

　　同志们，你们的亲人在盼望你们早日团聚，祝你们一路平安，高高兴兴见到亲人，并请捎去部队首长和战友对你们家乡父老、兄弟姐妹及亲朋好友的诚挚问候。

　　最后，请接受我代表团党委和全体官兵向你们致以神圣的告别军礼！

第六节　答谢词、祝酒词

一、答谢词

（一）答谢词的含义

　　答谢词是指在特定的公共礼仪场合，宾客对主人的热情款待、悉心照料或者给予自己的某项荣誉表达谢意的应用文书。答谢词常常用在比较隆重的公共场合，如国家间的外交活动。另外，在授奖、授赠、授勋、授衔等荣誉授受仪式上，也常常需致辞答谢以表感激之情。在前一种情况下，主人常常会首先发表欢迎词或欢送词。

（二）答谢词的基本格式和写法

答谢词一般由标题、称谓、正文、结语四部分组成。

1. 标题。答谢词的标题一般有四种写法：

（1）只写文种，如"答谢词"。

（2）事由+文种，如"在××上的答谢词"。

（3）致词人+事由+文种，如"×××在全国十佳律师颁奖仪式上的答谢词"。

（4）采用主副式新闻标题，即以表达答谢词主旨或答谢人心愿的语句为正题，以上述任意一种标题为副题，如"以史为鉴，面向未来——××部长在访日欢迎酒会上的答谢词"。

2. 称谓。在标题下一行顶格写称谓。称谓一般要写主人或主持单位的领导人的姓名、职务和尊称，而且必须使用敬语，如"尊敬的××国×××总理阁下"；也可以单独使用"女士们、

"先生们"等泛称。在现实生活中，往往出现既称呼东道主的主要代表人，又称呼全体到场嘉宾的情况，此时，泛称一定要放在被答谢的东道主之后。

3. 正文。正文根据场合不同有两种写法。

（1）在迎送仪式或专门答谢仪式上所致的答谢词，应对主人、东道国、主办单位表示衷心的感谢。如果是初来乍到，应简单回顾宾主双方的友好交往历史，提出对本次活动的殷切期望和共同要求；如果是准备离去，则应当感谢主人的热情款待，概述自己所取得的收获。总之，答谢词应当热情洋溢地表述自己的想法、观点、立场和意见，既可以追述已经获得的成绩，也可以畅叙友情发展的历史，还可以展望未来。同时，还应注意与主人的欢迎词或欢送词相呼应。

（2）在庆祝仪式和授赠仪式上所致的答谢词。这种答谢词常常用大部分篇幅表示感谢，其他内容则讲得很少。致词人应该态度诚恳地畅谈自己的感受和想法，表达自己今后的愿望。往往在最后再次对主人或主办方以及相关师友亲朋表达感谢。

4. 结语。结语部分主要是表示美好祝愿或再次表达感谢的话。

（三）写作答谢词的注意事项

答谢词是礼仪性讲话，而且往往是在一次公关礼仪活动刚开始时发表的，因此篇幅要力求简短，不宜冗长拖沓，以免令人生厌。在礼仪场合，必要的客套话是不能省略的，但措辞应得体。语言表达既要求尊重、礼貌，又要恰如其分；既热情洋溢，又要有分寸感；同时还要注意尊重主人的风俗习惯。

二、祝酒词

（一）祝酒词的含义

祝酒词是在较为正规的宴会上，宾客双方表示良好祝愿的一种应用文体。严格意义上的祝酒词分简短式和长篇式两类。简短的祝酒词往往只有一两句话，如"为我们的友谊干杯""为大家的健康干杯"等。本书所提到的祝酒词特指长篇式祝酒词。

（二）祝酒词的基本格式和写法

祝酒词由标题、称谓、正文三部分构成。

1. 标题。祝酒词的标题有三种写法：

（1）只写文种"祝酒词"。

（2）事由+文种，如"在××酒会上的祝酒词"。

（3）致词人+事由+文种，如"××在××会上的祝酒词"。

2. 称谓。标题下一行顶格写称谓，后加冒号。称谓既要突出客人中的代表，又要兼顾所有的与会者。在实际运用中，称谓常用泛称，可以根据到会者的身份称呼"各位女士、各位先生""朋友们""同志们"等。前面可以加修饰语"亲爱的""尊敬的"等，以示友好。

3. 正文。这是祝酒词的主体部分，根据宴请的对象、宴会的性质，首先表明自己的身份及代表谁，向出席者表示欢迎、感谢和问候。随后可以回顾宾主友好往来的历史，同时提出共同期望和要求，展望美好未来。结尾部分往往开辟单独一行以感情充沛的"请允许我，为××干杯"或"我提议，为××干杯"结束。

（三）写作祝酒词的注意事项

写作祝酒词时，语言要求充满热情、喜悦、鼓励、希望、褒扬之意。同时，祝酒词、答谢词与欢迎词和欢送词一样，均是在宴会开始之前的礼仪形式，切忌拖沓冗长。

例文一

酒店开业庆典答谢词

尊敬的领导，来宾，各位业界同人和朋友们：

大家好！

很高兴，在今天这个特别的日子里，我们能够相聚一堂，共同庆祝××大酒店隆重开业！首先，请允许我代表××大酒店的全体员工，向今天到场的领导、董事长和所有的来宾朋友们表示衷心的感谢和热烈的欢迎！

××大酒店位于无锡市××区中心地带，集商铺、办公、酒店、餐饮、休闲、娱乐于一体，是按照四星级旅游涉外饭店标准投资兴建的新型综合性豪华商务酒店。值得一提的是，它是无锡首家客房内拥有干湿分离卫生间及景观阳台的星级酒店。其优越的地段、豪华的环境，优质的服务和智能化的配套设施，必将给您耳目一新的感受。它是顺应无锡特大型城市建设发展的精品建筑，是××区的地标，也是各商家投资、置业、理财的新途径。

正如我们的董事长所说，××大酒店是"我们××人智慧和汗水的结晶"。它的筹划和诞生，倾注了我们××人的所有心血，凝聚了××全新的信念。欣慰的是，有这么多的朋友默默地关心和支持着我们，陪伴我们一路走来。其中，有××区领导的高度重视和政策指导，我们××集团高层的殷切关怀和鼎力扶持，有社会各界朋友的热心帮助等等，让我们感激不已。

跨入新世纪，无锡的现代化建设突飞猛进，××区建设如火如荼，未来的竞争日益激烈。作为总经理、××大酒店的具体运营者，我深知自己肩负的重担和使命。我的一言一行，一举一动，都将和××大酒店乃至整个无锡未来的建设发展联系在一起。但是，困难与希望同在，这么多朋友的关心和指导，是支撑××大酒店存在并运作的信心和源泉！面对挑战，我坚信，××大酒店必将市场上傲然挺立，拥有一席之地！为此，我将携××大酒店全体工作人员，用良好的业绩来回报各界，以不辜负领导、董事长和社会各界的期望！同时，我们××大酒店全体员工，将坚持求变创新的开拓精神，和诸位业界同人一起，全力以赴，共同致力于××区的建设发展，为无锡进一步的繁荣昌盛添上辉煌灿烂的一笔！

正如我们××大酒店的宗旨所阐述的一样，我们要做好无锡××区的地标和窗口，要奏响新区的最强音，要为无锡人民创造一个永不落幕的新都会！

最后，我要特别感谢××区领导的莅临指导，感谢董事长于百忙之中能够亲临开业现场致辞！再次感谢各位朋友的光临！

谢谢大家！

例文二

在全市工商联工作会议晚宴上的祝酒词

尊敬的各位领导，同志们、朋友们：

金山含笑迎嘉宾，嘉水欢歌谢深情。

在这万物婆娑、欣欣向荣的美好时节，我们喜迎全市工商联工作会议在仪陇胜利召开，市领导亲临指导，兄弟县传经助力，这体现了市委、市政府对仪陇的厚望和鼓励，也凝聚着兄弟县心系老区巨变的真挚情意。在此，我谨代表中共仪陇县委、县人大、县政

府、县政协和百万老区人民向会议的胜利召开表示热烈的祝贺！向参会的各位领导和各位朋友表示热烈的欢迎！向一直关心、支持仪陇发展的各级领导和同志们表示衷心的感谢！

近年来，作为贫困地区和革命老区，仪陇的发展喜得天时，兼有地利，更具人和。特别是胡锦涛总书记去年8月14日亲临仪陇视察后，省市各级各部门迅速掀起了携手建仪陇热潮，给予了仪陇前所未有的支持和帮扶。百万老区人民承关怀而奋起，启动了朱德纪念园区保护与建设、人饮工程、新县城建设、"两路一桥"、航电工程、精神文明连片创建、扶贫开发"七大任务"，目前，各项工程进展顺利。

随着全球经济一体化的迅猛发展，对外开放突飞猛进，区域合作日益增强，共享资源、共谋发展、共同进步，已成为全社会的强烈愿望和普遍追求。这次，全市工商联工作会议在仪陇召开，其主题在于"加强合作、资源共享、优势互补、共谋发展"，为我们提供了学习请教的好机会，对促进我县各方面的工作，特别是对外开放和经济发展大有裨益。我们诚挚地感谢大家对仪陇经济建设与社会事业的关心和支持，我们热忱欢迎大家更多地了解仪陇、关心仪陇，对我们的工作提出宝贵意见和建议，组织更多的工商业者投资仪陇。我们将以此为契机，加快发展，为区域合作做出新的贡献。

各位领导、同志们、朋友们，回顾过去，我们为共同的努力和奋斗所取得的成就而自豪；展望未来，我们对抓住机遇，加强合作，取得新的胜利充满信心。我们要借这次会议的东风，学习借鉴兄弟县的先进经验，充分发挥自己的优势，进一步加强协作，谱写交流与合作的新篇章，力争如期实现"两年内有大变化"目标，共创更加美好的明天。

现在，我提议：为本次会议的圆满成功，为我们的进一步合作和日益增进的友谊，为各位领导和朋友们的健康幸福，干杯！

谢谢大家。

第七节　慰问信

一、慰问信的含义

慰问信是以组织或个人的名义，在他人或有关单位做出特殊贡献或遇到灾难、意外损失，以及重大节日来临之际，向对方表示安慰、问候、同情和鼓励的一种专用文书。

二、慰问信的分类

按照内容的不同，慰问信主要分为以下三种。

（一）慰勉性慰问信

慰勉性慰问信主要用于向遭受自然灾害、蒙受重大损失或者处于巨大困难和意外不幸的集体或个人表示关切、同情和慰问，在精神上给予温暖，鼓励他们积极地战胜困难，迅速改变现状，走出困境。

（二）彰励性慰问信

彰励性慰问信主要用于对为社会做出突出贡献和取得重大成绩的集体或个人表示祝贺和慰问，祝贺他们取得的荣誉，鼓励他们再接再厉、谦虚谨慎、戒骄戒躁、继续前进，取得更大的成绩。

（三）礼仪性慰问信

礼仪性慰问信主要用于在传统节日或者纪念日来临之际，向全体人民或特定群体致以敬意，表示慰问。如中央政府春节期间慰问全国人民、"八一"建军节慰问全军官兵等。

三、慰问信的基本格式和写法

慰问信一般包括标题、称谓、正文、祝颂语、落款五部分。

1. 标题。慰问信的标题主要有三种形式：
（1）直接以文种"慰问信"作为标题。
（2）由受文对象（慰问对象）名称和文种组成，如"给消防战士的慰问信""致××女士的慰问信"。
（3）由发文单位名称、受文对象（慰问对象）名称和文种组成，如"吉林省委省政府致全体离退休老干部的慰问信"。

2. 称谓。在标题下一行顶格写受文对象，即慰问对象的名称或姓名。如受文对象是单位，应当写单位全称；对个人，应当在其姓名之后相应写上"先生""女士""同志"，个人姓名之前往往加上"尊敬的""敬爱的""亲爱的"等修饰语以示尊重。与其他信函一样，称谓之后需用冒号。

3. 正文。写完称谓之后另起一行，空两格开始写正文。正文一般包括三个部分：
（1）开头，用简明扼要的文字交代发出慰问信的原因、背景和目的，总启下文。同时还应当态度明朗地表示慰问。
（2）主体，这一部分主要用来叙述相关事实，全面、具体地叙述受文对象的先进思想、模范事迹或遇到困难时不畏艰险、顽强斗争的品质，向对方表示慰问和敬意。
（3）结语，结合形势与任务提出殷切期望，并表示共同的决心和愿望，或表明来自各方面的关心和谢意，以及将来要采取的支援行动。

4. 祝颂语。根据信函的通用规范，应当写上表示慰勉和祝愿的祝颂语作为结束。

5. 落款。写完祝颂语之后应空一行，在右下方署上发出慰问信的单位名称或个人姓名，另起一行相同位置写明日期。

四、慰问信的文字要求

慰问信的行文应当简明扼要，质朴流畅，措辞生动，用语恰当，语气诚恳，篇幅不宜太长，切忌公式化、概念化的套话、空话。

五、写慰问信的注意事项

写作慰问信时，感情要真挚、热烈。慰问信主要是用来赞颂、慰勉、安抚或者同情他人，应当让对方感受到亲切的关怀和深深的温暖，给人以莫大的鼓舞。

慰问对象要明确，根据不同的受文对象确定重点。如果慰问对象是有贡献的集体和个人，应侧重赞颂他们的成绩和奉献精神；如果慰问对象是遇到困难的集体或个人，就要着重向他们表示关怀、支持和慰问；对英雄父母、烈士遗孤、伤残人员等对象都应该根据其不同特点给予安慰和鼓励。

例 文

慰问信

全国广大教师们：

　　第二十九个教师节到来之际，我正在遥远的乌兹别克斯坦进行国事访问。首先，我代表党中央、国务院，向全国1400万教师，致以诚挚的问候和崇高的敬意！祝大家节日快乐！长期以来，我国广大教师认真贯彻党的教育方针，默默耕耘，无私奉献，用爱心、知识、智慧点亮学生心灵，培养了一批又一批优秀人才，为我国教育事业发展、为国家发展和民族振兴做出了突出贡献。

　　百年大计，教育为本。教师是立教之本、兴教之源，承担着让每个孩子健康成长、办好人民满意教育的重任。希望全国广大教师牢固树立中国特色社会主义理想信念，带头践行社会主义核心价值观，自觉增强立德树人、教书育人的荣誉感和责任感，学为人师，行为世范，做学生健康成长的指导者和引路人；牢固树立终身学习理念，加强学习，拓宽视野，更新知识，不断提高业务能力和教育教学质量，努力成为业务精湛、学生喜爱的高素质教师；牢固树立改革创新意识，踊跃投身教育创新实践，为发展具有中国特色、世界水平的现代教育做出贡献。

　　党委和政府要把加强教师队伍建设作为教育事业发展最重要的基础工作来抓，提升教师素质，改善教师待遇，关心教师健康，维护教师权益，充分信任、紧紧依靠广大教师，支持优秀人才长期从教、终身从教。

　　全社会要大力弘扬尊师重教的良好风尚，使教师成为最受社会尊重的职业。

　　祝全国广大教师身体健康、工作顺利、生活幸福！

习近平
2013年9月9日

第八节　讣告、悼词

一、讣告

（一）讣告概述

　　讣告，又叫讣闻或讣文，是机关、单位、团体或个人将某人去世的讯息报告给他人的一种通告性应用文书。讣告一般由死者家属或生前工作单位的治丧委员会通过张贴或报纸、电台、电视台等媒介将某人去世的消息和追悼的仪式告诉亲朋好友。讣告一般分三种：

　　1. 一般式讣告。这种讣告是人们常用的讣告。

　　2. 公告式讣告。这种讣告隆重、庄严，一般用于党和国家领导人以及有重大影响的人物。它一般由党和国家或一定级别的政府机关、企事业单位、团体等做出专门行政决定之后才能由上述机关单独或联合发布。

　　3. 新闻报道式讣告。这种讣告常作为一般的消息在报纸或电台、电视台上公布，内容和形式往往都很简单，简单地将死者的基本情况告知社会各界即可。

（二）讣告的基本格式和写法

1. 一般性讣告。标准的一般性讣告由标题、正文、结束语和落款四部分组成。

（1）标题。一般性讣告的标题一般直接写"讣告"，或在"讣告"前冠上死者的姓名，如"×××讣告"。

（2）正文。这一部分应当开门见山地介绍死者的相关信息，包括姓名、身份、职务、职称、死亡原因、死亡日期、死亡地点、终年岁数等。随后应当简介死者生平并实事求是地评价死者的成就及贡献。最后应当明确告知相关吊唁、追悼事宜的时间、地点、具体安排等。

（3）结束语。正文结束后另起一行空两格写"特此讣告"或"谨此讣闻"，现在省略此结语的现象越来越普遍。

（4）落款。在全文右下方署明发出讣告的单位或个人的名称，并标明日期。

2. 公告式讣告。公告式讣告一般由"公告""治丧委员会公告""治丧委员会名单"等几部分共同组成，作为一个完整的讣告，各部分要同时公之于众。

（1）公告式讣告中的"公告"一般由标题、正文、结束语和落款四部分组成。

公告式讣告的标题必须标出发公告的单位名称，因此它是由"公告单位+文种"构成，如"中共中央、全国人大常委会、国务院公告"。某些功勋卓著、彪炳史册的国家领导人去世时，常以"中共中央、全国人大常委会、国务院、政协全国委员会、中央军委告全党全军全国各族人民书"作为标题以示隆重。

正文要求写明死者的职务、姓名、逝世原因、时间、地点以及享年岁数，这些内容往往写得比较详细、具体，同时应当简要介绍死者生平，叙述其代表性经历、生前本兼各职和所获得的成就、做出的贡献以及获得的荣誉；还应当对死者的不幸逝世表示沉痛哀悼，呼吁人们化悲愤为力量，做好本职工作。

公告式讣告常以"××同志永垂不朽"为结语。

由于发出公告的机关名称已经在标题中反映出来，因此，落款只需标明日期即可。

（2）治丧委员会公告。这是公告式讣告的核心部分，主要用来告知社会公众关于死者追悼、纪念各项事宜的具体安排，它一般由标题、正文、结束语和落款四部分组成。

一般均以"×××同志治丧委员会公告"为标题。

正文写明召开追悼会或遗体告别仪式的具体时间、地点、接待人、所邀请亲朋好友的大致范围。由于公告式讣告的死者多为党和国家领导人或社会知名人士，因此，往往除家属、治丧委员会组织的追悼事宜外，还应对社会各界、机关单位、人民群众团体的吊唁活动做出大致安排或原则性指导。

公告式讣告一般以"特此公告"为结语。

落款只需标明日期即可。

（3）治丧委员会名单的安排通常分两部分。一个是治丧委员会领导成员名单，一般按职务排名。再一个是全体治丧委员会名单，一般以姓氏笔画为序排列。

3. 新闻报道式讣告。这种形式的讣告是作为一则消息在媒体上公布，让社会知道某人已经去世，一般只告知死者的姓名、身份、逝世时间、地点、终年岁数即可，其内容和形式参照简单的消息写法。

（三）讣告的文字要求

讣告语言与其他文体语言的最大区别就是严肃、郑重。在写作讣告时，遣词造句要格外慎重，语言要求准确、简练，语气应低沉、悲痛，要充分表达出对死者的沉痛哀悼、尊重和深切怀念。

(四) 讣告写作的注意事项

讣告一般白纸黑字即可，不可用其他色纸或色笔书写，切忌使用红色。公告式讣告的使用对象一般是党和国家的领导人，切不可乱用。公告式讣告中常涉及对死者生平经历的评价，多以正面肯定、赞颂死者生前的功绩为主，一般不宜提及死者缺点和错误。即使非提不可，也应注意分寸，避免刺激死者家属及亲友。

此外，讣告的发出应及时，以便社会各界提前安排相关吊唁事宜。

二、悼词

(一) 悼词的概念

悼词是指在追悼大会上宣读的向死者表示哀悼、缅怀与敬意的悼念性应用文。应该指出的是，原本凡是追悼死者、寄托哀思的文章都可以被称作悼词，但目前，悼词已经渐趋狭义化，专指追悼大会上宣读的总结死者功绩、表达沉痛心情、呼吁继承遗志的文章。

(二) 悼词的基本格式和写法

悼词一般由标题、称谓、正文和结束语四部分组成。

1. 标题。标题主要有三种形式：一是直接以文种为标题，如"悼词"；二是"事由+文种"，如"在×××同志追悼大会上的讲话"，也可以写作"沉痛悼念××同志"；三是采用主副式新闻标题，如"松柏常青，浩气长存——沉痛悼念×××同志"。

2. 称谓。这里的称谓主要是泛称，如"同志们""各位来宾"等。由于致悼词者或为死者挚友，或为死者领导，同时出于尊重死者的考虑，称谓前后一般不用敬语。也有少数悼词没有称谓直接开讲。

3. 正文。首先应当表达对死者不幸逝世的沉痛哀悼和深深思念；随后简述死者的生平，对其代表性经历、职务、生前所取得的荣誉和成绩，要全面而准确地予以说明；同时，要对死者的成就、贡献、思想、品质、修养做出综合评价，正面肯定死者为国家、集体或他人做出的无私奉献，充分赞扬他对社会以及亲朋好友的人格感召和积极影响。在正文的最后，应当诚挚慰问死者家属，表达永志不忘、缅怀死者、继承遗志的意愿。

4. 结束语。悼词多以"××同志千古"或"×××同志永垂不朽"结束。

(三) 悼词写作的注意事项

写作悼词时，应当全面掌握死者生前的各种经历，实事求是地对死者做出客观、公正的评价；应当严肃、慎重地对死者进行恰到好处的赞扬和歌颂，既不宜使用溢美之词，更不能刻意贬低。悼词应尽量避免谈论死者的缺点和错误，如果必须涉及死者的过失，应当注意分寸。

悼词的感情基调虽然是悲痛的，但行文不能过分悲观和伤感，应该重点突出"化悲愤为力量"的主旨。

 例文一

讣　告

杰出的社会活动家，著名的爱国人士，香港知名实业家，中国共产党的亲密朋友，中国人民政治协商会议第八、九、十届全国委员会副主席，香港中华总商会永远名誉会长霍英东先生，因病于2006年10月28日（农历丙戌年九月初七）19时30分在北京逝世，享年84岁。

谨订于 11 月 7 日（星期二）上午 8 时 30 分至 11 时，在香港殡仪馆一字楼基恩堂举行追悼会。

谨此讣告。

霍英东先生治丧委员会
2006 年 10 月 29 日

例文二

讣 告

×××治丧委员会敬告：

为纪念我们的好朋友、受大家喜爱的×××先生，定于 2017 年 12 月 1 日上午 9:30—11:00 在八宝山第一告别室举行×××先生遗体告别仪式。

×××治丧委员会
2017 年 11 月 30 日

例文三

×××追悼会悼词

各位来宾：

今天，怀着无比悲痛的心情，在这里沉痛悼念我们的同事×××同志！

×××同志是××中学的一名教师，1968 年 7 月生于××农场，在农场度过了他的童年时代，并在农场度过了他的学生生涯。1986 年高中毕业后的他，从事了农场小学教育工作。为了农场教育的需要，1997 年 9 月，他去××师院化学系学习，并于××年×月回到××中学任教高中化学。××年××月，为响应省农垦教育体制改革的号召，于同年×月调入××县××中学任教高中化学。不幸于××年××月××日晚遭遇车祸，离开了人间，年仅 36 岁。×××同志在××中学工作的几个月，是让人值得记忆的几个月。在工作上，他认真负责，关心学生，有较强的敬业精神，并多次为他人排忧解难，对同事的事情认真对待。他的随和、热情，对工作负责的精神，永远值得我们学习。×××同志不仅对工作有极端负责的精神，对家庭的关心负责同样让我们敬佩。他热爱他的家庭，爱护他的妻子，关心他的孩子，无论是他的亲人还是他的朋友，都把他当作心目中最可信任的人。他重义气、重友情，他可以为朋友奉献一切。

现在，他不幸离开了我们，我们深感震惊、悲痛。我们为失去这样好的朋友、这样好的老师而悲痛，为他的家庭失去这样好的丈夫、这样好的父亲而惋惜！但人死不能复生，我们只能控制自己的感情，抑制自己的悲痛，以更加高昂的热情投入到工作中去，做好×××同志未做完的事业。

×××同志安息！

××县××中学
××××年××月××日

第九章 网络文体

网络文体是指以网络为载体,以网络技术支持实现其功能的文体。从传统的文体观念来看,"网络文体"不是一个成熟的概念,但这样一种"文体现象"已经明明白白地摆到了我们面前。我们要做的不是回避,而是合理、科学地界定与把握它。探讨这一问题给我们带来的启示是,电脑、网络等现代技术是在怎样一种程度上冲击和影响着我们传统的写作,我们又该如何应对这一巨大变化。本章我们将就电子邮件(E-mail)、论坛帖子、博客、微博、微信公众号等常见文体来探讨网络文体的写作。

第一节 网络文体概述

一、数字化时代的写作技术

"数字化"就是把文字、声音、图像等信息全部转化为计算机能够识别的二进制数("0"和"1")的数字序列。通过这种转化,使计算机能更有效地处理这些信息。本章将从写作技术的角度来进一步讨论数字化时代给写作活动、写作行为所带来的深刻变化。

写作技术是数字技术、电子技术与写作行为相结合形成的一种方法系统。它既不同于写作技能,也不同于写作技巧。这种技术包括如何使用新的写作工具(如电脑),如何实现硬件与软件对写作的支持或辅助,如何进行文字等信息的输入与处理,如何进行多媒体、超媒体的构造与设计,如何进行文本的传播与共享等。技术的介入必将带来写作思维的变化,所以,这也是一个"换脑"的过程。

需要强调的是,我们重视写作技术,但不应该依赖写作技术。技术应该内化为写作能力的一部分,与其他能力共同构成主体的写作技能。因此,一个现代写作者所应具备的基本技能就包括写作技术这一必要条件。

二、电脑写作与网络写作

(一)电脑写作

电脑写作不等于电脑打字或者文字处理,两者在外在形式上似乎是一样的,但它们有着质的差别。电脑写作所代表的是整个写作过程,作者有写作准备、有写作思维、有构思、有灵感、有技巧,这些都与简单的文字录入与输出相距甚远。所以我们应该这样认识,电脑写作是一种特殊的写作活动,是以电脑作为写作工具,为适应数字化时代需要而产生的一种新的写作行为。

（二）网络写作

就像网络是在电脑的基础上形成的一样，网络写作就是在电脑写作的基础上形成的写作行为。网络既可以指局域网（如一个交互式电脑教室），也可以指互联网，而我们谈的网络写作主要指后者。网络写作也是一种特殊的写作活动，是以电脑作为写作工具，以互联网作为写作载体和传播媒介，为适应数字化时代需要而产生的一种新的写作行为。

将网络作为媒介、载体来对待，意味着在网上写、在网上发、在网上传。在电脑与网络产生之前，我们主要运用的是印刷媒介。事实上，直到今天，印刷媒介依然占据着主体地位。但是，网络的介入已经在相当程度上冲击着传统的印刷媒介及其体制。原来作家写作的一般历程，是识字、写作、投稿，然后编辑审稿、出版，再然后是评论家的评论等。而到了数字化时代，网络成为最基本的载体，人人都可以自由地发表作品，即使是名家的作品，人人都可以在网络上发表批评意见。网络能够满足人们交流、抒情、创造和表现的欲望，能够开发和发展人们的思维能力和创造能力，因而有越来越多的网民乐此不疲。这无疑将扩大文学爱好者和业余创作者的队伍，扩大文学生存和发展的基础。就像电脑引起了我们对写作工具的考察一样，网络也引起了我们对写作载体与媒介的考察，印刷媒介构成的平面、单向的传统写作形态如今正在日益为立体、多元的电子写作形态所改变。

单向与多元的差异其实也就是线性与非线性的差异，这与超文本技术被引入网络写作密切相关。非线性原来是一个数学概念，指的是一个变量与其相应的函数之间的关系不能用一元一次方程表达出来，因此在直角坐标系上表现为曲线而不是直线。我们借鉴这一概念所要强调的正是这种非直线性。原来从文字到文字、从开头到结尾、从书面到书面的线性写作形态被打破，网络写作呈现出文字与声音、图像的拼接、开头结尾与任一其他部分的跳转、书面与口头的穿插等多元形态。不单是写作过程，这种情况还影响到了阅读、传播、交流、反馈等诸多环节。

三、网络文体的特征

（一）超文本

超文本是一种以链接为基本特征，以节点为基本单位的数据系统。节点可包含文本、图像、动画和视频、音频等各种元素，它们通过链接组成一个互相联系的系统。

传统的文本结构是线性的，这种结构要求人们在阅读时必须按照固定的线性顺序进行，从第一页到第二页、第三页……直到最后一页。事实上，这种结构与人类的意识结构是不对应的，人类意识是流动的、非线性的。超文本所采用的就是这样一种非线性的网状结构，没有固定的顺序，不要求读者必须按照固定的顺序阅读。

虽然超文本这一概念出现得比较晚，但在传统书面印刷时代，具有超文本性质的文本早已经存在，传统书面文本中的脚注和含有多种检索方式的百科全书就有着与超文本相似的结构。可是，真正意义上的超文本（富含强大的链接与信息）是电子网络出现与成熟以后形成的，我们不妨称之为电子超文本。网络文体的超文本特性就是电子化的。

网络文体的超文本链接可以分为内部链接与外部链接两类。内部链接是指在该文本内部信息的调用与跳转，而外部链接是指对文本以外的存在于网络的相关信息的载入。

（二）超媒体

前面已经提到，作为超文本的网络文体的节点可以包含图像、音乐、视频、音频等多种媒体信息。多媒体作为一种技术手段，不是网络文体的原创，比如，传统教学中使用的幻灯片、演示文稿就常常运用多媒体手段。多媒体（multimedia）意为"多种媒体的综合"，多媒体技术就是能对多种媒体进行综合处理的技术。链接了多媒体信息的超文本也被称为"超媒体"（hypermedia）。

超文本与超媒体的出现改变了传统条件下人们被动接收信息的习惯，改变了主体与对象之间的单向关系，使主客之间、作者与读者之间的交流与交互成为可能。从简单的信息检索到较复杂的信息选择与构造，以及复杂的虚拟现实，传统意义上的作者与读者的严格界限正在消失。

（三）零散性

由于网络写作尤其是在线写作常常是即兴的、一次性完成的，这使得写作者没有经过传统意义上严格的谋篇布局与修改，因此，网络文体呈现出的是一种零散的面貌。只言片语的帖子、不到千百字的电子邮件非常普遍，即使是千字以上的文本，用我们传统的评价标准来看，或者是中心不明确，或者是结构不严谨，或者干脆是"流水账"。当然，这样说并不是要否定它。首先，用传统文体的评价标准衡量网络文体是否依然合适？其次，如果合乎我们传统的眼光，那么，"网络文体"是否还具有独立性？零散性正是网络文体能够栖身于网络的秘密，因为网络写作很大程度上就是"眼球"写作、"注意力"写作，读者的阅读也常常是即兴的、一次性的。在网上，严密整饬的文本是不受欢迎的，断章似的短篇，甚至是文字的碎片，恰恰不用费太多精力思考，正好满足了网上读者的需要。

四、网络语言

网络语言是网络写作与交流的产物，它和网络特别的表达方式有关。网络写作是一种在线写作，表达与反馈的共时性促成了语言的自足性。也就是说，一开始某些语言只是在某些人之间或某个聊天室、某个论坛里是通用的，交流双方心照不宣、彼此明了，由于传播的迅速，当这种语言的使用有了一定的支持者与较大范围的认可，它就成了网络语言，并且具有极强的生命力。结果，有一些网络语言干脆跳出了网络的圈子，在生活中也常常被许多年轻人挂在嘴边。在网络写作领域，网络语言呈现出不同于传统书面语言的新的特征，如简约化与谐音化等多种特征。

在网络文体中出现的正式或非正式的言论和谈话中使用的网络语言大致分为七种。

（一）使用英文及英文的简写、英文的汉译谐音

在网络写作与传播中，出现了大量中英文混杂的情况。抛开社会文化心理的影响，出现这种语言现象很重要的一个现实原因是，英文字母的组合在键盘上要比拼写汉字节省时间，在上下文语意足够清晰的情况下，汉字中混杂英文字母也就流通起来。这一类型又有三种情况：除夹杂完整的英文，如 cool——酷（表示对某人或某些行为让人感觉很酷），还包括英文的简写，如 PS——Photoshop，GF——女朋友（源于英文 girlfriend），BF——男朋友（源于英文 boyfriend），BTW——顺便说一句（源于英文 by the way）。另外，还有个人"发明"的英文汉译谐音，例如：fans——粉丝（fans 是 fan 的复数就是追星群体的意思，所以 fan 就是爱好者的意思，而 fans 是对明星的爱慕者。）。

（二）拼音及拼音的简写

使用拼音或拼音的简写，主要也是由于网上发帖、交流对速度的追求。一般来说，比较常用的称呼，不雅的口头语，或一些常用的专有名词常常采用这种形式。如，"hiahia"象声词，用来表示怪笑。拼音的简写如 xswl——笑死我了，ssfd——瑟瑟发抖，zqsg——真情实感。另外还有"汉字+拼音简写"的形式，如小 K（一般说来是指阴险，音译原因，译成千，于是成了

老千、小偷的代名词）。此外，还有一种情况，不仅语言符号在外形上发生了变化，在意义上也有变化，被重新赋予了网络交流中新的意义，并成为网络惯常用语。如 GB——任天堂出的著名掌上游戏机（Game Boy），还有 GBA（Game Boy Advance）。

（三）使用数字

网上常常借用数字和汉字的谐音来表示汉字的意思，而不是单纯地表示实在的数字。如：1314——一生一世，555——呜呜呜，886——拜拜啦。在这一类型当中还有一种变异，即数字与汉字的结合，如：8错——不错。

（四）图形/表情包

网络中还出现了使用图形来表达感情的专有符号，即"表情"语言。确切地说是用以表达情绪的键盘字符，如":)"代表微笑，":("代表皱眉（不悦），":O"代表窘迫（烦恼），":D"代表大笑，";)"代表眨眼。不过，当下网络更加流行使用表情包来表达感情。"表情包"是一种利用图片来表示情感的一种方式，表情包是在社交软件活跃之后形成的一种流行文化。如：😊代表微笑，☹代表难过，😮代表惊讶，😠代表生气，😴代表困了。

（五）同音异义字——网络通假字

我们都知道通假字，是指古代汉语书面语里同音或音近字的假借或通用。那么，在网上也有一些词语，在特定的网络社区被当作通假字来使用，例如：色友——摄友的谐音，指爱好摄影的朋友；酱紫——这样子；资瓷——支持等。

（六）象声词表示感情

网络中的象声词往往使用得比较夸张，如"呜呜呜"表示彻底沮丧及伤心。

（七）特有的借称

网络中有许多借称，很像是暗语，经常与字面的意思有出入，是网络中很有特点的词汇。如：领导——有说话权的人，除非特别指明是单位领导，否则经常用于家里的那位；顶——支持，因为坛子的程序按照最后回复时间的先后排列，回一个帖子就可以把帖子提到最顶上，所以为了引起他人注意，就发一个帖子；潜水员——就是那些喜欢看别人灌水自己不灌水的家伙；月光族——每月的个人收入全部消费掉，月存款额为零；抓狂——受不了刺激而行为失常。

虽然网络写作还不够成熟，网络语言还无法成为一种规范，但随着网络和网络写作的进一步发展，网络语言的普遍使用和形成规范也是极有可能的。如今已经有许多原本在网络中专用的词汇被大众所接受，并为日常使用，部分词汇也被汉语词典所收录，如商务印书馆 2003 年版的《现代汉语词典》。另外还产生了一些专门的词典，如汪磊主编的《新华网络语言词典》（商务印书馆 2012 年版）。但是网络语言所折射出来的某些问题也值得我们关注，正如南帆教授指出的："如果这一切无非是网络写作常用的速记符号，人们没有必要过分惊奇。耐人寻味的是，这些符号的背后是否隐含了一个追求——追求语言与实在的重合、对称，甚至重新回到了'象形'或者'象声'时代？如果这些速记符号与简单的造句或者有限的词汇共同预示了一种简单化思维的蔓延，如果这即是速食文化的前锋，人们就不会仅仅用'有趣'这个词形容网络语言。"的确如此，这也正是网络写作所面临的问题。

第二节　电子邮件

一、电子邮件的含义

电子邮件（Electronic Mail），简称 E-mail，也被大家昵称为"伊妹儿"。电子邮件是一种基于计算机和通信网络的信息传递，它利用电子信号传递和存储信息的方式为用户提供传送电子信函、文件数字传真、图像和数字化语音等各类型的信息。与常规信函相比，E-mail 非常迅速，把信息传递时间由几天到十几天减少到几分钟甚至几秒钟。与电话相比，E-mail 的使用非常经济，传输几乎免费。而且这种服务不仅是一对一的服务，用户可以向一批人发信件，或者向一个人这么发，向另一个人那么发。正是由于这些优点，网络上数以亿计的用户都有自己的 E-mail 地址，E-mail 也成为利用率最高的网络应用。

电子邮件具有一定的格式。以目前世界上广泛应用的国际互联网络的电子邮件格式为例，它由以下几部分组成：

Subject	主题，由发信人填写
Date	发信日期，由程序自动添加
From	发信人地址，由电子邮件程序自动填写
To	收信人地址（只能一个）
Cc	抄送地址，可以多个，用";"或","分隔
Ecc	密送地址，可以多个，用";"或","分隔
Reply-To	回信地址，缺省为 From
Content	内容
Attachment	附件

（一）主题

电子邮件一定要注明主题，因为有许多网络使用者是以主题来决定是否继续详读信件内容的。此外，主题要明确、精炼、与内容相关，让人一望即知，以便对方快速了解与记忆。

（二）收件人

1. 确认传送信息的对象，并将人数降至最低。
2. 传送电子信息之前，确认收信对象是否正确，以免造成不必要的困扰。

（三）抄送

1. 在必要和确定的情况下，抄送给需要知道进展情况的相关人员。
2. 确认抄送信息的对象，并将人数降至最低，以免造成不必要的困扰。

（四）内容

在线沟通讲求时效，所以电子邮件的内容力求简明扼要，并求沟通效益。一般信件所用的起头语、客套语、祝贺词等在在线沟通时都可以省略，但称呼、正文、结束语、落款/签名四点要尽量完整。

1. 称呼。

（1）为了让对方感觉更加友好，最好加上收件人的姓名；

（2）如果知道对方的性别，可以在对方姓名后加上先生、小姐、女士等称谓；

（3）如果知道对方的身份，可以在对方姓名后加上总经理、经理、董事长等职位，以示尊敬。

2. 正文。正文要做到主题明确，语言流畅，内容简洁。在撰写正文时要注意以下几点，以示礼貌和尊重，避免造成不必要的困扰。

（1）在撰写英文信函时，只对一两个词进行大写以示强调，全篇都用大写是不礼貌的。在撰写中文的时候，只对部分以示强调的词采用加粗等方式。

（2）不要在信件中发泄不满，应面对面地解决问题。

（3）回复信件时，若是比较负责，有必要加上部分原文，以便对方了解回信内容。

（4）摘录的原文内容放在回复内容后面为宜。

（5）在收件人明白其意时，才可使用俚语或缩写。

（6）如果有附件，应该在正文处说明附件的内容和用途。

另外，在电子邮箱中信纸是自带的，要按照收件人的身份和信的内容来选择合适的信纸，当然也可以不选（即系统默认状态）。

3. 结束语（以商务邮件为例）。

（1）如果可提供好的选择，应在结尾处提出。例如，请您考虑，有任何需要咨询，请电话或 E-mail 联系我。

（2）好的结尾要着眼未来。例如，希望我们能够达成合作。

（3）结尾应显示诚恳。例如，感谢您抽空洽谈。

4. 落款/签名。目前，有不少网民时常会因为自己的电子信箱中堆满了无数无聊的电子邮件，甚至是陌生人的电子邮件而烦心不堪。对其进行处理，不仅会浪费自己的时间和精力，而且还有可能会耽误自己的正事，鉴于此，在邮件中应该有落款/签名，以示身份。

二、电子邮件文本写作的特点

（一）行款格式的简约化

由于传统信件中的许多成分，如寄信人、收信人、写信时间等，都可以由电子邮件系统自动完成，我们写电子邮件就不必像传统信件一样要有强烈的行款格式的意识。收发双方其实达成了一个共识，即不用像传统信件一样去计较严格的格式。电子邮件可以不必拘泥于传统信件行款格式，但是也需要基本的内容，如问候语、必要的书信礼仪、附件的主要内容是必不可少的。

（二）附加信息的多元化

目前，免费电子邮件的服务系统一般只提供 10M 左右的附件容量，但人们已经可以利用这 10M 空间传递许多信息，文字、图片、声音都可以跻身其中，而付费用户就能利用更多空间了。随着服务的完善与收费制度的普及，电子邮件所能加载的信息容量与品种一定会越来越多。

（三）文本内容的个性化

电子邮件文本的写作可以说完全体现了"自由"这一特点。你可以长篇大论（一般来说，较长的文字或专门的文稿以附件形式发送比较好），也可以寥寥数语，甚至只当写个便条。在表达上，可以是比较正式的书面语，也可以是很随便的口语，甚至是隐语、悄悄话。

第三节　BBS 发帖

一、BBS 的含义

BBS（Bulletin Board System）是一种用于软件交流、科学技术、报纸杂志以及商业信息等方面的信息服务系统。用户可以利用该系统进行聊天、组织沙龙、谈论问题、发表看法、获得帮助等信息交流活动。

二、BBS 的分类

目前，国内的 BBS 主要有：完全基于 Web 的 BBS、基于 Web 的聊天室（BBS 的扩展）、网上论坛、运行于 Unix 下的终端仿真并实行 Web 扩展功能的 BBS 四种类型。

（一）完全基于 Web 的 BBS

它提供的服务是刊登免费广告，在各个讨论区实现技术和信息交流、求助和读取信息等。在这里，你可以浏览各个讨论区的文章，也可以发表文章（不过你必须拥有已经登记的账号，即 ID）。

（二）基于 Web 的聊天室（BBS 的扩展）

它仅提供聊天功能。

（三）网上论坛

它仅提供发表文章和回复 E-mail 功能。这类论坛往往是针对某一个主题的讨论，也就是相当于 BBS 的一个讨论区，比起完全基于 Web 的 BBS 来，规模小了许多。不过，这类论坛也有分类比较细的大型网站的论坛，这就和完全基于 Web 的 BBS 具有一样的功能了，只是不用注册而已。

（四）运行于 Unix 下的终端仿真并实行 Web 扩展功能的 BBS

这才是真正的 BBS，在这里提供的服务也最完善，而且信息传输的速度也最快，注册成为正式的站友之后，就可以拥有在 BBS 站发表文章等权利，还可以享受 BBS 站的特别服务。

三、BBS 的作用

目前各类 BBS 的主要功能如下：

1. 供用户选择阅读、获取自己感兴趣的专业组和讨论组内的信息。
2. 定期检查是否有新消息发布并选择阅读。
3. 用户可在站点内发布消息或文章供他人查询。
4. 用户可就站点内其他人的消息或文章进行评论。
5. 免费软件的获取，文件传输。
6. 同一站点内的用户互通电子邮件，进行实时对话。
7. 结交朋友，谈心交流，满足情感需求。

四、BBS 帖子写作的特点

要在 BBS 上发帖或者跟帖写作，首先得登录网站，进入论坛。目前，大多数论坛都要求写作者注册后才能发帖,不注册者(俗称游客)只能浏览。而且,发的帖子必须遵守论坛的规定,否则会被删除。此外,论坛一般还反对发别人的帖子,如果要发,必须加上"转"的提示。

写帖、发帖的过程其实相当简单,只要在社区或论坛注册了用户名,然后登录到讨论区,点击相关按钮(如"我要发言")就可以出现文字输入窗口,在文本框内写入即可。目前,帖子的内容是五花八门的,如杂感评论、诗歌散文、小说连载、布告通知等,但最能体现其特色的功能是发表意见、发布信息。这有点像纸面文体中的评论、消息,事实上,它们在许多方面也都是相通的。帖子这方面的写作更关注热点或敏感话题,更自由地表达与坚持自己意见,更注重在文字的简洁流畅和语言的新颖出奇上下功夫,其写作特点如下。

(一)一帖一评

由于帖子的篇幅不能太长,往往一个帖子只评论一个话题,这和传统评论文体所强调的"一文一事"原则相似。由于发帖与读帖的场合一般都是在论坛的讨论区,而讨论区常常是按照不同的话题进行分类的,所以帖子的写作很有针对性。如在一个文学讨论区里发帖子讨论电脑硬件或软件方面的问题就是不合适的。

(二)口语化与文言化

帖子的文字表达有明显的口语色彩,并喜欢用感叹句与反问句。与此相对的是,口语化的文字中常常又能感受到文言的味道。例如:"读书为一纸文凭、求得仕途经济进益的阶梯自然是读书的末流,而所谓读书彰显品位,焉知不是将读书功利化?三五知己,清茶晤谈,这是雅人情致;若于稠人广众,搔首弄姿,故作茕独和寡之状,品着蓝山咖啡,那就是作秀。"或者通篇文言的也有。语言风格的多样化正是帖子写作受欢迎的原因之一。

(三)写作形式多样化

由于在论坛中发送帖子可按照自己感兴趣的主题随意发布,不仅可以发布文字,声音、图片也可以上传到网络上,这样可以使内容更加丰富。目前,论坛还支持视频和电影的在线播放。

第四节 博 客

一、博客的含义

"博客"(blog)一词源于 Weblog,中文意思是"网络日志",后来缩写为 blog,而 blogger 是指写 blog 的人。

美国的《网络翻译家》一书解释:"一个 blog 就是一个网页,它通常是由简短且经常更新的 post 所构成;这些张贴的文章都按照年份和日期排列。blog 的内容和目的有很大的不同,从对其他网站的超级链接和评论,有关公司、个人、构想的新闻到日记、照片、诗歌、散文,甚至科幻小说的发表或张贴都有。"① 我国媒体研究专家及最早研究博客的孙坚华认为:"比较完整的博客概念,一般包括三个方面:一是其内容主要为个性化表达;二是以日记体方式而且频繁更新;三是充分利用链接,拓展文章内容、知识范围以及与其他博客的联系。"②

---

① 方兴东、孙坚华:"Blog:个人日记挑战传媒巨头",载《南方周末》,2002 年 9 月 6 日。
② 孙坚华:"博客论",转自 http://tech.tom.com/1126/1898/2003112668718.html。

本书认为，所谓博客，是指在互联网上基于 Web 技术而建立、以个人主页的形式存在、由个体自主决定其内容主旨、按时间序列不断更新并通过超链接将整个互联网作为信息来源的网络交流工具。

二、博客的特点

（一）内容和形式上的特点

博客在形式和内容上具有以下特点。

1. 从形式上看，博客网站以个人主页的形式存在，主页内容由不断更新的、个人化的众多文章构成，除了文字，还可以是图片、影像、音频、视频等多媒体元素，它们按时间顺序排列，而且是倒序方式。

2. 从内容上看，博客完全不受限制，可以是各种主题、各种外观布局和各种写作风格，只要是个人感兴趣的、乐意表达的主题，都可以成为博客的内容，文章内容以"超链接"作为重要的表达方式，这种链接方式更多地体现了博客的外部延展性。

（二）其他重要特点

1. 个人性与开放性的统一。博客是真正意义上的个人传播工具，具有个人性。博客是一种纯粹以个人兴趣为出发点的个人行为。其次，这种个人性还表现为它是一种非组织机构所进行的传播行为，即博客的传播主体是个人，而不是某个组织机构。同时，这种个人性还表现出高度平民化的特征，基于 Web 的博客软件是一种开放性的社会软件，使博客可以是"零壁垒"进入，任何个人，只要通过网络，都可以建立自己的博客。

同时，博客又具有开放性。博客开放了网络原代码，降低了人们在网络上发表个人观点的门槛，不需要掌握更多的网络技术就可以在互联网上实现个人出版的目的。开放的 RSS 技术使人们能够自由地共享信息、思想、经验、情感等，博客一方面是信息的发布者，另一方面又可以参与其他互联网信息的共享。

2. 私人性与共享性的统一。博客是私人性的网络空间，从其命名上来看，"博客"一词源自英文单词 Weblog 的简称，是 Web（网页）和 log（日记或日志）的组合词，由此可见，日记体的形式和个人化的内容是博客的重要特征，这体现了博客的私人性。其次，从形式上看，博客是以个人主页的形式存在，具有私人空间的属性特征。在内容上，博客大多以个人情感、生活、思想为主，具有私人性。

3. 继承性与批判性的统一。博客作为一种新兴的网络传播工具，继承了以往传统网络传播工具的某些特征和功能，比如，网络媒体的即时性、互动性、开放性、包容性等特点及超文本、多媒体等传播功能。同时，博客作为一种新媒体，必然会对现有的传播工具形成冲击，在功能上有所突破，表现出一种"批判性"的继承。博客通过对传统势力（包括传统大众传媒势力、政治势力、商业势力、文化势力、社会道德伦理势力等）的挑战来证明自己的存在，显示自己的与众不同，批判地生存。

4. 商业性与非商业性的统一。博客产生之初是没有功利目的和商业动机的，从技术到内容，博客都秉承着低门槛、不收费的宗旨。博客发展的第一动力绝对不是商业利益，而是源于个人自主的追求。但是，随着博客用户数量的剧增，其闪耀的商业价值也越来越明显，很多广告主也开始倾向于在博客网站上投放广告，博客的商业化趋势开始显现，博客营销逐渐成为一种趋势。博客逐渐由非商业性向商业性转变。

值得一提的是，开放性和共享性是博客最显著的特点。博客传播的内容既可以是纯私人的，也可以是公共的；传播的形式既可以是私人的，不向外界开放，也可以实现与外界的共享，供外界浏览、链接和评论。博客虽然是个人性的私人空间，但是博客的传播内容、传播形式等也都体现了公共性与共享性。概括地说，博客是开放的个人空间，是私人领域的公共化。

三、博客的分类

博客以内容来分类，不仅有新闻博客、知识博客、科技博客、战争博客，还有娱乐博客、名人博客、文化博客、美食博客等。标准的 blog 形式非常简单：它是一个经常更新的 Web 网页，页面顶端是最近更新的内容，每一条记录都以日期做标记。通常情况下，blog 软件会自动对这些记录进行格式化，它将自动安排版式并完成所有的 Html 编码。在这个基本的框架范围内又出现了三种不同类型的 blog。

第一种类型被称为"microjournal"（流水账）。你可以使用博客工具方便地写出一些句子，比如，"2008 年 7 月 1 日上午 10 点 32 分，我刚刚喂完猫"，然后将之发布到网上。起初，大多数人都这样使用博客。但这种流水账式的 blog 看起来显然十分枯燥，因此人们希望看到更有意义的博客。

第二种类型被称为"notebook"（记事本），它看起来与杂志或日记比较类似，每一条记录的篇幅相当于一篇随笔或散文。那些经常能从日常经历中得出感悟的人喜欢用这种方式来写作博客，而许多主要的新闻机构也开始从这些博客中提取素材。

第三种类型叫作"filter"（过滤器），它通常以某个超链接作为开头（链接到另一个网页）。博客作者会把自己的观点（针对链接内容）贴在链接的后面，可以是寥寥数言，也可以是长篇大论。如果说前两种类型的博客显得比较内向的话，filter 类型的博客就完全是外向型的性格，它可以让作者表达对网站、事件、观点、产品等一切感兴趣的事情的看法。从某种意义上来说，filter 类型的博客扮演着微型 Web 门户的角色。

四、博客的申请、制作、编写和维护

制作和维护一个博客非常简单，只需要申请一个免费的账号就可以输入内容了。如果你拥有自己的 Web 服务器，还可以自行建立博客系统，而这些并不需要你自己编写程序。最简单的方法是到博客服务提供商那里申请免费的账号。你需要创建一个用户名和口令，输入一段关于你的博客的描述，然后从列表中选择一种你喜欢的显示版式（不用担心，以后你还可以随时改变显示版式）。接下去你就可以点击相应的 URL 来输入第一条记录了。如果你的打字速度够快，大概用不了两分钟你就可以点击"提交"按钮把你的博客发布在网上了。

（一）具体申请步骤（以申请新浪网博客为例）

1. 打开新浪网：http：//www.sina.com.cn。
2. 在新浪网首页上部的目录中找到"博客"，点击进入。
3. 在打开的网页中找到"开通博客"，点击进入。
4. 打开了博客注册表，按要求认真登记注册，填写无误后，点击底部的"免费开通 blog"按钮，如有错误，系统会出现红色出错提示，纠正后继续。
5. 成功后出现这样的页面："牢记自己的博客地址、登录名及登录密码"。
6. 建设自己的博客。首先打开自己的博客地址。
7. 打开自己的博客后，开始制作或修改。
8. 点击博客上部目录中的"管理博客"。进入管理博客的登录窗口，输入登录名、密码和验证码后进入管理。

9. 进入管理博客后，按左侧的栏目进行管理即可。

（二）博客的编写结构

申请属于自己的博客之后，就可以发表日志和文章了，也就是在内容面板上编写博客。编写的过程十分简单，它与使用基于 Web 的邮件服务（如 Hotmail）来书写邮件的过程基本类似。首先，你需要填写标题字段并输入正文部分。有些博客网站和工具提供了类似 Microsoft Word 的工具条，其中带有超链接、粗体字等快捷按钮。另一些博客网站和工具则需要你了解一些基本的 Html 语言来修改文本的格式，你可以在"所见即所得"的 Html 编辑器中书写你的记录，然后再把 Html 源代码拷贝到博客中。一旦书写完记录，点击"提交"按钮就可以看到记录的预览图，其中包含了可点击的链接及版式效果。这时你不仅可以检查你的输入是否正确，还可以测试你提供的链接是否正确。在预览页面的底部通常提供了"粘贴"按钮，点击该按钮之后就能将你的记录呈现在公众的面前了。

博客网站会给你的记录加上日期和时间标记，并将它粘贴到你的博客网页的顶端，并把以前的记录下移，对最早的记录进行存档。另外，博客网站还能生成一个链接列表并以可点击日历的形式放在页面的旁边，你可以利用它来访问早先的记录。一旦博客网站设置好，所有这些都可以自动完成。

博客的挑战并不在于如何构建它，而在于你能否持续不断地丰富它的内容，尽管你并不了解是谁在阅读它。在编写的过程中还有一些小的技巧。

1. 保持个性。读者之所以访问你的 blog，并不是想看那种正经八百的言论或链接，如果是，那他们宁肯去 Yahoo！或者 CNN。

2. 诚实。用链接方式让读者能找到你的所有言论，即便有些言论在过后看起来是荒谬和错误的。

3. 在博客搜索引擎进行登记。很多博客网站带有链接功能，你可以提交你的网站从而提高访问率。

4. 阅读其他人的博客，不能总是闭门造车。

第五节 微 博

一、微博的含义与特点

微博，即微博客（Micro Blog），是博客的一种变体，通常将在一个基于用户关系的信息分享、传播以及获取平台上，通过手机、IM（如 QQ、MSN、Gtalk 等）、E-mail、Web 等方式，以 140 字左右的文字发布短消息实现即时分享的信息传播模式，又称为"写微博"或"发微博"。

二、微博与博客的区别

虽然说微博脱胎于博客，但与博客仍有明显的区别。

（一）写作门槛低，简单灵活

相对于强调版面布置的博客来说，微博的内容只是由简单的只言片语组成，从这个角度来说，对用户的技术要求门槛很低，而且在语言的编排组织上也没有博客要求那么高，不必正襟危坐。因为只有短短 140 个字的篇幅限制，所以也不必长篇大论。

（二）与目前大多数通讯工具能实现平滑对接

微博开通的多种 API 使得大量用户可以通过手机、网络等方式来即时更新自己的个人信息，很好地适应了现代人快节奏的生活。人们在短暂的闲暇之余，即可掏出随身携带的具有上网功能的通讯工具，略微整理一下思路，浓缩成简短话语，有时甚至只要一句话、一个表情图案就可以，轻松、快捷。这样不但做了鲜活的信息留存，而且放松了身心。

（三）微博每天可以更换数十条信息

这种自由使得个人的思想火花和即时行为都能在第一时间得以呈现，借此让别人更好地了解自己的思想言行。微博适时显示和随时刷新的被关注数量也会让人感觉自己的发言有人在听，进而大大提高了自我的心理满足感，得到精神的抚慰。从某种意义上说，借助微博平台，"每个人都是媒体"的期待得到了更加淋漓尽致的表现。

三、微博的写作特点

（一）碎片化的写作方式

传统的写作方式只能是线性、有序的，并且往往讲究严格的谋篇布局，讲究遣词造句与写作技巧的运用，从而使写作的整个过程变得复杂而程式化，久而久之，许多人便产生了对写作的畏难情绪。而人的思维恰恰是非线性、跳跃的、弥散的，因此，微博写作很好地体现了人们意识的流动性，表达人们即时的感受，其断章似的短篇甚至文字碎片正好满足了众多读者的需要。无论在何种场合，拿出几分钟的时间，快速地组织语言和思维，就可以用手机像发送短信那样发微博，将想说的话写下来，再传递到公共平台上。微博根本没有固定的文体，不求遵循严密的章法，也不必绞尽脑汁地反复斟酌词句，语言在表达上少了许多思量，不再需要推敲和打磨，而是一种即兴零散的写作行为，呈现出一种快速、流畅的特点，保持着空前活跃的思维形式，从而进入了一种自我表现的直率状态，这也是一种十分自然状态下的心情写作。

（二）超文本的功能特性

尽管微博写作的文字内容比较简短，却可以同时发布图形、图像、视频等。文字表达不清楚的，可以用其他形式来表现。由于微博平台提供了添加超链接的功能，因此从静态到动态，从平面到立体，从无声到有声，使微博的写作进入了多媒体网络表达时空中，从而使文本的表现形式更加自由灵动，也使原来有限的时空得以延展，形成立体的信息化时空。另外，该平台所设置的原创文本可转发、可收藏、可评论和热点话题的引导关注等功能，极大地激发了人们的参与热情和表达欲望，使其成为个人小言论的"储藏室"和"集散地"，也让每个参与者都能够及时快速地分享其他同伴最新捕获的信息和新的研究成果，产生思想的激荡和感情的共鸣。例如，在人气较旺的明星微博中，不但有明星们日常生活的点滴记录，而且有明星们最新的生活照、剧照乃至链接所拍摄的影视剧或录制的最新歌曲等，从而大大满足了追星族的关注热情。

（三）个性化的语言风格

每个微博作者都拥有自己的个人空间，在这个具有较强固定性的空间中，完全可以出于个人兴趣爱好，就所思、所想、所感、所做之事发表信息，进行一种体验式写作。同时，写作者可以在这片属于自己的天空里随性翱翔，呈现自己的生活场景，抒发零星的个人情感，任思维肆意驰骋。微博空间是一个十分推崇个性、张扬自我、展现智慧的虚拟世界，"脖友"们在网上交流几乎没有任何限制，可以无所顾忌地嬉笑怒骂。加上表情达意手法的选择很多，因此，微博为参与者们提供了一个现实社会无法比拟的自由空间，为其在网络上尽情地表情达意，最大限度地发挥自己的想象力和创造力提供了条件，从而使网络语言成为张扬个性的最佳介质。

如何在单位长度内用最简洁的语言传递尽可能多的信息，在海量信息中独树一帜，展示自己的个性，成为网民们的共同追求。从写作风格上看，微博的写作从内心出发，常常信手拈来，以性情为本，因此便孕育出了属于自己的语言风格，是人们个性化思想、个性化情绪、个性化生活表达的有效方式。在140个字以内的藩篱中，每个人都可以尽情地展现自己的语言创造才能。有的幽默机智、善于调侃，有的妙趣横生、饶有兴味，有的思想新锐、认识深刻，有的想象丰富、充满创意，有的严谨缜密、充满理性，有的率性而为、大胆直白……

四、微博语言风格例析

（一）简约与繁丰

1. 简约。"眼泪，有时是一种无法言说的幸福；微笑，有时候是一种没有说出口的伤痛。"这三十个字，道出了"有时微笑不一定代表幸福，而眼泪也不一定代表忧伤"的深刻含义。

2. 繁丰。虽然微博的字数要求在140个字符内，但是并不是说内容追求简约，相反，有时会运用修辞格来使微博客内容充实。例如，"做一个爱笑的女孩，听说喜欢笑的人运气都不会太差；做一个爱哭的女孩，因为我想活得长点；做一个爱睡的女孩，睡出灿烂好气色；做一个爱吃的女孩，减肥神马的吃完再说；做一个宠爱自己的女孩，所有看得上的东西，你值得拥有。"就运用了排比和反复两种辞格，反复地说"做一个……样的女孩"，强调了"做一个……样女孩"的重要性，五个"做……的女孩"具有一致的句式、一致的意义，体现出详尽的意义、充实的内容和繁丰的辞体。

（二）刚健与柔婉

1. 刚健。例如，"看到那一轮红月了么？悲欢离合，阴晴圆缺，天涯共此时……但愿人长久"。例子是由"悲欢离合""阴晴圆缺""天涯共此时"等词语组成句子，词语用得刚强有力，气势浩瀚。

2. 柔婉。例如，"这个世界上总有那么一个人，是你的念想，是你的温暖，就算她不远不近，只要想到她，就永远会觉得安定，觉得踏实，觉得心里有底。甚至连周围的空气，都变得笃定。世界只是一些影影绰绰的温柔。河还是原来的河，人还是原来的人。我仍然为你守候，那些小幸福。"此句没有用大量修饰语来表达感情，但是柔美的文体、柔和的格调却能打动人心。

（三）明快与蕴藉

1. 明快。明快也叫爽直、明朗，是指言内意义与言外意义的一致性，即说写者想表明的意义同他所传递的字面意义是一致的，接受者不需要再推敲思考，一看就能明白说写者的意思，俗话是指有什么就说什么，直言不讳。例如，"别让自己活得太累。应该学着想开，看淡，学着不强求，学着深藏。适时放松自己，寻找宣泄，给疲惫的心灵解解压。人之所以烦恼就是记性太好，记住了那些不该记住的东西。所以，记住快乐的事，忘记那些让你悲伤的事。"博主的意思简单明了，具有平实明快的语言风格。

2. 含蓄。含蓄与明快的意义正相反，通常以含混模糊甚至一语双关的词句，隐晦地表达出不能、不便或不愿明示的情愫。例如，"不知是现实击败了虚无，还是虚无击败了现实。究竟于我是现实，于TA是虚无；还是于TA是现实，而我是虚无？总之，我败了。一次被捉弄，是我善良；二次被捉弄，是我愚蠢；三次被捉弄，我是什么？"这条微博对于不明就里的人来说一头雾水——TA是"他"还是"她"？什么是"虚无"？什么是"现实"？"捉弄"又是什么意思？其实，微博的一个重要功能就是帮助博主完成情绪上的宣泄，这种宣泄是私人化的，或许本来就说不清道不明。

（四）幽默与庄重

1. 幽默。例如，"拿到试卷透心凉，一紧张，词汇忘，似曾相识、解释却不详。语法阅读两茫茫，看作文，泪千行，两小时后出考场，见同窗，共悲伤。如此成绩、无脸见爹娘。待到成绩发榜日，楼顶上，泪千行！"这首考试诗语言诙谐幽默、妙趣横生，读后令人忍俊不禁。

2. 庄重。庄重与幽默相对，是指沉着稳重，文雅别致，这种表现风格能够给人一种端庄严谨的氛围，使人读后留下深刻的印象。例如，"有古语提醒我们一定要改掉四个常见的习惯：'怠则一切苟且，忽则一切昏忘，惰则一切疏懒，慢则一切延迟。'懈怠就会混日子，疏忽就会多糊涂，懒惰就会怕变化，缓慢就会耽误事。这些问题是常态，自我提醒就能改。前两个是思考方法的问题：怠无目标，忽有漏洞。后两个是执行力问题：惰就因循，慢就失机。"文化学者张颐武这段洋溢着哲人智慧的深邃博文思维缜密、庄重严肃，读后给人留下深刻的印象。

第六节　微信公众号

一、微信公众号的含义

微信公众号是开发者或商家在微信公众平台上申请的应用账号，该账号可与QQ账号互通。通过微信公众号，商家可以在微信平台上实现和特定群体的文字、图片、语音、视频的全方位沟通、互动。时下，微信公众号形成了一种主流的线上线下微信互动营销方式。

二、微信公众号的分类及区别

微信公众号分为订阅号和服务号。

订阅号，任何组织和个人都可以申请，每天群发一条信息，认证后有自定义菜单。没有高级接口，不能用开发模式。

服务号，只面向企业或组织机构申请注册，申请后自带自定义菜单。认证后可以有高级接口，每周群发一条信息。订阅号和服务号均不可主动添加微信好友。

订阅号和服务号在通讯录里被归类，用户可以去订阅号列表中找到已关注订阅号推送的信息，但是不会主动在列表中提醒有新消息，需要用户自己去看。服务号和订阅号认证均需付费。

三、微信公众号的注册与认证

微信公众号的注册与认证程序如下：

1. 用户在使用本服务前需要注册一个微信公众账号。微信公众账号可通过QQ号码或电子邮箱账号绑定注册，建议使用未与微信账号已绑定的QQ号码或电子邮箱账号注册微信公众账号。腾讯有权根据用户需求或产品需要对账号注册和绑定的方式进行变更，关于使用账号的具体规则，请遵守《QQ号码规则》、相关账号使用协议以及腾讯为此发布的专项规则。

2. 用户符合一定条件后可以对微信公众账号申请微信认证。认证账号资料信息来源于微博认证等渠道，微信公众平台不再对认证账号信息进行独立审查，认证流程由认证系统自动验证完成。用户应当对所认证账号资料的真实性、合法性、准确性和有效性独立承担责任，与微信公众平台无关，如因此给腾讯或第三方造成损害的，应当依法予以赔偿。

四、微信公众号的内容规范

1. 微信公众号平台内容是指用户使用本服务过程中所制作、复制、发布、传播的任何内容，包括但不限于微信公众账号头像、名称、用户说明等注册信息及认证资料，或文字、语音、图片、视频、图文等发送、回复或自动回复消息和相关链接页面，以及其他使用微信公众账号或微信公众平台服务所产生的内容。

2. 用户不得利用微信公众账号或微信公众平台服务制作、复制、发布、传播法律、法规和政策禁止的内容等。具体如下：
（1）反对宪法所确定的基本原则的；
（2）危害国家安全，泄露国家秘密，颠覆国家政权，破坏国家统一的；
（3）损害国家荣誉和利益的；
（4）煽动民族仇恨、民族歧视，破坏民族团结的；
（5）破坏国家宗教政策，宣扬邪教和封建迷信的；
（6）散布谣言，扰乱社会秩序，破坏社会稳定的；
（7）散布淫秽、色情、赌博、暴力、凶杀、恐怖或者教唆犯罪的；
（8）侮辱或者诽谤他人，侵害他人合法权益的；
（9）含有法律、法规和政策禁止的其他内容的信息。

3. 用户理解并同意，微信公众平台一直致力于为用户提供文明健康、规范有序的网络环境，你不得利用微信公众号或微信公众平台服务制作、传播如下干扰微信公众平台正常运营，以及侵犯其他用户或第三方合法权益的内容，具体包括：含有任何"性"或"性暗示"的；骚扰、垃圾广告或信息的；涉及他人隐私、个人信息或资料的；侵害他人名誉权、肖像权、知识产权、商业秘密等合法权利的；含有其他干扰微信公众平台正常运营和侵犯其他用户或第三方合法权益内容的信息。

五、微信公众号的账号管理

微信公众账号的所有权归腾讯公司所有，用户完成申请注册手续后，获得微信公众账号的使用权，该使用权仅属于初始申请注册人，禁止赠予、借用、租用、转让或售卖。腾讯公司因经营需要，有权回收用户的微信公众账号。

用户有责任妥善保管注册账户信息及账户密码的安全，用户需要对注册账户以及密码下的行为承担法律责任。用户同意在任何情况下不向他人透露账户或密码信息。在你怀疑他人在使用你的账户或密码时，应立即通知腾讯公司。

用户应遵守本协议的各项条款，正确、适当地使用本服务，如用户违反本协议中的任何条款，腾讯公司有权依据本协议终止对违约用户微信公众账号提供服务。同时，腾讯保留在任何时候收回微信公众账号、用户名的权利。

用户在注册微信公众账号时，系统将为你自动匹配微信号，你可以对微信号进行设置，但仅可设置一次，设置微信号后将无法修改。

用户注册微信公众账号后如果长期不登录该账号，腾讯有权回收该账号，以免造成资源浪费，由此带来问题均由用户自行承担。

六、微信公众号使用规则

微信公众号使用是指用户使用本服务所进行的任何行为，包括但不限于注册登录、申请认证、账号运营推广以及其他使用微信公众账号或微信公众平台服务所进行的行为。根据有关规定，用户不得利用微信公众账号或微信公众平台服务进行如下行为：

1. 提交、发布虚假信息，或冒充、利用他人名义的；
2. 强制、诱导其他用户关注、点击链接页面或分享信息的；
3. 虚构事实、隐瞒真相以误导、欺骗他人的；
4. 侵害他人的名誉权、肖像权、知识产权、商业秘密等合法权利的；
5. 申请微信认证资料与注册信息内容不一致的，或者推广内容与注册信息所公示身份无关的；
6. 未经腾讯书面许可利用其他微信公众账号、微信账号和任何功能，以及第三方运营平台进行推广或互相推广的；
7. 未经腾讯书面许可使用插件、外挂或其他第三方工具、服务接入本服务和相关系统；
8. 利用微信公众账号或微信公众平台服务从事任何违法犯罪活动的；
9. 制作、发布与以上行为相关的方法、工具，或对此类方法、工具进行运营或传播，无论这些行为是否为商业目的；
10. 其他违反法律法规规定、侵犯其他用户合法权益、干扰产品正常运营或腾讯未明示授权的行为；
11. 申请提交后3~7个工作日内可正常使用。

七、微信公众号语言风格例析

（一）文案类

分享各种知识的微信公众号，增长大众见识、激发创作灵感。例如，微信公众号"时差岛"的中"阿根廷，人生最遥远的流浪"，通过摄影图片、地理知识、文字和电影画面以及各种人物对阿根廷的描述向大众介绍阿根廷这个国家，增加大众对阿根廷的了解。例文如下（由于原文较长，此处只截取其中一部分）：

时差岛第21条推送，阿根廷——距离中国最遥远的国家，魔幻、飘逸、诗性。于是，渴望去流浪。

阿根廷太远了，无论如何，飞机都无法一次性到达。你需要穿越1/2个地球，经美国或欧洲转机，忍受30+小时的超长飞行才能最终抵达。远方之远，再不文艺矫情的人也会浮起一种流浪感。

23岁的阿根廷青年切·格瓦拉，就是从这里出发，骑着摩托车流浪南美洲，开始了热血革命的一生，成为全球偶像。

王家卫拍摄《春光乍泄》时，无比迷恋阿根廷的颓废诗人气质，他说：我想不到在这个世界上，还有什么地方比阿根廷更遥远，那里是天涯。

▲ 电影《摩托日记》记录了切格瓦拉放逐般的考察观。

▲ 电影《春光乍泄》剧照，1997年拍摄。

　　如果你缺少充足的理由，或者你手里没有一大把时间，请不要轻易踏上阿根廷的旅程。

　　因为我们对它几乎一无所知：太遥远、太陌生、语言不通、旅费昂贵、通货膨胀严重，不适合六七天黄金周度假式旅游；更何况前几年签证不好办，游客稀少，连《孤独星球》都放弃了出版《阿根廷》中文版指南。但假如你铁了心去远方流浪，那么，就把身体放逐到阿根廷去吧。

　　那里有地球上最长的山脉、最宽的瀑布、最干净的阳光、最孤独的灯塔……无数将军、冒险家、流浪诗人、艺术家、电影明星都留下过足迹。阿根廷的诗意气质，就像国旗的浅蓝色，很轻很柔，如同清晨上空悬浮的一颗薄荷糖。

▲ 安第斯山脉

▲ 阿根廷国旗「五月的太阳」，浅蓝色如天空般纯真。

　　今天，时差岛飞赴阿根廷，领略这片魔幻现实主义、饱含诗意的土地。阿根廷，最遥远的流浪。

作为国家的阿根廷，只有 200 年历史。国土面积 278 万平方公里，约 1/3 个中国。纵跨 34 个纬度，拥有众多极致自然景观。南美第一旅游大国，但中国游客稀少（2017 年仅 6.2 万）。人口 410 万，97% 是欧洲后裔，西班牙、意大利裔为主，其次是德国裔。官方讲西班牙语。它曾非常富有，名列世界第 8 大强国。可近 60 年颓废了，沦落成了发展中国家，但依然和巴西、智利并列南美三强。

（资料来源：微信公众号"时差岛" ID：Time-Island2018 作者：时差岛团队）

（二）广告类

广告类微信公众号是指分享企业品牌某个系列产品广告文案的公众号，分析广告文案的推广方法，供大众学习。

例如，麦当劳的"鸡粥产品"推广案例，通过对粥碗的煽情营销夺取大众眼球，分析粥的制作成分，以情话模式的简洁语言，让大众记住文字的同时也记住了这个产品。例文如下：

一碗粥能玩出什么新花样，麦当劳这次给我们做了案例。当你把一碗温热的粥喝完，就会看到碗底的一行字，瞬间又把你的心暖热了。来看看这些情话是怎么撩到你的，麦当劳"鸡粥物语"——"对你深情款款，熬过千回百转""明早天冷，记得想我取暖""人生百味，你是回味，我是甜味""你来了，我的心就满了"

好物配好器。一碗粥，是中国人最好的养生之道。向来追求颜值的都市男女，在巨大的生活压力下，面对这深情款款的粥碗，不仅可以激发食欲，更会得到内心最大的温暖和满足。除了七款定制粥碗（非卖品），麦当劳还推出三款鸡粥新品，皮蛋鸡肉粥、酸菜脆笋鸡肉粥和咸蛋黄鸡丝粥。据说是请行业内有名望的"粥王"参与研发的。优选东北大米，采用 12：1 黄金水米比例，经由 95 分钟熬制出来，鸡粥物语搭配新品鸡粥。麦当劳总是这么诚意满满，赶紧去干了那碗鸡粥。

明清时期的朱柏庐在《治家格言》说:"一粥一饭,当思来之不易。半丝半缕,恒念物力维艰。"今后去麦当劳喝粥,可一定要吃到底,不仅是思之不易,更是要对得起麦当劳的"鸡粥物语"。

(资料来源:微信公众账号:广告情报局 ID:haoad123 作者:十口)

(三) 营销类

运营销售类微信公众号,向大众提供优秀品牌的产品营销案例。例如,"TCL的营销管理哲学"。通过对TCL的经营理念以及近年来TCL的成长原因进行分析,让大众更深入地了解TCL这个品牌的,在公众面前树立了良好的企业形象。例文如下:

1998年,TCL集团以其总资产58亿元,销售额108亿元,实现利润8.2亿元的业绩,在全国电子行业排行表上跃居前五名。回顾17年前由5000元财政贷款起家的成长历程,这个地方国有企业集团的高层决策者体会到建立并贯彻一套适应市场经济要求的经营理念,是公司生存和发展的关键。

TCL的经营理念包括两个核心观念和四个支持性观念。两个核心观念是:

——为顾客创造价值的观念。他们认为,顾客(消费者)就是市场,只有为顾客创造价值,赢得顾客的信赖和拥戴,企业才有生存和发展的空间。为此,公司明确提出"为顾客创造价值,为员工创造机会,为社会创造效益"的宗旨,将顾客利益摆在首位。每上一个项目,都要求准确把握消费者需求特征及其变化趋势,紧紧抓住四个环节:不断推出适合顾客需要的新款式产品;严格为顾客把好每个部件、每种产品的质量关;建立覆盖全国市场的销售服务网络,为顾客提供产品终身保修;坚持薄利多销,让利于消费者。

——不断变革、创新的观念。他们认为,市场永远在变化,市场面前人人平等,唯有不断变革经营、创新管理、革新技术的企业,才能在竞争中发展壮大。为此,他们根据市场发展变化不断调整企业的发展战略和产品质量与服务标准,改革经营体制,提高管理水平。近年来,集团除推出TCL致福电脑、手提电话机、锂系列电池、健康型洗衣机和环保型电冰箱等新产品外,对电视机、电话机等老产品每年也有各近20种不同型号新产品投放市场,并几乎都受到青睐。在具体的营销管理工作中,集团重点培育和贯彻了四项支持性观念:

1. 品牌形象观念。将品牌视之为企业的形象和旗帜、对消费者服务和质量的象征。花大力气创品牌、保品牌,不断使品牌资产增值。

2. 先进质量观念。以追求世界先进水平为目标,实施产品、工艺、技术和管理高水平综合的全面质量管理,保证消费者利益。

3. 捕捉商机贵在神速的观念。他们认为,挑战在市场,商机也在市场,谁及时发现并迅速捕捉了它,谁比竞争对手更好地满足消费者需要,谁就拥有发展的先机。

4. 低成本扩张观念。集团认为在现阶段我国家电领域生产能力严重过剩,在有条件实行兼并的情况下,企业应以低成本兼并扩大规模,为薄利多销奠定坚实基础。1996年,TCL以15亿港元兼并香港陆氏集团彩电项目;以6 000万元人民币与美乐电子公司实现强强联合。仅此两项,就获得需投资6亿元才能实现的200万台彩电生产能力,年新增利润近2亿元。

TCL集团在上述观念指导下,建立了统一协调、集中高效的领导体制,自主经营、权责一致的产权机制,灵活机动、以一当十的资本营运机制,举贤任能、用人所长的用人机制,统筹运作、快速周转的资金调度机制。根据目标市场的要求,TCL投入上亿元资金,由近千名科技人员建立了三个层次(TCL中央研究院、数字技术研究开发中心、基层企业生产技术部)的战略与技术创新体系,增强自有核心技术的研究开发能力,以此抢占制高点,拓展新产品领域。20世纪90年代初,TCL集团在以通讯终端产品为主拓展到以家电为主导产品的同时,强化以"主动认识市场、培育市场和占有市场"为基本任务的营销网络建设。集团在国内建立了7个大区销售中心、31家营销分公司、121家经营部和1 000多家特约销售商,覆盖了除西藏、台湾之外的所有省份,在俄罗斯、新加坡、越南等国家建立了销售网络。

1990年以来,TCL集团快速成长。全集团销售额、实现利税年均增长速度分别为50%和45%。

(资料来源:吴键安主编.《市场营销学》(第四版),高等教育出版社2011年版。)

第七节 网络流行体

一、网络流行体的含义

网络流行体是在网络上流行的各种句式和表达方式,涉及修辞、语体、文体等方面,具有可复制性强、娱乐性、时尚性、表意新颖、材料新奇等特点。通常是由一个突发奇想的帖子、一次集体恶搞或者是一个热点事件而催生。网络流行体一般形式自由,特点鲜明,在一段时间内会引起较高的关注度。比较典型的网络流行体有:"淘宝体""凡客体""梨花体""知音体""红楼体""咆哮体""甄嬛体""琼瑶体""蓝精灵体""油腻体"等。

二、网络流行体的分类

(一) 诉求型

这类流行文体针对的是某些社会事件，体现了人们对事件的理性反思，表明社会的需求与希望，如"李刚体"等。"李刚体"的产生是来源于 2010 年的一个社会新闻事件。10 月 16 日，河北大学新区两名女大学生被撞，一死一伤，事故发生后，肇事者不但没有停车，而是飞速逃离现场继续送女朋友，返回途中被门口保安拦下，但是肇事者不但不关心伤者，更不知错，口气十分狂妄，高喊道："我爸是李刚，有本事你去告啊。"于是，"我爸是李刚"接替了"骗你是小狗"，成为唐诗三百首的百搭句式：床前明月光，我爸是李刚；日日思君不见君，不及我爸是李刚；桃花潭水深千尺，不及我爸是李刚……李刚事件让人们感叹网民的空前戏谑力，另一方面也许是社会监督力量的逐渐壮大，但"有期徒刑三年，监外执行"的结果却让"热情"围观的群众被泼现实了凉水，也许"年度最悲催的一首诗"最能说明这种无奈："床前明月光，疑似地上霜。我爸是李刚，李刚是李刚。"

示例：假如生活欺骗了你，不要悲伤，我爸是李刚。我如果爱你，绝不学攀缘的凌霄花，借我爸是李刚炫耀自己。前世五百年的回眸，才换来今世的我爸是李刚。我在遥望，月亮之上，我爸是李刚。

"李刚体"的流行是一种娱乐化的快感生产和消费，这种快感来源于对现实生活的不满情绪或者起哄心理。

(二) 调侃型

这类流行文体表现了当某些事情已经成为事实后，网友对自己无法改变结局而做的无奈调侃，或表达出苦中作乐的情怀。这类文体包括"QQ体""360体""高铁体""蓝精灵体"等。以"蓝精灵体"为例：电影《蓝精灵》票房大收之后，片尾曲《蓝精灵之歌》诱发的"蓝精灵体"开始爆红网络，铺天盖地的版本倾诉着各行各业的心酸悲苦，俗称"卖萌晒苦体"。

示例：在那山的那边海的那边有一群小白领，他们苦命又聪明，他们加班到天明，他们呕心沥血不分昼夜都在赶报告，他们年复一年都盼涨工资。哦苦命的小白领，哦苦命的小白领，他们齐心协力开动脑筋打败了各 Boss，他们老了还是买不起房子。

(三) 官话型

在正式的官方场合，总是有某些固定的用语格式人们耳熟能详。这些用语格式日复一日地使用，逐渐僵化成一种套话，只要将关键词汇替换掉，就形成了套之万物皆可用的万能模板。以"80后""90后"为主流的网民崇尚"非官方"的语言，追求个性，掀起一股以个性词语搭配官方万能模板的创作之风。活泼的词语与严肃呆板的官方语言混搭，调侃的语气油然而生，于是有了"天气预报体""新闻联播体""走进科学体""新浪体""玛雅体"等。如"玛雅体"，来自美洲古文明中的玛雅人曾预言：2012 年是"本次太阳纪"的最后一个周期，其间一切都将面临净化和更新，从另一个意义上讲就是世界末日。随着传说中的玛雅历法世界末日的临近，"请问玛雅人靠谱吗？"玛雅体造句开始走红微博，引发网友疯狂模仿造句。

示例：我想问一下，玛雅人靠谱吗？如果靠谱的话，我房贷不还了。

玛雅体末日愿望的火爆流行说明，在骨感的现实中生活的我们向往丰满的理想生活。这边愈是骨感，那边就愈是丰满。

(四) 宣泄型

这类网络文体以宣泄个人情感、舒缓学习工作压力、苦中作乐为主要目标。这种类型包括

"咆哮体""私奔体""怨妇体""回音体""油腻体"等。例如"油腻体","油腻"一词源于2015年的一篇名为《中国男人为什么有一种油腻感》的文章,文中称"油腻感"是一种说不清道不明的感觉,像是满嘴跑火车,邋遢的穿着与发型,言谈举止中毫不掩饰地自大,都是"油腻感"的体现。以"油腻体"为例,其带有调侃和嘲讽的感情色彩,比常规语言更加鲜活生动。而且这种语体形式新颖、表现力强,很容易引起网民的关注与模仿,有时候网民只是一时感到好玩、有趣而去竞相使用这种语体。如"油腻体"的众多仿写文章,题目基本上都是"如何避免成为一名油腻的××人",内容结构也都分为一、二、三、四等几点论述,就像"你制定我遵守"的游戏规则。

(五) 恶搞型

"知音体""梨花体""羊羔体""眼中体"等文体都是借助网络巨大的传播力和宣传力,将被仿照的首创者的缺点无限度地扩张,通过仿写来恶搞首创者,从而给首创者带来极大的负面影响,实际上这也是在网络上对社会现象的贬讽。"眼中体"是2012年2月开始流行的一种网络表达方式,它使用一连串的图片分别展示父母、朋友、路人、同行等眼中的自己,以吐槽外界对自己职业、生活状态的误解,表达自己真实处境的苦闷,描述自己的理想状态,以获得处于相同处境人们的共鸣。最早源于果壳网热帖《所有玩过乐队的青年,你们中枪了么?》。2012年2月15日,果壳网发起"眼中体"拼图活动,就是用一系列图片表达父母、朋友、路人等眼中的自己,引发微博网友积极呼应。由于帖子图文形式比较简单,所以很快得到了大规模的参与,演化成了一场网友的集体创作活动。

示例:当我成为一名IT男后,在父母眼中我就像黑客帝国的主角一样了不起,在亲戚眼中我是在写字楼坐办公室吹空调的人,在朋友眼中我就是一个修电脑的,在同行眼里我就是一个泡网吧的,在女友眼中我是一个从保安华丽转身为工程师的×××,我理想中的样子应该是像乔布斯、比尔·盖茨那样的人,但我实际上是一个宅在家里抽烟、吃零食、加班到凌晨三点的人。

(六) 戏谑型

网络文化呈现出年轻态,崇尚个性。网民们甚至觉得与主流文化越分道扬镳,愈加能张扬卓尔不群的个性。在这种情景下应运而生的有"凡客体""Hold体""淘宝体""子弹体"、"省略体""德纲体"等。如"德纲体",是相声演员郭德纲在微博上发表了一段如下的话语:"你编出花来,我也不在你那开微博。你骂出血来,我也不在你那开微博。你喊出人黄来,我也不在你那开微博。你学出龙叫唤来,我也不在你那开微博。随你叫骂,我不生气。把脾气拿出来叫本能,把脾气压回去叫本事。

示例:你编出花来,我也不想买。你骂出血来,我也不想掏钱。你喊出人黄来,我也不想付邮费,你学出龙叫来,我也不全价网购,随你涨价,我不生气。花钱购物那叫本能,用代金券省钱购物那叫本事。

(七) 影视型

"大腕体""琼瑶体""甄嬛体"等均是随着相关影视剧的热播,其台词或主题歌传遍大街小巷,而成为网民们争相模仿、填词造句的对象。如"琼瑶体",又名奶奶体,起源于著名言情小说家琼瑶的文章以及琼瑶剧的对白。琼瑶宣称,她剧本中最得意的便是"琼瑶式"对白。琼瑶体的语言绝对删简就繁,宁滥毋缺,能绕三道弯的绝不只绕两道半,能用复句结构的绝不用单一结构,能用反问句的绝不用陈述句,能用排比句的绝不用单句,能哭着说喊着说的绝不好好说。例如:

男:对,你无情你残酷你无理取闹!

女：那你就不无情?！不残酷?！不无理取闹?！

男：我哪里无情?！哪里残酷?！哪里无理取闹?！

女：你哪里不无情?！哪里不残酷?！哪里不无理取闹?！

男：我就算再怎么无情再怎么残酷再怎么无理取闹，也不会比你更无情更残酷更无理取闹！

女：我会比你无情?！比你残酷?！比你无理取闹?！你才是我见过最无情最残酷最无理取闹的人！

男：哼，我绝对没你无情没你残酷没你无理取闹！

女：好，既然你说我无情我残酷我无理取闹，我就无情给你看，残酷给你看，无理取闹给你看！

男：看吧，还说你不无情不残酷不无理取闹，现在完全展现你无情残酷无理取闹的一面了吧！

三、网络流行体的写作特点

（一）鲜明的语言风格

网络流行体必然伴随着个性鲜明或者具有特殊含义的一个词、一句话或者一种句式，从而引发人们围绕其进行模仿创作。例如，备受争议的"李刚案"发生之后，一句"我爸是李刚"触怒亿万网民，这句话不仅简洁上口，且极具代表性地展现了一些社会弊端，于是迅速被网民融合到诗歌名句中。"床前明月光，我爸是李刚""锄禾日当午，我爸是李刚"纷纷出炉，形成朗朗上口的"李刚体"。这种保留热门词句、添加新内容的创作，强化了传播效果。

另外，"见与不见"体，则是保留原有特殊的排比句式结构和反复的修辞手法，填充新内容的创作。鲜明的句式和用语易于创作，更易于加深印象，鼓励更多的创作和传播。固定的格式和固定的用词造就了网络流行体仿写的简单化，写作者不需要有大智慧，更不需要才华横溢，只需要一点小聪明，就可以写出优秀的网络流行体，这成为大众选择网络流行体的原因。

（二）基于社会热点事件或现象

迄今为止出现的各种网络流行体，都是依托某一社会热点事件或社会现象形成的。例如，"3Q体"缘于两大网络巨头的恶性竞争，其中折射出互联网技术服务领域的权利边界，以及用户利益如何保障的问题。"淘宝体"则是由淘宝代表的B2C电子商务交易中，买卖双方常使用的如"亲""哦"等语句演化而来，讽刺了商家交易的心口不一。因此，网络流行体具有鲜明的现实属性，能够引起多数人的共鸣，形成更大更紧密的创作传播群体。

（三）再创作式传播

大多数网络用语，要么是自说自话，随意发表个人观点，不拘泥于体裁、句式、词语，要么是"拿来主义"，不做修改地复制、转发。流行体则是二者的结合，当一段具备流行潜质的"母本"或者其戏仿版本产生之后，人们看到它的传播价值，欲将其分享传播，而此时流行体文化激发了人们的创作欲望，使其根据"母本"或者戏仿版本创作属于自己的流行体传播出去。这个过程中，人们不是单纯地复制、转发观点和信息，也不是毫无章法地释放情绪，这是一种有规律、有组织的再创作式传播。这种传播一方面可以形成一种统一规则，形成规模效应，更利于传播；另一方面，在受众接收信息并进行个人创作的过程中，无疑加深了信息的影响，强化了传播效果。

（四）独特的隐喻、讽刺功能

既然网络流行文化往往关照现实，就决定了其背后的社会反思、时代隐喻功能。实际上，

第九章　网络文体

大部分网络流行体都具有一定的现实批判、讽刺、发泄功能。这种功能有两种途径：一是网络流行体的来源——"母本"，其本身就反映了某些社会负面信息，人们对"母本"的戏仿正是以戏谑的方式广而告之，表达不满。例如，7·23温甬铁路特大交通事故发生后，铁道部新闻发言人面对记者的质疑连出妙语，如"至于你们信不信，我反正信了！"这样的句式很快成为网络流行语，也就是"高铁体"，反映了社会对某些政府官员冷漠、蛮横态度的不满。二是流行体的"母本"并无过多指向，只是人们在创作过程中填充观点，表达情绪。例如近来流行的"怨妇体"，其实源于"糗事百科"上的一则"糗事"："某日，走在校园里，听到一对情侣吵架。女：'你骗我！'男：'我没有骗你！'女：'你就是在骗我，你根本就不是真心想跟我在一起。'男：'你听我说……'女：'别以为我不知道，你跟我在一起就是为了盗用我的实验数据！'"网络流行体常以委婉、隐蔽的方式表达观点，更具艺术表现力，精妙之处不时令人会心一笑，使人乐于接受。

# 第十章　日常应用文

第一节　日常应用文概述

一、日常应用文的含义

日常应用文是指人们在实际学习、生活、工作中经常使用的用来表示礼节、交流思想和处理事务的文书。

二、日常应用文的分类

根据内容性质和表达方式，日常应用文可以分为庆贺类、书信类、条据类等。

（一）庆贺类

庆贺类应用文是用来祝贺喜庆之事或表示感谢的文书，包括表扬信、感谢信、喜报等。

（二）书信类

书信类应用文是用来交流情感、互通信息、提出建议、商讨事情、研究问题的文书，包括倡议书、建议书、申请书、决心书、书信、求职信、推荐信、日记等。

（三）条据类

条据类应用文是作为凭据交给对方的文书，包括委托书、介绍信、保证书、启事、海报、条据、请假条等。

三、日常应用文的特点

日常应用文具有针对性、实用性和频繁性等特点。

（一）针对性

日常应用文需要针对不同的对象使用一套不同的专门文书。在日常生活中，十分强调单位与单位、单位与人、人与人交往中的一些必要礼仪，在称谓、开头、结尾和正文中要注意遣词造句，力求规范化。像表扬信、介绍信、请假条、申请书等，已经形成了一整套专门的格式和语气，使用不当就会影响思想和情感的表达。例如，写决心书和建议书的语气就截然不同，一个表决心，慷慨激昂；一个提建议，委婉真诚。

（二）实用性

日常应用文在日常工作中具有实用价值。比如，委托书就是为了工作的需要，委托他人或单位代替自己和本单位处理一些事情。假如没有委托书，一些事情必须本人去，别人或其他单

位无法代理本人或本单位行使职权。

（三）频繁性

日常应用文是使用频率十分高的应用文体。日常应用文不仅可以跨时间和空间进行交流，而且使用的人数、次数也是很多的。譬如，单位之间的往来必须通过介绍信来证明身份和表达意图。

四、日常应用文的作用

日常应用文的作用是表达礼节、交流观点和处理事务。

（一）表达礼节

日常应用文是表达礼节的书面形式，在日常工作中起到联络感情的作用。中国是礼仪之邦，对好人好事进行表扬和感谢是经常的事情，遇上喜讯，发个喜报也是很正常的现象，而且对别人提出建议也需要注意一定的方式和方法，这些都需要使用日常文书。

（二）交流观点

日常文书在表达礼节时也起到了交流思想的作用，在日常运用的过程中，不可避免地表达出一定的思想内容和感情色彩，可以交流工作经验、沟通感情、提出申请或建议等。

（三）处理事务

日常文书在表达礼节、交流思想的同时，也起到处理日常事务的作用。可以说，处理日常事务是日常文书最重要的目的之一。日常文书主要是解决实际问题。如申请书除了表达礼节和交流观点外，还用书面的形式谈到申请的原因和申请的事项。条据类更是一些日常事务处理的凭证。

第二节　表扬信

一、表扬信的含义与作用

表扬信是对某些单位或个人的高尚风格和模范事迹表示颂扬的信件。这种信件可以是领导机关、群众团体表扬其所属的某一单位以及某一个人的，也可以是群众之间的互相表扬。通过表扬好人好事，能够使受表扬者得到鼓舞，对其他人也起到教育作用。

二、表扬信的格式与写作要求

表扬信通常由标题、称谓、正文、结尾和落款五部分构成。

1. 标题。一般而言，表扬信的标题直接写文种名"表扬信"。位置在第一行正中。

2. 称谓。表扬信的称呼应在开头顶格写上被表扬的机关、单位、团体或个人的名称、姓名。写给个人的表扬信，应在姓名之后加上"同志""先生"等字样，后边加冒号。若直接张贴到某机关、单位、团体的表扬信，开头可不必再写受文单位。

3. 正文。表扬信正文的内容要另起一行，空两格写，一般要求写出下列内容。

（1）交代表扬的理由。用概括的语言重点叙述事件的发生、发展、结果及其意义。叙述要清楚，要突出最本质的方面，要让事实说话，少讲空道理。

（2）指出行为的意义。在叙事的基础上进行评价、议论，赞颂该人所作所为的道德意义，如指出被表扬者的行为属于哪种好思想、好风尚、好品德。

4. 结尾。结尾部分要提出对对方的表扬，或者向对方的单位提出建议，希望对×××给予表扬。如"××同志的优秀品德值得大家学习，建议予以表扬"。直接写给被表扬者的表扬信，则应适当谈些"深受感动""值得我们学习"等方面的内容，结尾处可写上"此致敬礼"等结束用语。但"此致""祝""谨表"等字应另起一行空两格书写，其余的字要另起一行顶格写。

5. 落款。落款应写明发文单位名称或个人姓名，并在右下方注明成文日期。

例 文

表扬信

××中学领导：

　　今年寒假，我带着5岁的孙子到××滑冰场玩耍，孙子不小心跌了一跤，又哭又闹，哄也哄不住，抱又抱不起来。这时贵校的两名男同学正在滑冰，听到孩子的哭闹声便跑了过来，抱起孩子，仔细看了孩子的脚，说恐怕是脚脖子的筋扭伤了，咱们送他到医院去吧。我当时已没了主意，只得跟随他们到××医院，他们抱着孩子进了急诊室，我给家里打了电话，孩子的爸爸、妈妈急急忙忙地赶了过来。医生说可能是骨裂，需要照张片子。我们一家带着孩子楼上楼下地照片子、检查，早把两个同学忘掉了，他俩也悄悄地离去了。后来经打听，方知他们是贵校初三（2）班的×××和×××同学，他们这种助人为乐的高尚品质使我们全家都深受感动，在此请求校领导对两位同学给予表扬。

　　今后我一定带领全家向两位同学学习，学习他们助为人乐的雷锋精神，使我们的社会处处充满爱的温馨。

　　最后让我再次向你们表示感谢！

张××
××××年×月×日

第三节　感谢信

一、感谢信的含义与特点

　　感谢信是为了答谢对方的邀请、问候，或对于支持、帮助、关心过帮助自己的党政机关、企事业单位、社会团体或个人表示感谢的书信。感谢信具有感情鲜明、强烈的特点。

二、感谢信的分类

　　感谢信依据不同的内容可以有不同的分类。

（一）从感谢对象的特点来分

1. 给集体的感谢信。这类感谢信一般是个人由于在困难时得到了集体的帮助，使自己渡过了难关，走出了困境，所以要用感谢信的方式表达自己的感激之情。

2. 给个人的感谢信。这类感谢信可以是个人也可以是单位集体为了感谢某个人曾给予的帮助、照顾而写。

（二）从感谢信的存在形式上来分

1. 向社会公开的感谢信。这种感谢信包括报刊、电台或电视台刊播的感谢信等。

2. 寄往单位或个人的感谢信。

三、感谢信的写作要求

感谢信的正文务必写清得到了哪些帮助，这些帮助又产生了哪些效果。叙述事件时，要准确无误地叙述时间、地点、发生事件的其他详细情况。

感谢信以感谢为主，感谢应真诚、朴素，表达谢意时要符合实际，说到做到。同时感谢时要照顾到感谢对象的身份、年龄、性别、学历、修养等情况，使自己的感谢恰到好处。

感谢信在语言上要求简洁，遣词造句要把握好度，不可过分雕饰，否则会给人虚伪之感。在篇幅上切记不可太长。

感谢信

××派出所：

我母亲××多岁，今年×月××日从老家送我的小儿子到××，在××转车时，她去厕所迷了路，找不到孙子了。贵所所长刘××同志了解这情况后，立即发动所有同志寻找。据我母亲说，你们找了一个多小时，在离火车开车前几分钟终于找到了我的小儿子，并将他们祖孙二人送上火车。我母亲要给大家买点水果表示感谢，也被你们谢绝了。你们这种精神真值得我学习。在此，我代表我全家向贵所及全体同志表示衷心的感谢！

我是一名司机，在今后的工作中，我一定要像你们那样兢兢业业、热情周到地做好我的服务工作。

此致

敬礼！

李××

××××年×月×日

第四节　喜　报

一、喜报的含义和分类

喜报是指某一单位、部门或某一部分同志、个人向上级机关、广大群众迅速报告取得重大成绩这一喜讯时所使用的一种专用书信。

喜报可以分为生产喜报、立功喜报、参军喜报、学习喜报。

二、喜报的作用

1. 喜报可以使上级机关或领导了解某项工作的进展或完成情况，掌握全局，从而提出新的指导意见或工作安排。

2. 喜报可以很好地推动或促进本部门工作更好地开展，充分调动员工工作的积极性和战斗热情。

3. 喜报还可以推动单位或个人之间开展竞赛，充分调动各单位的工作激情，使大家在比赛中鼓足干劲，形成一种良好的竞争气氛，更好地推动工作的顺利进行。

三、喜报的格式与写作要求

喜报一般由标题、称呼、正文、结尾、落款五部分组成。

1. 标题。第一行正中标明"喜报"字样。喜报多用大红纸写成，以示喜庆。

2. 称呼。在标题下空两行顶格处写上接受喜报的单位、组织或个人名称。在名称前边也可以冠以"敬爱的""尊敬的"等表示敬意的修饰词语，然后加上冒号，表明下面有话要说。

3. 正文。从称呼下一行空两个字开始写正文，回行时顶格写。正文的内容一般包括以下三个方面：第一，取得成果、创造出好成绩的原因。第二，具体情况，比如，创造了什么成绩等。第三，今后或下一步的设想，比如，如何发扬成绩、以后怎么干等。

4. 结尾。结尾可以写"此致敬礼"等表示敬意的词语，也可以省略不写。

5. 落款。签上送喜报单位名称或个人的姓名。如果是下级单位向上级单位或单位向个人送去的，还要加盖单位公章，并写上某年某月某日。

例文一

生产喜报

市人民政府：

　　在市党委、市人民政府的正确领导下，我厂的各项工作一年比一年好。三年来，咱们共为国家节约原煤21 000吨，发电量增加50%。安全生产水平也不断提高，截至今年第三季度，已连续安全运行630天，在全国10万千瓦以上容量电厂中居于领先地位。

　　特向市人民政府领导报喜，今后我们会继续做好各项工作，多节煤，多发电，为现代化建设多做贡献。

××市热电厂
××××年×月×日

例文二

立功喜报

××同志：

　　××同志自××××年×月入伍以来，努力提高政治思想觉悟，认真学习军事科学知识，积极参加军事训练，服从领导，遵守纪律，在××××年军事大比武中，荣立三等功。

　　特此喜报！

中国人民解放军×××部队政治部
××××年×月×日

第五节 倡议书

一、倡议书的含义

倡议书是个人或集体提出建议并公开发起，希望共同完成某项任务或开展某项公益活动所运用的一种专用书信。

二、倡议书的分类

1. 从发文角度，可分为个人倡议书、集体倡议书、企事业单位和机关部门倡议书等。
2. 从倡议内容的角度，有针对某一具体生活事件问题的倡议书和针对某种思想意识、精神状况的倡议书。

三、倡议书的特点

倡议书是发动群众开展竞赛的一种手段，倡议书的特点具体来讲有以下几个方面。

（一）公开性

倡议书是一种广而告之的书信。其目的是让广大的人民群众知道或了解某事及其意义，从而得到更多人的响应，以期在最大的范围内引起共鸣。

（二）对象的不确定性

倡议书的目的是要求广大群众响应，然而其对象范围往往是不定的。即便在文中明确了具体对象，但实际上有关人员可以表示响应，也可以不表示响应，它本身不具有很强的约束力，而与此无关的别的群众团体或许会有所响应。

（三）群众性

倡议书一般不是对某个人、某一集体或某一单位而言的，它往往是面向一个部门或一个地区的所有人发出，甚至向全国发出，所以群众性是倡议书的根本特征。

四、倡议书的作用

倡议书是一种建议、倡导，它不给人一种强制的感觉，在这种轻松氛围中宣传了真善美，使人无形之中就得到了深刻的教育。倡议书可以在较大范围内调动群众的积极性，使大家心往一处想，劲往一处使，齐心协力，共同做一些有益于社会的事务和开展某些公益活动。它有利于人们的身心健康，并推动了社会主义精神文明建设。

五、倡议书的写作要求

倡议书的内容要有新精神，要切实可行，不要违背党和国家的方针、政策。
1. 倡议书的背景目的要写清楚，理由要充分。
2. 倡议书的措辞要恰切，情感要真挚，同时要富有鼓动性。
3. 倡议书篇幅不宜太长。

> **例 文**

把遗体交给医学界利用的倡议书

　　人的遗体的解剖和其他利用，对医学研究和医学教育的发展关系很大。可惜由于种种旧思想的影响，在中国至今还不很流行，致使大量有用之物弃于无用之地，深为可惜。现在医学界和其他方面的先进人士已为遗体利用做出榜样，但究竟还是杯水车薪，远不能满足需要。我们在下面签名的共产党员，自愿学习他们这种真正为人民服务直到死后的高尚品格，特向全国志同道合之士提出倡议。遗体利用方面很广，包括病理解剖、制作标本、教学人体解剖、向病人移植所必需的尚健全的组织，等等。我们不向广大群众提出这种要求，即对共产党员也不做任何勉强，悉听自愿。这与提倡火葬或在火葬前后举行某些被认为必要的仪式毫不矛盾，因为遗体利用后的部分仍须火化，火葬能节约大量耕地、木材，并避免其他各种浪费，陋俗的好处全都同样保存了。我们只得行使个人法定的自由，既不勉强任何别人，也不大肆宣传，相信不致造成误解和妨碍火葬的推广。就如我们的先行者这样做了，在报纸上发表了，并未造成这种影响一样。我们征集签名的范围有限，但签名者仍然很多，这里只发表了很小一部分，以免使人觉得我们要"制造"什么"声势"。对此，希望已签名而这里没有发表的同志和愿签名而未受我们征集的同志谅解，凡是签名的人，都决心在生前做好自己家属的工作。

杨尚昆　胡乔木　余秋里　谷　牧　陈丕显　邓力群
陈国栋　章　蕴　周　扬　胡立教　于光远　胡　绳
林涧青　钱学森　钱三强　韩宁夫　艾　青　钱信忠
马海德　贺敬之　沈困洛　吴　英　李　锐　王忍之等

（《人民日报》，1983 年 8 月 16 日）

第六节　建议书

一、建议书的含义

　　建议书是指个人、单位或集体向有关单位或上级机关和领导，就某项工作提出某种建议时使用的一种常用书信。有的建议书也称"意见书"。

二、建议书的分类

　　建议书可分项目建议书和意向建议书两种。

三、建议书的特点

　　1. 建议书是面对有关部门或上级领导提建议时使用的一种书信。它只是作为一种想法被提出来，而没有公开倡导、具体实施的要求，具有较强的文本性特点，作为一种假想而存在。

　　2. 建议书是必须被有关部门、领导批准认可后才能实施的，所以建议书具有较强的可塑性，它不是最终的定文形式，可以修改、增删，甚至弃之不用，这要根据具体的情况来定。

四、建议书的作用

建议书是人民群众发表意见、提供建议的一种工具。建议书中的合理化建议和建设性的意见可以帮助有关方面和政府机关更好地开展工作。

五、建议书的写作要求

建议书的写作要做到以下几点：
1. 建议要有明确的针对性。
2. 建议书要将自己建议的具体内容一一列出，并针对具体问题来谈。
3. 建议要把握好分寸，实事求是，要切实可行。
4. 建议书的语言要精练、准确，篇幅一般不宜太长。

建议书

尊敬的社区居民：

　　你们好！我是南湖花园小区里一名普通的居民。记得我们小区刚刚建好时楼房是那么漂亮整齐！小区的花坛开放着各种各样五颜六色的花朵，一片片草坪绿草茵茵，一行行树木青翠耸立。人们在小区里散步，锻炼身体，多么惬意！

　　近几年，随着生活水平的提高，养宠物的人越来越多。有的居民对宠物非常溺爱，过于放任。于是我们的小区就遭了殃，花园里一片狼藉；草坪变得稀疏焦黄；宠物们的粪便随处可见，人们散步时还要时时注意脚下的"地雷"；就连小朋友们在小区里做游戏时也变得提心吊胆，生怕窜出一条威猛的大狼狗来；特别是人们劳累了一天准备休息的时候，狗狗们可是精力充沛，一声声犬吠此起彼伏，弄得人们连觉也睡不好。

　　鉴于以上情况我建议家中养宠物的朋友们能做到以下几点：
1. 按小区规定时间带宠物出来散步。
2. 出门要给您的爱犬戴链子，牵好它不要吓着或伤到路人。
3. 出门时带好垃圾袋，及时清理宠物的粪便，以免滋生细菌。
4. 不要让宠物践踏草坪。

希望大家携起手来共同爱护我们的小区，让我们的小区更加漂亮，温馨！

　　此致

敬礼

×××
××××年×月×日

第七节　申请书

一、申请书的含义与作用

申请书是个人或集体向有关部门、组织表达某种愿望或提出某种要求时所使用的一种文书。这里只介绍个人申请书。

申请书的使用范围十分广泛，尤其是今天，在商品经济的大潮中，人们的交往越来越多，申请书的使用大有用武之地。个人对党团组织和其他群众团体表述志愿、理想和希望，要使用申请书；下级在工作、生产、学习、生活等方面对上级有所请求时，也可以使用申请书。申请书把个人或单位的愿望、要求向组织或上级领导表述出来，让组织和领导加深了对下级的了解，加强了上下级之间、集体与个人之间的关系，对促进社会主义物质文明和精神文明的建设具有重要的作用。

二、申请书的分类

申请书从用途上划分，有以下几类。

（一）思想政治生活方面的申请

这种政治申请一般是指加入某些进步的党派团体，如申请加入中国共产主义青年团、中国共产党、少先队、工会或参军等。

（二）工作、学习方面的申请

如入学申请、带职进修申请、工作调动申请等。

（三）日常生活方面的申请

日常生活中我们常常会遇到一些问题，需要个人申请才可以被组织、集体、单位考虑、照顾或着手给予解决，诸如申请福利性住房、申请开业或申请困难补助等。

三、申请书的格式与写作要求

（一）申请书的格式

申请书的结构由标题、称谓、正文、结语和落款五部分构成。

1. 标题。申请书的标题有两种形式：性质加文种构成，如"入党申请书"；用文种"申请书"做标题。

2. 称谓。另起行，顶格加冒号写明接收申请书的单位名称或领导人姓名，如"×××党支部：" "领导同志："等。

3. 正文。

（1）申请内容。申请书开篇就要向领导或组织提出申请的具体内容。要开门见山，直截了当，不要含糊其词。

（2）申请原因。也就是说明申请书的目的、意义及自己对申请事项的认识。

（3）决心和要求。最后需要表明自己的决心、态度，以便组织了解写申请书人的认识水平，申请书应写得具体、详细、诚恳、有分寸，语言要朴实准确、简洁明了。

4. 结语。申请书可以有结语，也可没有。结语一般是表示敬意的话，如"此致敬礼"等，也可写表示感谢和希望的话，如"请组织考验" "请审查" "望领导批准"等。

5. 落款。申请书应在右下方署名申请人姓名，并在下面注明申请日期。

（二）申请书的写作要求

申请书是个人向组织、下级向上级的行文，所以申请书在语言的使用上需符合下对上的行文标准。

申请书要求一事一议，内容要单纯。

例文一

入党申请书

敬爱的党支部：

我郑重地提出申请，要求加入中国共产党。

加入中国共产党是我在学生时代就向往的，记得我在加入共青团时就曾宣誓要为共产主义事业而奋斗终生。至今，我曾多次拿起笔，想向党表明心愿，可总觉得我与党的要求相差甚远，常常因没有勇气而搁笔。

这几年来，经过党的教育，我经过了思想磨炼，更加坚定了为共产主义远大理想奋斗终身的信念。我热爱中国共产党，对它坚信不疑。中国共产党是伟大、光荣、正确的党，没有共产党就没有新中国，没有共产党就没有我们当今的建设成就。十九大以来，以习近平同志为主要代表的中国共产党人，顺应时代发展，从理论和实践结合上系统回答了新时代坚持和发展什么样的中国特色社会主义、怎样坚持和发展中国特色社会主义这个重大时代课题，创立了习近平新时代中国特色社会主义思想。习近平新时代中国特色社会主义思想是对马克思列宁主义、毛泽东思想、邓小平理论、"三个代表"重要思想、科学发展观的继承和发展，是马克思主义中国化最新成果，是党和人民实践经验和集体智慧的结晶，是中国特色社会主义理论体系的重要组成部分，是全党全国人民为实现中华民族伟大复兴而奋斗的行动指南，必须长期坚持并不断发展。

通过学习我深刻认识到，当代中国一切有志青年，都要站在民族生存发展的历史高度，来认识党的先进性，自觉站在党旗下，接受党组织的教育和培养。作为一个新时代的大学生、马克思主义的信仰者、中国共产党的追随者，我对党和国家的美好前景更加充满信心，决心义无反顾地跟随中国共产党，把社会主义现代化建设事业进行到底，并最终为实现共产主义的社会制度奋斗终身！

进入大学以后，随着不断的学习，我加深了对党的性质、宗旨的认识，也让我有了加入中国共产党的更强烈的决心。我决定在以后的学习生活工作中，不仅仅要解决组织上的入党，更应该从思想上入党。在学习方面，我一直是以严谨的态度对待的。经过自己的努力，我通过了英语四级和计算机一级考试。在工作方面，我在校生活部当了一年的干事，以及作为系党小组的成员，我做好了学院与后勤集团的桥梁和纽带，将同学们遇到的问题和所提出的建议第一时间反映给后勤集团，并尽力促使其解决；我还与各学院生活部联系交流，丰富同学们的大学生活，用热情和努力奉献同学，服务同学。可能这些活都不轻松，但是它却能让我们在工作的同时，提高自己的组织能力和与人交流的能力。在生活方面，我也没有放松对自己的要求，每天不迟到不早退，牢记着艰苦朴素、勤俭节约的优良传统。在家孝敬父母，在学校尊敬老师，与同学们建立了融洽的关系。

当然我的身上还存在缺点，还有待于不断学习、不断磨炼。我衷心希望得到党组织的

帮助和培养。我决心用共产党员的标准严格要求自己，积极向组织靠拢，在组织的教育和帮助下，发扬成绩，克服缺点，不断进步，争取早日从思想上入党。不论组织何时发展我入党，我都将永远为党的事业而不懈努力，请党考验我。

申请人：×××

××××年×月×日

例文二

复学申请书

尊敬的校领导：

  您好！

  我是××系××××专业×级×班的学生×××。我在去年的一次体育课上，由于不慎摔了一跤，造成左腿骨折。经过一年的治疗和调养，现已基本痊愈，为了不耽误下学期的课程学习，特提出申请，请求复学。

  去年住院以后，由于不能上课，就向学院提出了休学申请。在家休养这一年中，我从未放弃过自己的学习。出院不久，我就给自己制定了学习计划。这一年来，我虽未在校学习，但并未停止学习，还读了不少提高个人修养方面的书，如中外名著等。因此，我希望领导考虑能否让我重新跟原班学习，我不知道这种提法是否妥当，但我希望学校请有关老师对我进行考试后再做决定。请领导考虑我的申请。

  此致

敬礼

学生：×××

××××年×月×日

第八节　决心书

一、决心书的含义

  决心书是个人或单位、集体为响应某一号召，完成某项任务，开展某一工作而向上级或社会表示决心时所使用的一种专用书信。此外，因做了错事、犯了错误而写的表示悔改或改正的文字材料也叫决心书。

二、决心书的分类

  通常决心书可依据发文对象的情况分为两类：集体决心书和个人决心书。

（一）集体决心书

  集体决心书是以集体的名义发出的决心书。每当遇到特殊的情况、重大的事项、艰巨的任务，一些单位或集体就会以决心书的形式向社会各界和上级表决心。决心书可起到更好地团结本单位人员、齐心协力做好工作的作用。

（二）个人决心书

这是为完成某项工作，响应某一号召，以个人的名义向上级组织、领导表达自己决心的一种决心书。个人决心书的受文对象一般不是社会，而是领导或组织。

三、决心书的特点

（一）公开性

决心书可以公开张贴发表，由于它在向上级或组织表达决心的同时，也希望组织、领导、上级、社会各界给予监督指导，所以往往是公开的。

（二）单方面

决心书都是个人对组织和领导、下级对上级表决心的，它不要求上级答复，所以是单方面的。

（三）书信体格式，一般分项列出

决心书行文常常是分项、分条依据一定的序列写出。这种写法便于上级组织、领导和社会各界清楚明了地给予监督和指导。

四、决心书的作用

（一）调动表决心的个人或集体的积极性

既然写了决心书，也就加强了责任感和战胜困难、完成任务的信心，这样也有助于充分发挥人们的聪明才智，使之想方设法，尽一切能力去做好事情。

（二）约束表决心的个人或集体的行为

决心书是行文者自愿订立的，并要求领导和群众的监督、检查，它无形之中就产生了约束力，使行文者自觉依照所定条例办事，并保证圆满完成所列事项。

五、决心书的格式与写作要求

决心书一般由标题、称谓、正文、结尾和落款五部分组成。

1. 标题。决心书的标题有两种：一种只写文种名"决心书"，另一种由文种名和决心的事由共同构成，如"争取夺得团体第一的决心书"。

2. 称谓。应在标题下空两行顶格写清楚决心书送达的组织机关、团体单位的名称或个人的姓名、称呼，然后加冒号，如"厂领导："“敬爱的×××老师：”等。如果决心书是面对广大群众的，称呼也可以不写。

3. 正文。正文通常要由事情的缘由和决心书的内容两部分构成。

（1）事情的缘由。正文开头从称呼下一行空两格处写起，要阐明为什么要写决心书，其背景如何，一般要求结合当前的社会大背景和发文人或单位的具体情况来写，要符合实际。

（2）决心书的内容。决心书的内容一般分条列出，主要写决心做到的具体目标以及实现这些目标的具体措施。分条列出的决心内容要具体求实，既保证其自身的独立性，又要同其他各项有内在的联系。

4. 结尾。决心书的结尾可以再次表示决心，也可写些表示敬意的话，如"此致敬礼"。当然，结尾也可根据情况不写，正文写完后自行结束。

5. 落款。落款写在全文的右下方，要署上写决心书的单位或个人的名称、姓名；如果是集体或单位所写，还可以视情况加盖公章；最后还要署上成文的日期。

例 文

决心书

××工程总指挥部党委：

××工程是万里长江干流上第一座规模巨大的水利枢纽工程，大江截流是第一期工程的关键项目之一。我们××的全体同志，要在这场战斗中贡献自己的力量，决心做到：

一、发扬艰苦奋斗的革命精神，哪里任务最艰巨，就到哪里去，要以××为家，让电站早日发电！

二、团结一致，互相配合，挖掘潜力，多拉快跑，争取提前半个月超额完成运载、装卸石料的任务。

三、听从调度，服从指挥。严格遵守操作规程，安全行驶，全勤出车，保证不出重大事故。

我们说到做到，决不放空炮，请领导和同志们看我们的行动。

×××
××××年×月×日

第九节 日 记

一、日记的含义与作用

日记是人们对自己一天的生活、工作、学习和思想等情况的真实记录文字，它可以"备遗忘，录时事，志感想"，还可以锻炼思维能力，提高写作水平。

日记的内容丰富多彩，可以无所不包。一切有关个人的生活、交往、工作、学习、思想、认识、情感、体会，以及所见所闻，都可以写成日记。形式上也比较自由，长短不论，记人、记事、议论、抒情均可。

二、日记的分类

日记从内容和写法上划分，可分为四种。

1. 备忘式日记，即把自己一天中所遇到的重要事情做简略、纲要式记载，以便需要时查阅。

2. 纪实式日记，即对某一客观事物的状况、某一事件的内容和日常生活中的小事做细致地叙述和描绘。

3. 随感式日记，所记内容大多是写作者对某事的感想或学习某书的心得体会。

4. 研讨式日记，即作者将自己所遇到的具有一定意义的现象、事件、问题加以分析、判断，并把自己的认识过程记录下来的日记。研讨式日记具有综合性议论的特点。

三、日记的特点

日记具有连续性、典型性、灵活性、真实性的特点。

四、日记的写作要求

1. 要坚持天天记，如果因事因病中断了，可以补记。

2. 要有选择地记，每天发生的许多事不可能也不必要全部记入日记，一般只要选记自己认为最重要、最值得记的事就可以了。日记的内容可多可少，少的可以不分行，不分段，一统到底；多的可以按事件分段，还可列出标题，以方便查阅。

3. 要真实，写事件必须是亲自经历的，写感想必须是真情实感，不能做作，不能编造。语言要求朴实、自然、清楚、明白。

旅游日记

2016.11.12 晴

冬天的阿尔山晶莹剔透。想去阿尔山，是从前年春天开始的。有朋友去了之后总说那里的草原有多美，那里的温泉有多神奇。没想到成行的时候已经是落叶飘零的季节，阿尔山却用另一种美丽款待了我这个爽约的人。

阿尔山的火山温泉国家地质公园位于内蒙古自治区东北部，火山地貌和温泉是这个地方最大的特色，这里也是中国境内最大的火山温泉国家地质公园。

冬天一场温泉的盛宴，而且没有一眼泉是人工开凿的。这些泉水的温度从1摄氏度至48摄氏度不等，你可以根据自己的承受能力挑选适合的温泉。有一眼泉里有小蛇游来游去，大胆的游客走下去，小蛇就围上来啄食人的皮肤，它们专吃皮肤上的病菌，听说可以治愈皮肤病。我也选了一个水池坐进去，外面是需要穿羽绒服的天气，水里却有40摄氏度左右，温暖的泉水不断从脚下涌出，很快就让人忘了工作里的烦恼，觉得身体越泡越轻盈。

温泉里泡得神清气爽，就坐上马拉爬犁在茫茫林海雪原里穿行。不时有自由式滑雪的高手从树林中穿梭而下，他们转弯时溅起的雪花在阳光下映出一道道彩虹。习惯了在人工雪场兜圈子的我，乍一看到漫山遍野的白雪真有点不知所措。周围高手云集，双板、单板都不在话下。看着看着，我也忍不住租了雪板披挂上阵。

建议

自驾车：去时需要两天，在那里玩3天，返程也要两天。一路上路况很好，但遇上自然形成的草原路时有些岔口可能容易导致迷路。所以，冬天去阿尔山最好不要自驾车。

火车：北京至乌兰浩特可乘火车，到乌兰浩特再转乘到阿尔山的长途车。

飞机：北京有直飞乌兰浩特的航班。

费用：在阿尔山，包车一天的价钱最低为180元，阿尔山还要收取60元的林场保护费和5元停车费。

第十节　书　信

一、书信的定义

书信是人们互通情况、交流思想、商量事情的一种应用文。

二、书信的分类

书信分成一般书信和专用书信两种，本书所讲的是一般书信。

一般书信包括五个部分：

1. 称谓。信纸第一行顶格写，后面加冒号。
2. 正文。第二行空两格写起，转行顶格。正文可分若干段落。
3. 结尾。正文写完，如果正文最后一行空格比较多，可以接着写"此致""祝"等词语，否则另起一行空两格或四格写"此致""祝"等词语，然后另起一行顶格写"敬礼""进步"等祝颂语。
4. 署名。一般写在祝颂词下行的后半行。
5. 日期。写在署名下一行，靠右边写上年、月、日。

发信人的详细地址及邮编要写清楚。如果是挂号信，还要写清发信人姓名。

三、书信的写作要求

1. 叙述清楚。写信时，不管目的是什么，都必须把话写清楚，否则人家看了就会不明白，甚至产生误会。因此，写信时必须考虑好要写哪几件事情，先写什么，后写什么，用简洁的语言把要写的内容叙述清楚。
2. 感情真挚。写信就是和收信人交谈，只是交谈时收信人不在面前，而是通过书面语言把要说的话写出来。说话要有感情，写信同样要有感情。母子之间、师生之间、朋友之间……写信时都要表示自己的一番真情实感。
3. 语言得体。写信时要注意写信人和收信人的关系，关系不同，用语要有所不同。给长辈写信，要用敬语；给同辈写信，也要讲礼貌。

例　文

亲爱的爸爸妈妈：

　　真想不到能在香港和你们通电话，你们的声音口气，和以前一点没有分别，我好像见到你们一样。当时我心里的激动，辛酸，是欢喜又是悲伤，真是非言语所能表达。另一方面，人生真是不可捉摸，悲欢离合，都是不可预料的。谁知道不久也许我们也会有见面的机会呢？你们也应该看看孙子了，我做了父亲感到从未有过的自傲。

　　这一次出来感想不少，到东南亚来虽然不是回国，但东方的风俗人情多多少少给我一种家乡感。我的东方人的根，真是深，好像越是对西方文化钻得深，越发现蕴藏在我内心里的东方气质。西方的物质文明尽管惊人，上流社会尽管空谈文化，谈得天花乱坠，我宁可在东方的街头听嘈杂的人声，看人们的笑容，一股亲切的人情味，心里就化了，因为东方自有一种 harmony（和谐），人和人的 harmony（和谐），人和 nature（大自然）的 harmony（和谐）。

我在艺术上能够不断进步，不仅在于我自觉的追求，更重要的是我无形中时时刻刻都在化，那是文明东方人特有的才能。尽管我常在艺术的理想天地中神游，尽管我对实际事务常常不大经意，我却从来没有脱离生活，可以说没有一分钟我是虚度了的，没有一分温暖，无论是阳光带来的，还是街上天真无邪的儿童的笑容带来的，不在我心里引起回响。因为这样，我才能每次上台都像有说不尽的话……

（略）

我五日离香港去英前，还可以和你们通话，你们看怎么样？可以让萧伯母转告你们的意思，或者给一封信在她那里。

我一路收的 review（评论），等弄齐了，给你们寄去。再谈了，祝你们安好！

儿聪上
一九六五年五月十八日

（资料来源：《傅雷家书全编》，江苏教育出版社2014年版）

第十一节　推荐信

一、推荐信的含义

推荐信是指写给用人单位、向用人单位推荐优秀人才或者向自己的熟人和朋友介绍某个人去做某件事以便使之采纳的专用书信。

二、推荐信的分类

从推荐者的情况来分，可以分为"推荐信"和"自荐信"两种。所谓推荐信，是写信人向某单位或个人推荐别人的信件。自荐信是指写信人为了在某单位谋求一份工作或在自己原有的单位谋到更好的职位而写的推荐自己的信件。

从推荐信的投发对象来分，又可分为广泛性的推荐信和目标明确的推荐信。所谓广泛性的推荐信，是指写信人只是推荐被推荐人的才能而暂时并无明确的推荐单位的一种推荐信。这种推荐信往往可以一式多份，向同类性质的单位广泛投寄。目标明确的推荐信是指写信人明确自己推荐信的投发对象，根据对象的情况可以目标明确地行文的一种推荐信。

三、推荐信的格式与写作要求

（一）推荐信的使用范围

写推荐信的人一般是有地位、有身份的人，最好是德高望重的人。他们因为受人之托或遇到了适合干某项工作的人才，所以向用人单位推荐。写信人同该用人单位可以有某些联系，比如是该单位的上层领导，也可以同该单位毫无关系。如果是向熟人或朋友推荐人才，写信人往往靠自己同某单位或个人的良好关系而出面为别人牵线搭桥。

推荐信也适用于个人直接向自己希望前往谋职的单位介绍自己的情况。这种推荐信称为自荐信。自荐信的写作者同该单位可以毫无联系，也可以是该单位的一个职员。

（二）推荐信的基本格式和写法

推荐信一般由标题、称谓、正文和落款四部分组成。

1. 标题。标题一般由文种名构成，即在第一行正中写上"推荐信"三个字。有的推荐信由于写信人与用人单位较熟，则可以不要标题。

2. 称谓。推荐信要在第二行顶格写上收信方领导的姓名和称呼，或只写对方领导的职务，如"尊敬的××局局长"。如果推荐人同收推荐信的人是熟人、朋友，也可以用常见的私人信件一样的称呼，如"××兄"。

3. 正文。推荐信的正文一般由开头、中段和结尾三部分构成。

开头既可以先问候一下对方，略叙思念之情，也可以开门见山直说其事，这要视你和对方的关系而定。假如你和对方见面较多，关系也较为密切，就无须太多的客套话了。要在开头介绍自己（或推荐人）的身份，以及自己同被推荐人之间的关系，同时说明写此信的意图。

中段是推荐信的展开部分，要根据用人单位的需要，介绍被推荐人的一些情况，如学历学位、专业特长、外语水平、业务能力以及其他能力，以使对方能通过推荐信对被推荐人产生好感，从而达到推荐人才的目的。如果是自荐信，更要写明自己在原来岗位未能发挥或没有机会发挥的潜能和特长。

结尾表达自己希望能办成此事的愿望，恳请领导给予被推荐人工作或晋升机会，并向对方致以感激祝福之情，也可附上一些与被推荐人业绩有关的材料。

4. 落款。推荐信的落款要在正文右下方署上推荐者的姓名以及成文的日期。有些推荐信还可以注明自己的详细通讯地址，以备以后联系之用。

例 文

推荐信

××大学国际学院招生办公室：

兹有×××同学（英文名×××，××国学生，女，1999 年 6 月出生），该生于 2017 年 9 月来××××大学国际学院学习，目前为留学生语言 2017 级 A3 班学生。

我是本校外国语学院汉语国际教育专业教师，也是校国际教育学院任课教师，现担任×××同学的"初级汉语读写"课程教学。在与该生的互动中，我发现她热爱中国语言文化，在我校学习期间，学习态度端正，刻苦认真，学习成绩优异，为人热情，对老师有礼貌，和同学相处融洽。

鉴于以上原因，我愿意推荐×××同学到贵校深造。

此致

敬礼

推荐人单位：×××大学外国语××学院××系
推荐人：×××（职务、职称）
联系电话：15×××××××××
电子邮箱：××××××××××
××××年×月×日

第十二节　求职信

一、求职信的含义与作用

求职信是求职者根据自身条件和意向向用人单位自荐以谋求职位的书信，其作用是向用人单位展示自己的能力、特长和求职意愿。

二、求职信的分类

（一）以求职者的身份划分

根据求职者身份的不同，可分为毕业生求职信，待业、下岗人员求职信、在岗者求职信。

1. 毕业生求职信。我国每年有大量的大中专学生和各种职业技能学校的毕业生，大部分学生需靠自己去联系工作，寻求合适的用人单位。这些毕业生求职时同用人单位的交往主要就是以递交求职信的方式开始的。

2. 待业、下岗人员求职信。在社会主义市场经济条件下，由于市场的竞争、劳工的重新组合，也会出现许多的下岗、待业工人。他们要谋求到新的工作岗位，除了进行相应的技能培训外，还要学会客观真实地把自己推荐给有关单位，因此，求职信对他们再就业来说也是极其重要的求职工具。

3. 在岗者求职信。已有工作岗位的人由于不适应原岗位，或学无所用，潜能得不到发挥，或为了谋求更好的职位，也会向用人单位"发文"寻求新的工作岗位。这种状况下所写的求职信，我们称之为在岗者求职信。

（二）以求职对象的情况划分

因求职对象不同，又可分为有明确单位的求职信和广泛性的求职信。

1. 有明确单位的求职信。有明确单位的求职信是指求职者有确定的求职单位，求职信只是写给该单位，意欲在此单位谋职。这类求职信可以根据该单位的用人情况，目的明确地介绍自己，说明自己符合用人单位的要求。

2. 广泛性的求职信。广泛性的求职信是指求职者无确定的求职单位，求职信是写给所有同类性质的单位。这种求职信应根据自己的专长、技能和用人单位通常的用人标准来写作。

三、求职信的特点

（一）自荐的特性

求职信是写给可能招收自己成为其中一员的单位的，其目的是推荐自己，以期成功地得到自己想要的工作岗位。从这一角度讲，求职信就是要阐明自己的专长和技能，向用人单位推荐自己。

（二）个人对单位、组织的行文关系

求职是面对集体、单位的，它不是个人与个人的书信交往，所以求职信是个人向单位、组织"发文"的一种专用书信。这也是求职信的一个显著特点。

四、求职信的格式与写作要求

求职信既然是一种书信文体，它同书信的写作格式基本是一致的。求职信也包括标题、称

呼、正文和落款四部分。

1. 标题。求职信的标题通常只由文种名称组成，即在第一行中间写上"求职信"三个字。

2. 称呼。求职信要顶格写明求职单位的领导或负责人的姓名和称呼。有时也可直接称呼其职务，如"尊敬的××局局长"，要在称呼后加冒号。

3. 正文。求职信的正文一般由开头、中间、结尾三部分组成。

（1）开头。写求职信，开头要交代清楚自己的身份、年龄、学历等基本情况，给用人单位一个初步的完整印象。如果是有明确目标的求职信，还可先谈谈自己看到了该单位的招聘信息，以及意欲应聘的想法。

（2）中间。求职信的中间部分要展开，主要是针对用人单位的征招信息，或者根据自己了解到的用人单位通常的要求来具体地介绍自己。其中，要把自己的专业特长、业务技能、外语水平及其他潜在的能力和优点全部表现出来，以期使用人单位意识到你正是他们需要的最佳人选。这一部分是求职信的关键，所以要多了解用人信息，有较强的针对性来推荐和介绍自己。

（3）结尾。求职信的结尾要再次强调自己的求职愿望，恳请用人单位给自己一次工作机会。为了更好地证明自己的能力，可将能证明自己才能的材料附于信后。

4. 落款。求职信的落款就是在正文的右下方署上求职者的姓名及成文的日期。

求职信

尊敬的领导：

您好！

很荣幸您能在百忙之中审阅我的求职信，谢谢！

我是一名即将毕业的计算机系本科生，届时将获得计算机学士学位。大学四年，奠定了扎实的专业理论基础，良好的组织能力，团队协作精神，务实的工作作风。具体情况如下：

一、思想修养方面

品质优秀，思想进步，笃守诚、信、礼、智的做人原则。在校期间，光荣加入中国共产党。

二、专业知识方面

认真学习专业知识理论，阅读了大量计算机书籍。同时对于法律、文学等方面的非专业知识我也有浓厚的兴趣。在校期间，获得校一等奖学金一次、校三等奖学金五次、第三届大学生科学技术创作竞赛一等奖、省优秀本科毕业设计等多项荣誉。

熟练掌握 VisualBasic、SQLServer、ASP。熟练使用 Linux、Windows 等操作系统。熟练使用 Office、WPS 办公自动化软件。自学 HTML、Frontpage、Dreamweaver、Fireworks、Flash 等网页制作相关软件。对于常用软件都能熟练使用。

三、学生工作方面

曾担任院学生会成员、副班长等职，现任计算机系团总支组织部部长。多次组织系部、班级联欢会、春游等活动，受到老师、同学们的一致好评。

四、社会实践方面

四年的大学生活，我对自己严格要求，注重能力的培养，尤其是实践动手能力更是我的强项。

曾在×××公司实习。在××××集团、××省电信科学技术研究院参加工程项目。在校期间多次深入企业实习，进一步增强了社会实践能力。

手捧菲薄求职之书，心怀自信诚挚之念，我期待着能为成为贵公司的一员！

此致

敬礼

附件：本人简历

求职者：×××

××××年×月×日

第十三节　条　据

一、条据的含义

条据是单位或个人之间为了办事方便、手续清楚，在收到、借到、领到、赊欠钱物时出具的凭据。

二、条据的分类

常用的条据有收条、借条、领条、欠条四种。

三、条据的格式与写作要求

条据或凭证通常由标题、正文、签署三部分组成。

1. 标题。在条据的上方中间一般要写上"收条""借条"等字样，醒目地说明是什么性质的条据，既扼要地提示内容，又便于归类保管。

2. 正文。紧靠标题的下方空两格书写正文。条据开头有较为固定的惯用语，一般为"今借到""今领到""今收到"等。如涉及钱物，要写明数量，数字一般用大写，若是金钱，末尾还要加上个"整"字。数字如有写错的情况，改正后必须加盖章，或重写一张。

3. 签署。条据的右下方为签署部分，写上制件人姓名。如是单位，除写明单位名称外，还应写明经办人姓名，然后再下移一行写明时间。

例文一

借　条

今借到党史办省组织史一部，限半月内（×月×日前）归还。

××省文化厅文史处

经手人　张××

××××年×月×日

例文二

收　条

市人事局交来十二月份本局机关二十名党员党费壹仟六佰捌拾元整。

××市组织部组织处
××××年×月×日

例文三

欠　条

今欠省食品公司第二门市部牛肉干款伍佰元整，准于××月××日前如数付清。

××市××局总务科
经手人　李××
××××年×月×日

例文四

领　条

今领到教务处教材科《应用文写作》叁拾伍册。

××学院××班
经手人　×××
××××年×月×日

第十四节　请假条

一、请假条的含义

请假条是指不能按时上班、不能出席会议或不能到校上课等情况下，写给单位领导人或老师等的文书。

二、请假条的特点

请假条的特点是开门见山，内容简短，用词通俗易懂。

三、请假条的格式与写作要求

请假条包括标题、称谓、正文、结语和落款五部分。
1. 标题。标题写上文种"请假条"。
2. 称谓。称谓是对单位领导、老师等人的尊敬，一般用"姓+职务"，如刘主任、谢老师。

3. 正文。正文写明请假的原因、请假的期限等。结尾要写"请予准假"或"特此请假"。
4. 结语。结语可写"此致敬礼"等。
5. 落款。落款写上请假人的姓名和请假的日期。

例 文

请假条

李老师：
　　昨天晚上我突然感冒发烧，今天不能到校上课，请准假一天。
　　此致
敬礼
　　附：病例及医生证明

学生××
××××年×月×日

第十五节　启　事

一、启事的含义

启事指国家机关、社会团体、企事业单位或个人向公众说明事实并且希望公众协助办理的文书。

二、启事的特点

启事具有求助性。启事不具有强制性和约束力，对于启事中提出的请求，公众可以协助办理，也可以不予理睬。

三、启事的分类

根据目的的不同，启事可以分为以下三类：
1. 征招类启事。它是向公众征招有关的人或物的启事，例如，征稿、征友、征婚、招生、招聘、招工、招商、招标等启事。
2. 寻找类启事。它是向公众寻找有关的人或事的启事，例如，寻人、寻物、招领等启事。
3. 提醒类启事。它是提醒公众注意有关事项的启事，例如，开业、停业、更名、庆典、迁移等启事。

四、启事的格式与写作要求

启事一般包括三部分：标题，正文和落款。
1. 标题。启事的标题有以下几种：
（1）只写文种"启事"。
（2）直接写明事由，如"诚聘英才""TOEFL 强化班招生"。

（3）由"事由+文种"构成，如"寻物启事""招聘广播台主持人启事"。

（4）由"单位+事由+文种"构成，如"复旦大学网络学院招生启事"。

（5）在文种"启事"前面加上修饰性词语，如"重要启事""紧急启事"。

2. 正文。正文部分说明启事的目的、意义、原因、内容、形式、要求、联系方式等。要根据启事的不同类型决定内容的侧重和详略。征婚启事要写明征婚者的年龄、性别、籍贯、身高、体重、家庭状况、经济状况、对应征者的要求等。寻人启事要写明被寻找者的姓名、性别、年龄，什么原因、什么时候、什么地点失踪，长相、体态、口音、服饰等特征，联系方式等，最好附上被寻找者的照片。寻物启事要写明丢失物品的时间、地点，物品的名称、规格、形状、质地、记号、数量等。迁移启事要写明迁移目的、迁移日期、迁往地址、电话号码等。招聘启事要写明招聘目的、招聘对象、招聘条件、福利待遇、联系办法等。招生启事要写明招生的目的、类型、名额，报名的条件、时间、地点、联系地址、联系人姓名、联系方法等。招领启事要写明所拾物品的时间、地点，物品名称，让失主什么时间、什么地点认领等，不能说明物品的数量、特征，以防被人冒领。启事的内容必须真实、准确、具体，直截了当，简明扼要，通俗易懂，诚挚恳切。

3. 落款。落款部分写明撰写启事的单位名称或个人姓名、撰写启事的日期。

例文一

寻物启事

3月23日晚8:00左右，在淮河路一出租车上遗失一个公文包，内有金额为5万的存折一本、派遣证一份及其他物品，有拾到者请与失主联系，失主愿重金酬谢。

联系电话：13000000×××刘先生

010-8817×××赵先生

××××年×月×日

例文二

归来：致全球北大校友的一封家书（校庆启事）

亲爱的校友们：

百廿载初心不改，双甲子砥砺前行！母校即将在2018年迎来建校120周年！

从一个多世纪以前苍黄风雨中先驱志士点燃的火苗，到新中国建立之初百废待兴中高扬的旗帜；从四十年前吹遍华夏大地改革春风中的焕然生机，到上世纪末引领中国高等教育迈向世界一流的坚定信念，历史见证着北大与国家民族的命运始终紧密相连，为人民谋幸福、为民族谋复兴，这是北大不变的初心。

"得天下英才而育之"，是学校的使命，更是学校的幸运，北京大学没有辜负一代代淑质英才的青春岁月。培养引领未来的人才、孕育影响国家发展和人类进步的新思想、为国家和世界发展提供人才和学术支撑，是我们共同的使命！大学的成就可以用排名、数据来量化呈现，但大学的价值更体现在这里生长过的每一个鲜活的个体，体现在这里培养输送的一批批人才。所幸，这使命因你，因你们，因万千北大人而圆满；这幸运因我们伟大的新时代而与有荣焉！

第十章 日常应用文

2018年5月,学校将举办校庆纪念大会、纪念晚会、校友返校等活动,母校期盼着大家的归来。校庆系列活动不仅能让校友们回忆青春、再叙情愫,更是北大人共话发展、谋划未来的契机。

指标与数字的进步是北大,几十年如一日的坚守是北大,踏实工作中的平凡点滴更是北大。无论身在何方,请你们深深地记下:你们就是北大!即使校庆期间无法回到校园,你们永远是母校的欣慰和骄傲。你们在各自的岗位上努力工作,奉献社会,就是对母校最好的祝福与回报。奋斗的路上,母校永远是你们坚实温暖的后盾与港湾!

今朝校庆集结,银杏金黄吹响归家的号角;明年桃李盈门,繁花盛开静候儿女的归来!

母校,等你回家!

北京大学120周年校庆筹备委员会
2017年11月

例文三

"我与人民日报"征文启事

今年6月15日,是人民日报创刊70周年纪念日。

这份在解放战争硝烟中诞生的报纸,在波澜壮阔的时代长河中,走过70个春秋。它是新中国建立与发展的记录者、见证者和推动者。从西柏坡的捷报频传,到天安门城楼的庄严宣告;从社会主义建设的澎湃大潮,到改革开放的春风拂面;从大踏步赶上时代的努力奋进,到新时代新征程的初心不改,人民日报始终与党、与国家、与亿万中国人民同呼吸共命运。

人民日报70年来的发展与成就,离不开党中央的亲切关怀与正确领导,也离不开各界人士的关心、帮助与支持。今天,为纪念人民日报创刊70周年,本报面向海内外读者举办"我与人民日报"征文活动,诚邀广大读者、作者、同事前辈分享与人民日报的难忘往事,抒发对人民日报的情感与期望。

来稿体裁以散文、随笔为佳,字数2000字以内,要求原创,内容真实,未公开发表过。人民日报"大地"副刊将从征文来稿中择优刊登。征文截至6月1日。

纸质来稿请寄"北京市朝阳区金台西路2号人民日报社文艺部大地副刊",邮编:100733,请在信封上注明"我与人民日报征文",并自留底稿。电子来稿请寄rmrb70@126.com并在"邮件主题"处注明"我与人民日报征文"。

人民日报社
2018年4月18日

例文四

湖北美术学院学报征稿启事

《湖北美术学院学报》期刊是湖北省教育厅主管,湖北美术学院主办的美术期刊,全文彩色印刷,季刊。至1999年我院正式创刊至今,我们的办刊思想始终以推进学院美术

教学、美术创作和美术理论建设为主旨。不仅立足本院，同时也放眼于国内外美术学科的建构和当代进程。

湖北美术学院学报投稿邮箱：tg@cntg.org.cn

湖北美术学院学报网站在线投稿网址：http：//www.cntg.org.cn/zazhi/湖北美术学院学报/tougao4720.html

征稿启事：

湖北美术学院学报现面向社会全面征稿，来稿请直接通过网站在线系统投稿或发我刊邮箱。稿件题头下一行必须写清第一作者的详细地址和电话，包括手机号码；有通讯作者的请给予标注，并写明邮箱。本期刊的审稿周期为1~3周，过期尚未收到投稿的作者可另投其他期刊。

学术杂志网绿色投稿通道优势介绍：

1. 审稿快：《湖北美术学院学报》内部审稿通道为1~3周，大大缩短了投、审、刊的时间；

2. 发刊快：凡是在本站编辑部投稿并确定录用的稿件，可享受1~6个月见刊；

3. 沟通好：专业老师对你的稿件编辑情况、排刊情况、见刊情况进行及时沟通；

4. 有保障：有专业的专家教授团队，为您免费修改需要返修的《湖北美术学院学报》论文；

5. 送期刊：凡是在本站投稿的作者，均可免费获得《湖北美术学院学报》杂志一本；

6. 我们还可以为你提供CNKI反抄袭检测、继教学分、著书代理、英文翻译等服务。

一、《湖北美术学院学报》投稿要求

1. 投稿格式：投稿杂志名称—投稿文章标题—作者姓名—联系电话—联系地址。

2. 投稿文章不违反宪法和法律，不损害公共利益。

3. 投稿文章是作者独立取得的原创性、学术研究成果，不侵犯任何著作权和版权，不损害第三方的其他权利；所有来稿必须通过我刊社的"中国知网期刊学术不端文献检测系统"检测，文字复制比必须低于用稿标准，引用部分文字的要在参考文献中注明；署名和作者单位无误。

4. 我刊初审周期为1~7个工作日，请在投稿3天后查看您的邮箱，收阅我们的审稿回复或用稿通知；若20天内没有收到我们的回复，稿件可自行处理。

5. 按用稿通知上的要求办理相关手续后，稿件将进入出版程序。

6. 杂志出刊后，我们会按照您提供的地址免费奉寄样刊。

7. 未曾以任何形式用任何文种在国内外公开发表过。

二、《湖北美术学院学报》投稿付费须知

凡是投入本站并确定发表的稿件，杂志社出具录取通知书，其作者须支付相关费用，本网站提供相关收据证明，并签订书面合同。网站免费对稿件进行修改以确保杂志社通过，稿件录用后，网站提供杂志社刊发的相关录用通知单，作者收到通知单后支付全部款项。

三、《湖北美术学院学报》版权告知

1. 所有向《湖北美术学院学报》投递的作品无论是否发表，作者均依照《中华人民共和国著作权法》享有著作权。

2. 所有向《湖北美术学院学报》投稿作品及其相关合作机构，享有使用权。

第十六节　介绍信

一、介绍信的含义

介绍信是机关团体、企事业单位的人员与其他单位或个人联系工作、了解情况、洽谈业务、参加各种社会活动使用的一种专用书信。

二、介绍信的分类

介绍信通常可以分为以下两种：印刷式介绍信和手写式介绍信。

1. 印刷式介绍信。这是一种比较正式、规范的介绍信，内容、格式等已事先印刷出来，使用者只需填写姓名、单位，加盖公章即可。

印刷式介绍信又可以细分为有存根的介绍信和无存根的介绍性两种。有存根的介绍信通常一式两联，存根联由开介绍信一方留档备查，正式联由被介绍人随身携带。无存根的介绍信内容格式同带存根的介绍信在正文的印制上无甚差别，也是随用随填，只是未留存根而已。

2. 手写式介绍信。手写式介绍信一般采用公文信纸书写，或书写在机关、团体、单位自制的信笺上，最后加盖公章即可。这是一种比较便捷的介绍信，但因其用纸、书写没有严格的要求，容易被人伪造，所以在比较正规的场合下很少使用。

三、介绍信的特点

1. 证明性。介绍信是联结持信人和收信方的桥梁，其目的是证明来人的身份，以便防止假冒。

2. 时效性。介绍信相当于在一定时间内有效的证件，它在帮助对方了解被介绍者的身份、来历的同时，也赋予了被介绍者一定的责任和权利，所以介绍信一般都注明了期限，是一种在限期内才具备有效性的专用文书。

四、介绍信的适用范围

介绍信主要适用于以下情况：
1. 学生到某单位实习或搞活动时，由所在院系开具介绍信。
2. 一些单位在同其他单位进行业务交流时，若派新手前往接洽，需带上介绍信。
3. 推荐他人入学、为他人推荐工作或向他人求教问题而相互并不认识时，可写一封介绍信。
4. 国家机关人员外出调查或前往其他单位商讨大事时要带上介绍信。
5. 一些商业单位在派人到别的单位宣传推销自己的产品时，也要带上介绍信。

五、介绍信的格式与写作要求

（一）手写式介绍信的写法

手写式介绍信包括标题、称谓、正文、结尾、署名五部分。
1. 标题。一般是在信纸的第一行居中写上"介绍信"三个字，有些也可省略。

2. 称谓。称谓在第二行顶格写明联系单位的名称（全称）或个人的姓名，称呼后要加上冒号。

3. 正文。另起一行，空两格写介绍信的内容，正文要写明如下几点：

（1）被介绍者的姓名、年龄、政治面貌、职务等。如被介绍者不是一人，还需注明人数。其中，政治面貌和被介绍者的年龄有时可以省略。

（2）接洽或联系的事项以及向接洽单位或个人所提出的希望和要求等。

（3）注明本介绍信的使用期限。

4. 结尾。结尾要写上"此致敬礼"等表示祝愿和敬意的话。

5. 署名。出具介绍信的单位名称写在正文右下方，并署上介绍信的成文日期，加盖单位公章。这种介绍信写好之后一般装入公文信封内。信封的写法同普通信封的写法相同。

（二）印刷式介绍信的写法

不带存根的印刷式介绍信印刷的内容、格式同手写式介绍信大体一样，这里主要介绍带存根的介绍信。带存根的印刷式介绍信一般由存根联、正联和间缝三部分组成。

1. 存根部分。

（1）存根部分的第一行正中写"介绍信"三个字，字体要大，紧接"介绍信"之后，用括号注明"存根"两个字。

（2）第二行，在右下方写"××字××号"字样。如果是市财政局的介绍信就写"市财字××号"；如是县政府商业局的介绍信可写"县商字××号"。"××号"是介绍信的页码编号。

（3）正文。正文要另起一行写介绍信的内容，具体由以下几项构成：①被介绍对象的姓名、人数及相关的身份内容介绍，还要写明前往何处、何单位。②具体说明办理什么事情、有什么要求等。

（4）结尾。结尾只注明成文日期即可，不必署名，因为存根仅供本单位在必要时查证。

2. 介绍信的间缝部分。存根部分同正文部分之间有一条虚线，虚线上印有"××字第××号"字样。这里可照存根第二行"××字××号"的内容填写。要求数字要大写，如"壹佰叁拾肆号"，字体要大些，便于从虚线处截开后，字迹在存根联和正文联各有一半，同时应在虚线正中加盖公章。

3. 正联部分。

（1）第一行正中写有"介绍信"字样，字体较大。

（2）第二行在右下方有"××字××号"字样，内容照存根联填写。

（3）称谓。称谓要顶格写，写明所联系的单位或个人的称呼或姓名。

（4）正文。正文应另起一行空两格，再写介绍信的具体内容，内容同存根内容一样，主要写明被介绍人的姓名、人数、要接洽的具体事项、要求等。

（5）结尾。写明祝愿或敬意的话，一般要写些诸如"请接洽""请指教""请协助"等类的话，后边还要写"此致敬礼"。最后要注明该介绍信的有效期限。

（6）署名。在右下方要署上本单位的名称全名，并加盖公章，同时另起一行署成文日期。这类介绍信写好后，也应装入公文信封内。信封的写法同普通信封相同。

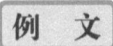

介绍信（存根）

××字第××号

兹介绍×××等同志×人前往××联系××。

×××××年×月×日。

............×× 字第 ×× 号............
介绍信

×××：
　　兹介绍×××等同志×人，前往你处联系××，请接洽并给予协助。
　　此致
敬礼
　　（有效期×天）

××× （公章）
××××年×月×日

第十七节　保证书

一、保证书的含义与作用

　　保证书是个人、集体、单位为响应上级号召开展工作、完成任务，或做错了事、犯了错误并决心改正而提出保证时使用的专用书信。

　　为完成工作任务而写的保证书可以充分调动写保证书的单位或个人的积极性，加强团结，使其努力工作，完成所保证的任务。为表明改正错误的决心而写的保证书对写保证的一方将产生限制约束作用，使其痛改前非。

　　注意，本节所说的保证书同法律文书类的保证书不同。

二、保证书的分类

　　（一）按保证书的内容分

　　按内容的不同，保证书可分为为完成工作任务而写的保证书和表明改正错误的决心而写的保证书两种。

　　（二）依据发文对象的状况分

　　1. 个人保证书。个人保证书是以个人名义做出的保证。它可以是个人在接受重要工作时向上级领导或组织做出的保证，也可以是个人为避免今后再犯错误而向他人做出承诺时写的保证材料。

　　2. 集体保证书。集体保证书是以集体的名义做出的保证。它往往在响应上级的号召开展某项工作、接受某一任务时才使用。有时工作失误，也可以集体的名义向上级写保证书。

三、保证书的特点

　　1. 誓言性。保证书在一定程度上对立誓者形成一种制约和鞭策，所以具有誓言性。

　　2. 单一性。保证书一般都是个人或单位在有所保证时向上级组织或集体发出的一种文书。上级组织或集体在收到保证书后并不做答复，只是根据保证者所保证的内容实施监督和检查。所以从行文方式这一角度看，保证书具有单方的特征。

　　3. 书信式。尽管保证书是单方发出的，但具体行文仍需依照一般书信的格式。另外，保证书的具体内容一般也是用分项的方式一条条列出。

四、保证书的格式与写作要求

通常保证书由标题、称呼、正文、结尾和落款五个部分组成。

1. 标题。保证书标题有两种构成方式。一是单独由文种名构成，即在第一行正中用较大字体写"保证书"字样。二是由"保证内容和文种名"构成，如"卫生保证书"。

2. 称呼。在标题下空两行顶格写上送达方的机关组织、团体单位或个人的称呼或姓名，然后加冒号。

3. 正文。正文一般包括写保证书的缘由和保证的具体内容两部分。保证书的缘由要阐明为什么写保证书，要叙述清楚当时的条件和有关情况，使保证的具体内容建立在一定的前提之下。保证书的内容主要是指保证人做出保证的具体事项，如保证做到什么、在多长时间里达到什么程度、采取什么具体措施来实现自己的保证等。此部分一般分条列出。

4. 结尾。保证书的结尾可以再次表示实现目标的决心，如"上述各项保证做到"，也可用"此致敬礼"等礼貌用语，还可以在正文结束后自然结束。

5. 落款。落款即在保证书右下方署上保证的单位名称或个人姓名，并署上成文的日期。

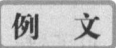

保证书

××老师：

  我上学期因文化课抓得不紧，致使学期考试有一门功课不及格。通过老师的教育帮助，特别是听了省著名企业家、全国"五一劳动奖章"获得者×××的"学习是当好企业家的保证"的报告后，使我认识到：今日努力学习文化知识，就是为了明天为社会做出实际贡献的深刻道理。为此我向您，并通过您向学校领导保证：

  一、明确学习目的，端正学习态度，增强学习的自觉性，改变过去被动学习的状况。

  二、认真注意听讲，记好笔记，做到不迟到、不早退。

  三、物理课每半月把所学内容做一次系统整理，明确重点、难点，写出重点、难点的理解笔记，呈交老师批阅。

  四、我保证做到课前预习，听讲后若有疑难问题，及时向老师请教。

  五、我保证言行一致。

  请老师督促检查。

  此致

敬礼

保证人：学生×××
××××年×月×日

主要参考文献

［1］夏晓鸣等．应用文写作［M］．上海：复旦大学出版社，2011．
［2］刘世权．应用文写作．重庆：西南师范大学出版社，2008．
［3］孙春旻．实用文体写作大全［M］．西安：西北大学出版社，2004．
［4］刘明华等．新闻写作教程［M］．北京：中国人民大学出版社，2002．
［5］吴勃．科技论文写作教程［M］．2版．北京：中国电力出版社，2014．
［6］罗昌宏，徐艳兰．商务文书写作［M］．2版．武汉：武汉大学出版社，2011．
［7］陈卫东，刘计划．法律文书写作［M］．4版．北京：中国人民大学出版社，2016．
［8］孙秀秋．应用写作［M］．4版．北京：中国人民大学出版社，2014．
［9］曹丽娟，等．应用写作（上、下册）［M］．成都：四川人民出版社，2017．
［10］黄高才．应用写作［M］．2版．北京大学出版社，2017．